Els Andringa (Hg.)

Avantgarde & Exil –
Ludwig Kunz als Kulturvermittler

D1620617

Anpassung – Selbstbehauptung – Widerstand

Band 37

LIT

Els Andringa (Hg.)

Avantgarde & Exil –
Ludwig Kunz als Kulturvermittler

Autor und Vermittler
zwischen den Künsten und Sprachen

LIT

Umschlagbild: Micha Labbé

Gedruckt auf alterungsbeständigem Werkdruckpapier entsprechend
ANSI Z3948   DIN ISO 9706

Bibliografische Information der Deutschen Nationalbibliothek
Die Deutsche Nationalbibliothek verzeichnet diese Publikation in der
Deutschen Nationalbibliografie; detaillierte bibliografische Daten sind
im Internet über http://dnb.d-nb.de abrufbar.

ISBN 978-3-643-90572-7

© LIT VERLAG GmbH & Co. KG Wien,
Zweigniederlassung Zürich 2017
Klosbachstr. 107
CH-8032 Zürich
Tel. +41 (0) 44-251 75 05   E-Mail:
zuerich@lit-verlag.ch   http://www.lit-verlag.ch

Auslieferung:
Deutschland: LIT Verlag Fresnostr. 2, D-48159 Münster
Tel. +49 (0) 2 51-620 32 22, E-Mail: vertrieb@lit-verlag.de

E-Books sind erhältlich unter www.litwebshop.de

Inhaltsverzeichnis

i

Inhaltsverzeichnis

Vorwort

Der 1900 in Görlitz geborene Ludwig Kunz setzte sich sein Leben lang für die Kultur und Dichtkunst ein, zuerst in seiner Heimat, nach seiner Flucht vor den Nazis in den Niederlanden. Er wurde zur vielseitigen Mittlerfigur, blieb aber selbst im Schatten. So kam es, dass er nach seinem Tod 1976 in Vergessenheit geriet. Allmählich jedoch wurde er von einzelnen Forschern wiederentdeckt. Tim van der Grijn Santen widmete Kunz' Erzählungenband *Sprong in het leven* [Sprung ins Leben] ein Kapitel in seinem Buch über Amsterdam als jüdischen Zufluchtsort in der deutschen und niederländischen Literatur. Anja de Feijter wandte sich seinen Übertragungen des niederländischen Dichters Lucebert zu. Els Andringa entdeckte einige Briefe im Literaturarchiv in Marbach, die sie in einem Artikel und später in ihrem Buch über die Exilliteratur im Niederländisch-Deutschen Beziehungsgeflecht auswertete. Es entstand Kontakt zur Oberlausitzischen Bibliothek (OLB) in Görlitz, wo sich der Nachlass von Kunz befindet. Dort hatte sich Wolfgang Wessig mit den Materialien befasst und den Begleittext zu einer Kunz-Ausstellung im Jahre 1995 verfasst. Involviert war immer Micha Labbé, Verwandter von Kunz und Rechtsinhaber des Nachlasses. Allmählich lernte man sich kennen und so entstand die Idee, die mannigfache Arbeit von Kunz vierzig Jahre nach seinem Tod in einem gemeinsamen Projekt weiter aufzudecken. Als Expertin des deutschen Exils in den Niederlanden kam Katja Zaich hinzu, als Kunsthistorikerin Dorle Meyer.

Der Nachlass im Ludwig Kunz Archiv (LKA) enthält viele interessante Materialien, aber auch in den Niederlanden kam man immer mehr auf die Spur. Leben und Werk von Kunz spiegeln die Schicksale von deutschjüdischen Intellektuellen in jener unheilvollen Periode der Geschichte. Aber vor allem zeigen sie den Beitrag zur Kulturvermittlung, den Kunz geleistet hat. Die Kapitel in diesem Buch beleuchten verschiedene Aspekte seines Werkes. Einige übergreifende Kapitel skizzieren die kulturhistorischen Kontexte. Nicht zuletzt wollten wir auch das Werk selbst zeigen.

Eine Auswahl seiner Übertragungen und Ausschnitte aus seinem autobiographischen Erzählwerk sind zwischen den Beiträgen aufgenommen.

Dieses Buch ist nicht einfach ein Sammelband. Es entstand aus der Zusammenarbeit der Autoren. Jede/r Autor/in verdankt den anderen Materialien und Hinweise. Die Bibliographie wurde gemeinsam angefertigt. Katja Zaich übernahm als professionelle Übersetzerin die Übersetzung einiger Texte. Wolfgang Wessig besorgte uns nachträglich noch Brieftexte und Daten. Die Reproduktionen der Bilder, die sich alle im Nachlass von Kunz befinden, wurden von der Görlitzer Fotografin Katrin Jeschke hergestellt. Viel Dank schulden wir Herrn Matthias Wenzel und seinen Mitarbeiter(inne)n der OLB in Görlitz.

Abb. I.1: Fotoporträt LK von Marion Herzog-Hoinkis (Anfang siebziger Jahre)

I. Ein Leben zwischen Literatur und Kunst

Els Andringa

1938 floh Ludwig Kunz (Görlitz 1900 – Amsterdam 1976) in einem Wagen mit Chauffeur des Familienbetriebs aus der Stadt Görlitz und fuhr über die holländische Grenze. Seine geplante Weiterreise wurde verhindert und er ließ sich in Holland nieder, zuerst in Zaandam. Nach dem deutschen Überfall auf die Niederlande im Mai 1940 landete er bald auf der Fahndungsliste des Sicherheitsdienstes und tauchte bei wechselnden Adressen unter, zuerst in Amsterdam, danach in der Provinz Limburg. Obwohl er gegen Kriegsende gefasst und zum Arbeitseinsatz geschickt wurde, kam er dank seines gut gefälschten Personalausweises mit knapper Not durch den Krieg. Nach dem Krieg kehrte er nach Amsterdam zurück. Er beantragte und erhielt die niederländische Staatsbürgerschaft und lebte bis zu seinem Tod in Amsterdam.

Schon in seiner Jugend begeisterte Kunz sich für Literatur und Kunst. Er gründete den Görlitzer Kulturkreis „Freie Gruppe Die Lebenden", knüpfte Kontakte mit bekannten Schriftstellern und Künstlern, und gab 1923 – 1931 das „Flugblatt" *Die Lebenden* heraus. Darin sammelte er zeitgenössische Gedichte und Prosafragmente „nachexpressionistischen" Gepräges, aber auch Stellungnahmen zu Fragen des kulturellen Lebens, zu denen er durch Umfragen einlud. In Zusammenarbeit mit dem Berliner Kunstkritiker Willi Wolfradt wurden die Blätter mit Zeichnungen und Holzschnitten von Künstlern seiner Zeit ausgestattet. Er war unter anderen mit Ludwig Meidner und Johannes Wüsten befreundet, die ihn beide porträtierten. Mit Meidner blieb er bis zu dessen Tod auch nach dem Krieg in Kontakt, wie wir im Kapitel von Dorle Meyer sehen werden. Berühmte Autoren wie Thomas Mann, Robert Musil und Alfred Döblin verfassten Beiträge für *Die Lebenden*. Dichter, die Kunz besonders schätzte, waren Max Herrmann-Neiße, Oskar Loerke und Wilhelm Lehmann, aber auch junge und weniger bekannte Poeten lud er zu Beiträgen ein. Immer wieder hat Kunz betont, dass er sich vor allem für nicht-beachtete, vernachlässigte und vergessene Dichter einsetzen wollte, und zwar nicht nur durch seine

Blätter, sondern auch durch Rundfunkbeiträge. Der Beitrag von Wolfgang Wessig in diesem Band ist diesem kulturellen Umfeld gewidmet.

Nach der Machtergreifung der Nationalsozialisten 1933 wurde es Kunz als Juden unmöglich gemacht, sich weiter am Kulturleben seines Wohnorts zu beteiligen. Er versuchte möglichst lange die dereinst blühende Textilfabrik der Familie fortzusetzen, aber gegen Ende der dreißiger Jahre wurde der Betrieb „arisiert".

Während seiner Untertauchzeit in Amsterdam lernte Kunz niederländische Dichter und Künstler kennen. So war er eine Zeitlang im Haus der Künstlerin Lotte Ruting untergebracht, die zusammen mit anderen Künstlern in der Widerstandsbewegung aktiv war. Im Versteck fanden auch Dichterlesungen und Gespräche statt. Nach dem Krieg baute Kunz auf diesem Bekanntenkreis fort und setzte sich wiederum zur Aufgabe, Literatur und Kunst zu vermitteln, diesmal auch international. Für holländische Zeitungen schrieb er Artikel über deutsche, für deutsche Zeitungen über zeitgenössische niederländische Literatur und avantgardistische Kunst. Auch in Rundfunkbeiträgen berichtete er über niederländische Kultur, wie sich durch die Forschung von Katja Zaich herausstellte. Aufs Neue gab er ein „Flugblatt" mit dem Titel *De Kim* (niederl. für „Horizont") heraus, das den *Lebenden* ähnlich sah, aber internationaler und mehrsprachig ausgerichtet war. Inzwischen hatte er auch die niederländische Sprache erlernt und übertrug er niederländische Poesie ins Deutsche. Er gab zwei Anthologien moderner niederländischer Lyrik heraus. Einige schöne Bände von den inzwischen berühmten Dichtern Lucebert und Hugo Claus erschienen bei Ellermann und Suhrkamp. Vor allem die Zusammenarbeit mit Lucebert ist, wie Anja de Feijter zeigt, sehr intensiv gewesen. Seine Übertragungen trugen Kunz 1965 den höchsten niederländischen Preis für Übersetzer ein: den Martinus Nijhoff Preis. Einige Gedichtübertragungen verschiedener Dichter sind ebenfalls in diesem Buch zu finden.

Unmittelbar nach dem Krieg erschien von Kunz in niederländischer Übersetzung der autobiographische Roman *Weg door de nacht* [Gang durch die Nacht], der in fiktionalisierter Form sein eigenes Lebensschicksal enthält – einige Ausschnitte aus diesem Werk stehen am Anfang dieses Buches. 1949 folgte ein Band mit Erzählungen über die Zeit nach dem Krieg, über die Erfahrungen von Heimkehrern und wieder Aufgetauchten – eine dieser Erzählungen schließt dieses Buch ab. Das kleine literarische Œuvre ist ein wertvolles Zeugnis der Zeit. Die deutschen Originalfassungen sind allerdings verschollen, also mussten die Texte aus dem Niederländischen ins Deutsche zurückübersetzt werden. Kunz hat die literarische Arbeit nicht fortgesetzt und sich fortan ausschließlich seiner Vermittlerarbeit gewidmet.

In seinem Nachlass befinden sich Korrespondenzen mit bedeutenden Schriftstellern aus der Zeit vor und nach dem Krieg: ein letzter Brief von Thomas Mann, nur wenige Wochen vor dessen Tod geschrieben, ein letztes Schreiben von Heinrich Mann kurz vor dessen Tod, Korrespondenzen mit Ludwig Meidner, Kurt Pinthus und vielen anderen. Ein besonderes Kleinod ist das *Panoptikum*, sein Gästebuch mit Widmungen, Zeichnungen und Autographen vieler Künstler, das Kunz seit jungen Jahren gehegt und weiter gesponnen hat. Es fängt mit einer Widmung Max Liebermanns aus dem Jahre 1917 an und endet mit Zeichnungen der berühmten niederländischen CoBrA-Künstler Karel Appel, Lucebert und Constant, aber auch mit Andenken später wiedergefundener Freunde wie Max Brod. Einer der letzten Widmungen stammt von dem ebenfalls aus Deutschland in die Niederlande geflohenen Schriftsteller und Psychiater Hans Keilson. Das *Panoptikum* war eine der wenigen Sachen, die Kunz auf seiner Flucht hatte mitnehmen und über die gefahrenvolle Zeit hinwegretten können. Es zeigt eine wundersame Reise durch die Kulturlandschaft seiner Zeit. Seine ansehnliche Kunst- und Buchsammlung aus der Görlitzer Zeit ist verschollen.

Als Ludwig Kunz 1976 starb, erschienen einige Nekrologien und Erinnerungen in niederländischen Zeitungen. Der bekannte Journalist Nico Scheepmaker widmete ihm seine Rubrik „Trijfels" [etwa Plaudereien][1] im *Friesch Dagblad* vom 9. Juni. „Sie werden ihn nicht gekannt haben, ich habe ihn eigentlich auch nicht gekannt, aber eine leichte Betrübnis erfasste mich, als ich gestern als ‚einzige Mitteilung' in einer Traueranzeige las, dass Ludwig Kunz, literarischer Kritiker, im Alter von 76 Jahren gestorben

---

[1] Das niederländische Wort trijfelen oder triefelen bedeutet ungefähr „schwätzen", Unsinn reden. Aber auch das engl. trifle (süße Nachspeise, auch: Unwichtiges, Trivialität, Nebensache) trifft zu. Das Wort Trijfel als Substantiv gibt es nicht, noch weniger die Mehrzahl Trijfels, wie die Sammlungen von Scheepmakers Beiträge manchmal heißen. Man könnte die Rubrik vielleicht mit „Plaudereien" übersetzen.

ist." Scheepmaker sei ihm zwar ab und zu begegnet, sei auch einmal bei ihm zuhause eingeladen worden, aber eine engere Bekanntschaft habe sich nicht eingestellt. Scheepmaker fährt fort, indem er Kunz in überlieferten Anekdoten skizziert – von Ben Stroman, dem Chefredakteur des *Algemeen Handelsblad*, für das Kunz so oft über deutsche Literatur geschrieben hatte, von Gerrit Kouwenaar, der seine Erzählungen in *Der Sprung ins Leben* übersetzt hatte, von Reinold Kuipers vom Querido Verlag, von dem Schriftsteller Theun de Vries, der damals das Vorwort zu *Gang durch die Nacht* verfasst hatte. Alle kannten Kunz und kannten ihn auch nicht. Es scheint, als ob er in flüchtigen Begegnungen und nachher im Hörensagen fortlebte. Keiner versäumt, seine kleine Gestalt und sein äußerst höfliches Benehmen zu erwähnen. Jeder wusste, dass er sich um die Literatur bemühte, dass er mit bedeutenden Schriftstellern und Dichtern korrespondierte. Auch aus mündlichen Zeugnissen geht hervor, dass er oft Briefe oder Manuskripte mit sich herumtrug, die er bei zufälliger Begegnung auf der Straße gerne vorzeigte, aber nicht aus den Händen gab. Die Fotografin Giny Klatser, die zusammen mit ihrem Mann, dem Widerstandskämpfer Leo Klatser, Anfang der fünfziger Jahre ein offenes Haus in Amsterdam führte, wo die Künstler und Dichter jener Zeit aus und ein gingen, erinnert sich an Kunz. Er sei im praktischen Leben sehr ungeschickt gewesen und einmal mit einem Geburtstagskuchen die Treppe heruntergerutscht. Aber wo er eigentlich herkam, hat sie nicht gewusst.[2] Maia Swaanswijk, Tochter des Dichters Lucebert, erinnert sich noch an den liebenswürdigen Onkel Luku, doch wusste auch später nichts über seine Herkunft. Über die Vorkriegs- und Kriegsjahre, über das Leben im Versteck wurde geschwiegen.

Hinter der äußeren Erscheinung verbirgt sich also eine Person, die kaum gekannt und schwer zu ergründen ist. In den wenigen Briefen, die zerstreut über verschiedene Archive von Kunz überliefert sind, gibt er nur wenig von sich selbst preis. Auch die Briefe sind sehr höflich formuliert und beschränken sich meistens auf das Nötigste im Zusammenhang mit seinem literarischen Anliegen. Persönliche Briefe sind rar. Häufig versteckt sich die Person hinter flüchtigen Entschuldigungen über Verzögerung in der

---

[2] Gespräch mit der Fotografin Giny Klatser-Oedekerk, Amsterdam, am 22. September 2014.

Antwort oder über die Knappheit seines Briefes wegen Krankheit, Reisen, oder großer Eile. Praktisch alle Dokumente – die Briefe, seine Besprechungen – zeugen von seinen Bemühungen um die Literatur, von seinem Fleiß, sie zu vermitteln. Über sein tägliches Leben, seinen Kampf ums Dasein, seine persönlichen Beziehungen und seine Gefühle in den verschiedenen Lebensphasen, erfahren wir wenig, obwohl sein Roman und die Erzählungen in fiktionalisierter Form schon etwas von seinem Gemütszustand verraten. Auch einige Tagebuchnotizen sind aufschlussreich. Ein einziges Mal sticht auch in Briefen ein Satz hervor. So bedankt er sich einmal bei dem Dichter Wilhelm Lehmann, der ihm sein Werk schickte, mit den Worten: „Das Schicksal hat mich nun in den verhängnisvollen Jahren nach Holland geführt. Und so bin ich mir der grossen Isolation, in die ich damit geraten, allzu oft schmerzlich bewusst. Gerade darum zählen in der Fremde alle Zeichen aus der Heimat doppelt."[3] Umso wertvoller ist der Beitrag seines Verwandten Micha Labbé in diesem Buch, der mit den Erinnerungen an seinen Onkel doch ein persönliches Porträt des Menschen heraufbeschwört.

Erkennbar wird Kunz' Leben aber vor allem in dem Bemühen um die Literatur und Kunst. Darin konstruierte er wohl das Zentrum seines Lebens, vielleicht sogar einen Ersatz für andere Lebensbereiche. Doch auch als Vermittler blieb er im Hintergrund. Als Übersetzer, Herausgeber, Kritiker ist er selbst fast unsichtbar hinter den Dichtern, die er vor dem Vergessen oder der Vernachlässigung bewahren wollte. Demnach ist es kein Wunder, dass er selbst in Vergessenheit geraten ist, vor allem auch in einer Periode, in der Vermittler nur wenig beachtet wurden. Aber das Polemische, ja das Negativ-Kritische ist in Kunz' Arbeit nur ausnahmsweise vorhanden, wie der Beitrag von Van der Grijn Santen in diesem Band belegt. Kritische Bemerkungen sind die Ausnahme und, wenn es sie gibt, sind sie äußerst behutsam in einem sonst neutralen oder positiven Kontext formuliert. Ein scharfes Auge für Qualität fehlte ihm allerdings nicht. Daher könnten wir annehmen, dass er aus einer selbst bestimmten Aufgabe heraus selektiv vorging und sich für die Autoren und Werke einsetzte, welche er die Mühe des (Wieder)Entdeckens wert fand. Die Kriterien, die seiner

---

[3] LK an Wilhelm Lehmann, am 13. März 1957. Zitiert nach Nachlass Wilhelm Lehmann, DLA Marbach, 69.4570/27–30.

Els Andringa

Selektion zugrunde liegen, hat er niemals explizit formuliert. Er hat keine allgemeinen Essays über die Aufgaben der Literatur oder über seine „Poetik" verfasst, kein persönliches Bekenntnis zu einer bestimmten Art von Poesie. Ja, als Hüter der „Vergessenen und Vernachlässigten" hat er sich gesehen, aber was für ihn die Qualität und Bedeutsamkeit der von ihm Erwählten ausmachte, das blieb implizit. Dass er allerdings ein feines Gespür für Qualität hatte, geht daraus hervor, dass manche der von ihm geschätzten Autoren und Künstler später zu Ruhm gelangt sind. Gewisse Präferenzen werden sichtbar in der wiederholten Aufmerksamkeit, die er bestimmten Dichtern schenkte, in Korrespondenzen über eine längere Zeit hinweg, und nicht zuletzt auch in seiner Bibliothek der Nachkriegszeit, die fast vollständig erhalten geblieben ist. Es sind diese Quellen, die in diesem Band ausgewertet werden. Es gibt aber noch eine weitere Quelle, die zwar nicht zur Verifizierung von Tatsachen dienen kann, sondern eine wohl tiefergreifende Vorstellung von Kunz' Flüchtlings- und Exilantendasein vermittelt. Neben dem autobiographischem Roman und dem Band mit Erzählungen von Kunz selbst, gibt es ein frühes Werk des befreundeten Dichters Gerrit Kouwenaar, in dem einer der Protagonisten eine frappante Ähnlichkeit mit Ludwig Kunz aufweist. Der Verbundenheit von Kunz und Kouwenaar ist ein eigenes Kapitel gewidmet.

Es wäre durchaus in seinem Sinne, Kunz heute als „Vergessenen" wiederzuentdecken und seine Spuren als Zeitzeugen und Vermittler nachzuspüren. Dieser Band hat zum Ziel, das Spektrum seiner Aktivitäten aufzudecken und einige Schätze aus seinem Nachlass herauszuheben. Die Beiträge sollen Kunz als Autor literarischer Zeitdokumente, als Rezensenten, Übersetzer und Vermittler in einem weitgespannten internationalen Netzwerk, und schließlich auch als Vermittler zwischen Literatur und Kunst der Avantgarde aufzeigen. Es geht nicht nur darum, was der individuelle Mensch Ludwig Kunz bevorzugt und seiner angenommen hat, sondern auch darum, wie sein Lebensgang, besonders auch in Bezug auf seine jüdische Herkunft, die Zeit- und Kulturgeschichte reflektiert. Die Flucht und das Leben im Exil waren ein entscheidender Bruch in seinem Leben, der bei aller Tragik auch zu einer Erweiterung seiner literarischen Erfahrungen und Tätigkeiten beigetragen hat. Einerseits führte er das, was er in jungen Jahren angefangen hatte, fort, und andererseits verknüpfte er damit Neues und öffnete er sich auch international. Dabei wird eine literatur- und kunsthistorische Entwicklung der europäischen Avantgarde exemplarisch sichtbar, die das rein Persönliche übersteigt.

II. Erinnerungen an Ludwig Kunz

Micha Labbé

In den 1960er Jahren fuhren wir oft von Köln nach Maastricht oder Venlo.
Eines schönen Tages verkündete meine Mutter, ein wenig nervös, dass wir
nach Amsterdam fahren und dass wir Onkel Ludwig besuchen werden...
Onkel? Im Zusammenhang mit der Familie hatte ich das Wort „Onkel" von
meiner Mutter bisher nicht gehört. Meine Schwester und ich kannten keine Onkel. Es gab einige Verwandte, die irgendwo verstreut in Südamerika
lebten – in jedem Land eine oder eine halbe Familie: Uruguay, Chile, Brasilien, Argentinien...

Nur in Frankfurt lebte eine richtige Tante, die Schwester meiner Mutter.
Wenn ich mit Tante Eva an einem warmen Sommertag in Frankfurt mit der
Straßenbahn fuhr, bot man ihr sofort einen Sitzplatz an: So lange sie sich an
der Stange festhielt, konnten die Fahrgäste an ihrem linken nackten Unter-
arm die eintätowierte blaue Nummer sehen, die ihr die Nazis in Auschwitz
eingestochen hatten. Ein Anblick, den man nicht lange aushielt.

Es war das Jahr 1966, und entsprechend dem 68er Zeitgeist interessierte
ich mich damals für die Münchener Räterepublik... und dort in Amsterdam gab es einen Onkel, Ludwig Kunz, der tatsächlich einige dieser schil-
lernden Literaten wie Ernst Toller, Erich Mühsam, Gustav Landauer usw.
nicht nur persönlich gekannt, sondern mit ihnen auch korrespondiert hatte.
Ich war gespannt.

Ludwig Kunz wohnte damals in der Jan Luykenstraat. Als wir an der
Tür klingelten, öffnete ein kleiner, freundlicher Mann mit einer etwas hei-
seren Stimme. Nachdem er uns höflich bat einzutreten, setzte er sich schnell
an seinen großen Arbeitstisch in einen großen, altmodischen Sessel, in dem
er beinahe verschwand. Es schien, als ob er sich dort am sichersten fühlte.
Trotz seiner eher kleinen und etwas schmächtigen Statur, ging eine unge-
wöhnliche Ausstrahlung von ihm aus: Eine Mischung aus Freundlichkeit
und Menschenneugierde, verbunden mit einer allgemeinen Skepsis. Die
nach hinten wassergekämmten weißen Haare ließen die breite Stirn und
das alt gewordene Gesicht klar hervortreten. Zwei dunkle Augen schauten

uns liebenswürdig und milde an. Er trug einen eleganten Anzug und eine unauffällige Krawatte, die an die frühen 30er Jahre erinnerte. Ich kenne Ludwig Kunz nur im Anzug – auch in der Wohnung lief er oft im Jackett herum. Nur wenn es in Amsterdam sehr kalt wurde, zog er eine alte graue Strickjacke über. Später konnte ich feststellen, dass er eine ganze Reihe solcher „Expressionisten-Anzüge" hatte. Immer picobello und todschick, denn von Zwirn und Stoff hatte Onkel Ludwig Ahnung, schließlich hatte seine Familie eine große Textilfabrik in Görlitz.

In seinem Arbeitszimmer, auf dem Tisch, in den Regalen, auf dem Boden, überall lagen Stapel mit Manuskripten, Briefen, Zeitungsausschnitten, Quittungen, Rechnungen, entwerteten Eintrittskarten... in einem scheinbar heillosen Durcheinander. Später konnte ich feststellen, dass er über eine gewisse Systematik verfügte, die ich nie durchschaut habe. Er wusste ganz genau, wo und in welchem Stapel jedes Blatt lag. Jedes Mal wenn ich ihn besuchte, half ich ihm, Dokumente, Zeitungsausschnitte, Briefe, z. B. von Thomas Mann, Henry Miller, Nelly Sachs usw. zu ordnen. Wir sind nie richtig fertig geworden...

Die Wände waren voller Bilder, und ich begegnete zum ersten Mal Künstlern der CoBrA-Gruppe. Eine kleine Buntstiftzeichnung fiel mir sofort auf. Sie zeigte einen Mann in hellblauen Hosen und orangen Schuhen. Er saß in einer nahezu unmöglichen Stellung auf einem Stuhl, die Beine übereinandergeschlagen, und schaute einen mit wasserblauen Knopfaugen an. „Bertolt Brecht" meinte Ludwig Kunz und erzählte von seinen Begegnungen mit Brecht und auch mit dem Künstler, der dieses Portrait gezeichnet hatte: Lucebert, mit dem er befreundet war und dessen Gedichte er ins Deutsche übersetzt hatte (siehe Abb. VI.3, S. 147). Bei CoBrA war Ludwig Kunz von Anfang mit dabei. Er war einer der wenigen Alten, die die jungen Maler und Dichter, die im Krieg unter harten Bedingungen herangewachsen waren, akzeptierten. Er konnte diesen jungen Wilden von den jungen Wilden von damals erzählen, von DADA, den wilden Expressionisten, aber auch von den heimlichen Lesungen im Untergrund, als Holland von den Deutschen besetzt war. Ihm, dem alten Avantgardisten, konnten sie ihre Texte und Gedichte anvertrauen; er, der Emigrant, übersetzte sie ins Deutsche.

Bei diesem ersten Besuch erzählte er uns, wie es ihm selbst vor und nach dem Krieg in Holland ergangen war. Beide, meine Mutter und Onkel Ludwig, vermieden es, über die Familie zu sprechen. Ich wusste, dass es Überlebende gab – Tante Eva zum Beispiel –, die Jahrzehnte lang schwiegen und stumm geblieben sind. Weder meine Mutter noch Onkel Ludwig hatten normalerweise Schwierigkeiten, über die Zeit im Dritten Reich zu sprechen – aber anscheinend zogen sie es vor, in meiner Gegenwart zu schweigen. Es war ihre zweite Begegnung nach dem Krieg, und vielleicht hatten sie bei ihrem ersten Treffen schon das, was es zu erzählen gab, abgehakt und „fertig erzählt", das würde ich den beiden zutrauen.

Ludwig Kunz stellte sich selbst gerne als das schwarze Schaf der Familie dar. Er hielt sich fern von der Familie und ging seine eigenen Wege. Deshalb war es erstaunlich, dass er im Alter doch noch Gefallen daran fand, „Onkel Ludwig" genannt zu werden. Dabei war er gar kein richtiger Onkel. Seine Mutter und meine Urgroßmutter waren Geschwister. Mit der Onkel-Lösung waren wir beide zufrieden: Ich hatte so einen Onkel und er einen Neffen. Wenn wir bei unseren Spaziergängen oder in den Cafés jemanden trafen, stellte er mich stolz vor. Wobei er mich im Kreise seiner Emigranten-Freunde mit „Dat is mijn neef uit Israel – Das ist mein Neffe aus Israel" und bei Nachbarn oder Menschen, zu denen er keinen näheren Bezug hatte, mit „Dat is mijn neef uit Keulen – Das ist mein Neffe aus Köln" vorstellte. Eine Taktik, die damals in Holland einen Sinn ergab. Irgendwann wurde ich mal in einer Parktasche absichtlich zugeparkt. So etwas konnte in Amsterdam damals passieren, wenn man eine deutsche Autonummer hatte. Auf der gegenüberliegenden Straßenseite schauten einige Straßenarbeiter amüsiert und schadenfroh herüber. Onkel Ludwig reagierte schnell und ging direkt auf die Arbeiter zu – ich dachte, jetzt schlagen sie ihn zusammen – und ich hörte ihn sagen: „Dat is mijn neef uit Israel..." Im Nu waren genügend Männer beisammen, die das Auto aus der Parktasche schoben... Das ist aber schon sehr lange her.

Über die Räterepublik haben wir uns eigentlich nie unterhalten. Ludwig Kunz erzählte zwar von interessanten Begegnungen mit Erich Mühsam und anderen politisch engagierten Zeitgenossen, die er in seinem Leben getroffen hatte – sie erschienen aber allesamt in einem literarischen oder einem künstlerischen Kontext. Ludwig Kunz war kein politischer Mensch, er hatte aber ein politisches Gespür, das sich stark an der Idee des Fortschritts orientierte. Auch die künstlerischen Bewegungen, die er in seinem Leben begleitet hat, zeichneten sich durch eine gewisse Radikalität aus. Oft ging es dabei darum, vorherrschende Ästhetik, bestehende politische Verhältnisse oder gesellschaftliche Normen zu verändern.

1938 floh Ludwig Kunz bei Nacht und Nebel in einem Wagen mit dem Chauffeur des Familienbetriebs aus Görlitz nach Amsterdam. Er erzählte mir, dass Johannes Wüsten, mit dem er befreundet war und der Zugang zu Informationen der illegalen Görlitzer KPD hatte, ihn gerade noch rechtzeitig warnen konnte. Das Einzige, was er in aller Hast mitnehmen konnte, war das *Panoptikum*, sein Gästebuch voller Widmungen und Zeichnungen. Es war damals schon ein wertvolles Zeitdokument. Die ersten Eintragungen sind DADA-Collagen aus den frühen 20er Jahren. Danach folgt unter anderem eine Zeichnung von Otto Dix und eine Illustration von Else Lasker-Schüler mit den Worten „Meine Stadt grüßt Ludwig Kunz in dem schönen Görlitz. Jussuf Prinz von Theben" (Abb. II.1). Seine Sammlung mit junger expressionistischer Kunst und die Originalkorrespondenzen mit den Autoren und Künstlern aus der Görlitzer Zeit musste er in Görlitz lassen. Alles ist seitdem verschollen.

Die vielen Begegnungen mit Ludwig Kunz blieben nicht ohne Folgen. Irgendwann erstand ich eine uralte Boston-Tiegelpresse. Das war eine handgetriebene Druckmaschine, eine geniale Erfindung... aber Knochenarbeit... Generationen von Druckereilehrlingen hassten diese Maschine. Ich arbeitete mit Bleibuchstaben und Büttenpapier. Das erste Buch enthielt 12 Gedichte in einer Auflage von 20 Exemplaren. Von den verlegerischen Ambitionen seines Neffen war Ludwig Kunz überhaupt nicht angetan – niemand wusste so gut wie er, wie mühselig das Geschäft des Büchermachens ist. Trotzdem, aus der Kellerdruckerei erwuchs später der Lamuv Verlag, den ich gemeinsam mit René Böll in Köln gegründet habe. Lamuv, das stand für Labbé und Muta Verlag. René nannte sich damals René Muta.

II.1: Widmung von Else Lasker-Schüler, „Jussuf Prinz von Theben", im Pan-optikum (1923)

Ich habe mich lange gefragt, wie es dazu kam, dass der Sohn eines strebsamen und sehr wahrscheinlich auch knallharten Textilindustriellen aus der Provinz sich für DADA, eine Revolte gegen das damalige Wertesystem, engagierte – woher kam der Funke? Ich weiß nicht, ob Ludwig Kunz selber viel darüber nachgedacht hat, aber in einem anderen Zusammenhang erzählte er mir, wie er in jungen Jahren Adolf Hepner (1846 – 1923) aufsuchte, einen entfernten Verwandten, mit dem er auch eine Zeitlang einen regen Briefwechsel führte. Hepner war Verleger, Herausgeber, Journalist und unter anderem auch engster Mitarbeiter von August Bebel und Wilhelm Liebknecht, den beiden Mitbegründern der deutschen Sozialdemokratie. 1872 wurden die Drei im Rahmen des Leipziger Hochverratsprozesses wegen Landesverrats angeklagt. Bebel und Liebknecht wurden zu jeweils zwei Jahren Festungshaft verurteilt, Hepner wurde in seiner Funktion als Redakteur freigesprochen, aber aus Leipzig ausgewiesen. Ich kann mir gut vorstellen, dass die beiden, der alte Hepner und der junge Kunz, sich gesucht und gefunden haben. Irgendwo in einem seiner vielen Papierstapel lag immer griffbereit der Zeitungsausschnitt mit dem bekannten Holzstich des Prozesses von 1872, auf dem Hepner, Bebel und Liebknecht abgebildet sind.

Ludwig Kunz kam bei jungen Menschen gut an. 1968 fuhren wir zusammen zur Literarischen Messe in Frankfurt am Main. Eingeladen waren avantgardistische, literarische Ein-Mann-Verlage, Handpressen, Herausgeber von Zeitschriften und Verfasser von Flugblättern. Es war eine Messe der jungen Generation, die dem Kulturbetrieb landauf landab misstraute – eine Art Gegenbuchmesse der Avantgarde-Literatur. Das Titelblatt des Ausstellungskataloges zeigte eine Fotocollage von 1967 mit Allen Ginsberg, Gary Snyder und Timothy Leary aus der Underground-Zeitschrift „San Francisco Oracle". Auf der letzten Seite des Kataloges war eine expressive Porträtzeichnung von Ludwig Meidner aus dem Gästebuch von Ludwig Kunz abgebildet, bekritzelt mit „Herrn Ludwig Kunz, nach einer durchzechten Nacht 1923". Parallel zu dieser Messe lief die Ausstellung „Die Lebenden – 1923 – 1931, herausgegeben von Ludwig Kunz".

Ludwig Kunz hatte ein gutes Gespür für Begabungen und ein gutes Fingerspitzengefühl für junge Poeten und Künstler. Er konnte ihnen zuhören und sie in ihren Arbeiten bestärken. Junge Dichter mit langen Haaren,

Beatniks, Hippies sprachen ihn auf der Messe an und hörten ihm fasziniert zu, dem alten, bescheidenen, kleinen Mann im Expressionisten-Anzug. Das hier war sein Element: Die Avantgarde – da wo das Neue entsteht, da wo Hoffnung ist, dass es vielleicht einmal besser wird...

Auf dieser Veranstaltung trafen wir auch zwei alte Bekannte, mit denen er schon in den 20er Jahren gearbeitet hatte: Den legendären VauO Stomps, Dichter-Drucker, der ein gutes halbes Jahrhundert lang in seinen Kleinverlagen Rabenpresse, Eremiten-Presse und Neue Rabenpresse literarische Bücher gedruckt hat – zuletzt in „Schloss Sanssouris", einer umgebauten Scheune „ohne Mäuse" in Stierstadt bei Frankfurt; außerdem den ebenfalls legendären Wieland Herzfelde, der mit seinem Bruder John Heartfield 1916 den Malik-Verlag gegründet hatte. John Heartfield war der Erfinder der politischen Fotomontage.

Onkel Ludwig war ein Nachtmensch, er arbeitete und raschelte mit seinen Briefen und Papieren bis tief in die Nacht und stand erst gegen Mittag auf. Ich dagegen war schon um fünf Uhr auf den Beinen, und so ließ ich mich durch Amsterdam, das gerade wach wurde, treiben. Als ich eines Mittags zurückkam und die Wohnungstür aufschließen wollte, öffnete sich die Tür von nebenan und die Nachbarin, 78 Jahre, zog mich in ihr Wohnzimmer: „So schön, dass Sie sich ein wenig um Ihren Onkel kümmern... Sie müssen wissen, er ist sehr, sehr einsam... die Einsamkeit ist eine furchtbare Qual, und am schlimmsten ist es in der Nacht... wir leben mit unserer Vergangenheit. Die Zeit der Verfolgung ist für uns ein Trauma, das wir nie überwinden werden... Irgendwie haben wir auch alle eine Schraube locker. Schauen Sie meine Heizung, elektrisch... hat mich eine Menge Geld gekostet... ich kann doch nicht mit Gas heizen – oder? Auch Ihr Onkel hat eine Schraube locker... ach, und wenn Sie wieder in Köln sind, schreiben Sie mir bitte!"

Ludwig Kunz war sehr einsam, das geht aus mehreren Briefen hervor. Die Erinnerungen an die Zeit der Verfolgung sowie an die ermordeten Verwandten und Freunde war wohl eine dauerhaft quälende Belastung, die man ihm aber nicht anmerkte. Wir sprachen nie über irgendwelche posttraumatischen Belastungen. Er deutete jedoch an, dass er Kontakt zu einigen Amsterdamer Ärzten hatte, die ebenfalls Emigranten waren und die ihm geholfen hatten.

Obwohl Ludwig Kunz nach dem Krieg den Rest seines Lebens in Holland blieb, wandte er sich früh wieder Deutschland zu. Es war für ihn nicht einfach, den Hass und den Groll gegen die Deutschen zu überwinden. Nach dem Krieg gab er in Holland einen autobiographischen Roman *Weg door de Nacht* und einen Band mit Erzählungen *Sprong in het leven* heraus. Kurz nach dem Erscheinen aber ließ er beide Bücher einstampfen, weil er der Meinung war, dass sie zu viel Bitternis enthielten. Er hatte sich vorgenommen, nicht verbittert zu sein. Die beiden Originalmanuskripte in deutscher Sprache sind seitdem verschollen. Auch wenn er die Entwicklung in der jungen Bundesrepublik gut fand, blieb ein gewisses Misstrauen immer bestehen. Und wenn er mal bei uns zu Besuch oder zur Kur war, war er immer froh, wieder zurück in seinem Amsterdam zu sein.

Für Ludwig Kunz war es wichtig, ganz nah am Stedelijk Museum zu wohnen. Seine letzten drei Adressen waren immer nur einige Minuten von dem Museum entfernt. Er ging dort ein und aus und gehörte sozusagen mit zum Inventar. So brauchte er z. B. keinen Eintritt zu zahlen. Dabei ging es ihm nicht so sehr um die einzelnen Ausstellungen, zu denen er dann und wann mal eine Einleitung im Ausstellungskatalog schrieb, sondern eher um den Puls, der von dieser Institution ausging. Der Grafiker Willem Sandberg, den Ludwig Kunz schon aus der Zeit des Widerstandes kannte und der sich besonders für die jungen Künstler und Dichter der CoBrA-Gruppe einsetzte, war der Direktor dieses Museums. Die zwei Alten trafen sich oft zu einem Kaffee im Museum. Bei einem der vielen Museumsbesuche stießen wir auch einmal auf einen alten Mann, der in einer Ecke auf einem Stuhl im Van-Gogh-Raum saß und vor sich hin döste. Ludwig Kunz wechselte einige freundliche Worte mit ihm – es war nicht der Museumswärter, sondern auch wieder ein alter Bekannter: Vincent Willem van Gogh, der auf die Bilder seines Onkels Vincent van Gogh „aufpasste". Sein Bruder Theodoor wurde im Widerstand von den Deutschen, sein Enkel Theo van Gogh, der Filmregisseur, von einem islamischen Fundamentalisten erschossen.

Von meinem ersten Besuch 1966 bis zu seinem Tod 1976 traf ich Onkel Ludwig regelmäßig in Amsterdam und fuhr ihn oft mit dem Wagen – er liebte es herumgefahren zu werden – und ging viel mit ihm spazieren. Ein beliebtes Ziel war das Erasmus-Antiquariat an dem Spui. Diese kosmopolitische Buchhandlung wurde 1934 von Abraham Horodisch, ebenfalls ein

Emigrant und Verleger aus Berlin, gegründet. Alle Mitarbeiter bei Erasmus kannten Ludwig Kunz. Kaum betraten wir den Laden, winkte uns schon einer der Buchhändler zu und zeigte uns die frisch erworbenen antiquarischen Bücher – oft von verstorbenen jüdischen Emigranten. Ludwig Kunz ließ sich alles zeigen, kommentierte Autor, Verlag, Erscheinungsjahr, erzählte eine kleine Anekdote zu dieser Ausgabe, kaufte aber nie ein Buch, was von ihm auch nicht erwartet wurde. Manchmal hielt er ein Schwätzchen mit Herrn Horodisch, den er persönlich kannte, beide überboten sich mit Geschichten über Bücher und aktuelle Politik. Es sah so aus, als ob die beiden Spaß miteinander hätten, sie witzelten und flachsten auf so eine Art herum, die älteren jüdischen Männern eigen ist.

Bei unseren Spaziergängen landeten wir dann am späten Nachmittag oft im Grand Café Americain an dem Leidseplein. Auch hier schienen die meisten Kellner Ludwig Kunz zu kennen. Unaufgefordert brachte man ihm die aktuelle Neue Zürcher Zeitung und einen *Koffie verkeerd*. Hier, in diesem Treffpunkt für Künstler und Schriftsteller, in diesen hohen Räumen mit kunstvollen Bleigläsern und den antiken Kronleuchtern, in denen schon Joseph Roth und Thomas Mann ihren Mokka getrunken haben, fühlte er sich ein wenig zu Hause. Zwischendurch grüßte er ältere Herrschaften, hielt ein Schwätzchen mit ihnen, manchmal auf Deutsch, manchmal auf Holländisch – oder besser gesagt auf Emigranten-Holländisch, denn ich verstand jedes Wort.

In seiner Wohnung gab es einen alten unansehnlichen braunen Ausziehsessel im Kolonialstil, auf den man sich unter keinen Umständen setzen durfte, weil er sonst zusammengebrochen wäre. Der Sessel wurde als ein Ablageplatz für Aktendeckelmappen mit seinen Rezensionen und Radiovorträgen verwendet. Mein Vorschlag, dieses Möbel doch endlich wegzuwerfen, kam nicht an. Es war der Sessel, in dem er zwei Jahre lang in einer Speisekammer versteckt gelebt hatte. Tagsüber saß er und nachts schlief er in dem Sessel. Irgendwann besuchten wir zusammen das mutige Ehepaar, das ihn in der Speisekammer versteckt hatte, in einem Altersheim. Es waren Quäker, die aus religiöser Überzeugung gehandelt hatten. Sie werden heute in Yad Vashem, der großen Gedenkstätte, die an die nationalsozialistische Judenvernichtung erinnert, als Gerechte geehrt. Mit Gerechten sind nicht-jüdische Personen und Organisationen gemeint, die sich dem Nazi-Regime widersetzten, um Juden zu retten wie z.B. Oskar Schindler.

Onkel Ludwig erzählte nicht nur von Literaten, Malern und Sonderlingen, sondern auch davon, was mit seiner Familie zur Zeit der Verfolgung passiert ist. Den Begriff „Holocaust" gab es damals noch nicht, er entstand erst zwei Jahre nach seinem Tod 1978 im Zusammenhang mit der Ausstrahlung der gleichnamigen Fernsehreihe. „Holocaust" gab seinem Leiden einen Namen – das wäre vielleicht eine gewisse Genugtuung für ihn gewesen.

Ludwig Kunz stammte aus einer wohlhabenden, assimilierten jüdischen Familie in Görlitz. Er hatte drei Brüder: Alfred Kunz war Notar und konnte rechtzeitig nach Brasilien fliehen. Rudolf Kunz war Unternehmer, er floh nach Chile. Georg Kunz war Rechtsanwalt, ihm gelang die Flucht nicht mehr und er blieb in Berlin, wo er untertauchte. Seinen Lebensunterhalt verdiente er als Kirchenorganist, bis er bei einem Luftangriff in einem Luftschutzkeller als Jude erkannt wurde. Er wurde sofort von der Gestapo verhaftet und nach Auschwitz deportiert.

Die Familie Kunz besaß eine ansehnliche Textilfabrik, in der über 200 Arbeiter beschäftigt waren. Der Betrieb und das gesamte Vermögen wurden von den Nazis arisiert.

In den 30er Jahren besuchte Onkel Ludwig manchmal seine Tante, meine Urgroßmutter in Hirschberg, dem heutigen Jelenia Góra in Polen. Meine 92-jährige Mutter kann sich heute noch gut daran erinnern, wie er zu den Festtagen koschere Feinkost und andere Leckereien aus Görlitz mitbrachte. Das Haus meiner Urgroßeltern, eine prächtige Villa, ein wenig verfallen, steht heute noch. Auch das Gebäude, in dem meine Urgroßeltern ihr Konfektionsgeschäft hatten, kann man noch sehen. Die Gräber meiner Verwandten sucht man in Jelenia Góra allerdings vergeblich – der jüdische Friedhof wurde 1974 im Zusammenhang mit den antisemitischen Wellen in Polen eingeebnet.

Onkel Ludwig hatte keine Familie, er lebte in der Welt der Literatur und der Kunst. Er konnte stundenlang erzählen. Mit mir hatte er einen sehr dankbaren Zuhörer, es war immer aufregend und interessant – auch wenn ich die eine oder andere Geschichte mehrmals zu hören bekam. Es brauchte nur ein Name zu fallen, zum Beispiel Walter Benjamin... „Ah mein

Freund Benjamin... " Ja, irgendwie schien er alle zu kennen oder auch getroffen zu haben. Einmal gestand er, dass er es bedauere, Kafka und Majakowski nicht getroffen zu haben, beide Male wäre ihm etwas dazwischen gekommen. Literatur und Kunst waren für ihn aber nicht losgelöst von Verfolgung, Untergrund und Emigration. Sie gehörten zusammen und bildeten die eigentliche Welt, in der er lebte. Er hatte das Glück, in Amsterdam einen freundlichen Ort zu finden, wo er in Ruhe 38 Jahre – bis zuletzt – leben durfte.

In den 10 Jahren, die ich sporadisch mit Ludwig Kunz in Amsterdam verbracht habe, sind wir zweimal umgezogen. 1967 zog er von der Jan Luykenstraat zur Weteringeschans und von dort 1971 in die Beethovenstraat. Nach seinem Tod im Jahre 1976 habe ich den kompletten Nachlass nach Köln gebracht. 1979 nahm ich Kontakt mit der Städtischen Kunstsammlung Görlitz auf. Ludwig Kunz war der Ansicht, dass sein Nachlass am besten in Görlitz aufgehoben sei. 1982 zog ich nach Schweden. Ich hatte vor, ein Buch über ihn herauszugeben und nahm deshalb den Nachlass kurzerhand mit. Seit 1993 befindet sich der vollständige Nachlass, das Ludwig-Kunz-Archiv (LKA), in der Kunstsammlung Görlitz. Und heute, 40 Jahre nach seinem Tod, kommt endlich dieses Buch über Ludwig Kunz heraus ... wie sagte doch Kleinstverleger VauO Stomps: „... alles Verlegte findet sich wieder...!"

III. „Entscheidender Ausgangspunkt meiner Bemühungen…"
Görlitz 1900–1938

Wolfgang Wessig

Das literarische Görlitz

Görlitz, um 1220 am Neiße-Übergang unweit der bereits 1071 erwähnten slawischen Siedlung Gorelic gegründet, wurde 1268, als die brandenburgischen Askanier die Oberlausitz teilten, zur Hauptstadt der Ostoberlausitz. Verkehrsgeographische Lage, rechtliche Privilegierung, vor allem aber die Blüte des Exportgewerbes machten die Stadt reich, und die dauerhafte Abwesenheit eines landsässigen Fürstengeschlechts ermöglichte die Entfaltung von Freiheit und Eigenständigkeit der Bürger. Seit Gründung der Stadt gab es hier Juden, wie in allen wirtschaftlich bedeutenden mittelalterlichen Städten. Die Oberlausitz, als eine „Ständerepublik", wurde gequert durch wichtige Handelsstraßen von West nach Ost und von Süd nach Nord. Neuigkeiten gelangten aus dem Westen in die Region, dort lagen die bedeutenden Universitäten Leipzig und Wittenberg. Von daher drang reformatorisches Gedankengut ins Land. Bereits 1521 predigte man in Görlitz „lutherisch". Mit Martin Luther entstand in Deutschland die Denkfreiheit – „Das Denken ward ein Recht, und die Befugnisse der Vernunft wurden legitim", schrieb Heinrich Heine im zweiten Band des „Salon". Eine Geistesfreiheit, deren auch die neuere deutsche Literatur zu ihrer Entfaltung bedurfte. „Der Mensch steht jetzt allein seinem Schöpfer gegenüber und singt ihm sein Lied. Daher beginnt diese Literatur mit geistlichen Gesängen."

Hierzulande ist da zunächst an Martin Moller (1547 – 1606) zu denken. Der Dichter, Pädagoge und Pfarrer war von 1600 bis zu seinem Tod als Hauptpastor in Görlitz tätig. Er galt als heimlicher Calvinist und Böhme-Versteher. Seine Kirchenlieder, von denen sich noch heute zwei im evangelischen Gesangbuch finden, begründen eine pastorale Tradition der Lieddichtung, die bis zu Nikolaus Ludwig Graf von Zinzendorf (1700 – 1760) reichen sollte. So wie das Kirchenlied zu den neuen Ansätzen deutschsprachiger Dichtung zählt, so auch der Meistergesang, der in letzter Stun-

25

de ins Land kam. Ihr namhaftester Repräsentant war der in Görlitz geborene Adam Puschman (1532–1600), Schlüsselgestalt des späten Meistergesangs. Von seinen Sängerkollegen hoch geschätzt, seines 1571 erschienenen „Gründtlichen Berichts des Deudschen Meistergesangs" wegen. Gleichzeitig ein Dichter, der mit seinem berühmten „Elogium" auf seinen Lehrer Hans Sachs Aufnahme in „Des Knaben Wunderhorn" fand – was von nicht zu unterschätzender Bedeutung für die Geschichte der deutschen Dichtkunst und gleichsam das Entreebillett für das literarische Görlitz war. Seitdem über deutsche Literatur des 17. Jahrhunderts geschrieben wird, ist es üblich, Jacob Böhme (1575–1624) zu nennen. Von einer Assimilation des „Philosophus Teutonicus" durch die Literarhistoriker spricht der französische Literaturwissenschaftler Bernard Gorceix. Die literarische Bedeutung Böhmes liege vor allem in der klar formulierten und mit prägnanten Bildern erläuterten Überzeugung, dass der Mensch „sein eigener Macher der Gottheit" ist. Gorceix schreibt: „Jacob Böhme verherrlicht nicht nur unsere erkennende Kraft, sondern auch unsere dichterische Kraft durch das Medium der Sprache. Die theologische Sprache wird zur literarischen Sprache."[1] Böhmes Schrift „De signatura rerum, oder Von der Geburt und Bezeichnung aller Wesen" (1622) gilt als ein erster metaphysischer Roman. Das 17.Jahrhundert ist das erste „literarische Jahrhundert" in Deutschland. An dessen Anfang, auch hinsichtlich einer eigen geprägten schlesischen Literatur, stehen Martin Opitz und Jacob Böhme.

Gegen Ende des Jahrhunderts – am Ausgang des Hochbarock- erschien 1689 in Leipzig der meistgelesene unter den deutschen Hof- oder Staatsromanen jener Zeit: „Die asiatische Banise oder Das blutig doch mutige Pegu...". Der damals 26jährige Autor Heinrich Anshelm von Ziegler und Klipphausen wurde 1663 in Radmeritz (Radomierzyce) geboren. Prägend war für den späteren Romancier, Librettisten und Feuilletonisten der Besuch des Görlitzer Gymnasiums. Seine Prosa gehört „wegen ihrer Satzbauformen und ihrer gekonnt kalkulierten Ausdrucksqualitäten zu den besten Mustern deutscher Prosa des 17. Jahrhunderts", wie Hans-Gert Roloff bemerkt.[2]

---

[1] Steinhagen (Hrsg.) 1984, S. 67.
[2] ebd., S. 798.

Über ein Jahrhundert vergessen war Leopold Schefer, der „Lausitzer Jean Paul", obgleich er nachhaltigen Einfluss auf Adalbert Stifter und wohl auch auf Edgar Allan Poe ausgeübt hatte. Der 1784 als Sohn eines Muskauer Arztes geborene Dichter und Komponist galt in den 20ger Jahren des 19. Jahrhunderts als ein sehr bekannter Autor. Vor allem mit seinen Novellen war er ein gefragter Mitarbeiter von Journalen, Almanachen und Taschenkalendern. Schefer starb 1862. Sein Nachlass befindet sich in der Oberlausitzischen Bibliothek der Wissenschaften zu Görlitz.

Von ganz anderer Art war der Stückeschreiber Gustav von Moser (1825–1903), dessen originärer Beitrag zum „bürgerlichen Lachtheater" des 19. Jahrhunderts weniger von der Literatur als vom Theater her zu beurteilen ist. Über 100 Lustspiele, Schwänke, Possen, Militärgrotesken und Operettenlibretti hat er geschrieben. Von 1856 an stand ihm das Görlitzer Theater als dramatisches Laboratorium zur Verfügung. Eine Versuchs- und Probebühne, von wo aus seine „gut gemachten Stücke" ihren Weg auch nach Berlin oder Wien fanden.

Kirchenlied und Meistergesang, „sinnbildlicher Naturroman" und „Reißer von Qualität", Novellenzyklus und „Schwanklustspiel", ein reiches Erbe, zwar weitgehend vergessen, doch Beleg dafür, dass Görlitz durchaus kein literarisches Niemandsland war.[3] Worauf nachdrücklich der Görlitzer Oberbürgermeister Georg Snay im Januar 1924 im Rahmen einer offiziellen Festveranstaltung anlässlich des 60. Geburtstages von Hermann Stehr hinwies. In Anwesenheit des Dichters würdigte der Redner dessen literarisches Schaffen, erinnerte an die Geschichte des geistigen Lebens von Görlitz und der Oberlausitz und betonte, „wie in der Gegenwart rührige Vereine das literarische Interesse hier auf eifrigste pflegen und fördern." Die Hermann Stehr-Feier im Bankettsaal der Stadthalle, deutschlandweit die erste der geplanten Geburtstagsfestlichkeiten, hatte die Freie Gruppe „Die Lebenden" veranstaltet und ihr eine würdige künstlerische Ausgestaltung gegeben. Spiritus Rector der Veranstaltung, für die Stehr herzliche Dankesworte fand, war der 24-jährige Ludwig Kunz – Luku nannten ihn seine Freunde.

Ein Autodidakt in der kulturellen „Peripherie" machte sich in den 20er

---

[3] Wessig 2011, S. 352 – 371.

Jahren auf den Weg zum gedachten „Zentrum" der deutschen Literaturgesellschaft. Zum einen bedurfte es hierbei der Mitwirkung Gleichgesinnter vor Ort. Das sind in Görlitz die Dichter und Anwälte Paul Mühsam und André Meyer und der „Bohemien" unter den Richtern, Erich Schwenk – die jüdische Community, sowie der Kupferstecher Johannes Wüsten und die Maler Willy Schmidt und Fritz Neumann–Hegenberg. Unerlässlich auf dem Weg zum „Zentrum" war zum anderen die Unterstützung und Vermittlung durch Personen, die sich bereits dort befanden, also: „Netzwerke" aus persönlichen Beziehungen, die von entscheidender Bedeutung waren. Für Kunz: der Dichter Max Herrmann-Neiße, Oskar Loerke, der Lektor bei S. Fischer, der arrivierte Kunstkritiker Willi Wolfradt, der Chef der „Neuen Bücherschau" Gerhart Pohl und dessen Jugendfreund Werner Milch, Literarhistoriker – überwiegend schlesische Landsleute.

„Die Freie Gruppe"

Ludwig Kunz wurde am 15. Februar 1900 als einer von vier Söhnen des Textilfabrikanten Isidor Emil Kunz und dessen Ehefrau Emma, geb. Daniel in Görlitz geboren. Nach einer Lehre als Verkäufer und dem viermonatigen Besuch eines Staatlichen Technikums für Textilindustrie ist er vom 1. Januar 1921 bis zum ersten April 1938 als Leiter der Verkaufsabteilung im väterlichen Betrieb, der Firma Mechanische Strumpfwarenfabrik W. Seifert Nachfolger, Görlitz, Brautwiesenstraße 13 tätig. Ein „zweites" Leben beginnt für Kunz mit seiner Freundschaft zu Max Herrmann-Neiße. 1920 hatte er ihn in seiner damaligen Wohnung in der Berlin-Friedenauer Stierstraße besucht. Von dieser Zeit an war Herrmann-Neiße regelmäßiger Gast in Görlitz. Er unterstützte Lukus Leidenschaft zur Dichtung und bestärkte ihn darin, seinen Enthusiasmus für die Kunst zum bestimmenden Lebensinhalt zu machen. Und die Familie tolerierte dann auch schließlich die engagierten Bemühungen des „schwarzen Schafes" um die zeitgenössischen Künste, namentlich die Dichtung.

III.1: Max Herrmann-Neiße und LK mit zwei Damen auf einem Fest (zwanzi-ger Jahre)

Der zuverlässigen Berichterstattung des „Neuen Görlitzer Anzeigers" (seit 1877 erscheinende liberale Görlitzer Tageszeitung; kurz NGA) zu lokalen kulturellen Ereignissen ist zu entnehmen, dass Kunz zunächst sehr engagiert in der literarischen Gruppe des Friedrich-Naumann-Bundes (benannt nach dem ersten Vorsitzenden der Deutschen Demokratischen Partei) mit der Planung literarischer Vortragsabende befasst war. In einer ersten öffentlichen Veranstaltung am 25. Januar 1922 wurde August Strindbergs *Friedensnovelle* vorgestellt. Diesem programmatischen Auftakt folgte eine Lesung von Herman Stehr – angekündigt durch eine Besprechung seines Romans *Heiligenhof* durch Arnold Zweig, die vermutlich Kunz lanciert hatte – und eine Lesung von Hans Christoph Kaergel, die durch einen Vortrag von Kunz eingeleitet wurde.

Ein Scherzgedicht Otto Schlüters, Chefredakteur des NGA, deutet darauf hin, dass der Einsatz des inzwischen zum Leiter der literarischen Gruppe avancierten Luku nicht nur auf Zustimmung stieß: „Er schaffte dem Friedrich-Naumann-Bund / Literarische Note und Nöte / Und bittren Spott spricht sein Herz und sein Mund / Gegen alle... Studienröte." In Abgrenzung zu der bereits 1919 durch den Görlitzer Studienrat Dr. Karl Schultze-Jahde gegründeten Literarischen Gesellschaft e.V., die grundsätzlich darauf verzichtete, lebenden Autoren die Gelegenheit zu geben ihre Arbeiten vorzustellen, gründete Ludwig Kunz 1922 die „Freie Gruppe Die Lebenden", die in Weiterführung seiner Bemühungen um regelmäßig veranstaltete Dichterlesungen beispielhaftes leistete.

Von ihr gingen von nun an entscheidende Impulse aus, sie wollte und sie wurde zum Sammelpunkt „für alle Produktiven und für alle, die an der Kunst sich freuen. Für alle, die in und mit dem Dichter und aller lebendigen Kunst leben", wie der jüdische Landesgerichtsdirektor Dr. Erich Schwenk, hervorragender Jurist und Mitglied der Reichsdisziplinarkammer – geistsprühend und mit Temperament geladen – in seiner Eröffnungsrede sagte.[4] Nach seiner Amtsenthebung 1933 wurde Schwenk, der zunächst gehofft hatte in Berlin untertauchen zu können, von der Gestapo verhaftet und in einem Todeslager in Polen umgebracht.

Am 20. Juli 1922 las in der ersten Veranstaltung der „Freien Gruppe"

---

[4] *Neuer Görlitzer Anzeiger* (künftig *NGA*), 1.7.1922.

Arthur Silbergleit, Freund des Görlitzer Dichters Paul Mühsam, aus seinen Dichtungen in Vers und Prosa im kleinen Saal von „Buchals echten Bierstuben" Demianiplatz 19/20. Otto Schlüter schrieb: „Die Freie Gruppe Die Lebenden gab an ihrem ersten Abend einem Dichter eigenster Prägung das Wort. Man wird gern ihrem Unternehmen weiter folgen und ihr wünschen, dass sie mit Erfolg um Verständnis für die Lebendigen und ihr künstlerisches Schaffen wirbt."[5]

Es folgte am 14. Januar 1923 Else Lasker-Schüler, die von dem Görlitzer Kulturzionisten und Rechtsanwalt André Meyer eingeladen worden war. Bei Kerzenlicht las sie ihre Verse, erinnert Kunz, der die Dichterin schon im Sommer 1920 im Ostseebad Kolberg kennen gelernt hatte:

Sie sprach meisterlich. Sie las nicht nur ihre Strophen, sondern sie spielte sie geradezu mit den ausdrucksvollen Gesten einer bedeutenden Schauspielerin. Aus jedem einzelnen der Gedichte wusste sie auf großartige Weise eine dramatische Szene zu gestalten. Erstaunlich war auch die Konzentration ihrer Vortragsweise. Kein einziges Wort entging ihrer lebendigen Darstellung.[6]

Arnold Ulitz, durch seinen Roman *Ararat* bekannt geworden, las am 25. Februar im Bankettsaal der Stadthalle. Die Hörerschaft dankte dem Autor mit starkem Beifall. Schade nur, dass sie nicht zahlreicher war, bemerkte Schlüter: „Das Unternehmen der „Lebenden" verdiente stärkere Teilnahme. Am Ausgereiften sich zu freuen ist gut: das Neue, Werdende mit Interesse (auch mit kritischem Interesse) zu begleiten, sollte ebenso wichtig sein."[7]

An einen Besuch von Max Herrmann-Neiße und an ein eher familiäres Ereignis erinnerte Kunz Jahrzehnte später in einem Berliner Vortrag:

Frau Leni Herrmanns Vater, ein schlesischer Gutsbesitzer, war über die Heirat mit diesem Literaten recht böse und hatte alle Beziehungen abgebrochen. Nun hatte der Schwiegervater einen Vorbericht über eine Görlitzer Vorlesung gelesen. Was für andere Leute die Londoner „Times", die „Frankfurter Allgemeine", oder die „Welt" bedeutete, das war für ihn das „Laubaner Tageblatt" (Lauban: 14000 Einwohner). Darin stand ein imponierender Vorbericht, der die Neugierde des Schwie-

---

5   ebd., 23.7.1922.
6   Kunz, Manuskript o. J. (Privatarchiv W. Wessig).
7   *NGA*, 27.2.1923.

gervaters reizte. Kurzum: er kam, staunte über den starken Beifall, der einem Familienmitglied galt und drückte dem Schwiegersohn die Hand.[8]

Nach einem Rezitationsabend mit dem Breslauer „Sprechkünstler" Fritz Raff am 11. Juni – er las Tolstoi, Ulitz und František Langer – begann die Sommerpause der Gruppe. Ludwig Meidner und Max Herrmann-Neiße waren zu außerordentlichen Mitgliedern ernannt worden.

Die Freie Gruppe wurde später als Vortragsreihe „Die Lebenden" der Literarischen Gesellschaft e.V. weitergeführt. Paul Mühsam stellte hier seine kongenialen Übersetzungen griechischer Prosa und Dichtung vor und Kunz meldete sich regelmäßig mit Vorträgen über die junge, vorzugsweise schlesische Dichtung zu Wort. Otto Kratzer zeichnete 1923 Zirkus "Die Lebenden" in Kunz' Panoptikum (Abb.III..4).

Die Flugblätter

Im Feuilleton der *Deutschen Zeitung* vom 22. /23. Juli 1961 stellte der „jetzt in Amsterdam lebende" Ludwig Kunz seine literarischen Flugblätter „Die Lebenden" vor, die 1923 bis 1931 in Görlitz erschienen waren. Keines der großen, richtunggebenden Blätter, worauf Kunz hinwies, aber eben „etwas Denkwürdiges und Originelles", initiiert von einem „Amateur", der sein Leben lang „auf der Suche war nach dem, was bleibt", wie Paul Raabe, der damalige Leiter der Bibliothek des Deutschen Literaturarchivs in Marbach im Nachwort zur Faksimile-Ausgabe der Blätter schrieb:

Ludwig Kunz fiel die Rolle zu, in der Nachhut des Expressionismus zu wirken. Die Zeiten hatten sich sehr geändert: Ein neuer Naturalismus, eine neue Sachlichkeit kündete sich an, und die Flugblätter „Die Lebenden" wurden zu einem literarischen Standort, von dem aus die einstigen Expressionisten die Lage beurteilen konnten.[9]

Das Projekt wurde als Gemeinschaftsproduktion dreier Verlage realisiert. Beteiligt waren: „De Boekenvriend", Hilversum, dessen Verleger Hein

---

[8] Kunz G 1965a, Redemanuskript (LKA).
[9] Raabe 1966, S. 91.

Kohn wichtigster Anreger und Förderer des Projektes war, der Limmat-Verlag Zürich und der (Ost) Berliner Verlag Rütten & Loening, der zum Aufbau-Verlag gehörte. Verantwortlicher Lektor war hier Jürgen Jahn, den Kunz einen Glücksfall nannte, weil aus Görlitz stammend. „Er kennt das ganze Milieu und war am Zustandekommen der Ausgabe des kleinen Görlitzer Blattes sozusagen auch emotionell interessiert."[10]

Den Lebenden sind diese Blätter gewidmet. Ungekannten wie bereits Namhaften. Kräften aber immer, denen noch nicht volle und allgemeine Würdigung zuteil wird. Unabhängig jeder speziellen Parteiung wollen diese Blätter allen wichtigen Gegenwartskünsten nachspüren.

Diese Zielstellung setzte Kunz, bescheiden wie es immer seine Art war, in Petit an das Ende des ersten Blattes. Es ist ein Programm, zu dem den damals 23 jährigen der Schriftsteller Oskar Loerke, im „Brotberuf" Lektor – „großer Anreger des großen Verlegers Samuel Fischer" (Siegfried Unseld) – ermutigte. Immer wieder beschrieb Kunz später den für ihn so entscheidenden ersten Besuch bei Loerke im alten S. Fischer Verlag in der Berliner Bülowstraße. Der ungemein liebenswürdige, in seinem Urteil freilich unnachgiebig strenge Loerke war angetan von den Plänen des um 26 Jahre Jüngeren und sagte seine Mitarbeit an dessen inoffiziellen, unkommerziellen und betont außenseiterischen Flugblättern zu. Bereits im ersten Blatt findet sich ein Originalbeitrag Loerkes über die Lyrik Max Herrmann-Neißes.

Redakteur Schlüter begrüßte das Erscheinen des ersten der zwanglos erscheinenden Flugblätter:

Gegenwartskunst ist heiß umstritten. Der ungeistige Spießer sieht sie mit ebenso verlegenem wie argwöhnischem Lächeln an. Liebe Gewohnheit lehnt sie unliebsamer Unbequemlichkeit halber ab. Gut (und notwendig), wenn sich dagegen ein frisches und heißes Werben um Verständnis für ringende Kräfte einsetzt. Fortschritt ist noch immer aus jungem Überschwang, niemals aus Schwunglosigkeit gekommen.[11]

---

[10] Kunz, Brief an Paul Raabe, vom 18.10.1966 (Privatarchiv W. Wessig).
[11] *NGA*, 6.5.1923.

Die Lebenden
Flugblätter

2. Reihe   Nr. 6

Fritz Neumann-Hegenberg +: Gasse

Dies nicht sehr ausgeprägte Blatt ist die einzige graphische Arbeit Fritz Neumann-Hegenbergs. Graphik war nicht sein eigentliches Gebiet. Im breiten Raume der Leinwand wußte er eigenartiger zu gestalten. Seine Bilder, Nachtlandschaften, phantastische Straßen, Seen und Berge, sind leidenschaftliche Farbkompositionen. Neumann-Hegenberg, Maler, Kunstlehrer und schlesischer Mystiker, war allezeit lebendiger Mitarbeiter dieser Blätter. So gedenken wir des allzu früh Geschiedenen, des Malers, Mitstreiters, des unvergessenen Kameraden Fritz Neumann-Hegenberg.   Ludwig Kunz.

III.2: Titelblatt Die Lebenden 2. Reihe No. 6 mit Holzschnitt von Fritz Neumann-Hegenberg

Die Praxis, Arbeiten junger oder auch weniger bekannter Autoren von prominenten Kritikern vorstellen zu lassen, behielt der Herausgeber von nun an bei. So schrieben später u.a. Moritz Heimann über Wilhelm Lehmann, Alfred Döblin über Robert Musil, Hugo Bieber über Julius Levin und Max Herrmann-Neiße über Jakob Haringer. (Angehängt hier eine „Notiz über Haringer" in der Kunz die Leser der Flugblätter um Unterstützung für den Dichter bittet, der zwar literarisch bekannt geworden sei, aber dennoch ein „schweres, bedrängtes Leben" führe.)

Dass die Aufsätze der Dichter und Kritiker, auch die meisten Gedichte, stets Originalbeiträge bzw. Erstdrucke waren, betont Kunz ausdrücklich in einem Brief vom 13. Dezember 1964 an Raabe und nennt – da die Originalkorrespondenz mit den Autoren verloren gegangen war – eine ganze Anzahl Quellen, die das eindeutig belegen. Die gezielt vorbereiteten, immer scharf konzentrierten Originalbeiträge präsentierten sich in den Blättern sowohl als Dichterporträts, gelegentlich auch in Sonderblättern, so zu Hermann Stehr und Oskar Loerke, oder als knappe Überblicksdarstellungen. Zur Situation der bildenden Kunst schrieb Willi Wolfradt, zur Lyrik Alfred Wolfenstein und Rudolf Kayser. Ernst Blass blickte auf die zeitgenössische Literaturkritik, hob Alfred Kerr hervor und verwies auf den jungen Herbert Ihering. Max Herrmann-Neiße lieferte eine Bilanz neuer Dramatik. In Brechts „Trommeln in der Nacht" sah er etwas „Wedekind-Nahes und dazu ein gehöriges Quantum selbständiger urwüchsiger Poetenmagie". Der damals 26jährige Komponist und Musikwissenschaftler Hans Heinz Stuckenschmidt äußerte sich zur „heutigen Musik", zum „Kampf zwischen seniler Konvention und dem Geist des Neuen".

Durch Ausgewogenheit und Differenzierung der Auswahl zeichnen sich die von Kunz selbst verfassten Notizen zu Neuerscheinungen, Anmerkungen, Mitteilungen oder Aufrufe am Ende jeden Blattes aus. Seine Annotationen zu Neuerscheinungen sind treffsicher, mitunter ironisch, etwa wenn er einen Gedichtband des Titels „Die alten Lieder" kommentiert: „Ein bisschen sehr alt, wie der Titel bereits sagt. Jedoch: mit einem schönen Leineneinband."

„Auf ein Phänomen ist besonders hinzuweisen", bemerkt Raabe im Nachwort zum Neudruck, „auf die verehrende Zuneigung des Görlitzer Herausgebers zu seinen schlesischen Landsleuten."[12]

Es schrieben Monty Jacobs über den mit dem Kleistpreis ausgezeichneten Dramatiker und Erzähler Gerhard Menzel, Alfred Kerr über Gerhart Pohl und in Blatt 6 der 2. Reihe werden „Sechs junge Schlesier" vorgestellt. Ausgewählt von Kunz, nach dessen Manuskript auch eine gleichnamige Funkstunde im Sender Breslau lief. Neben Pohl und Menzel sind Wilhelm Tkaczyk, Alfred Prugel, Gertrud Aulich und Werner Finck vertreten.

Gerhart Pohl hatte Kunz bereits 1924 mit dem damaligen Rundfunk, der „Funkstunde Berlin" – erster Hörfunksender in Deutschland – in Kontakt gebracht. Der literarische Leiter des Rundfunksenders „Schlesische Funkstunde, Breslau" war ab 1925 der Schriftsteller und Rundfunkpionier Friedrich Bischoff, auch Autor der „Lebenden", von 1929–1933 Intendant des Senders. Kunz arbeitete Jahrzehnte später erneut mit Bischoff zusammen, als dieser von 1946–1965 Intendant beim Südwestfunk Baden-Baden war (siehe das Kapitel von Katja Zaich in diesem Band).

Auch junge Görlitzer Künstler wurden vorgestellt, so Alfred Prugel, der sich noch 1970 in einem Brief an Kunz dankbar erinnert, dass der es gewesen sei, der ihm seine ersten Schritte „in einem anderen Lebensraum" erleichtert habe,[13] und der unvergleichliche Kabarettist Werner Finck oder die Grafiker Willy Schmidt, Fritz Neumann-Hegenberg (siehe Abb. III.2) und Johannes Wüsten. Der Kupferstecher und Schriftsteller Wüsten notierte, angesichts des grassierenden Antisemitismus der Nazis am 14. Dezember 1930 in seinem Tagebuch:

Die Förderer des deutschen Geisteslebens gehören ja größtenteils dieser „minderwertigen" Rasse an. Allerorts! Dem Juden Ludwig Kunz verdanke ich meine erste Publikation, der Jude Wolfradt ist mein bester Trainer, ohne den ich im Stechen undenkbar dahin gekommen wäre, wohin ich immerhin gekommen bin.[14]

---

[12] Raabe 1966, S. 92.
[13] Prugel, Brief an Ludwig Kunz, vom 11.3.1970 (LKA).
[14] Wüsten 1980, S. 495.

III.3: Bildnis LK von Johannes Wüsten. Kupferstich (1932)

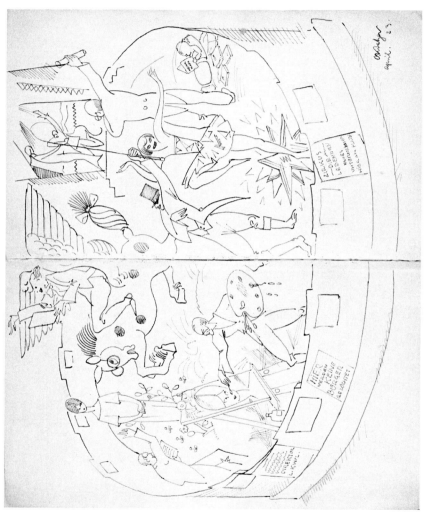

III.4: *Zirkus Die Lebenden. Zeichnung Otto Kratzer im Panoptikum (1923)*

Von Wüsten stammt ein ausdrucksvolles Porträt von Ludwig Kunz (Abb. III.3). Der Berliner Kunstkritiker Dr. Willi Wolfradt (1892–1988) war für die Auswahl der Grafiken oder Originalholzschnitte auf den Titelseiten der „Lebenden" verantwortlich. Als engagierter Interpret „Junger Kunst" hatte er sich einen Namen gemacht. Seine Monografien über George Grosz, Otto Dix, Lyonel Feininger ließen ihn in den 20er Jahren zu einem der bekanntesten und einflussreichsten Kunstschriftsteller werden. Die stets knapp kommentierte Auswahl erscheint wie ein Who's who nachexpressionistischer Grafik. Von Felixmüller bis Rössing, von Wilhelm Rudolph und Gerhard Marcks bis Sella Hasse, Ewald Mataré, Max Thalmann u.a. spannt sich der Bogen. Die Vorstellung der Grafik belegt signifikant die veränderte Situation in den bildenden Künsten seit etwa 1920. Bereits in Blatt 1 beschreibt dies Wolfradt in völliger Übereinstimmung mit Franz Roh, der 1925 in seinem Standardwerk „Nachexpressionismus – Magischer Realismus" als erster die Probleme der neuesten europäischen Malerei analysierte. Parallel zum Start der Grafikfolge in den Flugblättern organisierte die Freie Gruppe, sicher unter Mitwirkung Wolfradts am 13. Mai 1923 im Wintergarten des Handelskammerhauses eine Schwarz-Weiß Ausstellung, in der neben bekannten Künstlern wie Ludwig Meidner, Karl Schmidt-Rottluff oder Max Pechstein, auch Görlitzer Aussteller zu finden waren, so Willy Schmidt (der für die erste Nummer der „Lebenden" einen Linolschnitt fertigte) und Otto Kratzer (der die Kopfleiste schnitt), sowie Arno Henschel mit Holzschnitten.

1937 findet sich der Name des jüdischen „Kunstschreibers" Wolfradt auf der „Prangertafel der Kunstkritiker der Systemzeit". Er war bereits im April 1933 ins Exil gegangen. Zunächst nach Frankreich, später in die Schweiz. Von 1946–1951 arbeitete der Kritiker in New York. Nach seiner Rückkehr in die Bundesrepublik war er von 1956 bis 1961 als Cheflektor im Rowohlt-Verlag tätig. Er starb, fast erblindet und vergessen, am 30. September 1988 in Hamburg.[15] Den Neudruck der „Lebenden" empfing Wolfradt mit großer Freude.

Lassen Sie mich unverzüglich meine Genugtuung bekunden, diese Blätter auferstanden zu sehen... Dem eigenen Anteil an Texten und Auswahl begegne ich nun

---

[15] Wessig 1995, S. 90–94.

nicht ohne einige Befriedigung wieder, zumal mir mit allem, was ich seinerzeit zusammengeschrieben habe, auch diese kleinen Beiträge abhanden gekommen waren im bösem Laufe der Begebenheiten.[16]

Die unregelmäßig erscheinenden Flugblätter, die meist nur aus 4 Quartseiten bestanden, wurden im Selbstverlag, in einer Auflage von durchschnittlich 500 Exemplaren, in Görlitzer Druckereien hergestellt. Verkaufspreis pro Blatt 15 Pfennig. Insgesamt erschienen 22 Nummern (gelegentlich als Doppelnummern). Die Auslieferung erfolgte über verschiedene Verlage, die daran nichts verdienen konnten und nur aus Gefälligkeit mitwirkten. Die Blätter 1–8 der 1. Reihe (1923–1925) wurden über den Berliner Elena Gottschalk-Verlag vertrieben, der die gleiche Aufgabe auch für Gerhart Pohls *Neue Bücherschau* übernommen hatte. Durch Pohl ist vermutlich auch Lukus Kontakt zum Verlag zustande gekommen. Die Zusammenarbeit beider Zeitschriften mit dem Verlag endete, als dieser Konkurs anmelden musste. In den drei Jahren seiner Existenz zählte er u.a. Salomo Friedlaender (Mynona), Walter Serner (in der Reihe „Die tollen Bücher"), Walter Mehring und Max Herrmann-Neiße zu seinen Autoren.

Die Blätter 1–5 der 2. Reihe (1928–29) lieferte der Verlag „Der Aufbruch", Kurt Virneburg, Berlin aus. Im Vordergrund der Verlagsproduktion stand die „Aufbruch-Bücherei", dünne Heftchen von einem Bogen Umfang. Daneben brachte der Verlag die Zeitschrift *Das Signal*, mit dem Untertitel „Blätter für junges Schaffen" heraus. Die verdienstvolle Anthologie *Stimmen der Jüngsten*, die der damals 21jährige Kurt Virneburg 1927 herausgab, enthielt u.a. Gedichte von Theodor Kramer, David Luschnat, Dietmar Moering und Georg Zenker, die alle auch in den „Lebenden" vertreten waren.

Die 3. Reihe (1930–31) schließlich vertrieb der Horen-Verlag Berlin – Grunewald, der 1924 von Hanns Martin Elster gegründet worden war. Der Verleger war in den frühen 20er Jahren ein Freund und Förderer Paul Mühsams. Es ist anzunehmen, dass Mühsam die Verbindung von Kunz zu Elster hergestellt hat.

---

[16] Wolfradt, Brief an Ludwig Kunz, vom 28.6.1967 (LKA).

Abb. III.5: Titelblatt von Kunz' Essay Chaos (1928)

Wolfgang Wessig

Der Mittler

Der Konkurs des Elena Gottschalk-Verlages im Jahre 1925 und wohl auch eigene finanzielle Probleme führten zu einer Unterbrechung der Herausgabe der Flugblätter. Anlässlich des Neustarts 1927 schrieb Kunz in der Doppelnummer 9/10:

Die Lebenden treten nach zweijährigem Schweigen wieder vor die Öffentlichkeit. Diese Öffentlichkeit, geistfeindlicher und meinungsloser als gestern, ist mehr denn je bestrebt, jeden wirklichen Dichter erst dann zu beachten, wenn er einige hundert Jahre tot ist. So sprechen einige unserer besten Stimmen ins Leere. Wir kämpfen nicht für heute und nicht für gestern, sondern für die Unbeachteten, Vernachlässigten, Entrechteten und Ungedruckten. Der Herausgeber.

Der Neuanfang ging einher mit einem Projekt des neuen Vertriebspartners Kurt Virneburg. Dessen „Aufbruch-Bücherei" wurde 1928 gestartet mit einem kulturkritischen Essay von Ludwig Kunz.[17] Unter dem Titel „Chaos" wird auf 15 Seiten versucht, die geistige Unordnung der Endzwanziger Jahre zu beschreiben (siehe Abb. III.5). Leidenschaftlicher sozialer Kritik und Erhebung sei nun die simple Diktatur des Kapitals gefolgt als deren Resultat ein Klima holder Verantwortungslosigkeit sich breit mache. Kunz wendet sich gegen eine „unbrauchbare Amerikanisierung" und deren Folgen: „Stärkere Verkitschung des allgemeinen Geschmacks, gewaltsame Vernachlässigung aller Kultur, allen Takts, und die stolze Betonung forcierter Ungeistigkeit." Er beklagt die Vernachlässigung des wesentlichen Buches. Dem deutschen Theater wirft er vor, viel zur Verkitschung des Geschmacks beigetragen zu haben und das Kino hält er für den echten Ausdruck der kapitalistischen Kultur. „Die paar guten Filme werden vom herrschenden Kitsch erdrosselt. Denn diesem Kitsch stehen uneingeschränkte Mittel zur Verfügung."

Sein Fazit: „Das Niveau sinkt allseits!" Viele Literaten vertauschten ihre geistigen Interessen mit händlerischen. Ziellos und unklar sei der Weg der meisten Intellektuellen, sie seien meinungslos geworden und die junge Generation unterscheide sich in keiner Weise. „Kühl, nüchtern, faschistisch... sind sie sich nicht bewusst ihres eigentlichen Platzes: des Kampfes

---

[17]   Kunz G 1928, S. 3 – 15.

um ein besseres Europa." Kunz beschließt sein Pamphlet mit der Hoffnung auf „Mittler der besten Stimmen des Landes ... die mit Herz und Hirn für die Sache des wahrhaftigen, menschenverbrüdernden Geistes kämpfen!" Ein solcher Mittler ist er ohne Zweifel selber gewesen.

Das häufig von ihm benutzte journalistische Mittel war die Befragung jener „besten Stimmen des Landes". Oskar Loerke, sein früher Förderer hat es einmal auf den Punkt gebracht: „Ich freue mich, dass Sie immer die rechten Dichter zu wählen wissen." Bereits 1922 veröffentlichte er im *Neuen Görlitzer Anzeiger* eine zweiteilige Rundfrage „Wege deutscher Dichter".

Wir wissen, dass jede neuaufstrebende schöpferische Kunst der Verständnislosigkeit der Allgemeinheit ausgesetzt ist. Das Genie ist der Verachtung preisgegeben. Weswegen wir gewiss nicht jeden Verkannten als geniale Kraft bezeichnen werden... Diese Rundfrage will nichts anderes als dies: hinweisen auf die Neuschöpfungen einiger starker deutscher Dichter und vermittelnd wirken zwischen Schriftstellern und Publikum. Ankämpfen aber auch gegen die Vernachlässigung zeitgenössischen Schrifttums...[18]

Insgesamt 35 Autoren, von Max Brod bis Arnold Zweig, antworteten auf Lukus Anfrage. Sie äußern sich sowohl zum Zeitgeist als auch zum eigenen Schaffen. So beklagt der Dichter Arthur Silbergleit sein deutsches Schreiberlos. „Denn die sechs Bücher, die ich bisher geschrieben habe, fanden insgesamt bisher kaum tausend Käufer." Max Herrmann-Neiße kritisiert die Zurückhaltung der Verleger in Bezug auf die lyrische Schaffensform, auf die er doch am meisten Wert lege und nennt die völlige Abwesenheit der geringsten pekuniären Sicherheit ein Hemmnis für den kontinuierlichen, befreiten Bau wesentlichen Werks. Arnold Zweig tritt, nach siebenjähriger Pause als Dichter wieder vor die Öffentlichkeit. Er findet, diese Öffentlichkeit sei bestrebt, alten Zeiten nachzutrauern und nach Kräften zu tun, als habe man nichts gelernt. „Ich weiß aber, dass man sehr wohl, und viel, gelernt hat, und dass man mit allen Mitteln daran arbeitet, dies neue Ich unter die alten Imperative zu stellen, es dem Bewusstsein vorenthaltend, das nicht umhin könnte, aus Erfahrungen Taten zu gestalten." Er werde seine Gaben und was er als Künstler gelernt habe, zugunsten der unterdrückten neuen Regungen einsetzen.

---

[18] *NGA*, 31.3.1922 u. 10.10.1922.

Insgesamt zeichnen die Beiträge zur Umfrage des 22jährigen Görlitzer „Mittlers" ein faszinierendes Bild der deutschen Literaturlandschaft der frühen 20er Jahre. „Die Beiträge zeigen", resümiert Kunz, „manches starke, manches erbitterte und manches unwesentliche Wort. Denn nicht immer ist der (intuitiv) Schaffende sein bester Kritiker."

In zwei Doppelnummern der „Lebenden" nutzt er Jahre später erneut das Mittel der Umfrage. So bittet er im Februar 1930 einige Schriftsteller und Dichter, auf vernachlässigte Autoren hinzuweisen, weil ganz offensichtlich dem „Volk der Dichter und Denker" einige seiner wertvollsten Köpfe unbekannt sind. 14 namhafte Schriftsteller äußern sich zu Dichtungen, die nach ihrer Meinung längst in erster Reihe stehen müssten. Der Erzähler Hermann Kasack, nennt vier Autoren, in denen sich die dichterische Substanz der gegenwärtigen Literatur in Deutschland am stärksten beweise, und deren Namen berühmter seien als ihre Dichtungen bekannt: Gottfried Benn, Alfred Döblin, Franz Kafka, Oskar Loerke.

Thomas Mann: „Ich nenne einen verstorbenen, nämlich Franz Kafka, den Deutsch-Böhmen, dessen Werke ich außerordentlich liebe." Hermann Hesse erinnert aufs Herzlichste an Jakob Haringer, von dem „in diesen Blättern schon die Rede gewesen ist" und Max Herrmann-Neiße, verweist auf die Verse von Ernst Blass und die psychologischen und die politischen Romane von Franz Jung. Herbert Eulenberg verzichtet auf Namensnennungen. „Ich weiß keine bessere Arznei gegen den Undank der Gegenwart als „Weitermachen!" wie es beim gottlob entschlafenen Kommiss lautete."

Im Januar 1931 befragt Kunz in den „Lebenden" fünf Autoren, deren dichterischer Ruf bekannt genug ist, ob sie druckfähige Manuskripte besäßen, die gegenwärtig keine Aussicht auf Veröffentlichung hätten. Liegt es nur an den Verlegern, fragt er, oder liegt es vor allem am Publikum, an der gesamten Öffentlichkeit:

Die Zukunftsaussichten sind geringer denn je. Heute schon wird ein offenes Wort von Thomas Mann mit Autohupen und Radauszenen beantwortet. Schreitet die Geistfeindlichkeit so fort, dann wird morgen der heftige Kampf um die neue Zensur beginnen: zur Vernichtung und Unterdrückung der verantwortungsbewussten Dichtung unserer Zeit.

Ein prophetisches Wort des Herausgebers, dass die Auskünfte von Max Herrmann-Neiße, Hermann Kasack, Wilhelm Lehmann, Julius Levin und Erich Mühsam einleitet.

Die Quintessenz: Marktgängiger Konjunktur entspricht nur die Literatur, „welche entweder dem hergebrachten soliden Kunstgeschmack des sich modern fühlenden Bürgers oder den geeichten Maßen parteimäßig kontrollierter Schuldoktrinen Rechnung trägt", fasst Erich Mühsam die Erfahrungen der Autoren zusammen:

> Wer in Dichtung und Prosa außer der Reihe tanzt, wessen Sinnesart sich nicht von einer nicht mehr wirklichen Vergangenheit trennen kann oder zu weit in eine noch nicht wirkliche Zukunft vorauseilt, muss es sich gefallen lassen, dass er unter dem Huf einer auf ihren unerbittlichen Mechanismus sehr stolzen Gegenwart zertrampelt wird.

Mit der Umfrage „Ungedruckte Dichtungen" beendet Kunz die Edition der literarischen Flugblätter „Die Lebenden".

Vergleichbar den im Doppelheft veröffentlichten Umfragen erscheinen 1932 zwei kleine Schriften zu Jubiläen herausragender Autoren. Im Jahre des 70. Geburtstag Hauptmanns legt Priebatsch's Buchhandlung, Breslau das Bändchen „Gerhart Hauptmann und das junge Deutschland" vor. Es trägt zusammen „Meinungen von heute, die Anschauungen der jungen Generation", wie Kunz in seinem Vorwort bemerkt:

> Gerade in der heutigen Stunde, der Zeit krassester, chaotischer Verwirrung, des Aufeinanderprallens zweier entgegengesetzter Lebensstile, des Kampfes zwischen Individualismus und Kollektivismus, muss die Betrachtung eines so gerundeten, so meisterlichen Lebenswerkes von besonderem Reize sein. Wir wissen, dass die Fülle der Meinungen einer bewegten Diskussion gleicht, dass die Forderungen der jungen Autoren sich schärfer, kämpferischer gegenüberstehen als zuvor. So sprechen auch aus dieser Schrift die verschiedensten Stimmen, von links wie von rechts, alle samt um der universellen, so vielseitig erregenden, genialen Dichterkraft Gerhart Hauptmanns nahezukommen.[19]

Autoren waren u.a. Max Herrmann-Neiße und Edwin Erich Dwinger, Gerhart Pohl und Johannes R. Becher, Werner Milch und Hans Fallada. Haupt-

---

[19] Kunz C 1932a, S. 3

mann bedankte sich artig für die Schrift und lud Kunz zu einem Gespräch auf Haus Wiesenstein ein. In seinem unveröffentlichten Tagebuch berichtet Kunz über das Treffen am 13.09.1932 in Agnetendorf. Hauptmann habe sich lebhaft für den literarischen Nachwuchs interessiert und in diesem Zusammenhang an seine eigene revolutionär bewegte Jugendzeit, seine Kämpfe und den Boykott der Öffentlichkeit erinnert.[20]

Nach der Machtübernahme der Nationalsozialisten hat Hauptmann zugelassen, „dass sein Name und sein Werk propagandistisch missbraucht wurden. Er wehrte sich nicht", schrieb Hans Mayer 1952.[21] Mit dem Ergebnis, dass Hauptmanns jüdischer Freund und Förderer, der Starkritiker der Weimarer Republik, Alfred Kerr in seiner legendären Schmährede vom November 1933 das Bild Hauptmanns unter den exilierten deutschen Schriftstellern entscheidend prägte. („Dornen sollen wachsen, wo er noch hinwankt. Und das Bewusstsein der Schande soll ihn würgen in jedem Augenblick.")

Als der antifaschistische niederländische Schriftsteller Nico Rost, der Jahre im Lager Dachau zugebracht hatte, über Hauptmanns Versagen schrieb, verfasste Kunz eine Replik im Wochenblatt „De Vrije Katheder" von 2. August 1946, in der er dessen Kritik modifizierte. Hauptmann sei nicht zu den Nazis übergelaufen, wohl aber zu den herrschenden Mächten. Er verweist auf den Einakter „Finsternisse", den Hauptmann 1937 als Requiem für seinen jüdischen Freund Max Pinkus geschrieben hatte, erschienen nach dem Kriege zuerst als Privatdruck in den USA. „Eine Anklage gegen die ständige Wiederkehr von Verfolgung und Mord an der Menschheit." (W.A. Reichart) Zu einer entscheidenden Geste der Ablehnung des Faschismus hat sich Hauptmann freilich niemals entschlossen. Zehn Jahre später nennt Kunz Hauptmann in einem Artikel über Alfred Kerr (*Algemeen Handelsblad* vom 29. Januar 1955) einen „opportunistischen Schwächling". Mit Opportunismus habe Hauptmanns „Schande" vielleicht weniger zu tun, „als mit einer geheimen Unfähigkeit des Dichters, seine Wirklichkeit zu verstehen und in ihr Stellung zu nehmen", meint Hans Mayer.[22]

---

[20] Kunz, Tagebuch (LKA)
[21] Mayer 1952, S. 534
[22] Mayer 1947, S. 78

In dem 1926 vom legendären Verleger und Schriftsteller Victor Otto
Stomps (1897-1970) gegründeten Berliner Verlag „Die Rabenpresse" veröffentlichte Kunz 1932, aus Anlass des 50. Geburtstags des Dichters Wilhelm Lehmann, die Schrift „Die unbekannte Stimme". Erneut eine Sammlung treffender Würdigungen des Kleistpreisträgers von 1923. „So unbekannt sein Name der breiten Öffentlichkeit auch sein mag: Dichter und
Kritiker aus allen Lagern bekennen sich in dieser Schrift zu seinem Werke. Wilhelm Lehmanns Stimme müsste aber von Tausenden vernommen
werden, weil sie inmitten der heutigen chaotischen Übergangszeit das Lied
einer vollkommeneren Erde zu singen weiß", so Kunz in einem knappen
Vorwort.[23] Fünfzehn Autoren, darunter Moritz Heimann, Emanuel bin Gorion, Hermann Kasack, Oskar Loerke und Werner Milch werben für den
Dichter.

Als Kunz ein Jahr später seinen Almanach „Deutschland 1933" vorbereitet – Originalbeiträge von Ernst Blass, Max Herrmann-Neiße, Alfred
Döblin, Alfred Kerr u.a. waren zugesagt, ein Werbeblatt für Subskriptions-
zwecke war schon seit Herbst 1932 im Umlauf – erreichte ihn am 31. Mai
1933 ein triviales und wohl deshalb besonders zynisches Anschreiben eines Studienrates namens Günther, seines Zeichens Vorsitzender der Literarischen Gesellschaft Görlitz e.V. Der bedauerte sehr, dass der „geehrte,
liebe Herr Kunz" aus dem Verwaltungsrat ausscheiden wolle, könne ihn
„unter den heutigen Verhältnissen" freilich auch nicht bitten, seinen Ent-
schluss rückgängig zu machen und wünsche ihm, dass es ihm dennoch ver-
gönnt sein möge, „zum Wohle unseres Vaterlandes an kulturellen Aufgaben
auch weiterhin mittätig zu sein."[24] Mit einem „aufrichtigen Dank für treue
Dienste" endete für Kunz seine „deutsch-jüdische Symbiose". Es ist nicht
bekannt, wie der engagierte, agile, rastlose Mann die folgenden fünf Jahre
aufgezwungenen Schweigens hat ertragen können. Erst im April 1938 geht
er ins Exil nach Amsterdam.

In seinem Tagebuch, das er seit der Okkupation in Versteckquartieren
führt, ist er selbstquälerisch bemüht um Distanz zu manchem Autor, dem er
einst vertraute, dem er folgte, „den Stehrs mit der ewigen deutschen Gott-

---

[23] Kunz C 1932b, S. 3
[24] Günther, Brief an Ludwig Kunz, vom 31.5.1933 (LKA).

sucherei, dem ewigen Mystizismus, dem ewigen Kreislauf ohne Ziel und Klärung... Die Lehre Stehrs hat mich im tiefsten Wesen vergiftet und mir einen „Heiligenschein" vor Augen geführt, der nicht existiert."[25] Es war ein schwieriger Selbstklärungsprozess der, nach unbefriedigenden literarischen Versuchen nach Kriegsende, wohl erst 1950 abgeschlossen war. Der Kritiker, Essayist, Übersetzer und Herausgeber Ludwig Kunz erwarb sich fortan höchste Wertschätzung als Mittler zwischen der deutschen und der niederländischen Kultur.

Der erinnernde Blick auf sein Lebenswerk verdeutlicht schmerzlich, welche Amputationen die deutsche Kulturlandschaft hat hinnehmen müssen. Die Begegnung der Juden und der Deutschen, die zu außergewöhnlichen Kulturleistungen führte, scheiterte, weil „die Idee der Emanzipation als einer notwendigen Aufwärtsbewegung der Menschheit" einseitig aufgekündigt ,abgelehnt, geleugnet, verneint wurde – und das nicht erst 1933. „Die Liquidierung der Juden, der Holocaust", schreibt Nicolaus Sombart, „ist die logische Konsequenz der anti-universalistischen, anti-aufklärerischen, anti-emanzipatorischen Option der Deutschen."[26]

---

[25] Kunz, Tagebuch (LKA).
[26] Schoeps (Hrsg.) 1989, S. 33.

Weg door de nacht/ Gang durch die Nacht (Ausschnitte)

Ludwig Kunz

aus dem Niederländischen (zurück)übersetzt von Katja Zaich

Im LKA befindet sich ein Empfehlungsschreiben von John Heartfield an Verlag „De Uil", am 23. Juni 1946 datiert. Heartfield schreibt:

„Gang durch die Nacht" von Ludwig Kunz gibt ein sehr gutes Bild über Holland während der Occupation. Es gestaltet das Leben und Leiden eines einfachen jüdischen Menschen. Die geschilderten Vorgänge bringen einem auch deutlich die Stärke des holländischen Resistance Movements zum Bewusstsein. Wahrheitsnähe, vortreffliche Beobachtung der Nazis und aufschlussreiche, characteristische Einzelheiten machen das vortrefflich geschriebene Buch zu einem wertvollen Document. Jeder sollte es lesen.

Aus dem Roman wurden fünf repräsentative Ausschnitte ausgewählt. Ausschnitt I und V sind dem Anfang beziehungsweise dem Ende des Textes entnommen. Ausschnitt II beschreibt die Nacht vor der Flucht des Protagonisten, Ausschnitt III ein heikles Erlebnis während der Untertauchzeit. Ausschnitt IV erzählt die Beobachtungen des Protagonisten, während er gegen Kriegsende in einem Arbeitslager eingesperrt ist.

I

Es geschah in einer deutschen Provinzstadt. Frank Luck schlenderte durch eine der Straßen, als ihm plötzlich der Weg von zwei SA-Männern versperrt wurde: „Kommen Sie mit, Sie sind verhaftet", riefen sie.

Überrascht und sich keiner Schuld bewusst fragte Frank Luck: „Aber warum denn?" Einer der beiden schnauzte ihn an: „Klappe halten!"

Sie brachten ihn zum Gericht. Vor der Tür standen zwei SA-Männer Wache. Frank Luck wurde in einen kleinen Raum gebracht. Dicht aufeinander standen dort sechsunddreißig Juden in großer Verunsicherung. Ein SA-Mann öffnete die Tür und rief harsch: „Alle mitkommen!"

Auf der Straße mussten sie sich hintereinander aufstellen. Dem vordersten Juden wurde ein Schild in die Hand gedrückt, auf dem stand: „Wir sind Volksfeinde". Mit einem schrillen Pfeifsignal begann der Marsch. Sechsunddreißig Juden liefen durch die Stadt, in der sie in Ruhe gelebt hatten und in der die meisten auch geboren waren, wo sie ihre Geschäfte hatten oder als Ärzte und Rechtsanwälte gearbeitet hatten. Gestern noch gehörten sie zu den angesehenen Bürgern. Jetzt prasselten Worte der Verachtung auf sie nieder. So wurden sie durch die Stadt geschleift, die Stadt, in der sie genauso tief verwurzelt waren wie alle anderen Einwohner.

Aufgeregt redend schauten viele Bürger zu, von denen man wirklich nicht sagen konnte, ob Schadenfreude oder Angst sie erfüllte. Nur ein einziger Arbeiter sprang vom Bürgersteig herunter auf Luck zu und rief: „Wenn sie jetzt damit beginnen, gehe ich freiwillig mit!" Grobe Fäuste ergriffen ihn, schleiften ihn mit und es wurde gerufen: „Nach Palästina gehörst du, Schuft!"

Vor dem Rathaus hatte sich eine hundertköpfige Menge versammelt. Männer und Frauen, die zur gerade an die Macht gekommenen nationalsozialistischen Partei gehörten. Als die sechsunddreißig Juden vor der Menge erschienen, bauten sich die SA-Männer auf und schrien im Sprechchor: „Weg mit den Juden!"

Beim Eingang des Gefängnisses, das neben dem Rathaus lag, musste jeder Gefangene einzeln an der Reihe der aufgestellten SA-Männer entlanggehen. Und als der letzte Gefangene verschwunden war, hielt ein SA-Mann eine kurze Rede, in der er triumphierend rief: „Von denen kommt kein Einziger lebend zurück: Jetzt werden wir es endlich mal richtig machen!"

Die SA-Männer hatten die Juden ins Gefängnis gebracht und damit war ihre Arbeit getan. Siegesfanfaren erklangen. Die SA trat zum Abmarsch an.

Die Nazis waren erst ein paar Wochen an der Macht. Die Bürokratie der deutschen Behörden war den veränderten Verhältnissen noch nicht angepasst und bestand noch nicht überwiegend aus Nationalsozialisten. Die Ämter waren noch keine Propagandazentralen und überall saßen noch alte deutsche Beamte, die im Geiste strenger Pflichterfüllung aufgewachsen waren. Sowohl im Rathaus als auch im Gefängnis dienten noch die alten Beamten.

Der Bürgermeister, ein Mann mit liberalen Prinzipien, gab die ersten

Anweisungen: „Bringt die Herren mal aus dem Gefängnis in den Bürgersaal des Rathauses." Ein alter Gefängniswärter gab sein Bestes, diesen Befehl so gut wie möglich auszuführen, und brachte die Juden schnell über eine Hintertür in den Bürgersaal des Rathauses.

Als er in dem eindrucksvollen Saal so viele jüdische Fabrikanten, Kaufleute und Akademiker beieinander sah, schien er sein Selbstvertrauen schnell zurückzugewinnen. Er zog seine Uniform zurecht, schaute in einen Taschenspiegel und verbeugte sich. Dann begann er eine Art Rede.

Er sagte: „Sehr geehrte Herren, was hier alles geschehen ist, ist nicht meine Schuld. Ich bin nur ein einfacher Gefängniswärter. Aber ich habe zweiundzwanzig lange Jahre meine Pflicht getan, meine Pflicht, wie ich sie auffasse. Und diese Pflicht will ich heute auch gegenüber Ihnen erfüllen. Meine Herren, alles, was Sie wollen, werde ich meine Frau für Sie holen lassen, alles, was Sie nur wollen.

Ich stehe hier heute nicht zum ersten Mal. Von meinen vier Kindern ist der Älteste auch schon so weit, dass er heute oder morgen eine Stelle als Gefängniswärter bekommt. Und jetzt, meine Herren, geben Sie nur Ihre Bestellungen auf."

Kaum eine Stunde später kam der Gefängniswärter zurück und packte alles aus, was er zu bringen versprochen hatte. In der Tür stand seine Frau und reichte Kannen mit dampfendem Kaffee und Körbe mit Gebäck.

Etwas später hörte Frank Luck durch die Saaltür die gedämpfte Stimme des Gefängniswärters, der mit seinem ältesten Kollegen sprach. „Das kann nicht gut gehen mit diesem Hitler. Das kann ich dir nur sagen, Oskar!"

Als die Dunkelheit hereinbrach, begann so mancher sich um sein Schicksal zu sorgen. Was würde mit ihnen geschehen? Würde die SA diese schrecklichen Drohungen wahrmachen?

In quälender Unsicherheit saßen die sechsunddreißig Juden abends beieinander, als sich plötzlich die Tür des Bürgersaales öffnete.

„Vorsichtig, meine Herren, vorsichtig", begann der Gefängniswärter. „Der Bürgermeister hat erlaubt, dass Sie heute Nacht einzeln nach Hause gehen. Nicht gemeinsam, sondern immer zu zweit können Sie durch die Hintertür des Gebäudes weggehen. Aber Sie dürfen mindestens ein paar Tage nicht auf die Straße gehen, bis der Zustand sich wieder normalisiert hat. Achten Sie auf die kleine Treppe an der Hintertür. Nicht fallen! Gute Nacht, meine Herren."

In diesen ersten Wochen nach der Machtergreifung besaßen die Nazis noch keine Konzentrationslager. Der nationalsozialistische Terrorapparat war noch nicht errichtet worden. Die Menschenjagd war noch nicht organisiert.

[...]

II

[...]

Aus seinem Lehnsessel betrachtete Frank Luck seine Bibliothek, die auf langen Regalen die ganze Wand seines Zimmers einnahm.

Sein Blick glitt über die Reihen vielfarbiger Bände und ruhte auf manchen lange. Die Werke deutscher Autoren waren in dieser Bibliothek am besten vertreten. Da standen sie alle, die Bücher von Hölderlin und Goethe, von Heine und Rainer Maria Rilke, von Wedekind und Gerhart Hauptmann, von den Brüdern Mann und Bert Brecht. Die Bücher, aus denen so viele mächtige wie auch sanfte, süße, schmerzliche und fröhliche Melodien klangen. Aus diesen Büchern strömte der echte deutsche Geist, die Sprache der wahren Meister des Landes. Wie sehr waren allerdings in wenigen Jahren die Besten von ihnen durch die grobe SA zum Schweigen gebracht worden. Wie hatten die klobigen Stiefel die weitgepflügten Felder des menschlichen Fortschritts verwüstet und das Ansehen des Landes geschändet!

Frank Luck schaute nach einigen Büchern. Da stand eines über Thomas Münzer, Jäcklein Rohrbach und Wendel Hipler und schließlich eines über die Kämpfer von 1848/49. Darin konnte man lesen, wie jeder Freiheitskampf des deutschen Bürgers immer wieder misslang, wie stets wieder derselbe erbitterte Kampf gegen ihre eigenen Erlöser geführt wurde, wie verzweifelt langsam sich im Vergleich zu anderen westeuropäischen Ländern die Entwicklung zur bürgerlichen Revolution vollzog, wie die Deutschen nie selbstständig politisch denken gelernt haben und wie sie deshalb immer wieder Sklaven ihrer eigenen Junker und Herrscher blieben.

Von den Büchern glitt sein Blick weiter zu den drei Fotos, die über seinem Schreibtisch hingen. Das eine war der Schriftsteller, der große Werke wie „Die Weber" und „Florian Geyer" geschrieben hatte, aber dessen spätere Haltung für so viele junge Menschen eine bittere Enttäuschung war. Das zweite Foto zeigte den Autor des großen Romans „Der Heiligenhof", den schlesischen Mystiker, der einmal gesagt hatte: „Die Menschen halten immer nur die Fäden in den Händen, aber das Schicksal webt, wie es will." Mit solchen Worten als Trost konnte der Schriftsteller sich nach der Machtübernahme Hitlers nicht nur schnell und einfach den neuen Herrschern beugen, sondern auch jene Widmung aus seinen Büchern verschwinden lassen, in der er einmal einem Mann seinen Dank ausgesprochen hatte, den er seinen Retter nannte. Im Dritten Reich war es übrigens besser, den Namen Walther Rathenau zu vergessen. Das dritte Foto zeigte einen Schriftsteller, dessen Namen nicht so große Bekanntheit erworben hatte. Er war in der schlesischen Stadt Neiße geboren und aus seiner Feder waren Verse geflossen, die zu den schönsten der deutschen Lyrik gehörten. Sein letztes in Deutschland erschienenes Buch hieß „Abschied" und tatsächlich nahm er kurz danach Abschied von seiner Heimat und allem, was er liebte. Denn er gehörte zu denen, die in den ersten Tagen nach der Machtübernahme ihre Heimat verließen und das bittere Los der Emigration auf sich nahmen.

Frank Luck unterbrach seine Gedanken. Er erschrak, als er auf seine Uhr schaute. Fast die ganze Nacht hatte er bei seiner Bibliothek seinen Gedanken nachgehangen. Zum letzten Mal. Vorsichtig schaute er aus dem Fenster. Jeden Augenblick konnte die Gestapo kommen. Sie kamen in jedes Haus, das von Juden bewohnt wurde, beschlagnahmten die Pässe und sagten: „Die Juden brauchen keine Pässe mehr." Bei ihm waren sie schon gewesen, aber sie hatten ihn nicht zu Hause angetroffen und die Nachricht hinterlassen, er solle so schnell wie möglich auf dem Polizeirevier erscheinen und seinen Pass abgeben. Die Polizei machte ihn außerdem darauf aufmerksam, dass er seinen Pass als bereits beschlagnahmt betrachten müsse und dass er ihn bestimmt nicht mehr für Reisevorhaben verwenden könne.

Dies war gerade am Tag vor Pfingsten geschehen. Frank Luck hoffte, dass es ihm an den zwei Pfingsttagen noch gelingen würde wegzukommen. Er trug sich nämlich schon lange mit dem Gedanken, das Land zu verlassen. Schnell packte er zwei Koffer mit den notwendigsten Dingen und verließ seine Wohnung.

[...]

Ludwig Kunz

III

[…]

Ein neues Leben begann für Frank Luck, ein ungeahnt schweres, diszipliniertes Leben. Es stand im Zeichen einer einzigen Notwendigkeit: sich nicht entdecken lassen, denn überall lauerten und spionierten die Gestapoleute. Seine Existenz wurde jetzt eine Folge der stets gleichen Dinge. Tag ein, Tag aus war er in dem kleinen Zimmer, das er von einem Amsterdamer Beamten gemietet hatte. Oft ging er langsam im Zimmer auf und ab. Deshalb trug er keine Schuhe, die seine Anwesenheit hätten verraten können; er sprach im Flüsterton, damit seine fremde Stimme nicht auffiel, er mied das Fenster, um nicht gesehen zu werden. Er lebte in dem kleinen Zimmer, das war seine Welt.

Oft lagen die Karten, auf denen er den Kriegsverlauf verfolgte, auf dem Tisch. An vielen Fronten wurde erbittert gekämpft. Es fand ein gigantischer Kampf statt. Schmerzlich musste er feststellen, dass er dazu verurteilt war, tatenlos in seinem Zimmer zuzuschauen, und dass ihm nichts anderes übrigblieb als unsichtbar zu bleiben. In solchen Stunden schaute er ungeduldig auf den Kalender, dachte an die viel zu langsam verstreichenden Monate und fragte sich: „Wie lange muss ich noch tatenlos bleiben, zuschauen und mich verstecken?"

Abends ging er ins Zimmer neben dem seinen. Dort wohnten die Leute, die ihn aufgenommen hatten. Sie hatten insgesamt nur vier kleine Zimmer, von denen sie eines Frank überlassen hatten. Sie wussten, dass sie damit ihr Leben aufs Spiel setzten, denn wenn die Deutschen einen Untertaucher fanden, nahmen sie auch diejenigen fest, die ihm Unterschlupf boten. Jeden Tag und jede Stunde war zähe, nie nachlassende Wachsamkeit geboten. Jederzeit musste man mit Hausdurchsuchungen rechnen.

Manchmal, wenn es dunkel war, ging Frank Luck in die Stadt. Es war sehr gefährlich, denn an vielen Stellen stand die Polizei, die niemanden durchließ, der nicht nachweisen konnte, wer er war. Zu diesem Zwecke hatte jeder Niederländer einen Ausweis erhalten, der mit einem Foto und Fingerabdruck versehen war. Wenn Frank Luck ohne einen solchen Ausweis verhaftet werden würde, wäre es um ihn geschehen. Aber die Untergrundorganisationen leisteten gute Arbeit. Frank Luck bekam einen Ausweis mit

54

eigenem Foto, Fingerabdruck und Unterschrift, aber mit dem Namen eines Amsterdamer Elektrikers.

Ein schwieriges, monotones Leben. Tage wurden Wochen und Wochen wurden Monate. Ein ganzes Jahr lebte Frank Luck nun schon in diesem Zimmer.

Eines Nachts wurde geklingelt. Wer konnte das sein? Niemand durfte nach elf Uhr auf die Straße. Es konnte also nur die Polizei sein. In einem Augenblick hatte Frank Luck sein Bett glattgestrichen. Es war nichts im Zimmer, woraus man die Anwesenheit eines Bewohners hätte ableiten können. Innerhalb der nächsten drei Minuten hatte er sich in der Wohnung versteckt. Es gab keine Verstecke im Haus, dennoch musste er so schnell wie möglich verschwinden. Aber oft genug hatte Frank Luck diesen Ablauf geprobt. Er versteckte sich im breiten Bett des Ehepaars, das ihm Unterschlupf gewährte. Er kroch zwischen die Spiralen und die Matratze und machte sich so flach wie möglich, um alle verdächtigen Erhebungen zu vermeiden. Er drückte sich fest gegen die Spiralfedern, die dem Gewicht seines Körpers nachgaben.

Zwei Beamte der Gestapo durchsuchten das ganze Haus, betasteten alle Schränke, schienen mit ihren Taschenlampen in alle Ecken und Löcher, schauten unter die Betten, in Koffer, Waschkörbe und an alle anderen Stellen, wo sich jemand hätten verstecken können. Eine halbe Stunde unerträglicher Spannung verging. Plötzlich fühlte Frank Luck, wie eine breite Hand langsam über seinen Rücken strich. Nur eine Matratze bedeckte seinen mageren Körper, der wie tot auf den Spiralen ruhte. „Nicht die kleinste Bewegung!" hämmerte es in seinem Kopf. In Augenblicken der größten Gefahr hilft die menschliche Natur sich selbst. Frank Luck lag völlig unbeweglich da wie ein Stück Eisen. Und tatsächlich, der Gestapomann merkte nicht, dass unter der Matratze ein Mensch versteckt war.

***

Eine volle Stunde war vergangen und die Hausdurchsuchung war beendet, aber der Herr des Hauses wurde mitgenommen. Frank Luck konnte keinen Abschied von seinem Kameraden nehmen. Niemand wusste, warum man den Mann mitgenommen hatte. Er hatte nichts getan. Ein Polizeispion hatte den einen oder anderen Verdacht gegen ihn geäußert, der schließlich nicht stichhaltig schien. Aber dies war die Methode der Gestapo. Es wurde nicht nach schuldig oder unschuldig gefragt, der geringste Verdacht war ausreichend, um jemanden festzunehmen. Es gab keine Grenzen für diese Menschenjagd. Der unschuldig festgenommene Mann wurde erst nach einem Monat wieder freigelassen.

In den frühen Morgenstunden packte Frank Luck die notwendigsten Dinge in die Aktentasche. Er musste so schnell wie möglich die Wohnung, in der er sich nicht mehr sicher fühlte, verlassen. Und so ging er auf die Straße, auf der Suche nach einem neuen Versteck. Aber die meisten Leute zuckten mit den Schultern und sagten: „Es tut mir leid, aber hier geht es nicht." Viele wollten ihm auch für einige Tage Obdach gewähren.

[...]

IV

[...]

Karl Ferdinand Wegener lief langsam vor den Baracken hin und her. Er stand jetzt nicht mehr an der Ostfront. Er hatte erlebt, wie seine Einheit durch die enormen Schläge der russischen Gegenoffensive zum Rückzug gezwungen worden war. Er hatte das Elend und die Bitterkeit einer Niederlage erlebt und er trug auch in seinem Körper die Spuren, die während der kurzen Zeit, die ihm noch gegeben war, unverwischbar bleiben sollten. Seine Lungen waren nicht mehr zu heilen und auch das Sprechvermögen hatte er einige Zeit verloren. Mit unsäglicher Mühe war er nun so weit, dass er wieder sprechen konnte, aber er kämpfte mit sich um jedes Wort und immer noch blieb es ihm oft auf den Lippen hängen. Er stotterte und stammelte auf rührende Weise. Der Frontsoldat war zum Wachmann in einem Gefangenenlager degradiert worden. Der Feldwebel hatte es speziell auf ihn abgesehen, mit dem sogar die Holländer Mitleid hatten.

„Kannst du nicht in Haltung stehen, Hundsfott", schrie er ihn beim Appell an. „Erzähl mal, was für einen Beruf hast du eigentlich gelernt", machte er weiter. „Ich bin Schriftsteller", antwortete der Soldat. „Ein schöner Schriftsteller, der nicht mal sein Maul aufmachen kann. Ich gebe dir einen guten Rat: Du solltest dir das Stottern mal abgewöhnen", fügte er hinzu. Manchmal, wenn Frank Luck nachts durch das Krabbeln und Beißen des Ungeziefers nicht schlafen konnte, schlich er zum Ausgang der Baracke. Es war verboten, sich nachts nach draußen zu begeben, aber oft wurde er an der Tür erwartet, nämlich wenn Wegener Wache schob. Dann liefen sie zusammen zum Rand des nahen Waldes. Die tiefschwarzen Schatten der Bäume hoben sich scharf vom sanften grauen Winterhimmel ab. Feurige Streifen schossen durch den Himmel und in der Ferne fielen Leuchtkugeln wie glühende Bälle hinunter. Frank Luck begann sein Gespräch äußerst vorsichtig und behutsam. Sein Plan stand fest. Er wollte versuchen, das Vertrauen des Wachmanns zu gewinnen. So konnte er dann vielleicht an Nachrichten kommen, die für die Holländer von Belang waren. Karl Ferdinand war kein Verräter. Die niederländischen Arbeiter wussten das aus Erfahrung. Nie gebrauchte er scharfe Worte und wenn er merkte, dass die ihm unterstellten Arbeiter keine Lust zum Arbeiten hatten, schaute er in die andere Richtung. Wenn sie von der Arbeit verschwanden und sich in den Baracken versteckten, tat er nichts dagegen. Wenn jemand über Schmerzen klagte, sagte er: „Melde dich doch krank." Niemals hatte er einen holländischen Arbeiter verraten. Er half ihnen so viel, wie ihm möglich war.

„Die Alliierten hören nicht auf und der Ring um Europa wird immer enger. Ist es eigentlich nicht sinnlos, dass täglich noch Zehntausende sterben?" Aber eigenartig, der Soldat, der in seiner Freizeit oft die Nähe Frank Lucks suchte, ging derartigen Fragen aus dem Weg. Es schien, als ob er auch ein Opfer der Propaganda war. „Schließlich bin ich auch Schriftsteller", wiederholte er immer wieder und sprach über sein Werk. Frank Luck hatte seine Manuskripte gelesen.

Diese Manuskripte waren merkwürdig. Darin sprach er über Rosen und blühenden Flieder und träumte von märchenhaften Bächen und prächtigen Schlössern. Seine Welt war so begrenzt. Die Leute, die um ihn herum lebten, sah er nicht und auch nicht den Boden, in dem die Rosen wuchsen, er sah die Baracken nicht und auch nicht das Ungeziefer, der Schmutz und die Hungerrationen gingen an ihm vorbei, selbst das Elend, das von den Gesichtern der Gefangenen abzulesen war. Seine Welt war nur die von Blumen und singenden Engeln. Es war traurig zu sehen, wie dieser vom Krieg zerstörte junge Mann jeder politischen Kritik und jeder tieferen Einsicht aus dem Weg ging.

Der größte Teil der jüngeren Soldaten schien so zu sein. Sie glaubten

der deutschen Propaganda und waren blind für den wahnsinnigen Macht-
hunger der deutschen Herrscher.

Es war in Deutschland verboten, auch nur den geringsten Zweifel am
Endsieg zu hegen. Wie Hammerschläge tönten ständig dieselben Worte auf
demselben Amboss: Es gibt keinen Zweifel an einem günstigen Verlauf des
Krieges.

Die deutschen Maßnahmen waren ausschließlich auf den Sieg gerichtet.
Mit der Möglichkeit einer Niederlage wurde in den Büros des deutschen
Kriegsministeriums in keiner Weise gerechnet. „Wir erlauben einfach keine
Niederlage", sagten die Männer der Partei. Diese Worte wurden genauso
von der deutschen Jugend wiederholt. „Es ist nicht möglich, dass wir den
Krieg verlieren", sagten die meisten jungen deutschen Soldaten.

Karl Ferdinand Wegener stand als Soldat auf der Todesliste. Der Krieg
hatte ihn kaputtgemacht, aber er verstand nicht, dass es die braunen Macht-
haber waren, die sowohl ihn als auch sein Land zugrunde gerichtet hatten.
Humpelnd verschwand er in der Dunkelheit.

[. . .]

V

[. . .]

Frank Luck kletterte mit seinem Koffer auf einen Lastwagen, auf dem
sich schon einige Personen befanden. Mit großer Geschwindigkeit fuhren
sie in die Stadt und erreichten sie schnell. Wie friedlich sah sie aus! Fast
unbemerkt war der Krieg an ihr vorbeigegangen und die Geschäfte waren
größtenteils wieder geöffnet. Alles sah verlockend aus.

Schnell erfuhr Frank Luck die ganze Wahrheit. Man hatte ihn mit einem Transport unzuverlässiger Reichsdeutscher mitgeschickt und ihm deshalb auch keinen Brief mitgegeben. Er kam wieder in eine Meldestelle, wo
man sofort die amerikanische Polizei informierte. Drei Minuten später erschienen zwei Leute der amerikanischen Militärpolizei und sagten: „Wer
in den vergangenen Jahren falsche Papiere hatte, kommt jetzt in ernsthafte
Schwierigkeiten." Frank Luck antwortete: „Aber verstehen Sie doch, dass
dieser falsche Ausweis mein Leben gerettet hat und dass ich schon lange totgeschossen und verwest wäre oder in Polen ermordet worden wäre,

wenn ich nicht mit falschen Papieren gelebt hätte. Es war in Holland üblich, falsche Papiere zu benutzen, wenn man gesucht wurde, und es gab große illegale Organisationen, die sie besorgten." „Aber warum haben Sie Ihre richtigen Papiere dann nicht auch dabei?" fragte der Beamte.

Frank Luck schwieg. Gab es wirklich so gar kein Verständnis? Wusste man wirklich nichts vom harten Untergrundkampf? Wie die Deutschen gehaust hatten, wie hartnäckig sie Menschen gejagt und gierig nach dem kleinsten Stück Papier gegriffen hatten? Wahrscheinlich hatten sie schon das eine oder andere in der Zeitung gelesen, es aber für übertrieben gehalten. Sie hatten es selbst nicht erlebt und deshalb glaubten sie es nicht.

Frank Luck kam nicht an seine echten Papiere, die in Amsterdam verwahrt waren. Nur vier Leute wussten von seinem illegalen Aufenthalt in Limburg, aber sie waren alle vier evakuiert und nicht erreichbar. Seine wahren Freunde, die alles von ihm wussten und sein ganzes Leben kannten, waren in Amsterdam.

Es wurde schnell über ihn entschieden. Ein Mann brachte ihn weg. Es war nicht weit. Eine halbe Stunde später fiel eine schwere Eisentür hinter Frank Luck ins Schloss. Er saß in einer Zelle des Polizeireviers. Er war gefangen.

Oft bekam er Besuch von holländischen Beamten und sie waren ihm wohlwollend und hilfsbereit gesinnt. Aber sie konnten schließlich auch nicht vergessen, was sich alles abgespielt hatte, und wussten schließlich, wie erbärmlich das illegale Leben gewesen war und dass vielen nichts Anderes übriggeblieben war, als falsche Papiere zu benutzen.

Frank Luck war befreit, aber jetzt saß er hinter den Gittern des Polizeireviers und war nicht im Stande zu beweisen, dass er wirklich der war, für den er sich ausgab. Es war traurig, aber er konnte seine Identität nicht nachweisen. Es befanden sich noch drei andere Personen in der Zelle. Einige Stunden später wurde noch ein deutscher Soldat gebracht. Ein Kriegsgefangener, der sich als junger Fanatiker herausstellte. In Zivilkleidung hatte er sich eine Zeitlang vor den Amerikanern versteckt und stündlich erwartet, dass die Deutschen wieder zurückkehrten. Aber als er nichts mehr zu essen hatte, ergab er sich. Er hatte sich noch nicht ganz den veränderten Umständen angepasst. Argwöhnisch betrachtete er Frank Luck und als der

Gefängniswärter kam, protestierte er dagegen, dass er mit Nicht-Deutschen in einer Zelle eingesperrt war.

An den Haftraum grenzten drei kleine Schlafzellen. Frank Luck zog sich in eine von ihnen zurück, schloss die schwere Eisentür hinter sich und war allein. Erschöpft legte er sich auf die Pritsche. Was konnte er jetzt noch machen? Worte waren zu seiner Verteidigung nicht ausreichend. Papiere brauchte er oder jemanden rufen lassen, der seinen richtigen Namen kannte. Aber es gab niemanden. Er verzichtete aufs Schlafen. Unbeweglich lag er auf seiner harten Pritsche. Von draußen drang Musik in seine Zelle. Es waren fröhliche und liebliche Melodien, als kämen sie aus einer anderen Welt. Der Welt im Frieden. In einem der angrenzenden Häuser schien es fröhlich zuzugehen. Die anderen feierten ausgelassen die Befreiung.

War er überall ausgeschlossen? War er dazu verurteilt, in diesen Stunden zusammen mit einem Kriegsgefangenen in einer Zelle eingesperrt zu sein? Sein Rücken begann von der harten Bank zu schmerzen. Er richtete sich auf und setzte sich. Je tiefer und düsterer Frank Luck in sein eigenes Elend eintauchte, desto übermütiger und wilder drang die Musik auf ihn ein.

Morgens wurde die Zellentür geöffnet. Zwei amerikanische Polizeibeamte kamen herein und nahmen ihn zu einem kleinen Auto mit. Es war ein grauer, regnerischer Tag. In schnellem Tempo fuhren sie durch verschiedene Dörfer. Wieder fuhr Frank Luck an Grenzposten vorbei. Ein kleines Dorf schien das Ziel der Reise zu sein. An einem am Rande der Straße gelegenen Haus stand „Military Government". Sie hielten an. „Sie kommen hierher, um von den Militärbehörden verhört zu werden", sagten sie und fuhren weiter.

Einen Augenblick später saß er gegenüber einem Beamten, der den gefälschten Ausweis von allen Seiten betrachtete und alle möglichen Fragen stellte. Es war ein freundlicher, wohlwollender Mann. Ein älterer Offizier kam herein. Er musste entscheiden und sagte: „Wir kennen Sie nicht und Sie haben keine Papiere. Ich werde Sie zum Haus des Pastors bringen lassen." Mit dem Auto ging die Fahrt weiter, bis man das Pfarrhaus eines der Dörfer erreicht hatte. Frank Luck war wieder in Deutschland und lief durch die Dorfstraßen.

Vor einer unwiderruflich zerstörten Brücke blieb er stehen. Es standen zwei Warnschilder darauf, dass es in dieser Gegend Mienen gab. Er schaute auf eine nahe Wiese. Hier musste ein heftiger Panzerkampf stattgefunden haben. Sieben zerstörte Panzer waren halb im schlammigen Boden versunken. Eine zersplitterte Stahlplatte lag daneben. Daneben wieder lagen das scharfzahnige verbogene Rad eines Panzers, eine zerstörte Raupenkette und ein paar krumme Eisenbalken. Der Boden war dadurch aufgerissen.

Es lag alles Mögliche auf dem Gras. Die verstreuten Reste eines in die Luft geflogenen Autos, ein stinkender Pferdekadaver und verbrannte Benzinkanister. Ein Regen von Granaten und Bomben hatte sein Zerstörungswerk verrichtet. Das ganze Dorf war dadurch getroffen worden und kein Haus war stehen geblieben.

Frank Luck lief weiter durch das Dorf. Mitten in all diesen Verwüstungen sah er ein besonders schwer beschädigtes Haus.

Langsam kletterte er über die Schutthaufen und setze sich auf eine scharf abgebröckelte Mauer. Neben einer Handgranate lag eine Puppe, ein Stahlhelm neben einer zerbrochenen Sektflasche. Er schaute auf seine Kleider, die mit Ölflecken verschmiert und an verschiedenen Stellen gerissen waren. Er sah auf seine durchgelaufenen Schuhe.

War er durch seine jahrelange elende Existenz so jeder menschlichen Atmosphäre entwöhnt, hatte er sich so weit davon entfernt, dass man ihn zu meiden begann, ging man ihm, dem Entwurzelten und Exilierten, ihm, der nur noch an Verstecken im Untergrund zu Hause war, sorgfältig aus dem Weg? Frank Luck saß auf der eingestürzten Mauer. Er zog die traurige Bilanz:

Elf volle Jahre von wilder Hitler-Tyrannei hatten ihn entlang den verborgensten und dunkelsten Wegen des menschlichen Wahnsinns geführt, ihre Spuren auf seinem Gesicht hinterlassen und ihn teilweise unter die Erde gezogen. Nicht einen einzigen Tag hatten die gierigen Menschenverächter es aufgegeben. Jeden Tag hatten sie Tausende in ihre Macht bekommen, sie zu Tieren gemacht und gnadenlos ermordet.

„Dennoch werden wir siegen", stand in weißen Buchstaben auf der kaputtgeschossenen Mauer. Hier sah man die Ernte. Unübersehbare Berge Schutt und Abfall lagen verstreut. Zersplitterte Häuser, zerstörte Scheunen, verbrannte Wälder, zerschlagene Straßen, aufgeschlitzte Felder, über die

Ufer getretene Flüsse, unter dem Schutt begrabene Menschen. Zwischen dies allem Tümpel aus Schlamm, Müll und zerstörtem Hausrat.

Das war Hitlers Sieg.

Langsam stand Frank Luck auf und kletterte über die eingestürzten Balken. Hinter dem Schutt sah er ein unberührtes Stück Land. Mitten im Schutt leuchteten die weichen Farben einer weit offenen Wiese wie ein großer stiller See. Junges, vom milden Tau glänzendes Gras spross üppig. Frank Luck lief darüber hin. Er sah zwei Lämmer, die sanft und beweglich ihr fröhliches Spiel spielten. Er rief sie und sie verstanden seine Sprache. Sie zeigten ihm ihr strahlend weißes Fell und drückten ihren Kopf gegen seine Knie. Sie waren hungrig und ließen sich füttern.

IV. Kontinuität und Wandel
Kunz' Netzwerke vor und nach dem Krieg

Els Andringa

Die Lebenden im Kontext ihrer Zeit

Der berühmte Germanist und Buchwissenschaftler Paul Raabe, großer Kenner des Expressionismus, verfasste das Nachwort zum Reprint von *Die Lebenden*. Raabe hat unermüdlich bibliographische Arbeit geleistet, um die Veröffentlichungen der Expressionisten zu sammeln, zu beschreiben und zu erschließen. Von ihm stammt das „Repertorium der Zeitschriften, Jahrbücher, Anthologien, Sammelwerke, Schriftenreihen und Almanache" des Expressionismus 1910–1921.[1] Kaum jemand hat einen so umfassenden Überblick über diese Strömung, ihre Vorgänger und Nachfolger gehabt. Es war auch durchaus nicht sein erstes Nachwort oder die einzige Einführung zu einem Blatt aus dieser Periode. 1961 hatte er zum Beispiel den Werdegang von *Die Aktion* beschrieben, als von diesem Organ der Nachdruck hergestellt wurde.[2] Wenige Jahre später gab er noch eine Anthologie der *Aktion* heraus.[3] *Die Aktion* gilt als eine der prägendsten Zeitschriften des aufkommenden Expressionismus. Herausgegeben und vorangetrieben von Franz Pfemfert (Ostpreußen 1879 – Mexiko 1954), bezeugt der Untertitel „Zeitschrift für freiheitliche Politik und Literatur" sogleich die Verbindung von Politik und Literatur. Pfemfert war politisch sehr engagiert und vertrat die Position, dass Erneuerung der Literatur und politische Umwälzung miteinander einhergehen. Literatur sei nicht nur Ausdruck sozial-politischer Revolte, sondern könne auch zur Wirklichkeitsveränderung beitragen. Sein Blatt sollte das „Organ des ehrlichen Radikalismus" sein. Literatur hieß für ihn vor allem Lyrik, es ginge nicht um langatmige und tief durchdachte Romane, nicht einmal um Dramen, sondern um Kurzformen, die mit aller Kraft die spontanen Energien zur Veränderung zum Ausdruck bringen soll-

---

[1]   Raabe 1964b.
[2]   Raabe 1961.
[3]   Raabe 1964a.

ten. Im ersten Jahrgang 1911, so stellte auch Raabe fest, findet man anfangs noch Vertreter der älteren, in der Romantik und dem Impressionismus gewurzelten Dichter wie Richard Dehmel und Detlev von Liliencron. Dann treten junge Dichter mit einem neuen Programm immer stärker hervor. Der Charakter der Zeitschrift evolviert rasch im Verlauf eines Jahres: Die neue Lyrik steht im Mittelpunkt. Viele junge Dichter erscheinen, heute bekannte wie Max Herrmann-Neiße, Erich Mühsam, Georg Heym, Alfred Kerr, Ernst Blass, Gottfried Benn, Iwan Goll, aber auch unbekanntere, heute vergessene. „Jung", „Jugend" und „Neu" waren die Schlagwörter. Daneben stehen Rezensionen und Aufsätze über Kunst und Literatur. Bald wandelt sich auch die äußere Gestaltung, der Blattspiegel wird zum Quartformat vergrößert, die Typographie wird ausgeprägter und es kommen immer mehr graphische Abbildungen hinzu. Der Untertitel wird erweitert zu „Wochenschrift für Politik, Literatur und Kunst". Pfemfert erkennt eine Verwandtschaft in der Ausdruckskraft zwischen Poesie und Graphik. Es erscheint Werk von Felixmüller, George Grosz, Raoul Hausmann, Christian Schad und anderen, auch von ausländischen Künstlern wie Frans Masereel und Henri Matisse. Zugleich tritt eine Internationalisierung der Poesie auf: Es findet sich Werk von französischen, russischen, tschechischen und polnischen Autoren.

1912 – 1914 schwingt sich das Blatt als Sammelbecken der frühen Expressionisten empor. Der Erste Weltkrieg zieht aber Veränderungen nach sich, denn, um die Zensur zu umgehen, wird auf Politisierung verzichtet – Pfemfert vermeidet Kriegsbegeisterung sowie Antikriegstöne und beschränkt sich auf Literatur, vor allem Lyrik, und Kunst. Das Blatt kann weiterhin erscheinen und wird bis in die Schützengräben gelesen. Allerdings verändert sich die Lyrik unter den Erlebnissen des Grauens. Einen Teil der Dichter raffte der Krieg dahin. Äußerlich zeichnet das Blatt sich noch mehr als vorher durch grelle graphische Bilder aus. Sonderhefte, die einzelnen Ländern gewidmet sind, sollten zeigen, dass Kultur nicht nationsgebunden ist, und unterschwellig gleichsam versöhnend wirken. Nach 1918 wandte sich das Blatt aber vollends der Politik zu, Pfemfert bekannte sich zeitweilig zum Kommunismus. Der literarische und künstlerische Gehalt ging stark zurück. 1932 erschien das Blatt zum letzten Mal. Pfemfert musste fliehen und gelangte nach Mexiko, wo er 1954 starb.

Zeitlich parallel zur *Aktion* erschien ein anderes, vielleicht noch berühmteres Blatt im Zeichen des Expressionismus: *Der Sturm* (1910–1932), herausgegeben von Herwarth Walden. Diese Zeitschrift war weniger aktivistisch eingestellt und kulturell noch breiter orientiert. Sie ging eher aus der Kunst als aus der Literatur hervor, hieß zunächst „Zeitschrift für Kunst und Kultur". Mit ihr verbanden sich – international – berühmte Kunstausstellungen des „Blauen Reiter" und der „Brücke". In Berlin kamen auch eine „Sturm"-Galerie und „Sturm"-Vortragsabende zustande. Das Blatt wurde im eigenen „Sturm"-Verlag verlegt, der auch (Kunst)Bücher veröffentlichte, und im „Sturm"-Bücherladen verkauft. Andere Künste kamen hinzu: Architektur, Tanz, Literatur, Mode, Musik und Fotografie. Es wurde mit Drucktechniken, Typographie und (Foto)Montage experimentiert. Auch hier finden sich zunehmend Bilder, vor allem nach dem Großen Krieg, einige sogar in Farbe. Man erkennt teilweise die ausdrucksstarke Graphik des Expressionismus wieder, aber *Der Sturm* stand den verschiedensten Avantgarde-Bewegungen offen. Neben Expressionisten wie Oskar Kokoschka finden sich Vertreter des Dadaismus wie Kurt Schwitters, des Konstruktivismus wie Fernand Léger und Alexander Archipenko, der modernistischen Architektur wie Adolf Loos und Vertreter des Bauhaus und des Surrealismus. Das Blatt wurde zum internationalen Podium, wo Künstler und Dichter verschiedener Nationalitäten gewürdigt wurden. Man findet darunter auch Niederländer und Belgier: Bilder des Graphikers, Designers und Typographen Piet Zwart, Gemälde von Jacoba van Heemskerck, sowie Gedichte des flämischen Dichters Paul van Ostaijen – wir kommen unten auf die Kontakte zu den Niederlanden zurück. Einige Autoren und Künstler der *Aktion* sind auch hier vertreten. Wie der *Aktion* war auch dem *Sturm* durch politische, gesellschaftliche wie kulturelle Entwicklungen 1932 ein Ende gesetzt. Herwarth Walden musste fliehen, er hatte ebenfalls sein Vertrauen auf den Kommunismus gesetzt und floh nach Moskau. Wie vielen anderen ist es ihm fatal geworden; er wurde vom Stalinismus in den Tod getrieben.

1910 – 1921 war die Blütezeit der avantgardistischen Zeitschriften. Unter den hundert von Raabe im „Repertorium" aufgelisteten expressionistischen Blättern hat sich auch die Monatsschrift *Die weißen Blätter* ziemlich lange gehalten. Das von Erik-Ernst Schwabach gegründete und von Renée

Schickele herausgegebene Blatt erschien 1913–1921. Es wird von Raabe neben der *Aktion* und dem *Sturm* als das dritt-wichtigste Organ des Expressionismus vorgestellt. Es war hauptsächlich auf die Literatur ausgerichtet, Abbildungen sind nur spärlich vorhanden. Wichtige Namen sind auch hier versammelt, einige Autoren der anderen Zeitschriften kehren wieder, aber auch viele neue Namen treten hervor. Man sieht an der Streuung der Namen in den verschiedenen Zeitschriften, wie sehr diese Bewegung von vielen getragen wurde.

Die Aktion, so stellte Paul Raabe fest, wurde bereits vor dem Krieg zum Vorbild für andere Zeitschriften. Er weist unter Anderen auf Wieland Herzfeldes *Neue Jugend* hin. Dieses vermessene Projekt der jungen Brüder Wieland und Helmut Herzfelde war zwar kurzlebig – die Zeitschrift erschien nur 1916/17 unter bedrohlichen Bedingungen der Zensur –, aber stand unter dem Stern eines starken Erneuerungswillens und war, rückblickend, mit großen Namen verbunden. Außerdem stand sie am Anfang des Malik-Verlages, den Wieland Herzfelde viele Jahre später, zuerst in Berlin, dann in Prag, anschließend in London fortsetzte und zu einem der wichtigen Exil-Verlage entwickelte. In Wieland Herzfeldes Einleitung zum Nachdruck der *Neuen Jugend,* der 1967 gedruckt wurde, erläuterte er den Namen des Verlages: „*Der Malik* – das ist der Titel und der Held eines Romans von Else Lasker-Schüler, den zunächst die Zeitschriften *Der Brenner* und *Die Aktion* und seit Juli 1916 die *Neue Jugend* in Fortsetzungen abdruckten. Der Name entspricht dem hebräischen „Melech". Er bedeutet König, Herzog, Anführer."[4] Es war eine brisante Sammlung von Autoren und Künstlern, die in kurzer Zeit zusammen in der Zeitschrift auftraten: Koryphäen des Expressionismus wie Johannes Becher und Theodor Däubler, Texte und Bilder von Else Lasker-Schüler und Georg Grosz, von dem der Verlag auch eine Mappe herausgab, und auch eine Brücke zum DADA in der Person Richard Huelsenbecks. Die Gestaltung von Helmut Herzfelde (bekannt unter dem Namen John Heartfield) bot eine ausgefallene Typographie. Auch hier findet man den Zusammenklang von Text, Bild und Typographie und das Fluidum der Antikriegsstimmung.

Kurz nach Kriegsende dienten *Die Aktion* und *Der Sturm* zum Vorbild

---

[4]   Herzfelde 1967.

neuer Versuche: „Nach 1918 wurde der Typus der *Aktion* in der Verbindung von Lyrik, Prosa und Graphik, gedruckt in Quartformat oft zum Vorbild genommen von den Herausgebern der zahlreichen, meist kurzlebigen expressionistischen Zeitschriften von 1918 bis 1922." (Raabe 1964, S. 21) Die Jahre 1920 – 22 wurden damals sowie rückblickend als das Ende des Expressionismus gesehen. Die kreative Energie und das explosive Engagement hatten sich während des Krieges gleichsam erschöpft, doch sie waren nicht vollends erloschen und wirkten weiter, teilweise indem einige Künstler ihre Arbeit fortsetzten, teilweise als Inspirationsquelle für die kommende Generation.

Es ist typisch, dass Ludwig Kunz' Flugblätter *Die Lebenden* genau dann ansetzen, als der Expressionismus abrupt zu Grabe getragen worden war: im Jahre 1923. Deutlich lehnt sich das Blatt in Format und Gestaltung an die großen Vorbilder an. In der ersten Nummer klingen aber verschiedene Meinungen über den Expressionismus an: Willi Wolfradt, der auch jeweils die graphische Gestaltung besorgte, bestätigte den „Tod", allerdings für die bildende Kunst. Der Dichter Max Herrmann-Neiße meinte in Bezug auf die Literatur, nur ein falsch verstandener, literarisch verengter, verdünnter und abstrahierter Expressionismus habe sich leergelaufen. Doch die Dichter, die vorhin so prägend für die Literatur ihrer Zeit waren, fühlten sich jetzt ausrangiert, es gab kaum noch erfolgreiche Zeitschriften, und sie hatten das Gefühl, dass Verlage keine Lyrik mehr drucken wollten. In seiner rückblickenden Betrachtung „In der Nachhut des Expressionismus" schrieb Ludwig Kunz: „Die Merkwürdigkeit dieser Entwicklung mag für die Zielsetzung meiner literarischen Flugblätter mitbestimmend gewesen sein. Meine besondere Aufmerksamkeit galt jungen Unbekannten, deren erste Proben zur Veröffentlichung gelangten." Sogleich fügt er hinzu, er habe prominente Kritiker gebeten, die „jungen Unbekannten" einzuleiten. Weiterhin sollten auch ältere Dichter zu Worte kommen, die „in jenen Jahren allzu geringen Widerhall fanden".[5] Kunz verschaffte sich gleichsam eine Nische in der kulturellen Landschaft der späten 20er Jahre, indem seine Flugblätter exemplarisch den Expressionismus in eine neue Zeit überführten. Die Liste der Mitarbeiter der Blätter belegt die „Mischung" von Auto-

---

[5] Kunz C 1923–31 / 1966.

ren aus der Blütezeit des Expressionismus und neuen oder unbekannteren Namen. Im Verzeichnis der Mitarbeiter sind 74 Namen aufgelistet; 23 von ihnen, das heißt 30%, sind Autoren und Künstler, die auch in der *Aktion*, dem *Sturm* oder den *Weißen Blättern* veröffentlicht hatten; 9 davon finden sich in zwei dieser drei Blätter, und 3 von ihnen sogar in allen drei, nämlich Ernst Blass, Anton Schnack, und Paul Zech.[6] Paul Zech und Alfred Wolfenstein sind außerdem zwei Dichter, die in Kurt Pinthus' unsterblicher Anthologie *Menschheitsdämmerung* (1920[1]) figurieren und somit den Expressionismus *par excellence* vertreten. Weiter fällt auf, dass eine Anzahl Beiträger aus Kunz' Umfeld in Schlesien stammt (siehe dazu Wessig in diesem Band). Ein Kreis persönlicher Kontakte ist deutlich erkennbar. Nicht zuletzt sind einige Dichter nachdrücklich sichtbar, die nicht eindeutig einer Strömung zugeordnet werden können. Kunz' besondere Verehrung galt neben Max Herrmann-Neiße vor allem Oskar Loerke und Wilhelm Lehmann. Loerke, der auch als Lektor des S. Fischer-Verlages bekannt geworden ist, erhielt ein Sonderblatt, in dem ihm sowohl Herrmann-Neiße wie Lehmann Texte widmeten. Diese drei Dichter findet man, um der Frage der Rezeption kurz vorzugreifen, bis heute in den Lyrik-Anthologien. Loerke und Lehmann, die bis zum Tode Loerkes 1941 befreundet waren, sieht man häufig in räumlicher Nähe als Dichter, welche die lange Tradition der sogenannten „Naturlyrik" in neuer Gestalt fortsetzten. Lehmann widmete seinem verstorbenen Freund 1944 das eindrucksvolle Gedicht „Auf sommerlichem Friedhof", in dem Elemente der Natur um und über Loerkes Grab als Chiffren für Leben, Tod und Erinnerung mit dem Elend der Aktualität verschränkt werden. „Der Rosenduft begräbt dein Grab./ Es könnte nirgend stiller sein." (1. Strophe) versus „Sirene heult, Geschützmaul bellt./ Sie morden sich: es ist die Welt." (3. Strophe). Das Gedicht beschließt mit den Zeilen: „Ins Qualenlose flohest du, / O Grab, halt deine Tür fest zu!".

---

[6]   Die Daten sind den Verzeichnissen Paul Raabes (1964b) entnommen.

Literarische Gesellschaft Görlitz

Donnerstag, den 14. März 1929, Bankettsaal, 20 Uhr

Max Herrmann-Neisse:
Aus eigenen Werken

Unter Mitwirkung von Hildegard Neumann-Hegenberg
und Wilhelm Scholl (am Flügel)

*

I. Drei Gesänge zu Texten von Max Herrmann-Neisse:
Der Vollmond lockt den Dieb . . . Gerhard Strecke
Tragödie . . . . Wilhelm Scholl
Lied am Abend . . . . Gerhard Strecke
Hildegard Neumann-Hegenberg

II. Max Herrmann-Neisse: Aus eigenen Werken
Aus dem Gedichtband „Einsame Stimme":
Phantasie / Die Hand / Die Spieler
Aus dem Gedichtband „Abschied":
Fahrende Leute des Todes / Letzte Sommertage
Aus Manuskripten:
Mein Geheimnis / Traum und Vergänglichkeit
Nächtlicher Heimzug im Gebirge / Wir altern
Das Antlitz

III. Zwei Gesänge zu Texten von Max Herrmann-Neisse:
Himmelfahrt . . . . Gerhard Strecke
Fürchte dich nicht . . . . James Simon
Hildegard Neumann-Hegenberg

Änderungen vorbehalten.

AUGUST FÖRSTER-KONZERT-FLÜGEL
ZWEIGHAUS GÖRLITZ. JAKOBSTRASSE 5

Karten in der Geschäftsstelle der Literarischen Gesellschaft (Remersche
Buchhandlung) für Mitglieder 0,50 u. 1,– RM., für Gäste 1,– u.2,– RM.

*Abb. IV.1: Ankündigung Görlitzer Vortragsabend mit Max Herrmann-Neiße
(1929)*

Herrmann-Neiße war zunächst eng mit dem Expressionismus verbunden, trug sowohl zur *Aktion* wie auch zum *Sturm* bei, aber seine Lyrik wandelte sich durch die deprimierenden Erfahrungen im Londoner Exil. Der nicht-jüdische Herrmann-Neiße hatte 1933 vor Abscheu über die Entwicklungen Deutschland verlassen. Abgeschnitten von seinem Freundeskreis, umgeben durch eine ihm nicht vertraute Fremdsprache, und erfasst von Grauen über die Welt, durchzieht eine düstere Grundstimmung sein Spätwerk. Ihm verdanken wir einige der wohl schönsten Exilgedichte. „Verfallen ist mein Vaterhaus, / ein Licht geht nach dem anderen aus, / und immer dunkler wird die Welt." So endet eins seiner letzten Gedichte.[7]

Wie wir in Wolfgang Wessigs Kapitel gesehen haben, lernte Kunz viele Autoren selber kennen – in dem Vortrag, den er 1965 auf Einladung von Gerhart Pohl in der Berliner Akademie der Künste hielt, finden sich viele Hinweise und Anekdoten. Mit Max Herrmann-Neiße, ebenfalls aus Schlesien, und dessen Frau Leni war Kunz freundschaftlich verbunden. Er hatte sie bereits 1920 in Berlin besucht und lud nachher den Dichter zu Vorträgen für die Literarische Gesellschaft Görlitz ein (Abb. IV.1). Mit Herrmann-Neiße blieb Kunz lange verbunden. Nach dessen Tod setzte er den Kontakt mit seiner Frau Leni fort. Wie wir gleich sehen werden, hat er nach dem Krieg wiederholt über den Dichter geschrieben.

Obwohl in der äußerlichen Gestalt deutlich von den großen Vorgängern des Expressionismus inspiriert, wurden *Die Lebenden* nicht nach einem festgelegten Muster zusammengestellt, sondern, trotz ihres beschränkten Umfangs, vielseitig komponiert. Prominente Dichter und Künstler der jüngsten Vergangenheit und Gegenwart werden mit unbekannten in Kontakt gebracht. Die Blätter sind auch kommunikativ angelegt, indem ein Autor über den Anderen schreibt, und, nicht zuletzt, Umfragen über aktuelle Themen eingefügt werden (siehe den Beitrag von Wolfgang Wessig). Dazu werden sogar Schriftsteller aus größerer Entfernung um Respons gebeten, und so kam es, dass auch Thomas Mann, Hermann Hesse und Robert Musil auftreten. So wird, schreibt Paul Raabe in seinem „Rückblick und

---

[7] Herrmann-Neiße 1992, S. 283.

Vorschau" zum Nachdruck der *Lebenden*, „eine ganze Literatur in ihren Ansätzen, Versuchen und Vergeblichkeiten lebendig und faßbar".[8]

Hier wird Ludwig Kunz bereits in seiner Rolle als Mittler sichtbar, als Mittler zwischen bekannten und unbekannten Autoren, zwischen der jüngsten literarischen Vergangenheit und neuen Versuchen, zwischen unterschiedlichen Positionen im kulturellen Feld. Kommunikation und lebendiger Austausch in den Zeitschriften war damals stark mit dem kulturellen und sozialen Leben verbunden. Man veranstaltete Abende, traf sich in Cafés, und man korrespondierte. Dazu verbanden sich, wie es für diese Zeit üblich war, auch die verschiedenen Künste: Musik, Theater, Dichtung und die bildende Kunst. Der famose Maler und Zeichner Ludwig Meidner, ebenfalls aus Schlesien stammend und mit Kunz befreundet, hat viele der damaligen Literaten verewigt, einige sogar mehrmals. Er wird im Beitrag von Dorle Meijer noch ausführlich zur Sprache kommen. Bevor wir den Werdegang von Ludwig Kunz nach seiner Flucht nachzeichnen, soll zuerst skizziert werden, in wieweit sich in den Niederlanden verwandte Avantgarde-Bewegungen entwickelt haben.

Avantgarde in den Niederlanden vor dem Zweiten Weltkrieg

Zum deutschen Expressionismus in der Literatur hat es in den Niederlanden keine direkte Parallele gegeben. Ein Austausch hat wohl eher mit Belgisch-Flandern stattgefunden. Der jung verstorbene Dichter Paul van Ostaijen (1896–1928) hat sich als eindrucksvollster Repräsentant herausgestellt. Schon 1916 debütierte er mit experimentellen Gedichten. Nach dem Ende des Ersten Weltkriegs, musste er wegen seiner flämisch-nationalistischen Gesinnung für kurze Zeit nach Deutschland fliehen. Er verblieb 1918 in Berlin, wo er sowohl mit dem Kreis um den *Sturm* wie auch mit dem Dadaismus Bekanntschaft machte. Sie inspirierten ihn zum expressionistischen Gedichtband *Het Sienjaal* (1918), in dem zum Beispiel ein Gedicht mit dem Titel „Else Lasker-Schüler" von seiner Begegnung mit der Dichterin zeugt, und zum Band *Bezette stad* (1921), der typographisch experimentell gestaltet war. 1920 gab es auch kurze Zeit die in Antwerpen herausgege-

---

[8]   Raabe 1967, S. 92.

bene expressionistische Zeitschrift *Ruimte* und andere, eher an Frankreich orientierte Blätter.[9]

Das heißt aber nicht, dass die Avantgarde völlig an den Niederlanden vorbeigegangen ist. Sie trat allerdings weniger in der Literatur als in anderen Künsten hervor. Auch hier sind Zeitschriften der kulturelle Gradmesser. Die berühmteste war wohl *De Stijl* (1917–1928), von den Malern Theo van Doesburg und Piet Mondriaan ins Leben gerufen. Sie war zunächst den bildenden Künsten zugewandt, wo sie die Wende zur abstrakten Kunst markierte und dabei auch angewandte Künste – Architektur, Innenarchitektur, Möbeldesign, Typographie – inkorporierte. Um die Zeitschrift formierte sich eine internationale Gruppe von Künstlern mit dem gleichen Namen. Berühmte Architekten wie J.P. Oud, Cor van Eesteren und Gerrit Rietveld, dessen „Rietveld-Sessel" zur Ikone der Bewegung wurde, steuerten Artikel bei. Eine Verwandtschaft mit dem Bauhaus stellte sich ein. Van Doesburg gab kurze Zeit Seminare am Bauhaus, wo er unter Anderen Ludwig Mies van der Rohe beeinflusst haben soll. Die Zeitschrift internationalisierte zunehmend, auch durch Kontakte nach Frankreich, Tschechien und Russland. Erst 1920 tauchten literarische Beiträge auf, und zwar vor allem dadaistische Poesie, die Theo van Doesburg unter dem Pseudonym I.K. Bonset selbst verfasste – Literatur sollte vor allem nicht erzählerisch sein, so lautete die Parole. Van Doesburg war mit Kurt Schwitters befreundet, den er einlud, Werk beizusteuern.

Die letzten Jahre von *De Stijl* überschnitten sich mit der Initiative eines weiteren Avantgardisten. Arthur (Müller) Lehning (1899–2000) stammte von deutschen Eltern, aber wuchs in den Niederlanden auf. Als er 1922 sein Studium der Wirtschaft und Geschichte in Berlin fortsetzte, kam er mit vielen Künstlern und Schriftstellern aus den Kreisen der *Aktion* und des *Sturm* in Berührung. Angeregt von der *Aktion* begann er 1927 sein breit und mehrsprachig angelegtes Zeitschriftprojekt *i*10.[10] Mit Franz Pfemfert teilte er bestimmt auch sein sozial-politisches und antimilitaristisches Engagement,

---

[9] Siehe für den Expressionismus in den nördlichen Niederlanden und Belgien: Bel 2015, S. 487 f.f.

[10] Der nicht-sprachlich gebundene Titel wurde von der „Zehnten Internationale" abgeleitet Die Erläuterung des Titels und eine Beschreibung der transnationalen Zusammenarbeit in dieser Zeitschrift wurde vorgelegt von van Wijk 2011.

das ihn sein Leben lang bewegt hat. Weniger ein Künstler, war vielmehr sein Ziel, mittels der verschiedenen kulturellen Bereiche – Wissenschaft, Kunst, Philosophie – politisch zu wirken und zu einer gerechteren Welt beizutragen. In der ersten Nummer von *i10* stellte er sein Anliegen vor:

Die internationale Revue i10 soll ein Organ aller Aeusserungen des modernen Geistes, der neuen Strömungen der Kunst, Wissenschaft, Philosophie und Soziologie sein. Es soll durch sie ermöglicht werden, die Erneuerungen auf einem Gebiete mit denjenigen auf anderen zu vergleichen, und sie erstrebt schon dadurch einen möglichst engen Zusammenhang der verschiedenen Gebiete, dass sie sie in einem Organ vereinigt.

Als energischer Reisender erweiterte Lehning seinen Bekanntenkreis in Wien und Paris. Die neue Zeitschrift hob sich schließlich erheblich von der *Aktion* ab, indem sie noch stärker auf internationale Erneuerungen in vielen Bereichen angelegt und nicht auf Lyrik und Graphik zugeschnitten war. Schon nach zwei Jahren führten die Pluralität und Mehrsprachigkeit zum Untergang der Zeitschrift: Als das Geld 1929 knapp wurde, war der niederländische Verlag De Tijdstroom nicht länger zum Druck bereit, aber es fand sich auch kein ausländischer Verlag.

Zum Schluss dieses Abrisses der avantgardistischen Kulturlandschaft in den Niederlanden noch ein „one-man" Unternehmen. Die bisher erwähnten Zeitschriften wurden zwar von individuellen Personen mit Leidenschaft und Überzeugung gegründet und herausgegeben, aber ihr Verdienst war vor allem, dass sie Netzwerke verwandter Dichter und Künstler anwarben, die Erneuerungen in Bewegung setzten und repräsentierten. Beispiel eines Künstlers, der sein eigenes Blatt entwarf, druckte und großenteils selber füllte, war Kurt Schwitters mit seinen *Merz-Heften* (1923–1932). Die *Merz-Hefte* durften eine von mehreren Inspirationsquellen für Hendrik N. Werkman gewesen sein. Werkman (1882–1945) lebte ein wenig isoliert in dem nördlich gelegenen Groningen, wo sich allerdings ein am Expressionismus ausgerichteten Malerkreis mit dem sinnbildlichen Namen „De Ploeg" [Der Pflug] gebildet hatte. Es gab hier einen Austausch mit Malern der „Brücke", namentlich mit Ludwig Kirchner. Werkman war fachlich als Drucker ausgebildet und stellte unter anderem Arbeiten für De Ploeg her. Als Künstler ging er aber eigene Wege. Er entwickelte eine eigene Drucktechnik, wobei er mit einer Handpresse kleine Auflagen subtil kolorierter Drucke verfertigte, die er selbst „druksels" nannte. Obgleich er seine Stadt nur ungerne verließ, war er über die Entwicklungen in Europa bestens informiert und stellte auch persönlich internationale Kontakte her. 1923 fing er an, unter dem Titel *The Next Call* sein eigenes Blatt zu drucken, das den internationalen Avantgarde-Bewegungen eine eigene Variante hinzufügte. Bis 1926 stellte er neun Nummern her und verschickte sie selbst an Freunde, aber auch an Redaktionen verwandter ausländischer Blätter. Dafür erhielt er dann Zeitschriftexemplare aus verschiedenen Ländern als Gegengabe. Ein Blatt mit handgeschriebenen Namen und Adressen ist bewahrt geblieben. Dort sind zum Beispiel Kurt Schwitters, I.K. Bonset, die Redaktion von *De Stijl*, aber auch *Der Sturm* in Berlin, *Zenit* in Belgrad, *Pasmo* in Brno, *MA* in Budapest, *Inicial* in Buenos Aires, *Mavo* in Tokio, *Noi* in Rom, *Le Disque Vert* in Paris zu identifizieren.

The Next Call enthielt kurze Prosagedicht-ähnliche Texte, typographische Konfigurationen, Konkrete Poesie und verwandte drucktechnische Figuren. Der internationale Charakter wird durch den Gebrauch von und das Spiel mit verschiedenen Sprachen, vor allem auch Deutsch, betont. Werkman sollte seine bedeutendsten Meisterwerke aber erst in den Kriegsjahren schaffen. Er druckte auch für die Untergrundpresse und wurde durch den entschlossenen Widerstandsgeist zu neuen Kunstwerken angeregt. Trotz Papiermangels, in der eisigen Kälte seines ungeheizten Arbeitsraums, gestaltete er zum Beispiel eine eindrucksvolle Folge von Abbildungen zu den Erzählungen in Martin Bubers *Legende des Baalschem*. In der gleichen Zeit begann er zusammen mit einigen Freunden eine Reihe illustrierter Texte unter dem Verlagsnamen „De blauwe schuit" [Das blaue Schiff]. 1940/41 bis 1945 erschienen 40 Blätter, die meistens nur bis etwa vier Seiten umfassten. Es waren vor allem Gedichte, Lieder, Legenden, Sprüche, die mit schönen farbigen Drucken versehen wurden. Werkmans Leben war ein tragisches Ende beschert. Kurz vor dem Ende des Krieges wurde er von den Deutschen gefasst und in einem willkürlichen Rache-Akt erschossen. Er war nicht der einzige, den ein solches Schicksal traf.

Ob Ludwig Kunz Werkman noch persönlich kennengelernt hat, ist nicht überliefert. Werkman war gelegentlich in Amsterdam, wohin er von dem damaligen Kurator und späteren Direktor des Stedelijk Museum Willem

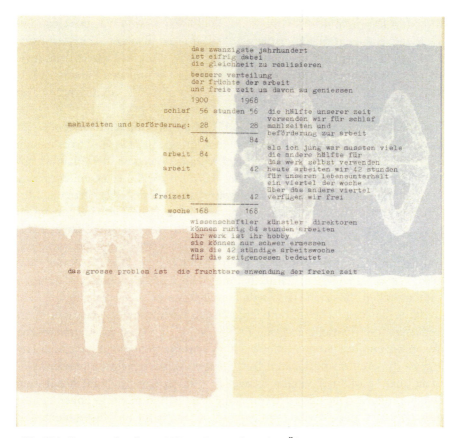

das zwanzigste jahrhundert
ist eifrig dabei
die gleichheit zu realisieren

bessere verteilung
der früchte der arbeit
und freie zeit um davon zu geniessen

	1900	1968	
schlaf	56 stunden	56	die hälfte unserer zeit verwenden wir für schlaf
mahlzeiten und beförderung:	28	28	mahlzeiten und beförderung zur arbeit
	84	84	

als ich jung war mussten viele
die andere hälfte für
das werk selbst verwenden

arbeit	84		
arbeit		42	heute arbeiten wir 42 stunden für unseren lebensunterhalt ein viertel der woche
freizeit		42	über das andere viertel verfügen wir frei
woche	168	168	

wissenschaftler künstler direktoren
können ruhig 84 stunden arbeiten
ihr werk ist ihr hobby
sie können nur schwer ermessen
was die 42 stündige arbeitswoche
für die zeitgenossen bedeutet

das grosse problem ist die fruchtbare anwendung der freien zeit

Abb. IV.2: Seite aus Sandbergs NU *mit Text in deutscher Übersetzung von Kunz (1968)*

Sandberg (1897–1984) eingeladen wurde. Sandberg war ein aktiver Gönner von Werkman; er kaufte sein Werk, veranstaltete 1938 eine Ausstellung in einer Galerie in Amsterdam und im Oktober 1945 eine Retrospektive im Stedelijk Museum. Mit Werkmans Arbeiten war Kunz auf jeden Fall bekannt: Die erste Nummer von *De Kim* beginnt mit einem „druksel" von Werkman und einer Beschreibung von dessen Leben und Werk, von L.P.J. Braat in englischer Sprache geschrieben.[11] Der letzte Satz lautet: „He was

---

[11] Die ursprünglich farbige Abbildung ist schwarz-weiß abgebildet. Der Künstler und

rooted in Expressionism, while his means of expression was the clear and synthetic language of tomorrow's art". Damit ist also der Ansatz von *De Kim* gleich zu Anfang exemplifiziert: Hendrik Werkman als Brücke zwischen dem früheren Expressionismus und den kommenden künstlerischen Entwicklungen, als Bindeglied zwischen Text und Bild, als Übergang von den *Lebenden* zu *De Kim*.

Sandberg, der selbst Grafiker und Typograph war, setzte sich sehr für die moderne Kunst ein. Er war vor dem Krieg mit „De Stijl" verbunden und war mit dem Groninger Kreis „De Ploeg" vertraut. Er erkannte sofort die Einzigartigkeit von Werkman. Als Direktor hat er nach dem Krieg die Sammlungen und die internationale Auszeichnung des Stedelijk Museum entscheidend geprägt. Kunz hat auf jeden Fall Sandberg persönlich kennengelernt und einige experimentelle Gedichte von ihm übersetzt. Im ‚Revolutionsjahr' 1968 gab Sandberg im Eigenverlag eine Art von Zeitschriftnummer mit eigenen poetischen Texten heraus. Den Band, der nicht zum Verkauf angeboten wurde, hatte er selbst gestaltet und mit farbigen Lithographien illustriert. Die Gedichte verfasste er zuerst auf Französisch, stellte selber englische und niederländische Übersetzungen her, und überließ Kunz die deutsche Fassung (Abb. IV.2). Es waren programmatische Texte, die erneut eine revolutionäre Kunst proklamieren und dabei den Bezug zu früheren revolutionären Bewegungen evozieren. Im (titellosen) Gedicht „der spirit / der vitalen flutwellen / in der kunst /„ finden wir zum Beispiel die Strophe „es ist wie wenn / dada action painting cobra / in einem neuen ausmass / wieder auferstehen /." Siehe für die Zusammenarbeit von Kunz und Sandberg weiter den Beitrag von Anja de Feijter.

Schriftsteller L.P.J. (Leo) Braat war Herausgeber der Kunstzeitschrift *Kroniek van Kunst en Kultuur* (1935–1941/ 1945–1965) und auch Redakteur der illegalen Zeitschrift *Der Freie Künstler*, die nach dem Krieg in De *Vrije Kathreder* (1940–1950) integriert wurde. Beide Blätter entstanden aus der linken Widerstandsbewegung um Gerrit van der Veen, zu deren Kern Braat, aber auch Willem Sandberg gehörte. Kunz schrieb kurz nach dem Krieg für beide Blätter und muss Braat spätestens gleich nach dem Krieg, möglicherweise schon während des Krieges gekannt haben. So wie für *Die Lebenden* Willi Wolfradt sich um die bildende Kunst kümmerte, tat dies Braat für *De Kim*. Braat war auch ein Bekannter von Werkman: Er kommt in dessen Briefen, allerdings nur einmal, vor (Werkman 1995, S. 45).

Ludwig Kunz im niederländischen Dichtermilieu

Vor dem Krieg gab es in den Niederlanden also mehrere Künstlerkreise, die mit den verschiedenen ausländischen Avantgarde-Bewegungen verwandt waren und zum Teil auch mit ihnen in Verbindung standen. Während des Krieges fanden jedoch junge Künstler und Dichter zueinander, die im Widerstand aktiv waren. Dieser Kreis war hauptsächlich in Amsterdam angesiedelt. Es entstanden heimliche Ausgaben und man schrieb für die illegale Untergrundpresse. Natürlich war dies höchst gefährlich. Manche mussten untertauchen, aber trotzdem traf man sich manchmal. Man half, Flüchtlinge aus Deutschland zu verstecken, und so geschah es, dass hin und wieder deutsche Flüchtlinge sich am kulturellen Leben im Untergrund beteiligen konnten. Es gab zwei Kreise verschiedener Herkunft und unterschiedlichen Gepräges in Amsterdam, die für die Poesie von besonderer Bedeutung gewesen sind. Ein ganz besonderer Kreis entstand um den deutschen George-Nachfolger Wolfgang Frommel, der eine Gruppe junger Dichter sowohl deutscher wie auch niederländischer Herkunft um sich versammelte. Räumliches Zentrum war ein Haus an der Herengracht in Amsterdam, das den Namen „Castrum Peregrini" erhielt. Hier verbargen sich mehrere jüdische, auch deutsche Flüchtlinge. Klassische Dichtkunst und Dichtkunst im Sinne Stefan Georges galten ihnen als Lebensinhalt und wurden manchmal ihre Rettung in der Untertauchzeit, indem sie zur Konzentration und intensiver Beschäftigung anleiteten.[12] Kunz hat Personen aus diesem Kreis vielleicht bereits während seiner Untertauchzeit und auf jeden Fall nach dem Krieg gekannt, aber die dichterische Tradition, in der sich dieser Kreis stellte, und die Esoterik, die ihn umgab, passten wohl weniger zu seinen Präferenzen.

Dagegen war die Gruppe avantgardistischer niederländischer Künstler und Dichter, die sich um Erneuerung bemühten und auch politisch aktiv waren, mehr in seinem Sinne. Wie die Kontakte zustande gekommen sind, ist nicht genau zu rekonstruieren, denn natürlich sind die Spuren der Untergetauchten im Krieg verwischt worden. Auf einem Blatt, das sich in Kunz' Nachlass befindet – es kam in der Einleitung bereits zur Sprache – sind seine Adressen ab 1938 nur teilweise verzeichnet. Nachdem er 1942 auf

---

der Fahndungsliste des Sicherheitsdienstes gelandet war und polizeilich gesucht wurde, verließ er seinen anfänglichen Wohnort Zaandam und tauchte in Amsterdam unter. Er wechselte häufiger die Adressen. In dieser Periode war er wohl auch im Haus der Künstlerin Lotte Ruting untergebracht – von Freunden „Charlottenburg" genannt –, das an der Herengracht, schräg gegenüber dem „Castrum Peregrini" lag.[13] Ruting sammelte einen Kreis von Künstlern um sich und veranstaltete in der Illegalität Vortragsabende. Es wurde reichlich getrunken und die Abende dauerten wegen des Ausgangsverbotes manchmal bis in den Morgen hinein. Ein Verhältnis zwischen Lotte und dem Dichter Jan Elburg bahnte sich an. Elburg gehörte zur niederländischen Avantgarde und hat nach dem Krieg zur Gründung neuer Zeitschriften angeregt. Ein weiterer Bekannter war der junge Dichter Gerrit Kouwenaar, Sohn einer ‚aufgeklärten' Journalistenfamilie, die ebenfalls im Widerstand tätig war. Obwohl nicht nachweisbar, ist es nicht unwahrscheinlich, dass Kunz auch bei dieser Familie kurze Zeit untergebracht war. Gerrit Kouwenaar war gerade dabei, seine ersten Gedichte heimlich zu veröffentlichen. Er wurde aufgegriffen und musste einige Monate im Gefängnis zubringen.[14] Zu diesem Kreis gehörte weiterhin der schon ein wenig ältere Koos Schuur, der seinerseits eine Verbindung zu Kollegen aus Groningen bildete. Gemeinsam war diesen Künstlern der Geist des Widerstandes. Schließlich muss auch der Kontakt zu dem kommunistisch gesinnten Schriftsteller Theun de Vries, der ebenfalls in der Widerstandsbewegung aktiv war, aus dieser Zeit stammen. Er verfasste das Vorwort zu Lukus autobiographischem Roman *Weg door de nacht* (1946).

Trotz der illegalen und geheimen Drucke, waren die Möglichkeiten zu veröffentlichen weitgehend eingeschränkt, einerseits durch die Besatzung,

---

13 Die folgende Passage ist den Erinnerungen Jan Elburgs entnommen: „[...] beide Zimmer mussten zeitweilig Untertauchern Unterschlupf bieten. Unter Anderen Ludwig Kunz, einem deutsch-jüdischen Fabrikantensohn aus Görlitz, der eine Rolle in der Dada-Bewegung gespielt hatte, und der nach dem Krieg mit dem von ihm herausgegebenen Pamflet *De Kim* (Name stammt von Jan Elburg) die Aufmerksamkeit auf CoBrA-Maler und –Dichter (in deutscher Übersetzung) beim deutschen Publikum lenkte." (Elburg 1987, S. 29).

14 Gerrit Kouwenaar (1923) starb am 4. Sept. 2014. In den Nachrufen wird er als einer der größten niederländischen Dichter des 20. Jahrhunderts gerühmt. Er hat bis kurz vor seinem Tod weitergedichtet und sich beständig weiterentwickelt.

andererseits auch durch Papiermangel. Es entstand aber eine zusammenge-
ballte kreative Energie, die gleich nach der Befreiung zur Explosion kam.
Zunächst äußerte sie sich in einem Wildwuchs von Schriften und Flugblättern, die dem revolutionären Geist einen Ausweg geben sollten. Zum
einen revoltierten junge Dichter gegen die abgegriffenen Formen und Themen aus der Vorkriegszeit, welche manche *mainstream* Literaten fortzusetzen gedachten. Zum anderen waren sie sozial-politisch engagiert. Vor
allem ergriff sie ein Entsetzen, dass, gleich nach der Befreiung von den
Deutschen, die Niederlande sich selbst als repressive Kolonialmacht ent-
puppten.[15] In dieser Verschränkung von Auflehnung gegen das künstlerische Establishment und sozialpolitischem Engagement ähnelte sich diese
Bewegung dem, was anfänglich die deutschen Expressionisten und manche Avantgardisten in den Jahren zehn und zwanzig beseelt hatte. Im Nach-
hinein ist häufig festgestellt worden, dass sich hier eine Parallele mit den
internationalen künstlerischen Revolten aus der Zeit vor dem Krieg vollzog. Kein Wunder, dass Ludwig Kunz sich hier am meisten zuhause fühlte.
Es muss für ihn, trotz aller Anpassungsschwierigkeiten, ein Fest der Wie-
dererkennung gewesen sein.

Wie ging es aber weiter? Nach wechselnden und kurzfristigen Versuchen tat sich 1948 zunächst eine Anzahl Künstler unter dem Namen „Experimentelle Gruppe Holland" zusammen. Teilnehmer waren Constant Nieuwenhuys – er arbeitete unter dem Namen Constant –, Karel Appel, Guil-
laume van Beverloo – er sollte unter dem Namen Corneille berühmt werden –, Jan Nieuwenhuys, Anton Rooskens, Theo Wolvekamp und Eugène Brands. Sofort entschloss man sich, auch eine Zeitschrift zu gründen.
Alsbald erschien die erste Nummer von *Reflex* mit einem von Constant
verfassten „Manifest". Nachdem ein Vakuum im Sog der vielen „Ismen"
der Zwischenkriegszeit entstanden sei, breche, so meinte Constant, eine
neue Zeit an, in der das System der überlieferten Konventionen verlassen
und ein neues Bewusstsein entstehen sollte. Man schöpfe aus ungeform-
ten Ur-Erlebnissen – eben dem „Experience" –, für die frühe Kinderzeich-
nungen und primitive Volkskunst Anregungen darböten; auch auf den re-

---

[15] In den Nachkriegsjahren trat die niederländische Armee sehr gewaltsam in
Niederländisch-Ostindien, dem heutigen Indonesien, auf. Siehe auch S.149

volutionären Surrealismus – soweit nicht in Intellektualismus versandet –, den frühen Expressionismus und auf Dada wies er hin. Constant war vom Marxismus angehaucht und stellte den neuen Entwicklungsprozess in dessen Sinne „dialektisch" vor – nicht alle Mitglieder waren darüber übrigens glücklich. Die Gruppe wollte ihr Blatt nicht auf die bildende Kunst beschränken und bat befreundete Dichter um ihre Mitarbeit. Auch Gerrit Kouwenaar und Jan Elburg trugen bei. Kouwenaar lernte den damals erst hervortretenden Zeichner-Dichter Lubertus Swaanswijk kennen, der unter dem Namen Lucebert bekannt werden sollte, und lud auch ihn ein. Zwar war der Schrift *Reflex* kein langes Leben beschert – nur zwei Nummern kamen heraus –, aber durch sie wurden kreative Energien freigesetzt, die sich kräftig weiter entfalteten. Noch in demselben Jahr besuchten die Mitglieder der Experimentellen Gruppe Holland eine internationale Künstlerkonferenz in Paris. Dort formierte sich eine neue, internationale Gruppe, die fortan die Holland-Gruppe ersetzen sollte. Künstler aus Copenhagen, Brüssel und Amsterdam schlossen sich jetzt unter dem Namen *Cobra* zusammen. Und natürlich ging das mit dem Entstehen einer neuen Zeitschrift einher, die unter dem gleichen Namen 1949–1951 zehn Nummern herausbrachte. Unter diesem Namen sollten die Gruppe und ihre einzelnen Mitglieder weltweit bekannt werden.

Bald entstanden jedoch Reibungen, vor allem zwischen den Malern und den Dichtern. Die niederländischen Dichter sagten sich von den Malern los und formierten sich unter einem neuen „Etikett", das von Lucebert geprägt wurde. Hatten sich die niederländischen Dichter gegen Ende des 19. Jahrhunderts als die „Achtziger" präsentiert, so gingen die experimentellen Lyriker jetzt als die „Fünfziger" in die Literaturgeschichte ein, war doch eins ihrer Ziele, mit der traditionellen Poetik, für die die Achtziger Modell standen, radikal zu brechen. Wiederum gründeten sie ein eigenes Blatt, in dem sie unbehindert ihr poetisches Programm kundtun konnten. Und so erschien Mitte 1950 die erste Nummer von *Braak*.[16] Nach einem etwas kargen Anfang gewannen die Initiatoren auch Lucebert und Bert Schierbeek, ebenfalls ein avantgardistischer Dichter, für die Redaktion. Karel Appel war manch-

---

[16] Die Geschichte der poetischen Entwicklungen und die Verwicklungen der verschiedenen Konstellationen und Blätter wurde von Hans Renders dargestellt in der Einleitung zur Faksimile-Ausgabe von *Braak* (Renders 2000).

mal bereit, eine Zeichnung beizusteuern, auch übernahm man ab und zu etwas aus ausländischen Blättern, und so entstand ein buntes Produkt mit zum Teil handschriftlichen Texten, Zeichnungen und Vignetten. Zwar war auch dieses Blatt kurzlebig – sieben Nummern sind aus dem Jahre 1950/51, und später ein „Braak extra" überliefert – aber es bot der Dichtergruppe eine Plattform, auf der sich spätere Entwicklungen ankündigten. Abgesehen von den innovativen sprachlichen Formen, war, ähnlich wie im Expressionismus, die Verschränkung von Text und Bild zu einer ausdrucksvollen visuellen Einheit bezeichnend.

Ludwig Kunz hatte also Künstler und Dichter kennengelernt, die nach dem Krieg eine revolutionäre Bande bildeten und eine für die Niederlande ganz neue Kunst und Literatur hervorbrachten. Mit ihren Produkten war er vertraut. Im Nachlass befinden sich zum Beispiel die beiden Nummern von *Reflex*, einige Drucke von Willem Sandberg, Werke der Cobra-Künstler, und nicht zuletzt glänzen in seinem *Panoptikum*, das dereinst mit einem Selbstporträt Max Liebermanns begonnen hatte, Zeichnungen und Widmungen von Karel Appel, Lucebert, Corneille, Constant, Kouwenaar, Elburg, Anton Rooskens, dem Belgier Hugo Claus u.a. Mit Kouwenaar und Lucebert hat er eng zusammengearbeitet – siehe dazu die einschlägigen Kapitel. Zwar fehlen Nummern von *Braak*, aber er muss das Blatt wohl gekannt haben, vor allem weil einige der darin veröffentlichen Gedichte Luceberts von ihm übersetzt wurden. Kein Wunder, dass Kunz angeregt wurde, noch einmal eine Folge von „Flugblättern" zu versuchen. Durch einige Besonderheiten zeichnen sich diese in Umfang und Anzahl bescheidenen Blätter aus. Im Großen und Ganzen kombinierte Kunz erstens Elemente aus der Zeit der *Lebenden* mit aktuellem Werk, und zweitens waren sie, im Unterschied zu den *Lebenden*, stark international ausgerichtet. In den Abschnitten 5 und 6 schauen wir genauer hin, wie Kunz einerseits eine Brücke zwischen Vergangenheit, Gegenwart und vielleicht sogar Zukunft schlug, und andersits zur internationalen Kulturvermittlung beitrug. In seinem Vorgehen spiegelt sich gleichsam exemplarisch (s)ein Leben in und nach dem Exil. Zuerst noch eine kurze Darstellung des Exilantenschicksals.

Exil: Ein Leben zwischen Sprachen und Kulturen

Es liegen viele Zeugnisse vor, wie schwierig das Leben für die Exilanten war, auch nach dem Ende des Krieges. Zahllos sind die Briefe, in denen Flüchtlinge über die ihnen fremde Kultur und Sprache in den verschiedenen Exilländern stöhnen. Ein Brief aus dem Umkreis von Ludwig Kunz sei dafür ein Beispiel.[17] Der von Ludwig Kunz so bewunderte Dichter Max Herrmann-Neiße zog, wie oben schon erwähnt, 1933 mit seiner Frau über Paris und Holland nach London. Sein alter Gefährte, der Berliner Künstler George Grosz, der 1933 in der Hoffnung auf eine neue Karriere schon vorher nach Amerika ausgewandert war, lebte dann bereits in New York. Sie blieben bis zu Herrmann-Neißes Tod in Kontakt. Am 4. April 1934 schrieb Herrmann einen langen Brief, in dem er vom Londoner Leben erzählte, von den Begegnungen mit alten, ebenfalls geflohenen Bekannten, von der Gründung einer deutschen P.E.N. im Ausland, aber auch von seinen Fremderfahrungen:

Ich fühle mich Dir nun einigermaßen näher, seit ich immerhin auch in einer englisch sprechenden Welt bin. Grade mit diesem Sprachlichen hapert es bei mir natürlich, weil ich ja leider auf einem humanistischen Gymnasium war und zwar Latein, Griechisch und mangelhaftes Französisch lernte, aber nicht die Weltsprache Englisch. Nun mühe ich mich damit ab, habe Stunde, mache wieder Schularbeiten, aber der alte schlesische Schädel will nicht mehr mit, und was Mäxchen nicht lernte, lernt Max nimmermehr. Auch sonst komme ich mir jetzt erst richtig als Emigrant und in der Fremde vor, denn hier ist doch nun alles so ganz anders und garnicht mehr Europa; es ist eine unzugängliche, grausame Stadt, und um nur von einer natürlich nebensächlichen, kleinen Entspannung zu reden: Cafés zum Ausruhen oder gemütliche Kneipen gibt es überhaupt nicht, und nach 11 bekommt man bloß noch was zu trinken, wenn man auch was zu essen bestellt. Ist nichts für einen alten schlesischen Bierverlegersohn![18]

Herrmann-Neiße sollte nicht mehr die Möglichkeit zur Rückkehr erleben — er starb 1941 im Londoner Unterschlupf. George Grosz' hohe Erwartungen sollten schließlich nicht erfüllt werden. Seine Kunst fand zu wenig Anklang

---

[17] Siehe Andringa 2011.

[18] Zitiert nach *„Ist schon doll das Leben". George Grosz / Max Herrmann-Neisse. Der Briefwechsel*, hg. von Klaus Völker, 2003 S. 67–68.

und immer wieder musste er sich finanziell mit Unterricht durchschlagen. Enttäuscht begab er sich nach Europa, wo er sich an einigen Projekten beteiligte, die ihm aber auch keinen Erfolg einbrachten. Er kehrte wieder nach New York zurück, zögerte lange, aber gab schließlich wiederholten Einladungen nach. Erst 1959 remigrierte er definitiv nach Berlin, um dort noch im selben Jahr zu sterben.

Ludwig Kunz war äußerst zurückhaltend über sein persönliches Leben – wir haben dies schon in der Einleitung festgestellt. Nur ausnahmsweise lässt er etwas von seinen Empfindungen blicken. Aus seinen Erzählungen ist aber abzuleiten, dass Kunz einer etwaigen Rückkehr äußerst skeptisch gegenüberstand. Wie er sich diese vorstellte, ist zum Beispiel in der Erzählung „Der letzte Jude vom Dorf" aus *Sprung ins Leben* zu lesen, die auch in diesem Buch in der deutschen Rückübersetzung aufgenommen wurde. Wie Kunz seine eigene Situation gesehen haben mag, ist auch in den ersten Sätzen von Gerrit Kouwenaars Roman *Negentien nu* erfasst:

Mein Name ist Joseph Railowsky. Ich bin Emigrant und lebe nun schon fast fünfzehn Jahre in der Hauptstadt eines Landes, wo ich mich niemals freiwillig niedergelassen hätte. Aber ich konnte damals nicht wählerisch sein. Nach dem Krieg hätte ich natürlich in meine Heimat zurückkehren können. Aber sollte ich mich dort, nach allem, was geschehen ist, anders fühlen als hier? Fünfzehn Jahre Fremdling. Fünfzehn einsame Jahre in Armut ohne anderen Besitz als einen Hinterkopf voller Erinnerungen. Wie es hätte sein können. Und wie es wurde und ist. Ein unverheirateter Emigrant in einer fremden Stadt – ja, fremd, wenn ich auch sogar im Dunkeln den Weg finden kann. Freunde und Bekannte habe ich nicht. Meine wenigen Angehörigen, die nicht umgekommen sind, leben am anderen Ende der Welt. Sie schicken mir manchmal einen Brief, ein Hemd oder eine Dose guter Kaffeebohnen.[19]

Wie viele andere Exilanten ist Kunz gleichsam zwischen die Kulturen und Sprachen geraten. Diese Lage hat er aber ins Positive gewendet, indem er die Rolle eines Mittlers übernahm, die immerhin zu seinen früheren Tätigkeiten sehr gut passte. Hatte er im Umkreis der *Lebenden* versucht, junge und unbekannte Autoren bereits prominenten Schriftstellern vorzustellen, eine Kommunikation über kulturelle Themen herzustellen, und auf eine

---

[19] Kouwenaar 1950, S. 7. Übersetzung E.A.

Verbindung von Text und Bild hinzuarbeiten, so kamen jetzt seine Bemühungen hinzu, zwischen Sprachen und Kulturen, aber auch zwischen Vergangenheit und Gegenwart zu vermitteln. Obwohl er sich also als Schriftsteller erprobt hatte, verzichtete er darauf, diese Laufbahn fortzusetzen. Welche genau die Gründe gewesen sind, lässt sich nicht ermitteln, aber aus der Konsistenz seiner Vermittlertätigkeit ist abzuleiten, dass Kunz darin seine Berufung gesehen hat. Trotz, oder sagen wir vielleicht dank des Exils hat er die dereinst begonnenen Aufgaben erweitern können.

Brücke zwischen Vergangenheit und Gegenwart

Ein Teil des Nachlasses im LKA ist die Bibliothek von Kunz, die sich in seiner letzten Wohnung in Amsterdam befand. Es liegt eine Liste der Autoren, Buchtitel und Verlage samt Jahreszahl der vorhandenen Ausgaben vor. Sie enthält eine stattliche Anzahl „alter" Ausgaben aus der Zeit vor dem Krieg. Das könnte darauf hinweisen, dass Kunz bei seiner Flucht einen Teil seiner Bücher mitgenommen hat – er war schließlich mit dem Wagen gefahren. Es ist jedoch schwer vorstellbar, dass er sie während der Untertauchzeit jeweils hätte hinüberretten können. Hat vielleicht jemand sie für ihn aufbewahrt? Oder hat er sie später antiquarisch erstanden – ebenfalls ein Zeichen, dass diese Ausgaben ihm teuer waren? Bemerkenswert ist übrigens, dass die großen Klassiker der deutschen Literatur wie Goethe, Schiller, die Romantiker (Hoffmann, Kleist, Novalis, Heine) und die (poetischen) Realisten fast oder ganz fehlen. Von Goethe liegt nur ein Privatdruck der *Walpurgisnacht* und *West-östlicher Divan* vor; kein einziges Werk von Fontane. Aber auch die großen Romane des von ihm bewunderten Thomas Mann (*Buddenbrooks, Dr. Faustus, Joseph und seine Brüder* u.a.) fehlen, sowie die Romane des in den zwanziger Jahren sehr populären Jakob Wassermann. Von Thomas Mann finden sich nur kleinere Arbeiten, Essays und Briefe, von Wassermann nur das autobiographische *Mein Weg als Deutscher und Jude.* Wie wir im zweiten Ausschnitt seines Romans *Gang durch die Nacht* lesen konnten, hat Kunz die großen Klassiker zurücklassen müssen. Anscheinend hat er sie später nicht wieder erworben. Aber auch Werke bekannter Exilautoren, die in den Amsterdamer Verlagen Querido und Allert de Lange herausgebracht wurden, wie Klaus Mann oder

Lion Feuchtwanger sind nicht vorhanden. Es prägt den persönlichen Charakter der Bibliothek, die auf Lyrik, kurze Texte und Essayistik seit dem frühen Expressionismus zugeschnitten ist. Auffällig ist auch, dass es sich häufig um Ausgaben kleiner, bibliophiler Verlage handelt, oft auch Ausgaben, in denen eine Kombination von Text und Bild vorliegt. Was aber ebenfalls weitgehend fehlt, ist, abgesehen von einigen wenigen niederländischen Autoren (meist in deutscher Übersetzung!), die ausländische Literatur. Kunz' Interesse war also völlig auf moderne deutsche Lyrik und Kurzprosa ausgerichtet. Er folgte den ihm vertrauten Dichtern vor und nach dem Krieg, aber junge Dichter kamen nach dem Krieg hinzu.

Einige Autoren sind kontinuierlich repräsentiert. An allererster Stelle steht Max Herrmann-Neiße. Nicht nur hat Kunz seine frühen Bände gesammelt – er besaß Bände von 1911 und 1914 aus dem Besitz des Autors und spätere signierte Ausgaben –, auch bekam er Bände aus den ersten Kriegsjahren mit Widmungen von Herrmann-Neißes Frau Leni. Zwanzig Ausgaben befinden sich in seiner Bibliothek. Von der spätesten Ausgabe aus 1966 besaß Kunz drei Exemplare. Klar ist, dass Herrmann-Neiße als ehemaliger Bekannter von gleichem Boden, als Lyriker und später wohl auch als verwandte Seele im Exil Kunz sehr nahe gestanden hat. Bald nach dem Krieg hat er ihm einen Artikel gewidmet (Kunz E 1946/47) und 1961, anlässlich seines zwanzigsten Todesjahrs, abermals über ihn geschrieben, sowohl im *Algemeen Handelsblad* wie auch in der *Frankfurter Allgemeinen* (Kunz D 27.7. 1961 und Kunz F 7.4. 1961). Er charakterisiert das Werk im Kontrast zu seinen Zeitgenossen und skizziert den Lebenslauf mit dem tragischen Ende im englischen Exil. Den Artikel in der *FAZ* beschließt er mit der Erinnerung an die letzte persönliche Begegnung, aus der hervorgeht, dass Kunz kurz vor dem Ausbruch des Krieges nach London gereist ist:

Am letzten Abend wanderten wir durch das nächtliche London. Stefan Zweig schloß sich unserem Spaziergang an. Nebel hing an diesem Abend über London. Nur der flackernde Schein einiger Laternen sickerte hindurch. Und dennoch streiften wir viele Stunden lang durch die Straßen. Zweig und Herrmann sprachen beide von Deutschland. Herrmann dachte an sein altes Berlin. Und Stefan Zweig vermochte in seinen Gesprächen nur noch die „Welt von gestern" zu erblicken. Das Wort Zukunft war für ihn längst erloschen. Als dann Krieg tobte, schieden beide Dichter aus einer in kalter Vernichtungslust versinkenden Welt, der eine, Max

Herrmann-Neiße, am verblutenden Herzen, der andere, Stefan Zweig, freiwillig. (*FAZ* vom 7. April 1961)

Unter den nachgelassenen Dokumenten befindet sich ein Typoskript mit dem Gedicht „Trost!", unter dem das Todesdatum Herrmann-Neißes geschrieben steht (Abb. IV.3). Das Gedicht entstammt dem Jahr 1925 und war in dem Band *Einsame Stimme* abgedruckt. In der Gesamtausgabe steht es im 2. Band der Gedichte unter dem Titel „Fürchte dich nicht. . .".[20] Vielleicht hat es Leni Herrmann abgeschrieben, weil es so stark auf die Situation zutraf.

Weitere Autoren, mit denen Kunz sich wiederholt beschäftigt hat, sind Robert Musil, Oskar Loerke, Thomas Mann, Hermann Hesse und Else Lasker-Schüler, alle mit sechs oder mehr Ausgaben in seiner Bibliothek vertreten. Robert Musil hatte einmal zu den *Lebenden* beigetragen und, obwohl Kunz ihn vielleicht nicht persönlich kennengelernt hat, hat er das späte Erscheinen von *Der Mann ohne Eigenschaften* verfolgt und darüber geschrieben (siehe den Beitrag von Tim van der Grijn Santen). Auch auf Oskar Loerke hat er wiederholt die Aufmerksamkeit gelenkt. Lasker-Schüler hat er ebenfalls persönlich gekannt wie ihre Widmung in seinem Gästebuch belegt. Sichtbar wird, wie Kunz seine „alten" Autoren in die neue Zeit hinüberführt und dadurch auch eine Brücke zwischen dem deutschen Expressionismus und der Nachkriegspoesie schlägt. Es sind Autoren, die entweder berühmt geblieben sind oder später erst recht Anerkennung gefunden haben. Zugleich zeigt seine Bibliothek, dass Kunz auch neue Autoren entdeckte. Deutlich hatte er Interesse für Christoph Meckel (neunzehn Bände) und Günter Fuchs (fünfzehn Bände). Über Heinrich Böll (neun Bände) hat er, wie van der Grijn Santen darstellt, mehrfach geschrieben. Auffällig ist auch V. O. Stomps, zu dem er ein besonderes Verhältnis hatte, wie wir in den Erinnerungen von Micha Labbé lesen konnten, und von dem er elf Bände besaß. Stomps (1897–1970) gehörte zu derselben Generation wie Kunz. Der Dichter und Verleger betreute vor dem Krieg den kleinen Verlag „Die Rabenpresse", den er unter Druck der Nationalsozialisten ver-

---

[20] In Herrmann-Neiße 1992, S. 117. Die Fassungen weichen nur geringfügig ab. In der gedruckten Vorlage sind „Du" und „Dich" klein geschrieben. Der Titel „Trost" taucht nur im Titelverzeichnis auf.

T R O S T !

Fürchte Dich nicht, weil Deine Tage gezählt sind!
Brennt auch die Lampe schon trüber, fürchte Dich nicht!
Wie wir im Schimmer des Mondes aufs neue vermählt sind,
unter der letzten Nacht noch das Meer mit uns spricht,
Sterne die weißen Rosen über uns streuen,
aus den Tiefen das Lied des Delphins zu uns steigt,
Wird sich uns immer die Fahrt durch die Welten erneuern,
Ist unser Sang nicht zu Ende, wenn er hier schweigt.
Über die Ströme, so groß sie auch sind, führen Brücken,
Goldne und solche aus Marmor, aus Holz wechseln ab,
Und Du lächelst der Blinden, die klagend schmücken
In dem längst vergessenen Lande Dein Grab.
Denn Du stehst schon strahlend auf höherem Hügel.
Blumen, die jene nicht kennen umduften Dich mild,
Vögel die jene nicht ahnen, mit bunteren Flügeln
Sind die Zier auf dem lebenden Zauberbild.
Fabeltiere streichelst Du, hast für das Dürsten
Der Traumchimären seltsame Tränke bereit,
weilst unter Wundern, bist mit himmlischen Fürsten
Über den Zeiten der irdischen Wirklichkeit.
Einer von denen, die durch das Märchen erwählt sind,
Plötzlich aus tiefsten Nächten nahe dem Licht.
Fürchte Dich nicht, weil Deine Tage gezählt sind,
Brennt auch die Lampe schon trüber, fürchte Dich nicht!

Max Herrmann-Neisse.
23.Mai 1886-8.April 1941

Abb. IV.3: Typoskript des Gedichts „Trost" von Max-Herrmann-Neiße im Nachlass LK

kaufen musste. In diesem Verlag hatte Kunz 1932 ja eine kleine Schrift für Wilhelm Lehmann herausgegeben (siehe Beitrag Wolfgang Wessig). Nach dem Krieg gründete Stomps den ebenfalls kleinen Verlag „Die Eremitenpresse", die sich durch schön gestaltete, oft illustrierte Bändchen auszeichnete. In diesem Verlag publizierte Kunz seine zwei Bände mit Übersetzungen niederländischer Lyrik mit Illustrationen von Appel und Lucebert. Mit dem langjährigen Bekannten Stomps teilte er das Interesse für literarische Kleinarbeit nicht unbedingt bekannter Dichter und die Kombination von Text und Graphik.

Brücke zwischen den Sprachen und Kulturen

Die Nachkriegsjahre waren auch für mich recht schwierig. Ich wechselte die Berufe recht oft, konnte aber nichts rechtes beginnen. Nach einem langen Studium, zumeist in nächtlichen Stunden, war es dann im Jahre 1953 so weit, daß die größte Tageszeitung unseres Landes (ALGEMEEN HANDELSBLAD) mich als ständigen literarkritischen Mitarbeiter wählte, zwar free lance, aber doch regelmäßig.

Seit dem Jahre 1955 kamen dann andere Verbindungen hinzu. Heute widme ich mich meiner hiesigen holländischen Tätigkeit allerdings nur noch dann und wann, da ich wieder für die Bundesrepublik und die Schweiz tätig bin. (Ludwig Kunz an Frau Meta Cohn, [Ende 60er Jahre?])

In der Nachfolge des traumatischen Exils und der Kriegserfahrungen war auch die Phase nach dem Ende des Krieges für die meisten Betroffenen überaus schwierig. Sie mussten sich in dem neuen Land zurechtfinden und ihre Lebenslage stieß nicht immer auf Verständnis. Es war eine Zeit des Schweigens, Verdrängens und Vergessens. Es ist kein Wunder, dass die Exilanten durch die geteilten Erfahrungen oft miteinander in Kontakt blieben und zum Teil eigene Kreise bildeten. Es war wohl auch nicht immer einfach, Zugang zu den Einheimischen zu finden. Umso bewundernswerter ist es, dass sich manche, die sich endgültig für das „Gastland" entschieden, einen Platz in der Gesellschaft erwarben und sich um die neue Sprache bemühten. International gesehen lässt sich feststellen, dass Exilanten im Bereich der Literatur manchmal aus der Not eine Tugend gemacht haben und sich auf Berufe spezialisierten, die wesentlich zur Kulturvermittlung beigetragen haben. Literarische Agenturen, zum Beispiel, haben sich durch

Exilanten nach dem Krieg stark entwickelt. Durch ihre Sprachkenntnisse konnten Exilanten Literaturen aus verschiedenen Ländern bei Verlagen vermitteln. Manche übernahmen Aufgaben als Übersetzer, Antiquare haben im internationalen Verkehr eine wichtige Rolle gespielt, Verleger haben sich für die deutsche Literatur im Ausland eingesetzt,[21] und nicht zuletzt haben manche Exilanten später ihre Erfahrungen literarisch umgesetzt. Schließlich haben Kinder und Enkelkinder der Emigranten eine neue Literatur gebildet, die auf die Vergangenheit ihrer Eltern und Großeltern zurückgreift und im Erzählstoff verschiedene Kulturen inkorporiert, eine Entwicklung, die sich bis heute fortsetzt. Man braucht nur an höchst erfolgreiche Titel wie *A Story of Love and Darkness* von Amos Os oder *The Hare with the Amber Eyes* von Edmund de Waal zu denken, um nur wenige der vielen Familiengeschichten zu nennen. In den Niederlanden sind Jessica Durlacher und Arnon Grunberg Beispiele, die inzwischen auch international Bekanntheit erlangt haben.

In diesem historischen Zusammenhang kann man auch den Werdegang von Ludwig Kunz sehen. Durch seine kulturellen Interessen freundete er sich mit Künstler- und Dichterkreisen an, die seinen ehemaligen Interessen nahestanden. Obwohl er lebenspraktisch zunächst auf andere Einkünfte angewiesen war, konnte er allmählich seine Tätigkeiten im kulturellen Bereich erweitern. Wie wir in seinem Brief an Frau Meta Cohn lesen, hat er sich sehr um die niederländische Sprache bemüht. Passiv soll er sie recht gut erlernt haben, im Gespräch ist ihm wohl immer ein schwerer Akzent geblieben, wie von Zeugen berichtet wird. Allerdings ermöglichten ihm seine Sprachkenntnisse, nach verschiedenen Seiten hin als Mittler zu wirken. Bereits in *De Kim* ist zu sehen, wie sehr er sich Mühe gab, einander unbekannte Literaturen in Kontakt zu bringen. Dabei gaben ehemalige Bekannte, die es nach fremden Ländern verschlagen hatte, und neue Bekannte aus dem niederländischen Umkreis wohl den Anstoß. In der Israel gewidmeten Nummer finden wir eine Einleitung von Max Brod, der auch bereits zu den *Lebenden* beigetragen hatte. In Kunz' *Panoptikum* befindet sich ein Fotoporträt mit der Widmung: „Das Wiedersehen mit einem gleich stehenden Geist in der Person von Ludwig Kunz war eine große Freude für mich"

---

[21] Siehe dazu zum Beispiel Fischer 2011.

aus dem Jahre 1967 (Siehe Abb. VII.2, S.209). Alle Beiträge in dieser Nummer stammen von Autoren, die ursprünglich deutschsprachig waren. Ganz zu Anfang steht das Gedicht „Land Israel" aus dem Band *Sternenverdunklung* (1949) der späteren Nobelpreislaureatin Nelly Sachs, die 1940 in letzter Minute nach Schweden entkommen war. Der Bezug zum Exil ist also überdeutlich. Aber totales Neuland scheint vorzuliegen in den Blättern zur *Negro Poetry* und zur *Red Indian poetry and myths*. Wie ist Kunz denn auf diese Ideen gekommen?

Betrachten wir diese Blätter einmal näher. In *De Kim* Nr. 3 zum Thema „Negro Poetry" sticht der Name des Einleiters hervor: Jan Carew. Dieser Name ist heute kein unbekannter im Bereich der (Post)kolonialen Studien; die internationalen Kataloge verzeichnen eine lange Reihe von Publikationen: im WorldCat sind um die 750 Titel von und über ihn aufgeführt. Carew wurde 1925 im damaligen Britisch-Guyana geboren.[22] Bereits als Kind führte er durch den Beruf des Vaters ein nomadisches Leben. 1943 wurde er in die britische Armee einberufen. In den späten Kriegsjahren fing er zu malen und schreiben an. Er studierte in den Vereinigten Staaten, Prag und Paris. Nach eigenen Aussagen soll er endlos herumgereist sein und zeitweilig in den Niederlanden, Mexiko, England, Frankreich, Spanien, Ghana, Kanada und Amerika gelebt haben. Aber immerfort hat er sich mit seiner Herkunft aus dem karibischen Gebiet und dem Mosaik der Multikulturalität auseinandergesetzt. Seine Werke, literarische sowie theoretische, drehen sich immer wieder um Fragen des Kolonialismus, der verdrängten und verschwundenen Identitäten und der Position eines karibischen Schriftstellers zwischen den Kulturen. Die Karibik umfasste für ihn die karibischen Inseln sowie Guyana, Surinam und Cayenne, Gebiete, die bis weit ins 20. Jahrhundert unter verschiedener europäischer Kolonialherrschaft standen. Er versuchte, die verlorengegangene Geschichte dieser Gebiete zu rekonstruieren. Dabei griff er gerne auf alte Mythen zurück. Eine seiner Strategien war, Unterschiede und Vermischungen afrikanischer und amerindianischer Mythen, Sagen und Poesie aufzudecken und zu zeigen, wie darin Identitäten der ursprünglichen Völker hervortraten. Er wollte den Völkern

---

[22] Das Geburtsjahr ist undeutlich. Manche (Internet)quellen erwähnen das Jahr 1920, andere 1925. Entsprechend war die Chronologie seiner Lebensphasen nicht genau zu rekonstruieren.

ihr altes Erzählgut gleichsam zurückgeben zur Stärkung des Eigenwertes und Schwächung der kolonialen Überlagerung oder gar „Ausradierung", um diesen Ausdruck der Nationalsozialisten einmal zu verwenden.

Interessant ist für uns ein Artikel, der 1978/79 mehrfach auf Englisch publiziert wurde, aber von dem auch eine deutsche Übersetzung vorliegt: *Der karibische Schriftsteller und das Exil*.[23] In diesem Artikel verleiht er dem Begriff des Exils eine besondere Note:

> Der Karibe ist von Geburt an aufeinanderfolgenden Wellen kultureller Entfremdung ausgesetzt – ein Prozeß, dessen Ursprünge in ein Mosaik kultureller Fragmente eingebettet sind: indianische, afrikanische, europäische, asiatische. Zwar springt das europäische Fragment stärker hervor, doch es bleibt ein Fragment. Im Schutze dieses europäischen Kulturfragments schwankt der karibische Schriftsteller zwischen Sonnenlicht und Schatten, Exil im Ausland und Heimatlosigkeit zu Hause. (S. 471).

Den karibischen Schriftsteller stellt er als „Randfigur" zwischen diesem Exil im Ausland und der Heimatlosigkeit zu Hause, „zwischen dem Volk auf der einen und dem Kreolen und dem Kolonialherrn" auf der anderen Seite. „Die Geschichte unseres Exils ist die finstere Geschichte von Völkermord, Sklaverei, Kontraktarbeit, Rassismus, Kolonialismus, und, in jüngster Zeit, Neokolonialismus" (S. 481). Exil bekommt hier die Bedeutung der Verbannung aus der eigenen Geschichte, Kultur und Identität. Um ihr zu entkommen, müsse der Schriftsteller die Hörigkeit an den Kolonialherrscher von sich streifen und die Wurzeln der verschollenen Herkunft ausgraben. Das bedeute, zurückzukehren zu den ursprünglichen Sprachen, zum uralten Erzählgut, zu den alten Gesängen. „Hat der Schriftsteller diese Entscheidung getroffen, befindet er sich auf dem Weg zum Ende des Exils, auf dem Weg der Hoffnung, auf der Straße zur Freiheit" (S. 486).

Wir erkennen in diesem späteren Artikel Grundgedanken wieder, die Carew auch prägnant in der kurzen Einleitung in *De Kim* formuliert:

> Today after epochs of anonymity the Negro artist is emerging into the modern world. With infinite patience and perseverance his ancestors preserved broken pieces of the mosaic, and now he is shaping the fragments of an ancient heritage into images of a new and vivid art.

---

[23] In *Sinn und Form* 1984 wird 1925 als Geburtsjahr Carews angegeben.

Wir sehen, dass die Autoren, die zum Heft beitrugen, verschiedenster Herkunft waren: sie kamen aus den USA, Hawaii, Panama, Kuba und Guyana. Alle setzten sich mit ihrer Herkunft aus verschiedenen Kulturen auseinander und hatten meist viel gereist und in verschiedenen Ländern gelebt. In den abgedruckten Gedichten finden wir die Suche nach der fernen Vergangenheit, nach Spuren des Vergessenen, die Trauer um Verluste. Das Heft trägt deutlich das Gepräge von Jan Carew. Carew war Anfang der fünfziger Jahre kurze Zeit in den Niederlanden und hat damals auch zu der „internationalen" Nummer 7 von *Braak* (1950) beigetragen.[24] Es kann fast nicht anders sein als dass Kunz ihn kennengelernt hat. Auf jeden Fall muss es Kontakt gegeben haben, weil Carew ja persönlich die Einleitung verfasst hat. Kunz mag seine eigene Exilgeschichte und die Geschichte des jüdischen Volkes wohl im Spiegel der kolonisierten, entwurzelter Völker wiedererkannt haben. Die Begegnung – für die bislang keine greifbaren Nachweise gefunden sind – könnte seinen Blick auf unterdrückte Völker, auf das Exil erweitert und ihn für die Herstellung dieses Heftes begeistert haben.

Diese Linie setzt sich im nächsten *Kim*-Heft fort (Abb. IV.4). Es umfasst Gedichte und Mythen aus Mexiko und Südamerika in englischer oder deutscher Übersetzung oder als Nachdichtung. In einigen Fällen werden die Übersetzer erwähnt, in anderen die Quelle, zum Beispiel eine Anthologie. Die Einleitung wurde von dem alten Freund Jan Elburg geschrieben. Es sei daran erinnert, dass die Cobra-Gruppe ihre Inspiration teilweise in den sogenannten primitiven Kulturen suchte. Elburg weist auf den mysteriösen, religiös verwurzelten Charakter der indianischen Mythen hin. Nur selten sei ein Schöpfer zu identifizieren. Sie seien alter Herkunft und anonym überliefert. Natur-Symbolik herrsche vor, auffällig seien die zahlreichen Wiederholungen, ihrerseits symbolischer Natur, die sich daraus erklären lassen, dass sie meistens gesungen wurden.

---

[24] Siehe dazu Renders 2000, S. 92. Gerrit Kouwenaar soll Carew bei Theun de Vries kennengelernt haben. Beide waren mit Kunz befreundet.

Abb. IV.4: Titelblatt De Kim No 4

Els Andringa

Die Übersetzer sind allerdings bekannte Namen aus südamerikanischen Exilkreisen: Ludwig Renn und Albert Theile. Der kommunistische Schriftsteller Ludwig Renn (1889–1979) floh, nachdem er sich am Spanischen Bürgerkrieg beteiligt hatte, vor Hitlerdeutschland nach Mexiko, wo er sich auch mit der Sprache und der Kultur der Mayas auseinandersetzte. Nach dem Krieg kehrte er nach Deutschland zurück und lebte in der DDR. Kunz schrieb eine lobende Rezension über Renns Übersetzung von Ermilo Abreli Gómez' *Geschichten von den Maja-Indianern* in der *Kroniek van Kunst en Kultuur* 1952.[25] Ganz besondere Bedeutung kommt jedoch Albert Theile (1904–1986) zu. Der Kunsthistoriker, Journalist und Übersetzer hat sich lebenslang als Mittler zwischen Kulturen und Religionen eingesetzt. Ende der 20er Jahre betreute er bereits eine künstlerisch-literarische Zeitschrift mit dem Titel *Die Böttcherstraße* (1928–1930), nach einer schmalen malerischen Gasse in Bremen benannt.[26] Es wäre gut vorstellbar, dass Ludwig Kunz dieses Blatt damals gekannt hat. Vor dem Nationalsozialismus geflohen, gelangte Theile nach abenteuerlicher Reise nach Chile, wo er einen Lehrstuhl in Santiago de Chile erhielt. Zusammen mit dem ebenfalls aus Deutschland geflohenen Juristen Udo Rukser (1892–1971) gründete er die Exilzeitschrift *Deutsche Blätter* mit dem Untertitel *Für ein europäisches Deutschland, gegen ein deutsches Europa*. Sie erschien vom Januar 1943 bis Dezember 1946 und zählte Beiträge vieler bekannter Exilschriftsteller von Thomas Mann bis Carl Zuckmayer. Rukser war ein Kunstsammler. Er soll die Zeitschrift großenteils durch den Verkauf seiner Sammlung finanziert haben. Theile kehrte 1952 nach Europa zurück und ließ sich in der Schweiz nieder. Er hatte umfassende Kenntnisse mehrerer Sprachen, Kulturen und Religionen erworben, die er für neue Projekte einsetzte. So gründete er die Zeitschrift *Humboldt*, benannt nach dem ersten deutschen Südamerika-Forscher Alexander von Humboldt; die Zeitschrift zielte auf den kulturellen Austausch von Deutschland mit den südamerikanischen Ländern und auch Spanien und Portugal ab.[27] Die gedruckte Form wur-

---

[25] Der Zeitungsausschnitt befand sich in Kunz' Nachlass. Zwar ist der Text mit „KZ" unterschrieben, aber anzunehmen ist, dass er von Kunz stammt.

[26] Die widersprüchliche Geschichte dieser Zeitschrift kann man nachlesen im Vortrag von Daniel Schreiber (2006).

[27] Aus den Internetquellen wurde nicht ganz klar, ob Theile diese Zeitschrift bereits in Chi-

de 2013 eingestellt, aber digital wird sie unter dem Schirm der Goethe-Institute noch heute verbreitet. 1963 gründete Theile bemerkenswerterweise *Fikrun wa Fann* [Arabisch für „Gedanke und Kunst"], eine Kulturzeitschrift für den Dialog mit der islamischen Welt. Auch diese Zeitschrift ist von den Goethe-Instituten übernommen worden und besteht heute in einer höchst aktuellen internationalen Situation fort.[28] Theile hat die Redaktion lange zusammen mit der bekannten Islamwissenschaftlerin Annemarie Schimmel geführt. Über Theiles Leben ist (noch) nicht viel Information zu finden. Auch er ist als Mittler im Hintergrund geblieben. Er muss jedoch eine bedeutsame Persönlichkeit mit weiter Weltsicht und einem ungewöhnlichen Gespür für künftige Entwicklungen gewesen sein.

Mit Theile hat Ludwig Kunz sich persönlich in Verbindung gesetzt, wie zwei Briefe Theiles im Kunz-Archiv belegen. Im August 1951 beantwortet Theile, noch aus Santiago de Chile, einen Brief von Kunz. Aus ihm ist herzuleiten, dass Kunz die *Deutschen Blätter* kannte und ihn um lateinamerikanische Lyrik für *De Kim* gebeten hat. Theile freut sich über den Brief und fügt gleich ein paar Textproben bei, Übertragungen eines Gedichts der chilenischen Dichterin Gabriela Mistral, die 1945 den Nobelpreis bekommen hatte, und eines Gedichts von Xavier Villaurrutia, einem ebenfalls bereits bekannten Dichter. Kunz hatte jedoch wohl Anderes vor Augen. Er wollte anscheinend keine bekannten zeitgenössischen Dichter publizieren, sondern hatte wahrscheinlich vor, die im letzten Kim-Heft angefangenen Themen zu erweitern. Offenbar hatte Kunz geschrieben, lateinamerikanische und indianische Dichtung sollten klar getrennt werden. Theile zeigt sich in seiner Antwort vom 12. November damit einverstanden. Die Texte, die in der Kim-Nummer abgedruckt sind, sind frühe, anonyme Mythen und Gedichte. Die englischen Übertragungen oder Nachdichtungen sind einer gerade erschienenen Anthologie entnommen, die deutschen stammen tatsächlich von Theile.

In seinem zweiten Brief erhoffte sich Theile wohl auch Hilfe für seine

---

le angefangen hat, oder dass sie erst 1960 in Deutschland entstand. Übrigens fehlt noch eine Wiki-Biographie über Theile. Seine Lebensdaten habe ich aus verschiedenen Internethinweisen zusammengestellt. Siehe für *Humboldt* die Webseite der Goethe-Institute: http://www.goethe.de/wis/bib/prj/hmb/the/159/de11280315.htm.

[28]   Siehe die website http://www.goethe.de/ges/phi/prj/ffs/ueb/deindex.htm.

Idee, ein größeres Dichtwerk von Pablo Neruda in deutscher Übersetzung herauszubringen, zusammen mit Fotografien eines befreundeten Fotografen. Damit hat ihm Kunz wohl nicht helfen können. Eine Übertragung Nerudas von Theiles Hand ist im Katalog der Deutschen Nationalbibliothek nicht auffindbar. Dagegen liegt eine Reihe von Übersetzungen von Gabriela Mistral vor. Ob Theile und Kunz sich später getroffen haben, zum Beispiel in der Schweiz, wäre denkbar, ist aber nicht nachzuweisen.

Es wird erkennbar, dass auch die Kim-Hefte 3 und 4 mit Themen des Exils verbunden sind. Einerseits erweitert sich die Bedeutung des Exils zu einem historisch und sozial umfassenden Begriff, andererseits tritt ein weit gespanntes Netz von Kontakten mit über die Welt verstreuten Exilanten in Erscheinung. Wie sehr sie sich durch die gemeinsamen Schicksale verbunden fühlten, und wie sehr Ludwig Kunz sich bemüht hat, frühe Verbindungen wiederherzustellen und neue zu knüpfen, geht aus den Kim-Heften und der damit zusammenhängenden Korrespondenz hervor. In diesen Ansätzen lässt sich exemplarisch verstehen, dass die dramatische Exilgeschichte zum Transfer von Literatur und Kultur beigetragen hat. Schade ist, dass Kunz durch finanzielle Umstände und vielleicht auch durch eine schwache Konstitution nicht imstande gewesen ist, diese Arbeit fortzusetzen. Mit der Hinwendung zu den Lyrik-Übersetzungen hat er sich vielmehr auf eine Domäne spezialisiert, die direkter mit seinem niederländischen Umfeld verwoben war.

V. Kunz zwischen den Künsten

Dorle Meyer

Kunz und die Künste

Ludwig Kunz engagierte sich nicht nur für den literarischen Bereich. Sein schon früh aufkommendes Interesse an der Literatur ging Hand in Hand mit einem gleichfalls tief ausgeprägten Sinn für die Kunst. Das lässt sich bereits an seinen Tätigkeiten in seiner Heimatstadt Görlitz ablesen. Gerade dreiundzwanzig Jahre alt und im Textilbetrieb der Familie tätig, war er Organisator von Autorenlesungen und gab daneben ab 1923 auf eigene Initiative literarische Flugblätter mit dem Titel *Die Lebenden* heraus:

> Zur Sicherung der redaktionellen Unabhängigkeit ließ ich die Ausgaben im Selbstverlag erscheinen, doch durch einen Verlag vertreiben. Sie kamen in unregelmäßigen Abständen nur dann heraus, wenn lohnende Manuskripte zur Verfügung standen. So ist es begreiflich, dass von 1923 bis 1931 nur 22 Nummern erschienen sind.[1]

In diesen Flugblättern strebte er explizit die Mischung von Dichtung und Graphik an. Diese Mischung lässt noch deutlich den nachwirkenden Einfluss der expressionistischen Bewegung erkennen, denn sie ist typisch für deren Streben nach einem gemeinsamen emotionalen und zeitkritischen Ausdruck in verschiedenen künstlerischen Medien.

Vorbildhaft für *Die Lebenden* waren, wie wir in Kap. IV gesehen haben, sicherlich insbesondere die beiden sehr erfolgreichen, in Berlin von Herwarth Walden bzw. Franz Pfemfert herausgegebenen expressionistischen Zeitschriften *Der Sturm* (ab 1910) und die *Aktion* (ab 1911), die als wichtige Foren zur Verbreitung expressionistischer Ideen fungierten. Hier wurden neueste Gedichte, theoretische Aufsätze sowie Grafiken abgedruckt und diskutiert. Die damit vorgenommene Zusammenführung von Literatur und Bild und auch die von Walden immer weiter vorangetriebene Erweiterung seiner Institutionen, wie die *Sturm*-Galerie, Theater etc. zeugt von dem

---

[1] Kunz G 1966, S. 86.

damals besonders ausgeprägten Wunsch nach dem Gesamtkunstwerk zur „Intensivierung des Ausdrucks". Das Bestreben um die Synthese verschiedener Künste zur gegenseitigen Befruchtung war Teil des expressionistischen Programms. Dies begünstigte ein verstärktes Auftreten und Fördern von Doppel- und Mehrfachbegabungen in der expressionistischen Bewegung.[2] Ludwig Kunz folgte diesem Vorbild mit seinen literarischen Flugblättern, in denen er Gedichte und Beiträge von Autoren wie Oskar Loerke, Alfred Wolfenstein und Max Herrmann-Neiße neben Graphiken beispielsweise von Ewald Mataré, Conrad Felixmüller oder dem ebenfalls in Görlitz tätigen Künstler und Schriftsteller Johannes Wüsten abdruckte, die stets das Titelblatt schmückten. Er war dabei von dem Wunsch getrieben, insbesondere die unbekannten, jungen oder ausgegrenzten Künstler und Dichter zu fördern und ihnen ein Forum zu geben – ein Ziel, dass er zeitlebens weiter verfolgte. Kunz hatte ein außergewöhnlich gutes Gespür für die aktuellsten Entwicklungen und arbeitete sowohl mit dem befreundeten, in Berlin lebenden Schriftsteller Max Herrmann-Neiße, als auch mit dem ebenfalls in Berlin ansässigen Kunsthistoriker Willi Wolfradt zusammen. Wolfradt hatte als federführender Berater bei der Auswahl der Kunstwerke eine besonders wichtige Rolle inne. Sie alle standen unter dem Eindruck des vorangegangenen Expressionismus und so „ergab es sich, dass Ludwig Kunz die Rolle zufiel, in der „Nachhut des Expressionismus zu wirken".[3]

Die Lebenden sind gleichsam als Ausgangspunkt für Kunz' weitere Entwicklung und sein Netzwerk zu bewerten – durch sie knüpfte er Kontakt zu dem Dichter Oskar Loerke, den er für die Mitarbeit an den Flugblättern zu gewinnen suchte. Durch Loerke wiederum kamen so wichtige literarische Mitstreiter wie Alfred Döblin und Max Herrmann-Neiße hinzu. Kunz erweiterte durch sie seine Kreise immens, insbesondere innerhalb der inspirierenden Berliner Künstler- und Literatenszene, die in den 20er Jahren wieder aufblühte und in der Abkehr von wilhelminischen Traditionen und in der Überwindung der Erfahrungen des Ersten Weltkrieges zu neuer Radikalität und zu avantgardistischem Experimentieren fand. Er spürte die Bedeutung der neuen Strömungen und suchte, am Puls der Zeit orientiert, ein

---

[2]   Meyer 2013, S. 31/32.
[3]   Raabe 1966, S. 91.

Stück von deren inspirierender Kraft von der Großstadt auch in die Provinz nach Görlitz zu holen.

Künstlerkontakte

Die Künstlerkontakte von Ludwig Kunz waren vielfältig. Gleichzeitig sind viele Dokumente im Krieg verloren oder harren in alle Winde zerstreut ihrer Entdeckung – deshalb können seine Verbindungen nur exemplarisch nachgezeichnet werden. Für die Suche nach seinen Kontakten bietet das LKA in der OLB in Görlitz dabei eine hervorragende Materialquelle. Der dort verwahrte Nachlass umfasst Kunz' Korrespondenz, seine Bibliothek und eine kleine Bildersammlung. Letztere würde heute ohne die Machtergreifung der Nazis deutlich umfangreicher sein, da Kunz bereits in jungen Jahren Kunst zusammengetragen hatte und laut seiner eigenen Aussagen auch bereits eine Sammlung im Familienbesitz vorhanden war. Diese Werke sind laut M. Labbé leider verloren.

Der Nachlass beinhaltet über die genannten Bestände hinaus mit einem lange gepflegten Gästebüchlein auch ein Kleinod besonderer Art. In diesem von Kunz selbst betitelten *Panoptikum* ist tatsächlich ein kleines „Kuriositätenkabinett" versammelt: über Jahrzehnte (von 1921 bis 1974) haben sich hierin annähernd einhundert prominente, überwiegend aus Deutschland und Holland stammende Künstler und Literaten mit persönlichen Worten, Gedichten, Collagen und Zeichnungen verewigt.[4] Ausgehend von den in diesem Gästebuch gespiegelten Kontakten, lassen sich die Fäden von Kunz' Verbindungen zur Kunst in Einzelbeispielen nachvollziehen.

Abgesehen von wenigen Ausnahmen – einem Eintrag von Max Liebermann (1917), Collagen vom „Oberdada" Johannes Baader (1917) und von dem aus Görlitz stammenden Schauspieler und Schriftsteller Werner Finck (1921)[5] sowie einer Zeichnung des Görlitzer Künstlers Fritz Neumann-Hegenberg (1921)[6] – setzen die ersten Einträge ungefähr mit der Begrün-

---

[4]   Das Büchlein ist in Leinen gebunden; Maße: 21,5 x 14,2 cm.
[5]   Eine weitere Zeichnung von Werner Finck mit der Überschrift *Gegenwart*, datiert auf 1921 (Maße: 21x13,2 cm) findet sich in Kunz' Bildersammlung im Magazin der OLB.
[6]   Einige von Neumann-Hegenbergs Gemälden sind in der Galerie der Moderne im Görlitzer Kaisertrutz ausgestellt. S. auch Abbildung III.2, S.34

Abb. V.1: Kurt Lohse: „Café Panoptikum", Tinte und Papier, im Panop-
tikum (1923)

dung der literarischen Flugblätter im Jahr 1923 ein, also zu dem Zeitpunkt zu dem Kunz sein ernsthaftes Engagement für die Künste beginnt. Dabei stechen aus den Jahren vor dem Zweiten Weltkrieg neben Namen von so bekannten literarischen Persönlichkeiten wie Thomas Mann und Max Herrmann-Neiße auch die Namen verschiedener Künstler hervor. So beispielsweise jener des an der Dresdener Kunstakademie ausgebildeten Malers Kurt Lohse, der 1922 nach Görlitz zog und sich schon im gleichen Jahr in Kunz' *Panoptikum* mit einer Zeichnung eintrug, die dazu passend mit *Café Panoptikum* betitelt ist (Abb. V.1.) Als ehemaliger Studienkollege und Freund des Malers Otto Dix hat er offenbar auch zu diesem den Kontakt vermittelt, denn von Dix findet sich im Gästebuch die Zeichnung eines jungen Mannes von 1923.

Im gleichen Jahr zeichnete der Maler Otto Griebel – ein Studienkollege der beiden aus Dresden und dem dortigen Dada-Kreis zugehörig – ein dadaistisches Mischwesen, welches er „als Quelle des Lebens" bezeichnet, ins Buch. Es besteht aus einem weiblichen Rumpf und Milch spendenden Brüsten in der Bildtradition der Maria lactans, die ihre göttliche Milch für die Gläubigen hergibt, aus dem Kopf eines Mannes mit Pfeife und Brille, einem für Dada typischen Prothesenarm, um sich selbst mit einem Lorbeerkranz zu bekrönen, sowie einem biedermeierlichen Tisch als Unterleib (Abb. V.2). Pfeife und Brille könnten auf den Maler selbst verweisen, der sich hier ganz und gar mit dem Dada identifiziert und nicht ohne Selbstironie als sprudelnder Quell deren Botschaft den „Kunst-Gläubigen" weitergibt. Wie eng die Beziehung zwischen Kunz und diesen Künstlern in der Folgezeit blieb ist unklar – es gibt zumindest in Kunz' Korrespondenz keine Briefe von ihnen. Zwei weitere wichtige Künstlernamen sind jedoch im *Panoptikum* zu finden, deren Kontakt zu Kunz nachweislich von längerer Dauer war: Johannes Wüsten und Ludwig Meidner – beide waren als Doppelbegabte sowohl bildkünstlerisch wie auch schriftstellerisch tätig.

Johannes Wüsten – die Heimatverbindung

Die Verbindung zu Johannes Wüsten ergab sich sicherlich zunächst aus der räumlichen Nähe (Abb. V.3). Der 1896 in Heidelberg als Sohn eines Pfarrers geborene Maler, Graphiker und Schriftsteller war bereits ein Jahr nach

Abb. V.2: Otto Griebel: „Quelle des Lebens", Bleistift auf Papier, im Panoptikum (1923)

seiner Geburt mit der Familie nach Görlitz gezogen und dort aufgewachsen. Sein Wunsch Maler zu werden stieß bei seinen Eltern auf Widerstand und so wurde er nach Abbruch des Gymnasiums in eine Tischlerlehre nach Dresden geschickt, wo er als „Höherschichtler" viel Häme erfuhr, gleichzeitig aber auch zum ersten Mal mit der Arbeiterbewegung in Berührung kam. Aufgrund eines Lungenleidens musste er die Lehre abbrechen und durfte 1914 als Malschüler bei Otto Modersohn in Worpswede beginnen. Mehr durch die Werke von dessen Ehefrau Paula beeindruckt kehrte Wüsten nach einer halbjährigen Grundausbildung nach Görlitz zurück, wo er sich selbsttätig der Bildnismalerei widmete, sich gleichzeitig jedoch auch vermehrt zur Literatur hin orientierte. Diese Anfänge wurden 1916 durch seine Einberufung zur Infanterie unterbrochen.

Wüstens Ablehnung des Krieges wurde durch seine persönliche Erfahrung an der Front und mehrfache Verwundung noch verstärkt. Das Erleben und die Auswirkungen des Krieges spiegeln sich in verschiedenen Gemälden, die zwischen 1917 und 1919 entstanden sind, wie z.B. in *Invalide* (1919), das einen in expressionistischer Manier gemalten, erblindeten Soldaten nebst einer zum Totenschädel verzerrten Fratze zeigt. Wie dieses Bild sind die meisten Gemälde Wüstens verschollen und müssen entweder dem Krieg oder der Nazi-Aktion „Entartete Kunst" zum Opfer gefallen sein. Sie sind teilweise nur von alten Schwarzweiß-Fotos oder Ausstellungskatalogen bekannt, so dass die Kenntnisse über Wüstens bildkünstlerisches Werk fragmentarisch sind. Nur einige verbliebene Werke wie jene in der Görlitzer Kunstsammlung geben einen Eindruck vom eindrucksvollen Talent des Künstlers. Bekannt ist jedoch, dass er, als er 1919 nach Hamburg zog, dort schnell Fuß fasste, gemeinsam mit Heinrich Steinhagen und Alexander Friedrich die „Neue Sezession" gründete und bereits im ersten Jahr in zwei Ausstellungen vertreten war. Hier entstanden auch seine ersten literarischen Werke und es erschien 1919 seine Novelle *Ywon*. Wüsten war in dieser Zeit im Bild wie im Wort noch ganz dem Expressionismus verpflichtet, war vom humanistischen Pathos getrieben und suchte nach psychologisierender Durchdringung ebenso wie nach expressiv-dynamischem Ausdruck. Dabei interessierten ihn zeitlebens vor allem sozial- und gesell-

Abb. V.3: Selbstporträt von Johannes Wüsten (1930), aus dem Nachlass Johannes Wüsten im Besitz von LK

schaftskritische Themen der (Nach-)Kriegsrealität, die er nicht selten mit historischen und religiösen Motiven verknüpfte.[7]

Als er 1922 nach kurzem Intermezzo und einer Ehe in Brieg nach Görlitz zurückkehrte, brachte er sich vielseitig in das dortige Kunstleben ein. Auch wenn er finanziell zu kämpfen hatte und sich mit der Gründung einer keramischen Werkstatt und der Einrichtung einer „Görlitzer Malschule" eher mühsam über Wasser hielt, schrieb er daneben vielfach kunsthistorische und stadtgeschichtliche Artikel für lokale Magazine und Zeitungen und arbeitete weiterhin als Künstler. In dieser Zeit lernte er seine zweite Frau, die Malerin Dorothea Koeppen, kennen. Insbesondere ab Mitte der 20er Jahre orientierte er sich zunehmend am Stil der Neuen Sachlichkeit im Sinne von George Grosz und suchte nach einem klaren, unverblümten Ausdruck, den er mit fast karikativem Sarkasmus paarte. Gleichzeitig experimentierte Wüsten in verschiedenen Bildmedien und fokussierte sich schließlich ab 1927 in Auseinandersetzung mit der Kunst Albrecht Dürers insbesondere auf den Kupferstich. Er verhalf diesem zu neuer Bedeutung – auch indem er seine Malschule zur Stecherschule umwandelte – und machte sich in der deutschen Kunstszene damit einen Namen. So entstanden zwischen 1928 und 1934 mehr als 70 Stiche.

Auch Ludwig Kunz war auf Johannes Wüsten aufmerksam geworden, befreundete sich mit ihm und unterstützte ihn ebenso wie Kurt Tucholsky und andere Kunstkritiker mit wohlwollenden Rezensionen. Artikel über Wüsten erschienen in bedeutenden Kunstzeitschriften wie der *Weltkunst* und dem *Kunstblatt*.[8] Es ist nur einleuchtend, dass sich in einer kleinen Stadt wie Görlitz zwei kunstaffine und engagierte Persönlichkeiten wie Kunz und Wüsten automatisch kennen mussten. Ein direkter Bezug wird z.B. in einem undatierten Brief von Kunz deutlich, der sich im Nachlass von Wüstens Neffen in Berlin findet.[9] Darin bittet er Wüsten um ein Treffen, um auf Wolfradts Anraten mit dem Drucker darüber zu sprechen, ob das Papier seiner Zeitschrift für den Abdruck von Wüstens Arbeiten geeignet sei. Si-

---

[7] Informationen zu Biografie und Werk Wüstens in: Kretzschmar 1976; Jann-Zechendorff 1973.

[8] Kretzschmar 1976, S. 27.

[9] An dieser Stelle sei Thomas Wüsten herzlich für die Einsichtnahme in drei Briefe von Kunz an Johannes bzw. die Familie Wüsten gedankt.

cherlich ist dieser Brief in den 20er Jahren im Kontext von *Die Lebenden* anzusiedeln. So wählte Kunz für die April-Ausgabe seiner Flugblätter von 1929 als Titelblatt Wüstens ein Jahr zuvor entstandenen Kupferstich *Totentanz (Eisenbahnunglück)*, dem ein Text von Willi Wolfradt beigegeben ist. Die Graphik zeigt schonungslos und in klaren Linien ein Gewirr von zerborstenen Metallstangen, Maschinenteilen, menschlichen Gliedmaßen und verrenkten, eingeklemmten oder durchbohrten Leibern (Abb. V.4). Als zentrale Figur ragt ein toter Mann an einem zersplitterten Pfahl aus dem Chaos heraus. Seine Haltung mit den seitlich aufgespießten Armen erinnert entfernt an das Bildmotiv der Kreuzigung. Auffallend ist auch das im Tode verschlungene Paar in der rechten Bildecke. Wie Wolfradt anmerkt, deuten die Darstellungsform und die Betitelung als Totentanz auf Bezüge zu altmeisterlicher Kunst hin. Das Motiv des Totentanzes kam bereits im 14. Jahrhundert auf und verweist auf die Macht und Allgegenwart des Todes, die dem (gläubigen) Betrachter als Mahnung und Erinnerung an die Vergänglichkeit vor Augen gestellt wird. Dabei zeigten die Darstellungen üblicherweise den z.B. als Gerippe personifizierten Tod im Tanz mit Personen verschiedenen Ranges, Geschlechts und Alters, um zu zeigen, dass der Tod niemanden verschont. Auch in der Moderne griffen Künstler auf dieses wichtige Motiv zurück und interpretierten es neu. So gestaltete beispielsweise der Künstler Otto Dix in seiner bedeutenden Mappe *Der Krieg* (1924) eine der Radierungen ähnlich wie Wüsten vier Jahre später in seinem Blatt als ein Gewirr von toten Leibern und Gliedmaßen und betitelte sie als *Totentanz, 1917*. An einem Stacheldrahtzaun aufgeknüpft zeugen diese Toten von den Gräueln des Ersten Weltkrieges. Wüsten verknüpfte in seinem Blatt die Bildtradition des Totentanzes mit den Gefahren der modernen Welt.[10]

---

[10] Informationen zum Motiv des Totentanzes s. beispielsweise bei Wunderlich 2001.

Abb. V.4: Johannes Wüsten: Totentanz (Eisenbahnunglück), Kupferstich, 1928 abge-
druckt als Titelblatt von Die Lebenden *(2.Reihe, Nr. 4/5)*

Wüsten und Kunz blieben weiter in Kontakt. Des Künstlers Hochachtung für den Publizisten und Kulturförderer spiegelt sich in einem von Wüsten 1932 vorgezeichneten und 1933 als Kupferstich ausgeführten Porträt, das Kunz im Brustbild vor einer kargen Landschaft mit verwitterten Steinkegeln zeigt. Siehe Abb. III.3, S.37. Ein wenig diabolisch lächelnd und mit dramatisch umwölkter Stirn inszeniert Wüsten den Freund ausdrucksstark als Denker mit durchdringendem Blick. Das Blatt entstand ungefähr zeitgleich mit einem anderen wichtigen Porträt im Œuvre Wüstens – dem Bildnis von Lenin, mit welchem er Anfang der 30er Jahre seine kommunistische Gesinnung und sein Engagement für den antifaschistischen Widerstand unterstrich.

Vermutlich ebenfalls vom Anfang der 30er Jahre stammt ein undatierter Eintrag des Künstlers in Kunz' Gästebuch, bestehend aus einem eingeklebten Blatt mit dem *Die Trauung* betitelten Kupferstich Wüstens von 1929 und einigen persönlichen Zeilen dazu (Abb. V.5). Diese Graphik ist 1932 als eines von zehn Blättern mit gesellschaftskritischer Botschaft in einem Band mit dem Titel *Die Blutproben* im Volksbühnenverlag erschienen. Als zentrale Figur und in peinlicher Nahsicht ist dem Betrachter des Stiches das Brustbild eines betenden Pfarrers vor Augen gebracht. Grotesk und abstoßend sind Warzen und Nackenfalten hervorgehoben und mit lächerlich bigottem Augenausdruck hat der Mann den Blick gen Himmel gerichtet. Etwas in den Mittelgrund gerückt steht das Hochzeitspaar vor ihm, wobei die Braut mit mittelalterlichem Schleier irritierend starr und traurig erscheint, während ihr Bräutigam gelangweilt nach unten schaut. Im Hintergrund beobachten drei Gentlemen ausdruckslos die Zeremonie. Wie der Bräutigam tragen sie Anzug, Weste und Fliege im Stil der 20er/ 30er Jahre. Mit Binokel und Schmiss stehen sie für die herrschende Klasse und mit ihren kurz rasierten Schädelseiten, dem bevorzugten Haarschnitt der zur Macht strebenden NSDAP-Mitglieder, lassen sie sich leicht politisch einordnen. Der Gottesmann erscheint albern und unfrei in dieser Szene, die Braut vielleicht als Symbol für alte Werte enttäuscht und desillusioniert. Wüsten kommentiert unter dem Blatt mit einem Zitat beginnend:

‚Luther hatte fünfundneunzig Thesen; ich hätte nur eine: das Christentum ist nicht da!' Mit welcher lapidaren Feststellung denn auch hinreichend erklärt ist a) warum dieses Blatt entstand, und b) warum es im November 1931 in Görlitz konfisziert wurde. Dies zur Erinnerung an Ihren Johannes Wüsten.

Seine Enttäuschung über die herrschenden Zustände im Land und die mit der Konfiszierung angedeuteten, dramatischen politischen Entwicklungen sind diesen Worten deutlich abzulesen.

Wüsten nutzte häufiger christliche Bezüge und Bildtraditionen in seinen Werken – zum Beispiel auch das Motiv des Heiligen Sebastian als Symbol für den leidenden Menschen. Gleichzeitig stellte er aber die Religion und auch ihre Malbarkeit in Frage. Davon zeugt zum einen sein kritischer Gästebucheintrag. Zum anderen sind zwei Briefe Wüstens interessanterweise im schriftlichen Nachlass des Künstlers Ludwig Meidner in Darmstadt erhalten. Interessant, weil Wüstens expressionistisches Schaffen nicht unbeeinflusst von Meidners Werken scheint und natürlich auch, weil Kunz schon zuvor mit dem in Berlin lebenden Künstler in Verbindung stand – es schließt sich gewissermaßen der Kreis. In den Briefen erläutert Wüsten dem Künstlerkollegen einige Gedanken über seine Weltsicht, den Tod und die religiöse Darstellung in der Malerei und konstatiert:

Ich habe gute Gründe zu bezweifeln, ob man heute noch Kreuzigungen malen kann. Ist auch unser Gott noch der unserer Ahnen so doch nicht mehr seine Beschreibung. Unsere Schöpfungstage reichen noch gerade von den Elektronen zu den Milchstraßen, wobei oben wie unten noch ein Wesentliches fehlt. (...)[11]

Wie der weitere Kontakt zwischen Kunz und Wüsten sich fortsetzte, ist nicht dokumentiert. Es ist zu vermuten, dass er sich unter den Schrecken des Nazi-Regimes im Laufe der 30er Jahre verlor. Wüsten, der 1932 Mitglied der KPD wurde und bereits im Jahr darauf zu den Anführern des antifaschistischen Widerstandskampfes in Görlitz gehörte, musste 1934 nach Prag fliehen – hier intensivierte er vor allem seine andere, die literarische Begabung und schrieb politische wie auch historische Dramen, beispielsweise *Bessie Bosch* oder *Rübezahl*. 1938 floh er weiter nach Paris, wo er 1941 von der Gestapo verhaftet wurde. Vom Berliner „Volksgerichtshof" anschließend wegen Hochverrats zu 15 Jahren Zuchthaus verurteilt, starb

---

[11] Brief von Wüsten an Meidner vom 7.12.1927 (in Görlitz verfasst). Stadtarchiv Darmstadt, Nachlass Ludwig Meidner, ST 45 Meidner, Nr. 2173.

Abb. V.5: „Die Trauung" von Johannes Wüsten (1929), Eintrag im Panopti-
kum (o.D.)

Wüsten schließlich 1943 an den Folgen einer Tuberkulose und schlechter Versorgung.

Kunz, der bekanntlich 1938 nach Holland floh, hat Wüsten aber nicht vergessen. Dies belegt ein Brief, den er viele Jahrzehnte später 1971 an Wüstens Witwe Dorothea schickte, in welchem er von seiner Tätigkeit in Holland nach 1945 berichtet und sich positiv an die gemeinsame Görlitzer Zeit mit dem Ehepaar erinnert:

Liebe Dörthe (…) Ich brauche dir ganz gewiss nicht zu sagen, wie sehr dies alles mich an die einstigen Görlitzer Jahre erinnert hat, die Zeit unseres regelmäßigen Zusammenseins, die oftmaligen Besuche auf der Kahle, den Einbruch der dramatischen Jahre nach dem Umschwung und die starke Wirkung, die stets von Johannes und Dörthe Wüsten ausgegangen ist (…).[12]

Pif Paf Poltrie – die Freundschaft zu Ludwig Meidner

Pif Paf Poltrie – so nannte sich der Künstler Ludwig Meidner zuweilen selbst und so auch in seiner Postkarte an Kunz vom 19.12.60, der letzten der in Görlitz verbliebenen Korrespondenz zwischen beiden. Diese Bezeichnung bezieht sich auf ein Märchen der Brüder Grimm mit dem Titel „Die schöne Katrinelje und Pif Paf Poltrie" und ist der Name der Hauptfigur – eines armen Besenbinders, der um ein Mädchen wirbt. „Poltrie" ist dabei vermutlich von dem englischen Wort „paltry" = armselig, karg abgeleitet. Die Verwendung dieses Namens ist sicher Meidners scherzhafte Art auf seine zeitlebens eher bescheidenen Lebensumstände anzuspielen. Dass er in seiner Postkarte, in der er über die Recklinghäuser Ausstellung „Synagoga" berichtet, sich mit „Fröhliche Chanukkah-Tage u. Grüße Ihres Pif Paf Poltrie" verabschiedet, spricht für ein vertrauensvolles Verhältnis der beiden.

Kennengelernt haben sich Kunz und Meidner bereits in jungen Jahren durch Max Herrmann-Neiße, der die beiden 1919 miteinander bekannt machte.[13] Dem gerade 19-jährigen Kunz, der sich über den familiären Görlitzer Textilbetrieb hinaus hin zu den Künstlerkreisen orientierte, öffnete

---

[12] Brief vom 01.10.1971, Privatbesitz Thomas Wüsten (Berlin).
[13] Siehe Wessig 1993, S. 243.

sich damit sicherlich eine neue Welt. In einem von ihm verfassten Radiomanuskript, in welchem er das bildkünstlerische und literarische Schaffen des Künstlers würdigt und das anlässlich Meidners 80. Geburtstag im April 1964 vom Westdeutschen Rundfunk ausgestrahlt wurde, erinnert er sich:

> In einer kleinen Bodenkammer in der fünften Etage eines Wohnhauses in Berlin traf sich in den zwanziger Jahren eine bunte Gesellschaft, Dichter, Künstler und Intellektuelle. (...) Sie waren die Gäste des Malers Ludwig Meidner (...) Meidners leidenschaftliche Anteilnahme galt dem lyrischen Schaffen seiner Zeitgenossen. Zahllose Manuskripte lasen die Dichter in diesem kleinen Atelier zum ersten Mal vor. Meidner war ein strenger Richter. Und er zeichnete und malte sie alle, Jakob van Hoddis, Alfred Lichtenstein, Ernst Wilhelm Lotz und Franz Werfel, Max Herrmann-Neiße und Alfred Wolfenstein, den Oberdada Johannes Baader und Kurt Hiller, – um nur einige Namen zu nennen. (...).[14]

Die Genannten wurden teils auch die Freunde und Mitstreiter von Kunz.

Ludwig Meidner war zu dieser Zeit, und insbesondere auch in den Jahren des Expressionismus vor und während des Weltkrieges, ein Ekstatiker – sowohl in seinen Bildern, wie auch in seinen Schriften. Am 18.4.1884 in Bernstadt geboren, brach er 1903 eine Maurerlehre ab, um zunächst zwei Jahre an der Kunst- und Gewerbeschule in Breslau, dann in Berlin im Atelier des Radierers Hermann Struck und schließlich 1906/07 an der Academie Julien in Paris Kunst zu studieren. Beeindruckt von den Werken Picassos, Gauguins, Ensors und seines Freundes Modigliani orientierte er sich zunächst am (Post-)Impressionismus. Zurück in Berlin, wo er durch seine Mitarbeit an Herwarth Waldens expressionistischer Zeitschrift *Der Sturm* und den Großstadttumult beeinflusst wurde, veränderte er aber seinen Stil zunehmend und fand zu einem äußerst dynamisch-expressiven Ausdruck. Meidner wurde besonders für seine psychologisierenden Porträts geschätzt, in denen er das Innere seines Gegenübers einzufangen versuchte. Seine expressiven Großstadtdarstellungen wandelten sich ab 1912 unter dem Eindruck des bevorstehenden Krieges mehr und mehr zu Katastrophenbildern mit Feuersbrünsten in den Straßen, panisch fliehenden Menschenmassen und Unheil verkündenden Kometen am Himmel. Sein schriftstellerisches

---

[14] Ludwig Kunz: *Zum 80. Geburtstag des Malers und Dichters Ludwig Meidner.* Radiomanuskript Westdeutscher Rundfunk. LKA in der OLB Görlitz.

Abb. V.6: Ludwig Meidner: Selbstbildnis „Nach durchzechter Nacht" im Panoptikum (1923)

Talent zeigte sich erst während des Ersten Weltkrieges, wo Meidner wohl aus Mangel an Malmöglichkeiten begann überwiegend von Pathos und eigenem Erleben oder Fühlen geprägte, expressionistische Prosa zu verfassen. Hervorzuheben sind die beiden Anthologien *Im Nacken das Sternenmeer* und *Septemberschrei*, die die Texte dieser Zeit zusammenfassen und 1918 bzw. 1920 erschienen sind. Nach dem Krieg kehrte der Künstler zurück nach Berlin, wo er von aktivistischen Tendenzen erfasst wurde und sich wie viele Intellektuelle für die Erneuerung des Staates auf Grundlage sozialistischer Ideen engagierte.[15]

Dies war ungefähr zu der Zeit als Meidner und Kunz sich kennenlernten. Sie standen in den Jahren Anfang der 20er sicherlich über den gemeinsamen Bekannten- und Freundeskreis weiter in Kontakt. So findet sich in Kunz' Gästebuch auch ein auf den 11. März 1923 datiertes und monogrammiertes Selbstporträt Meidners, das dieser humorig mit folgender Widmung versah: „Herrn Ludwig Kunz – nach durchzechter Nacht" (Abb. V.6). Kunz selbst hat später eine maschinenschriftliche Notiz daneben geklebt. Da offenbar eine Verwechslung mit seiner Person stattgefunden hatte, erklärt er darin: „eine Metamorphose -/ mein Konterfei ist es nicht./ Wohl aber eine Selbstkarrikatur von Meidner (...)".

1923 war für Ludwig Meidner ein einschneidendes Jahr: in der zweiten Auflage seiner bei Brieger erschienenen Monographie hatte er den Hauptteil völlig überarbeitet und distanzierte sich darin zum Entsetzen seiner Freunde und Förderer vehement von seinem bisherigen expressionistischen Schaffen. Des Krieges, der gesellschaftspolitischen Entwicklungen und des expressionistischen Stils überdrüssig, zog er sich zurück und wandte sich verstärkt seinem jüdischen Glauben zu, der ihm auch die Themen seiner weiteren Bilder lieferte. Ende der 20er Jahre gründete er eine Familie mit seiner 1927 angetrauten Ehefrau, seiner ehemaligen Schülerin, der Künstlerin Else Meidner. Als Jude von den Nationalsozialisten mit Malverbot belegt, als „entarteter Künstler" verfemt und schließlich verfolgt, floh er mit Else und dem gemeinsamen Sohn nach London. Das Exil war für ihn eine überaus mühsame Zeit und so kehrte er nach langen Jahren des Heimwehs

---

[15] Zu Biografie und Gesamtwerk Meidners siehe insbesondere Breuer/ Wagemann 1991. Zu Meidners doppelbegabtem Schaffen während des Expressionismus: Meyer 2013.

1953 schließlich nach Deutschland zurück. Ludwig Kunz war derweil 1938 von Görlitz nach Holland geflohen, hatte dort die NS-Zeit und das damit verbundene Versteck-Spiel überlebt und nach Kriegsende begonnen journalistisch zu arbeiten sowie ab 1950 die literarischen Flugblätter *de Kim* herauszugeben.

Schon kurz nach der Rückkehr Meidners nach Deutschland scheint der Kontakt zwischen dem Künstler und Kunz wieder aufzuleben, wie die Korrespondenz im LKA mit einem Brief vom 5.6.1955 belegt. Hierin berichtet Meidner dem in Amsterdam lebenden Freund ausführlich: von seinem Umzug vom Frankfurter Altersheim raus in das Dorf Marxheim, wo er in einer alten Klempnerwerkstatt ein Atelier eingerichtet hat, und von einem Buchprojekt mit dem ukrainischen Schriftsteller und Kritiker Igor Kostetzky. Dem Brief ist definitiv ein Schreiben von Kunz vorausgegangen, denn Meidner bedankt sich eingangs für die „lieben Zeilen" und schlägt offenbar auf eine vorangegangene Vermittlungsanfrage des Freundes hin vor, für eine mögliche Ausstellung in Amsterdam das Konvolut einer bevorstehenden Ausstellung in Düsseldorf zu übernehmen. Mit den Worten „Vielleicht fragen Sie mal Jonkheer Sandberg?!" – gemeint ist der damalige Direktor des Stedelijk Museums Amsterdam – kitzelte er Kunz in seiner bevorzugten Rolle als Vermittler. Kunz unterstützte ihn auch ein Jahr später, als ihn Meidner um seine Mitarbeit in der Wilhelm-Lehmann-Gesellschaft ersuchte. Die Gruppe von Literaturfreunden wollte gerne die Anhänger deutscher Gegenwartspoesie zusammenführen und den 75. Geburtstag des Dichters Lehmann würdigen. Kunz antwortete positiv, mit konkreten Vorschlägen zur Umsetzung des Projekts[16] und erhielt am 30.10.1956 eine offizielle Einladung der Gesellschaft mit den persönlichen Zeilen Meidners „Lieber Herr Kunz/ Dank Ihnen, etwas verspätet, obiges Rundschreiben (...)".

---

[16] Brief von Ludwig Kunz an Ludwig Meidner auf dem offiziellen Briefpapier von „De Kim" vom 11.6.1956. Stadtarchiv Darmstadt, Nachlass Meidner, Nr. 658.

Abb. V.7· Ludwig Meidner: Bildnis Ludwig Kunz, Zeichnung (L.M. 1964)

Die Korrespondenz setzt sich Ende der 50er und Anfang der 60er Jahre fort. Bis zu Meidners Tod im Jahre 1966 besteht ein intensiver Kontakt zwischen den beiden Ludwigs, der sich aus dem Material im LKA deutlich ablesen lässt. Neben den Briefen finden sich im Kunz-Nachlass zwei weitere Einträge Meidners in Kunz' Gästebuch von 1959 und 1964 sowie das bereits erwähnte Radiomanuskript von 1964. Zudem birgt Kunz' Bildersammlung im LKA ein Exemplar von Meidners 1918 im Kurt Wolff Verlag erschienener Mappe *Straßen und Cafés* und zwei großformatige Porträts mit jeweils einer auf 1960 datierten Widmung an Ludwig Kunz. Eines ist ein offenbar in Kohle ausgeführtes Porträt von Ludwig Kunz bei dem anderen handelt es sich um den laut Datierung bereits 1920 entstandenen Kopf einer alten Dame mit nachdenklichem Blick und Falten durchfurchtem Gesicht. Zwischen den Korrespondenzen befanden sich aber auch drei Reproduktionen einer Zeichnung von Kunz, die mit L.M. signiert und 1964 datiert ist. Das Original müsste sich ebenfalls noch im Nachlass befinden, aber wir haben es bislang noch nicht entdeckt (Abb. V.7).

Der umfassendste Materialteil jedoch ist ein Konvolut mit einem Teil-Nachlass Ludwig Meidners, bestehend aus zehn handschriftlichen Manuskripten, fünf Typoskripten, fünf Zeitungsausschnitten und drei Briefkopien. Bei den Manuskripten handelt es sich zum einen um unveröffentlichte expressionistische und religiöse Prosa und Dichtung, Feuilletons und Rundfunk-Interviews. Zum anderen handelt es sich um Texte, die im Rahmen eines gemeinsamen Buchprojekts von Kunz und Meidner 1973 im Züricher Arche-Verlag unter dem Titel *Dichter, Maler und Cafés* erstveröffentlicht wurden (Abb. V.8). Die Idee zu dem Projekt entstand 1957 durch Peter Schifferli vom Arche-Verlag, der Meidner um die Niederschrift seiner Erinnerungen bat, um sie zu publizieren. Meidner willigte ein, war dann gesundheitlich aber zu angeschlagen und überlegte sich daher, alternativ dazu mit seinem Freund Kunz eine Zusammenstellung von unveröffentlichten Schriften und Beiträgen von Freunden herauszugeben.[17] Die Auswahl von Texten für das Buch erforderte die Sichtung vielfältigen Materials und so ist es auf diese notwendige Recherchearbeit zurückzuführen, dass das Meidner-Konvolut in Kunz' Hände und letztlich mit seinem Nachlass nach

---

[17] Siehe Wessig 1993, S. 243/244.

Görlitz gelangte. Kunz fasste im Vorwort des Buches die Arbeit folgendermaßen zusammen:

Der Plan einer Zusammenstellung dieses Bandes wurde schon seit 1962 mit dem Herausgeber [also ihm selbst!] erörtert und von Meidner am 22. Januar 1963 brieflich bestätigt. Das Manuskript „Dichter, Maler und Cafés" kam in den Tagen vom 3. bis 7. Juni 1964 in seinem Darmstädter Atelier als Diktat an den Herausgeber zustande. Nach einem langen Gespräch am 3. Juni 1964 setzte Ludwig Meidner sich in nächtlichen Stunden spontan seinen uralten, breitrandigen und an ein oder zwei Stellen durchlöcherten Malerhut auf – vermutlich um sich vor dem hellen Licht zu schützen –, wandte mir auf einem alten Stuhl den Rücken zu und begann mit seinem Diktat (...).[18]

Der daraus resultierende erste Text des Buches gehört wie das *Journal 1915* – ein Tagebuch – und die Erzählung *Nichts als Liebe* zu den zuvor unveröffentlichten Texten.

Die Arbeit an dem Band war langwierig. Zwar bestätigte Meidner im Januar 1963 schriftlich die vorgenommene Auswahl, doch erschien das Buch erst zehn Jahre später. Hauptgrund für die Verzögerungen war Meidners Versterben 1966, das eine Maschinerie von Nachlass-, Zuständigkeits- und anderen Rechtsfragen auslöste. Aus der umfangreichen Korrespondenz von Kunz zu dem Projekt geht hervor, dass er in viele verschiedene Richtungen Absprachen und Nachforschungen zu treffen hatte. Unterstützt wurde er dabei von der Züricher Literaturagentin Ruth Liepman, die ihn in manchen Fragen zum Vorgehen beriet, beispielsweise im Kontext der Vertragsverhandlungen und damit verbundener Überlegungen andere Verlage in Betracht zu ziehen.[19] Mit dem damaligen Darmstädter Kulturreferenten Heinz Winfried Sabais stand er in regelmäßigem Austausch, da dieser den Nachlass Meidners verwaltete. Weiterhin musste er die Rechte für die Texte klären, die Freunde von Meidner beisteuerten bzw. in früheren Jahren verfasst hatten. Am 2. Oktober 1973 endlich schickte Schifferli Kunz die Mitteilung, dass das fertige Buch auf dem Postweg sei. Darin befinden sich neben Graphiken mit von Meidner angefertigten Porträts befreundeter Literaten wie Jakob van Hoddis oder Johannes Becher nun zehn Texte vom

---

[18] Ludwig Kunz, Vorwort in *Dichter, Maler und Cafés*, Zürich 1973, o.S...
[19] Briefe von Ruth Liepman an Kunz vom 8.6. und 21.8.1972. Im LKA.

Abb. V.8: Cover des gemeinsamen Buchprojektes „Dichter, Maler und Cafés", Arche Verlag 1973

Dorle Meyer

doppelbegabten Künstler selbst und acht kritische Würdigungen von George Grosz, Willi Wolfradt und anderen – auch von Kunz selbst, sozusagen als Abschluss. Seinem Text ist Meidners Selbstbildnis aus dem Gästebuch beigegeben und es erklärt sich, in welchem Kontext Kunz' dortige Notiz zur Identität entstanden war: es wird in dem Band fälschlicherweise mit „Ludwig Kunz" bezeichnet.

Kunz bewies mit der Verwirklichung von *Dichter, Maler und Cafés* sein großes Engagement – für die Künste, aber gleichzeitig auch für seinen langjährigen Freund. Wie sehr er Meidner schätzte, belegen auch die Artikel und Rezensionen, die er in der Nachkriegszeit für deutsche wie auch niederländische Zeitungen, z.B. die *Frankfurter Allgemeine Zeitung* oder das *Algemeen Handelsblad* über den Künstler verfasste.[20] Wohlwollend beschrieb er Meidner als leidenschaftlich in der Diskussion, als strengen Richter seiner literarischen Freunde, als Person mit scharfem Blick und „die dämonische Kraft, die von seinen großartigen Porträts und Bildern ausging"[21]. So würdigte Kunz den Künstler und dessen Werk und half es im Kulturgedächtnis zu verankern.

Verknüpfungen zur Künstlergruppe CoBrA

Betrachtet man die Nachkriegs-Einträge in Kunz' Gästebuch, lassen sich daraus vornehmlich Bezüge zu niederländischen Künstlern und Literaten ableiten. Das verwundert nicht weiter, da Kunz seit seiner Flucht 1938 in den Niederlanden lebte, dort schon während der Besetzung Kontakt zu Künstlerkreisen und der Widerstandsbewegung suchte und ein seit spätestens 1950 sichtbares, aktives Netzwerk mit der jungen Generation niederländischer Künstler und Literaten unterhielt. Augenfällig ist dabei vor allem der Bezug zu Künstlern der avantgardistischen Gruppe CoBrA, der sich auf vielfältige Weise durch Kunz' Wirken in den 1950er und 60er Jahren zieht. Die Gruppe wurde im November 1948 in Paris von Künstlern

[20] Artikel in der *FAZ* vom 17.04.1959 und im *Algemeen Handelsblad* vom 17.04.1959 anlässlich Meidners 75. Geburtstags – Kopien der Artikel im Stadtarchiv Darmstadt, Nachlass Meidner, Nr. 1753 und Nr. 1754.
[21] Ludwig Kunz (Epilog). In: Meidner 1973, S. 149.

aus Copenhagen, Brüssel und Amsterdam gegründet, was sich im Akronym CoBrA ausdrückt. Der gleichzeitige Verweis auf die Giftschlange war ebenfalls gewollt, da er den progressiven Charakter der Gruppe unterstrich, die sich gegen akademische und gesellschaftliche Normen wandte. Zu den Gründungsmitgliedern gehörten unter anderem die dänischen Künstler Asger Jorn (1914–73) und Carl Henning Pedersen (1913–2007), der belgische Maler und Lyriker Christian Dotremont (1922–79) sowie die niederländischen Künstler Karel Appel (1921–2006), Corneille 1922–2010) und Constant (1920–2005).

Der Entstehung der CoBrA waren in den einzelnen Ländern bereits avantgardistische Bewegungen und kleinere Gruppierungen vorausgegangen – im internationalen Zusammenschluss wollten sie ihre Ideen Länder übergreifend vermitteln. Dazu diente z.B. auch die Zeitschrift *CoBrA*, die bis zur Auflösung der Gruppe 1951 in zehn Exemplaren erschien. Als niederländische Keimzelle gilt die im Juli 1948 gegründete „Experimentelle Gruppe", als deren zentrale Figuren Constant, Karel Appel und Corneille fungierten. Auch in ihrem Manifest ist formuliert, was für viele ihrer Zeitgenossen gilt und die Suche nach einem Neuanfang widerspiegelt:

Die Künstler sehen sich nach diesem Krieg einer Welt von Dekor und Scheinfassade gegenüber. An diese Welt können sie nicht mehr glauben und haben nichts mit ihr zu tun. Die einzige Lösung besteht darin, sich dieser Kulturrudimente zu entledigen. ... Ein Bild ist nicht ein Gefüge aus Farbe und Linien, sondern ein Tier, eine Nacht, ein Schrei, ein Mensch oder all dieses zusammen.[22]

Entsprechend suchten die in der CoBrA zusammengekommenen Künstler in Anlehnung an den Expressionismus nach einem spontanen Gestus und naiver wie abstrakter Farb- und Formensprache (siehe weiter die Kapitel „Kontinuität und Wandel" und „Ludwig Kunz als Übersetzer").

Ludwig Kunz nutzte zu dieser Zeit seine langjährige publizistische Erfahrung, um als Mittler zwischen deutscher und niederländischer Kultur Beiträge für das *Algemeen Handelsblad* zu Kunst und Literatur zu schreiben. 1950 knüpfte er mit der Gründung seiner Flugblattreihe *De Kim* (Horizont) gleichsam an *Die Lebenden* und seinen Jugendtraum der Vorkriegsjahre an. In gleicher Weise sammelte er hierfür Beiträge aus Umfragen zum

---

[22]   Constant: „Manifest", in: *Reflex* 1, September/ Oktober 1948.

aktuellen Stand der literarischen Entwicklungen, belebte alte Beziehungen wieder (wie beispielsweise zu Ludwig Meidner oder Thomas Mann) und ergänzte dies mit neuen niederländischen Kontakten. Anders war allerdings diesmal die internationale Ausrichtung durch Mehrsprachigkeit und so wurde das Übersetzen ein zentrales Element der Flugblätter für Kunz. *De Kim*, insbesondere die Sonderausgabe Nr. 5 zur Dichtergruppe „Die Fünfziger" um Lucebert, Gerrit Kouwenaar und Jan Elburg half die moderne niederländische Lyrik auch in Deutschland zu verbreiten. Die Illustrationen für diese Ausgabe stammen von den CoBrA-Künstlern Karel Appel und Corneille – deren Kunst in den Niederlanden damals als skandalös empfunden wurde. Kunz wurde hier als Förderer der Avantgarde also erneut zum mutigen Pionier.

Appel, Corneille und auch Constant standen mit Kunz offenbar in regelmäßigem Kontakt. So finden sich von Karel Appel in Kunz' Gästebuch eine Eintragung von 1955 mit einer für ihn typischen, fröhlich-bunten und kindlich-naiv gezeichneten Figur (Abb. V.9) sowie in seiner Bildersammlung eine Handvoll gerahmter, abstrakter Graphiken. Dabei handelt es sich zum einen um zwei Großformate – ein 69x53cm großes, abstraktes Bild mit Signatur und der Widmung „voor Ludwig Kunz" und ein Probedruck mit drei angedeuteten Gesichtern auf 77x58,7 cm. Zum anderen handelt es sich um drei mittelgroße Farblithographien mit den Maßen von 32,4x24,4 cm, die mit „K. Appel '58" bezeichnet sind – zwei davon zeigen abstrakte Linienknäuel, während das dritte ein in schwarz auf rotem Papier gedrucktes Gesicht andeutet. Diese drei Arbeiten gehören in den Kontext des Künstlerbuches *Rhapsodie de ma nuit*, das 1958 mit einem Text des Dichters Emmanuel Looten und sechs illustrierenden Original-Lithographien von Karel Appel in einer Auflage von 75 Exemplaren in Paris herausgegeben wurde. Vermutlich gelangten sie als Geschenk in Kunz' Besitz, der sie offenbar so schätzte, dass er sie rahmen ließ und sicher auch aufhängte. Appel war auch an dem wichtigen Band *Junge niederländische Lyrik* beteiligt, den Kunz 1957 bei V.O. Stomps' Eremitenpresse herausgab und mit einleitenden Worten versah. Der Künstler steuerte zu den darin versammelten Gedichten bedeutender niederländischer Fünfziger elf Zeichnungen als Illustrationen bei. Ein weiterer gleichnamiger, aber umfangreicherer Band

Abb. V.9: Karel Appel: Phantasiefigur, Mischtechnik auf Papier, im Panopti-kum (1955)

erschien 1965 – diesmal mit der Beigabe von vier Zeichnungen des Dichtermalers Luceberts (siehe dazu weiter das Kapitel von De Feijter).

Neben der Herausgabe dieser illustrierten Gedichtbände unterstützte Kunz die zu diesem Zeitpunkt noch um Anerkennung ringenden Künstler auch bei der Veröffentlichung ihres literarischen Schaffens, um sie so über die niederländischen Grenzen hinaus bekannter zu machen. Für Lucebert, der sich ebenfalls 1961 mit einer Zeichnung und der Widmung „voor Luku" im *Panoptikum* verewigte, übernahm Kunz im Laufe der 60er und 70er Jahre wiederholt die Übersetzung der Gedichte oder gab sie in selbst erlesener Auswahl heraus. Corneilles Büchlein *Abessinische Reise. Tagebuchnotizen eines Malers* von 196* (o.J.), das der Künstler selbst illustrierte, übersetzte Kunz ins Deutsche. Er fungierte auch für Constants Publikation *New Babylon* als Übersetzer.

Constant war der Theoretiker der „Experimentellen Gruppe" und politisch engagiert. Er begründete die „Reflex" genannte Zeitschrift der Gruppe, in der er 1948 grundsätzliche Ideen in seinem Manifest formulierte. Zu Beginn der 50er Jahre schloss er sich der „Internationalen Bewegung für ein Bauhaus der Imaginisten" an und spätestens mit seinem Engagement für die „Situationistische Internationale" ab 1957 fokussierte er sich auf Architektur und Zukunftskonzepte für einen ganzheitlichen Städtebau. Im Zentrum seiner 1959 bis '69 entwickelten Idee *New Babylon* steht die Vision bzw. Utopie von einer Stadt der Zukunft, in der durch den technischen Fortschritt der Mensch von der Arbeit weitgehend entbunden würde, als homo ludens (= spielfreudiger Mensch) seine bis dato unterdrückte Kreativität ganz entfalten und zu einem neuen, besseren Menschen werden könnte.[23] Dazu entstanden zahlreiche Modelle und Zeichnungen. Die erwähnte, von Kunz übersetzte Publikation *New Babylon* wurde 1963 in einer Auflage von 60 Exemplaren für die Galerie d'Eendt gedruckt und enthält neben Simon Vinkenoogs Text *Präambel zu einer neuen Welt* zehn Graphiken des Künstlers, die in engem Kontext zu seinem Projekt *New Babylon* stehen. Zehn der gedruckten Exemplare sind als Luxusversion auf speziellem Kupferdruckpapier und mit einer Originalgraphik herausgegeben worden. Eines davon, mit der handschriftlichen Eintragung *„épreuves d'artiste, Constant"* und

---

[23] Vgl. Stokvis 1989, S. 23.

124

dem Vermerk „*übersetzt von Ludwig Kunz*", ging offenbar als Dankgabe an den Übersetzer und befindet sich im LKA. Schon im Jahr zuvor hatte Constant seinem Unterstützer Kunz eine Abbildung mit einem futuristischen Architekturentwurf ins Gästebuch geklebt mit den Worten „Groeten uit Nieuw-Babylon" [Grüße aus Neu-Babylon] (Abb. V.10).

Nur ansatzweise können diese Beispiele belegen, wie weitreichend das Netzwerk von Ludwig Kunz war und wie vielseitig sein Engagement für die Künste. Er blieb zwar eher im Hintergrund, doch gab sein visionärer Einsatz als Herausgeber, Kritiker und Übersetzer entscheidende Impulse für die Wahrnehmung und den Erfolg wichtiger avantgardistischer Künstler vor und nach dem Zweiten Weltkrieg.[24]

Abb. V.10: Constant: „New Babylon", Eintrag im Panoptikum (1962)

---

[24] Wir danken dem Ludwig Meidner-Archiv im Jüdischen Museum der Stadt Frankfurt am Main für die Abdruckgenehmigung von Meidners Zeichnungen (Abb. V.6 und V.7). Dankbar sind wir auch der Karel Appel Foundation für ihre Genehmigung die Zeichnung von Appel im *Panoptikum* abdrucken zu dürfen (Abb. V.9).

Lucebert (1924 – 1994)

Lucebert ist das Pseudonym des Dichter-Malers Lubertus Jacobus Swaans-wijk. Den ersten Vornamen leicht modifizierend, spielt der Name in der Kombination aus dem italienischen *luce* und dem altdeutschen *bert* mit der Bedeutung ‚leuchtendes Licht‘. Mit Lucebert hat Ludwig Kunz viele Jahre zusammengearbeitet. Von ihm hat er die meisten Gedichte übertragen und sich dafür eingesetzt, dass sie in Deutschland verbreitet wurden. Lucebert kommt in diesem Band ausführlich zur Sprache. Hier folgen einige Gedichte, die nicht schon vollständig zitiert wurden.

Auf das berühmte poetologische Gedicht „ik tracht op poëtische wijze" aus dem ‚historischem Debüt‘ hat Ludwig Kunz immer wieder die Aufmerksamkeit gelenkt. Es zeigt, wieviel Bedeutung Dichter wie Übersetzer diesem Gedicht beimaßen. Hier wird Kunz' früheste Übertragung zitiert, die in der ersten Anthologie *Junge Niederländische Lyrik* (1957) publiziert wurde und ohne Änderungen – nur in der Rechtschreibung ohne *β–* in *Lithologie* (1960). Kunz präsentiert es als ein Gedicht, in dem die Nachkriegslage der Sprache und (Dicht)Kunst aufgezeichnet wird. Möglicherweise ist das Gedicht ihm auch deswegen teuer gewesen, weil er darin einen Anklang an die Stimme und die Arbeit Hölderlins hören konnte.

Auch Luceberts Künstlergedichte waren ihm sowie seinem Übersetzer lieb. In *Gedichte und Zeichnungen* (1962) erscheinen beisammen die Gedichte „Paul Klee", „Max Ernst", „Henry Moore", „Brancusi" und „Hans Arp". In dieser Ausgabe sind die Titel um die Vornamen erweitert. Hier folgen die Gedichte „moore" und „arp", die ebenfalls aus *apocrief / de analphabetische naam* (1952) stammen. Das erste Gedicht wurde bereits in der *Kim*-Nummer abgedruckt; die Übersetzung ist Kunz sofort gelungen. In der Übersetzung des zweiten Gedichts fügt er später Änderungen ein. Hier wird die erste Übertragung publiziert, aus dem Katalog *Geh durch den Spiegel: Lucebert* (1960). Kunz versucht so dicht wie möglich am Original zu bleiben, hält es aber für notwendig, um Morphologie und Syntax durch die Verwendung von Apostroph und Interpunktionszeichen zu verdeutlichen.

Lucebert

Die früheste Übersetzung des Gedichts 'ik tracht op poëtische wijze' (1957)

Ich suche auf poetische Weise,
Das heißt
In der Einfachheit erleuchteter Wasser
Den Raum des umfassenden Lebens
Zum Ausdruck zu bringen

Wäre ich kein Mensch gewesen
Gleich einer Menge Menschen
Doch wäre ich der ich war
Der steinerne oder fließende Engel
Geburt und Auflösung hätten mich nicht berührt
Der Weg aus Vereinsamung zur Gemeinschaft
Der Steine Steine Tiere Tiere Vögel Vögel Weg
Wär nicht so beschmutzt
Wie dies nun zu sehn ist in meinen Gedichten
Die Momentaufnahmen dieses Weges sind.

In dieser Zeit hat was immer man nannte
Schönheit Schönheit ihr Gesicht verbrannt
Sie tröstet nicht mehr die Menschen
Sie tröstet die Larven die Reptile die Ratten
Aber den Menschen erschreckt sie
Und leiht ihm die Ahnung
Staub nur zu sein auf dem Kleide des Universums

Nicht mehr allein das Böse
Der Todesstoß macht uns rebellisch oder demütig
Doch auch das Gute
Die Umarmung läßt uns verzweifelt im Raum
Herumtorkeln

Ich hab darum die Sprache
In ihrer Schönheit aufgespürt
Erfuhr daraus daß sie nichts Menschliches mehr hatte
Als die Wortgebrechen des Schattens
Des ohrenbetäubenden Sonnenlichts.

Das ursprüngliche Gedicht (1952)

ik tracht op poëtische wijze
dat wil zeggen
eenvouds verlichte waters
de ruimte van het volledig leven
tot uitdrukking te brengen

ware ik geen mens geweest
gelijk aan menigte mensen
maar ware ik die ik was
de stenen of vloeibare engel
geboorte en ontbinding hadden mij niet aangeraakt
de weg van verlatenheid naar gemeenschap
de stenen stenen dieren dieren vogels vogels weg
zou niet zo bevuild zijn
als dat nu te zien is aan mijn gedichten
die momentopnamen zijn van die weg

in deze tijd heeft wat men altijd noemde
schoonheid schoonheid haar gezicht verbrand
zij troost niet meer de mensen
zij troost de larven de reptielen de ratten
maar de mens verschrikt zij
en treft hem met het besef
een broodkruimel te zijn op de rok van het universum

niet meer alleen het kwade
de doodsteek maakt ons opstandig of deemoedig
maar ook het goede
de omarming laat ons wanhopig aan de ruimte
morrelen

ik heb daarom de taal
in haar schoonheid opgezocht
hoorde daar dat zij niet meer menselijks had
dan de spraakgebreken van de schaduw
dan die van het oorverdovend zonlicht

Lucebert

Henry Moore

Es ist die Erde die treibt und rollt durch die Menschen
Es ist die Luft die stöhnt und bläst durch die Menschen
Die Menschen liegen träg wie Erde
Die Menschen stehen erhaben wie Luft
Der Mutterbrust entwächst der Sohn
Der Vaterstirn entblüht die Tochter
Wie Flüsse und Ufer feucht und trocken ist ihre Haut
Wie Straßen und Kanäle schauen sie in den Raum
Ihr Haus ist ihr Atem
Ihre Regungen sind Gärten
Sie verbergen sich
Und sie sind frei

Es ist die Erde die treibt und rollt
Es ist die Luft die stöhnt und bläst
Durch die Menschen

Hans Arp

Gegen den Pulsschlag des Steins
Klopft der Gedanke der Hand
Raschelt der Kleidersaum der Trottoirs
Atmen Felsen über mich hin
Steht das Oxyd des Meers
Auf den brennbrechbaren Augen der Erde

Quer durch meinen Mund hin
Bricht das harte Loch der Gebärde
Und meine Stimme winkt
Stille, galoppier' nur
Keine Schwere mehr, die denkt

So
Bin ich über die Ohren verlobt mit dem Licht
Das Licht kauft mich auf
Läuft über meinen Schritt meinen Hals mein Haar
Ein Menschenmarsch
Der echte Mensch, der wünscht

Stille, galoppier' nur
Durch die stillgewordene Galoppade

130

moore

het is de aarde die drijft en rolt door de mensen
het is de lucht die zucht en blaast door de mensen
de mensen liggen traag als aarde
de mensen staan verheven als lucht
uit de moederborst groeit de zoon
uit het vadervoorhoofd bloeit de dochter
als rivieren en oevers vochtig en droog is hun huid
als straten en kanalen staren zij in de ruimte
hun huis is hun adem
hun gebaren zijn tuinen
zij gaan schuil
en zij zijn vrij

het is de aarde die drijft en rolt
het is de lucht die zucht en blaast
door de mensen

arp

tegen de polsslag van het steen
klopt de gedachte van de hand
ritselt de rokzoom van trottoirs
ademen rotsen over mij heen
staat de oxyde der zee
op de brandbreekbare ogen der aarde

dwars door mijn mond door
breekt het harde gat van gebaar
en mijn stem wenkt
stilte galoppeer maar
geen gewicht dat meer denkt

zo
ben ik tot over mijn oren verloofd met het licht
het licht koopt mij op
loopt op mijn tred mijn hals mijn haar
een mars van mens
de echte mens die wenst

stilte galoppeer maar
door de verstilde galoppade

131

Kunz hat nicht nur Gedichte, sondern auch Prosatexte von Lucebert übersetzt. Das erste Beispiel ist der Text „appel's verflichaam leeft", ein Text über die Malerei des Freundes und Kollegen Karel Appel. Erste Publikation im Katalog *Karel Appel* (Eindhoven: Stedelijk Van Abbemuseum, April 1961); die Übersetzung erscheint im Katalog *Geh durch den Spiegel: Appel* (Köln: Galerie Der Spiegel, Januar 1962). Das zweite Beispiel ist der Text „kalm aan kinderen, er valt iets zwaars", ein Text über die eigene Malerei und Poesie, den Lucebert zum ersten Mal in einem Katalog im April 1961 publizierte (Eindhoven: Stedelijk Van Abbemuseum). Die Übersetzung von Kunz erschien zuerst im Mai 1963 (Bochum: Städtische Kunstgalerie). Lucebert hat den Text, der auch ins Englische und Spanische übersetzt wurde, in Katalogen zu seinen Ausstellungen wiederholt verwendet.

Leinwände, die geballten Fäusten, Farbmassen, die Lavaströmen gleichen

(Köln: Galerie Der Spiegel, Januar 1962)

Leinwände, die geballten Fäusten, Farbmassen, die Lavaströmen gleichen, ein Kolorit, das das Auge verwüstet und verbrennt: ist dieser Appel ganz einfach ein Maniak?

Eine Art Orlando furioso der Malerei, ein tanzender Farbderwisch, ein Palettengangster, ein expressionistischer Supermann?

Ein brutaler Gewalttäter, der der Farbe antut, was ihr bisher noch nie angetan worden ist? Einer, der, wie man so schön sagt, die Materie überwindet?

Manche, die Appel nur so sehen, an ihm nur das Temperament und die zügellose Leidenschaft schätzen bzw. verabscheuen; aber heißt das nicht, ihn einseitig sehen, etwas auslassen, ihn fehlinterpretieren?

Ist derselbe Mann, der draußen rücksichtslos Berge zu versetzen scheint, nicht drinnen mühsam damit beschäftigt, diese Berge zu erklimmen? Kurz, will Appel, wie viele andere mit ihm, nicht vielleicht nur der geduldige und in seiner Geduld beinah passive Arbeiter sein, der nicht seine, sondern Absichten seines Materials verwirklicht?

Feststeht, daß Appel sein Material nie zu entmaterialisieren versucht. Analog versucht er auch nie, hinter die Erscheinungen zu greifen. Die Idee von Umbra und Violett oder Stilleben mit Totenschädel interessiert ihn nicht; er orientiert sich einzig an der Farbmaterie selbst. Eine ebenso bescheidene wie realistische Methode aber, die schon den Versuch, die Farbe sich selber zu entfremden, ausschließt. Appel versklavt die Farbe nicht, er tut ihr keine Gewalt an, ganz im Gegenteil, er unterwirft nicht sie sich, sondern sich ihr. Er läßt sich von ihr Einfälle, Gedanken, Ideen diktieren, die er selber keineswegs hat. Natürlich gehört dazu ein weit geöffnetes Auge: ein Auge, das nicht eigensinnig projiziert, sondern wahrnimmt.

So sagen wir, wenn wir etwas zu sehen und zu begreifen anfangen, uns seien dafür die Augen geöffnet worden. Wie selten indes geschieht das wirklich! Wir sind allzumal sehend blind. Wie unser Denken aus einer lockeren Folge von Assoziationen besteht, die einander unaufhörlich verdrängen, überlagern und verdunkeln, liefert auch unser Sehen im allgemeinen nur unscharfe und verwischte Bilder. Ein Rot zum Beispiel sehen wir fast immer so, als schlüge sich gleichzeitig mit ihm noch ein stärkeres oder schwächeres Rot vor; ja, mehr noch, wir sehen es so, als ob sich das Weiß von Rot in Gelb vertiefen und an seiner Stelle eigentlich ein Blau stehen sollte. Kurz, ohne zu schielen ein rotes Rot zu sehen, ist für die meisten von uns eine Strafe. Genauso, wie wir unsere Träume verraten, verraten wir auch Rot und alle anderen Farben.

Nicht so Appel. Ohne es besser wissen zu wollen, läßt er sich gefallen, was Farben ihm zu sagen haben. Er läßt das Rot, das Blau, das Schwarz zu sich sprechen, ein jedes, wie allein es sprechen kann. Selbst das Rot darf alles sagen; selbst wenn es ausfällig und beleidigend wird, verbietet er ihm nicht den Mund. Laß es ruhig schreien, sagt er sich. Hat es nicht allen Grund dazu? Lebt es nicht mit Nachbar Grün die meiste Zeit in ziemlichem Unfrieden?

Appel ist dementsprechend nur darauf aus, in jedem Bild von neuem den ihm eigentümlichen Blutkreislauf und Herzschlag zu entdecken. Daß man sich dabei nicht leisten kann, prätentiös und eigenwillig zu verfahren, versteht sich von selbst. Besonders Appel, der vorzugsweise mit dem Palettmesser malt, kann es sich nicht leisten. Vorsichtig mit dem Messer! Denn wenn man unvorsichtig damit hantiert, werden Schlagadern verletzt und das Bild blutet aus. Alles, nur das nicht! Laß das Bild atmen, laß es seinen Puls beschleunigen, laß es dir zu erkennen geben, wo es verwundbar ist, kurz, bring es so zur Welt, wie es zur Welt gebracht werden will: als einen festen, von Finsternis noch feuchten Farbkörper mit eigenen Gedanken und Wünschen, die du sorgen mußt, in Erfüllung gehen zu lassen; vor allem, was seinen Hauptwunsch betrifft: seinerseits ein Bild zu malen – schlimmstenfalls sogar allein, am liebsten jedoch in fremden Augen.

Hört Kinder etwas Schweres kommt hier zur Sprache

(Bochum: Städtische Kunstgalerie, Mai 1963)

Alles was mir gerade einfällt, male ich, ich zeichne und male alles auf allem, alle Auffassungen schätze ich aus ferner Distanz in gleicher Weise, Gegensätze bleiben bei mir ruhig in Funktion und während sie einander widerstreben, leiste ich nicht den geringsten Widerstand, bleibe ich außer Schußweite und erringe jene Freiheit, die mir allein meine Gemälde, meine Gedichte zu geben vermögen, diese beglückenden Spielgärten, wo keine Wippe den Schwung des Schaukelns unterbricht, wo in Sandkästen ganze Saharas und geräumige Ozeane zusammenfallen.

Nimmer schwöre ich auf magere und nimmer auf üppige Bildgestaltungen, ich kenne keine Vorliebe für festgelegte Palettenmischungen, heute entliehe ich ins Baumbraun, morgen ertrinke ich lachend im tauzarten Blau. Konkret oder abstrakt, – es ist für mich ganz gleich, ich kümmere mich kaum um den Unterschied, ich weiß einzig, daß dies Auffassungen aus einer Begriffswelt sind, in der ich ein xenophobischer Fremdling bin und auch zu bleiben wünsche.

Wer mich nach dem größten abstrakten Maler fragen würde, bekäme die Antwort: Cranach. Ich brauche darüber keinen einzigen Augenblick nachzudenken, denn ich erinnere mich noch recht gut, wie ich bei der Betrachtung der Dresdener Gemäldesammlung in Ost-Berlin länger als eine Stunde lang, perplex und von Bewunderung erregt, auf eines seiner großen abstrakten Bilder voll gelber und schwarzer Arabesken starrte, ohne zunächst einmal den unansehnlich kleinen Kopf zu entdecken, den Mopskopf mit dem dicklich fetten Mäulchen, mit den winzigen Perlenaugen wie von milchig jungen Spanferkeln. Später erfuhr ich, daß es „ohne jeden Zweifel" einen großen Kurfürsten darstellt.

Man kennt sicher seinen glanzvollen Namen.

Ich nicht.

Aus begreiflichen Gründen habe ich meine Ticks, meine Manien und meine Passionen.

Als ein in der Großstadt geborenes, erzogenes und durchaus rechtschaffenes Kind habe ich eine besondere Vorliebe für rustikale Schilderungen: leibhaftig kerngesunde Bauern und Bäuerinnen, recht oft auch mit Spuren der Degeneration, stets in nächster Nähe vollgemästeter Kühe. Im Hintergrunde dann manchmal ein in Flammen aufgehender Bauernhof – und dann blicken die Bewohner ein bißchen bestürzt drein, wenn auch in meiner Betrachtung den Schaden stets die Versicherung deckt.

Oft gehen oder stehen sie auch mitten im Stall, den ich am liebsten völlig ungepflegt lasse, denn in meinen Gemälden brauche ich mich glücklicherweise nicht um agrarische Hygiene zu kümmern.

Neben der bäuerlichen Betriebsamkeit schildere ich ganz spontan allerlei höllische und himmlische Wesen, ganz gleich, ob sie nun vielfarbig monströs oder unwirklich fahl ausfallen, sie alle dringen zu mir aus ihrer außermenschlichen Welt und wenn ich etwas darstellen will, das ein wenig gruselig wirkt, dann male ich ganz einfach einen Menschen, der einem andern begegnet.

Die Wasser, über denen der Geist schwebte, waren Sodawasser, aber ein jedes aus der übersinnlichen Welt sprudelt nieder; wir sind immer abhängig von unseren Schöpfungen und ihre Opfer.

Unsere Maschinenwelt verurteilt uns zu einem Maschinen-Leben, unsere Phantasie aber zu einer phantastischen Existenz, – da gibt es keinen Ausweg. Ausweglos beschreitet die Pfade des Todes wer vom Traditionellen herkommt; denn je mehr Selbstvergessenheit, desto mehr wirkliche Tradition.

Wer sich beim bemalen von Ostereiern vergangener Jahre erinnert, verspürt keine Lust mehr, das Osterfest zu feiern.

Ein gutes Gemälde, ein gutes Gedicht entsteht dann auch in einem Niemandsland, in einem Grenzgebiet zwischen Konzeption und Verwirklichung, wo weder konventionelle Erinnerungen noch das Diktat von Traumbildern die eine oder andere Utopie beschränken können.

Ein gutes Gedicht, ein gutes Gemälde, – ist dann auch niemals vollendet, niemals abgeschlossen, es ist offen, gärend, es schweigt nicht, während es leidet oder lacht, es läßt sich abnutzen oder verändern, durch einen reinen Narren.

Worte sterben selten einen ruhmreichen Tod und mit Gemälden ist es nicht anders.

Aber wenn je eines es schafft, ist sein Geschick aussichtsloser als jenes der meisten miserablen Sterblichen. Ein an seinem Ruhm verstorbenes Gemälde oder Gedicht ist ein Kadaver, der jahrhundertelang die Luft verpestet, Kunst einzig und allein ausdünstet, ununterbrochen naß, naß von den Leichenschweißspuren der Kultur bedeckt hängt es in großer Einsamkeit, erhaben hoch, begafft von Zehntausenden von Besuchern, die kommen, ihren toten Gott anzubeten.

Wie gern möchte ich einmal ein lecker dick Kind malen, zwischen der jüdischen Braut und ihrem Bräutigam, einem armen Mann, der neben solch einem verwirrend schönen Arm jahrhundertelang keine entsprechende Leistung zu vollbringen vermochte.

VI. Ludwig Kunz als Übersetzer niederländischer Literatur

Anja de Feijter

Es besteht kein Zweifel, dass die Übersetzung niederländischer Literatur ins Deutsche von Ludwig Kunz zu den wichtigsten seiner vielen Verdienste gehört. Insbesondere auf dem Gebiet der Lyrikübersetzung hat er bahnbrechende Arbeit geleistet, von der wir jetzt nach einiger Zeit feststellen können, dass Sie zur Wiederherstellung der deutsch-niederländischen Beziehungen auf dem Gebiet von Kunst und Literatur in der Nachkriegszeit beigetragen hat. Kunz hat vor allem Lyrik übersetzt und innerhalb dieses Genres vor allem Lucebert, aber er hat nicht nur Lucebert übersetzt und nicht nur Lyrik. Mit seinem Werk als Übersetzer hat er an der Bekanntheit zeitgenössischer niederländischer Lyrik im Deutschland der fünfziger, sechziger und siebziger Jahre mitgewirkt. Es gibt drei Anthologien, die von dieser wichtigen Funktion als Kulturvermittler zeugen.

Die Anthologie *Junge Niederländische Lyrik* von 1957

Nachdem er die fünfte Nummer seiner Zeitschrift *De Kim* der jungen niederländischen Lyrik und bildenden Kunst gewidmet hat (siehe den Beitrag von Andringa in diesem Band) stellt er seine erste Anthologie aus der Lyrik der so genannten ‚Experimentellen' zusammen. Der engen Verbindung zwischen Dichtern und Malern, die für die Experimentelle Gruppe bestimmend gewesen ist, gibt er auch in seiner Anthologie mit Lyrik in Übersetzung Gestalt, indem er sich der Mitarbeit Karel Appels versichert. Die erste Anthologie mit dem Titel *Junge Niederländische Lyrik* veröffentlicht Ludwig Kunz 1957. Herausgeber ist die Eremiten-Presse seines Freundes und Schicksalsgenossen aus dem Exil Victor Otto Stomps (Abb. VI.1 a und b). Die Ausgabe ist mit viel Sorgfalt für Zeichnungen und Gedichte gestaltet: Die elf Zeichnungen, achtzehn Gedichte und noch ein Prosafragment von Bert Schierbeek wechseln einander in einem harmonischen Rhythmus ab. Die ausgewählten Dichter stehen in alphabetischer Reihenfolge, im Anhang der Anthologie werden sie kurz eingeführt und dem Ganzen ist eine

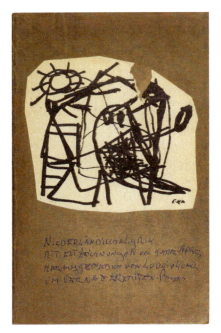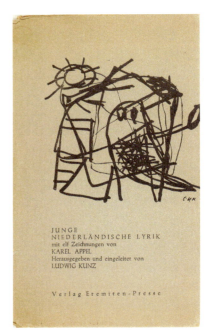

Abb. V!. 1a und b: Umschlagentwurf von V.O. Stomps und Umschlag Junge Niederländische Lyrik 1957, mit Zeichnung von Karel Appel

kurze Einleitung des Übersetzers vorangestellt. Im Kunz-Archiv in Görlitz befindet sich ein Exemplar mit einer Widmung von Appel, in der er seinem Freund Ludwig Kunz für die schöne Ausgabe dankt.

Die Lyrik, die in diese Anthologie *Junge Niederländische Lyrik* von 1957 aufgenommen wurde, ist die der Fünfziger, Dichter, die um 1950 herum zu Wort kommen und einen radikalen Bruch mit der Vorkriegslyrik zustande bringen. Der Durchbruch der Dichter der Bewegung von Fünfzig geht mit der für die Avantgarde typischen provozierenden Aktion und Reaktion gepaart. Es dauert ziemlich lange, bevor die Dichter der Bewegung von Fünfzig, die ab Ende 1948 von sich reden machen, bei etablierten Zeitschriften und Verlagen veröffentlicht werden, und möglicherweise ist die Konfrontation zwischen Vor- und Nachkriegslyrik aus diesem Grund umso heftiger. Wie dem auch sei, auf jeden Fall ist das Jahr 1951 das Jahr der ‚Explosion von Fünfzig' – diese Worte stammen von Paul Rodenko, selbst eines der Mitglieder der Bewegung von Fünfzig und gleichzeitig ihr wichtiger essayistischer Begleiter – das Jahr, in dem die neue Lyrik wie eine ‚Explosion‘ ans Licht kommt.

Beim Verlag A.A.M. Stols in Den Haag erscheint Ende 1951 eine Anthologie von insgesamt elf Dichtern unter dem Titel *atonaal*. Markante Besonderheit dieser Anthologie ist, dass die meisten darin aufgenommenen Dichter noch nicht mit einem eigenen Band debütiert haben. Das geschieht für einige von ihnen kurz vor der genannten Anthologie, für andere kurz danach. Dies ist der Grund, warum es in der niederländischen Literaturgeschichte ‚die Explosion von Fünfzig‘ heißt. In den Niederlanden erscheint dann drei Jahre später, im Januar 1955, die Anthologie *vijf 5-tigers* mit einem ikonischen Foto des berühmten Fotografen Paul Huf auf dem Umschlag. Das Foto hat der Illustrator Lucebert bearbeitet, wie er das vorher schon, vor allem in *Braak*, der Avantgardezeitschrift von Remco Campert und Rudy Kousbroek, so oft getan hat. Er versieht die Porträtierten mit Katzenschnurrhaaren und -schwänzen, so dass das Titelwort *tigers* [ziger] auch als *tijgers* [Tiger] zu lesen ist. In der Einleitung dieser Anthologie von Gerrit Kouwenaar werden die Gedichte der Fünfziger ‚Lieder von Unschuld und Erfahrung‘ genannt, mit einem nicht misszuverstehenden Verweis auf die *Songs of Innocence and of Experience* von William Blake, unter denen sich das berühmte „The Tyger" befindet. In dieser Anthologie *vijf 5-tigers* befinden sich Werke von Gerrit Kouwenaar, Lucebert, Jan G. Elburg, Bert Schierbeek und Remco Campert. Diese fünf Dichter versammelt Ludwig Kunz in seiner Anthologie *Junge Niederländische Lyrik* von 1957 – Hans Andreus und Hans Lodeizen kommen noch dazu.

Mit der Wahl für Kouwenaar, Lucebert, Elburg und Schierbeek entscheidet sich Ludwig Kunz für die vier Dichter der Bewegung von Fünfzig, die auch bei der Cobra-Ausstellung im November 1949 im Stedelijk Museum in Amsterdam mitgearbeitet hatten, worüber später mehr. Campert haben sie kennengelernt durch seine Zeitschrift *Braak*. Hans Andreus ist als Dichter der Bewegung von Fünfzig auch in der Anthologie *atonaal* vertreten. Das Gleiche gilt für Hans Lodeizen. Lodeizen (1924–1950) ist der frühverstorbene Dichter, der als Vorläufer der Bewegung von Fünfzig betrachtet wird. Kunz hat sich besonders für sein Werk interessiert, wie sich auch in einer ausführlichen Sammlung von Übersetzungen zeigt, die unveröffentlicht geblieben ist und von der im vorliegenden Band zum ersten Mal einige publiziert werden. Kunz nennt Lodeizen einen ‚Wegbereiter' und schreibt über ihn: „Aus seinen melodiösen Versen dringt der weite Weg bis ans Ende der Welt: das Bekenntnis eines jungen Menschen, eines Dichters, in der Blüte seines Lebens, den eine Krankheit mit dem Tode konfrontiert."

In der Einführung zu seiner Anthologie setzt Ludwig Kunz treffsicher den vergangenen Krieg mit der neuen Kunst und Lyrik in Zusammenhang. Der erste Absatz seiner Einführung lautet wie folgt:

Diese Sammlung gewährt jungen niederländischen Lyrikern Gastfreundschaft, – Dichtern also, deren Werden ganz der heutigen Nachkriegszeit angehört: sie beginnen, um ihre eigensten Stilmittel zu kämpfen, denn die Auffassungen von gestern und vorgestern bieten ihnen weder Vorbilder noch Anregungen. Die Zeit des Krieges, die sie in jungen Jahren erlitten, distanzierte sie von allen traditionellen Schemen und zwang sie zur neuen Form, zum Experiment mit dem Wort.[1]

Er fährt fort mit dem Hinweis auf den wichtigen Einfluss der primitiven Kunst und der dezidierten Ablehnung von Illusion und Idealisierung. In diesem Zusammenhang verweist er auch auf den Einfluss des Dadaismus, Expressionismus und Surrealismus:

Diese Dichter kehren sich ab von Illusionen und intellektueller Haltung. Sie spüren der Ursprungsnähe des schöpferischen Wirkens nach: ihre besondere Neigung gilt der Kunst der primitiven Völker, deren Einflüsse deutlich im Schaffen der jungen Lyrik zu bemerken sind – ferner solche des Dadaismus, Expressionismus, Surrealismus. Die ernsthafte Arbeit dieser Dichter zeigt zugleich die Möglichkeiten zur Groteske, zum heiteren Bild: sie versuchen die Frische des Sehens und Denkens zurückzugewinnen und dem dichterischen Wort wieder eine ursprüngliche Funktion zu verleihen. Aus dem üppig fließenden Reim entsteht der ungereimte Vers: die idealisierende Pose wird schonungslos demaskiert.[2]

Von Lucebert übersetzt Kunz in dieser Anthologie vier Gedichte: „Ich suche auf poetische Weise", „Der Weg voll leichtem Nebel", „Fischer von Ma Yuan" und „Moore", das Künstlergedicht über Henry Moore, das er zum ersten Mal in Nummer 5 von *De Kim* veröffentlicht hat. Auffallend ist die Wahl für Kouwenaar: „So weit fallen die Schatten". Es kommt nicht

---

[1]   Kunz B 1957, S. 5.
[2]   ebd., S. 6.

in der Ausgabe der gesammelten Gedichte von Gerrit Kouwenaar vor, aber ist in dem Moment kurz zuvor in der Anthologie *vijf 5-tigers* veröffentlicht worden:

> So weit fallen die Schatten
>
> So weit fallen die Schatten
> daß man nüchtern sein muß wie ein Wörterbuch
> such
> unter dem E von Erde
> unter dem W von Welt
> unter dem O des Schmerzes
> Kriege fallen mit einem trocknen Ton
> in unsere feuchten Augen
> das einzige was wir haben
> diese Handvoll Körper
> muß nüchtern bleiben
> im vollsten Licht
>
> Denn es ist die Stille
> denn es ist die Stille der Stimmen
> worin die Menschen Blumen schaffen
> mit offenen Augen
>
> denn es ist am späten Nachmittag
> daß die Schatten länger werden
> und selbst unsere nüchternsten Stimmen
> sind noch zu schwach für die Nacht –

Von Remco Campert übersetzt Kunz das berühmt gewordene Gedicht „Musiker", dessen erste Strophe lautet: „Am Muiderpoortbahnhof/ sah ich vierzehn Violonisten stehn/ nachts um zwölf Uhr. Es waren/ kleine Bucklige, einen Schatz voll Tönen/ verbergend unterm bleichen Vergehn/ ihrer Regenmäntel." Von Elburg übersetzt er „Mitbürger" aus *De vlag van de werkelijkheid* (1956).

Wie die Anthologie *atonaal* von Oktober 1951 mit Zeichnungen illustriert wurde, so auch die Anthologie von Kunz: sie wurde, wie bereits erwähnt, mit Zeichnungen von Appel illustriert. Karel Appel und Corneille waren die Illustratoren von *atonaal*. Corneille war mit Karel Appel und Constant einer der Gründer der Experimentellen Gruppe in Holland und kurz danach von Cobra, wobei das A für Amsterdam steht. Ludwig Kunz hat sich auch insbesondere für Corneille interessiert, von dem er *Abessinische Reise: Tagebuchnotizen eines Malers* übersetzt hat, ebenfalls von der Eremiten-Presse herausgegeben.

Die Anthologie *Junge Niederländische Lyrik* Band II von 1965

1965 gibt Kunz seine zweite Anthologie unter dem Titel *Junge Niederländische Lyrik* heraus, wiederum schön gestaltet von der Eremiten-Presse, diesmal mit vier Zeichnungen von Lucebert illustriert (Abb. VI.2). Diese Anthologie zeigt in zweierlei Hinsicht eine Verbreiterung: Neben niederländischen sind flämische Dichter darin vertreten und nicht mehr nur Fünfziger, sondern auch Sechziger nimmt Kunz in diese Anthologie auf.

Kouwenaar, Lucebert, Elburg und Schierbeek sind wiederum dabei; von den Fünfzigern fehlt Campert, Simon Vinkenoog und Sybren Polet kommen dazu. Von Kouwenaar sind drei zu Klassikern gewordene Gedichte aus dem Band *zonder namen* von 1962 aufgenommen: „Ein Gedicht als ein Ding", „Ohne Farben" und „Ereignis" (Siehe Abschnitt Kouwenaar in diesem Band). Von Lucebert „Was das Auge malt", „Lebenslauf", „Es ist ein großer mürrischer Neger" und „Wir sind Gesichter".

Von den Flamen ist Hugo Claus stark vertreten: Mit der Übersetzung von vier Gedichten von Claus wird die Anthologie eröffnet. Es geht um Gedichte, die Kunz aus den frühesten Bänden ausgewählt hat.[3] Die ersten beiden sind ,Een kwade man' („So schwarz ist kein Haus/ daß ich nicht darin wohnen kann") aus dem Band *Een huis dat tussen nacht en morgen staat* von 1953 und ,West-Vlaanderen' („Gedämpftes Lied dunkeler Faden") aus *Tancredo Infrasonic* von 1952 (Siehe den Abschnitt Claus in diesem Band). Claus bildet das Verbindungsglied zwischen niederländischer und flämischer Nachkriegslyrik in dem Sinn, dass er auch einer der elf Dichter ist, die in der Anthologie *atonaal* versammelt waren. Außerdem wird Flandern

---

[3] Untersuchung der Varianten zeigt, dass Kunz früh übersetzt haben muss: auf der Grundlage von Erstausgaben und / oder ersten Zeitschriftpublikationen.

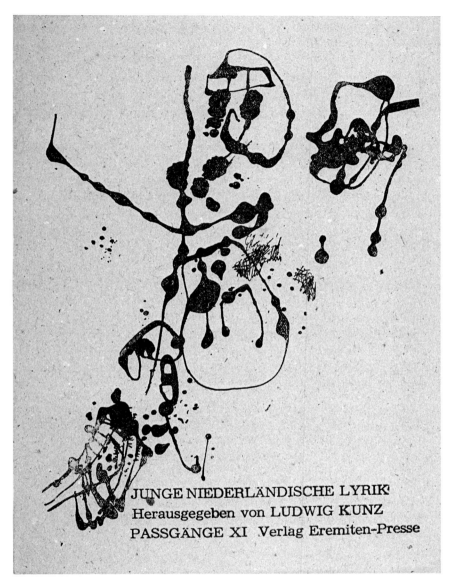

Abb. VI.2: Umschlag Junge Niederländische Lyrik *1965, mit Zeichnung von Lucebert*

von Gust Gils vertreten. Spätere Dichter aus den sechziger Jahren sind Hans Sleutelaar und Hans Verhagen.

In der niederländischen Literaturgeschichte gibt es zweimal kurz hintereinander eine Wiederaufnahme der historischen Avantgarde vom Anfang des zwanzigsten Jahrhundert. Nach Cobra und der Bewegung von Fünfzig fordern Vertreter der *Informellen* und *Nul/Zero* oder *Der neue Stil* vom Anfang der sechziger Jahre ein, dass eine Reprise der Avantgarde nötig ist, insbesondere von Dada. Zu dieser Bewegung gehören der Dichter und Maler Armando und der Dichter Hans Verhagen. Mitte der sechziger Jahre zeigt Kunz auch Interesse für diese Avantgarde in Form seiner Zusammenarbeit mit Sandberg (siehe unten).

In der Einführung zu seiner zweiten Anthologie erinnert Kunz noch einmal an die Experimentelle Gruppe und Cobra – er zitiert aus dem Manifest von Constant, das in der ersten Nummer von *Reflex* veröffentlicht wurde – und betont insbesondere die Hauptsache in der Cobra-Ästhetik der Zusammenarbeit zwischen Dichtern und Malern. In diesem Zusammenhang nennt er die Namen von Lucebert, Corneille, Constant, Alechinsky, Christian Dotremont und Hugo Claus. Auffallend ist, dass er in dieser Einführung auch einen Platz für Paul van Ostaijen (1896–1928) einräumt, der „in seinem Schaffen und in seiner Lebensauffassung ausgesprochen international gerichtet (war) und sich in den bewegten und schöpferischen Jahren um 1920 längere Zeit in Berlin auf(hielt)."[4]

Lucebert und Claus in *Gedichte aus Belgien und den Niederlanden* von 1977

Paul van Ostaijen, Gerrit Achterberg, Lucebert und Hugo Claus füllen die Anthologie *Gedichte aus Belgien und den Niederlanden*, 1977 herausgegeben von Hans Joachim Schädlich in Berlin, ein Jahr nach dem Tod von Kunz. Dies ist keine Anthologie, die von Ludwig Kunz zusammengestellt worden ist, aber eine Anthologie, an der er wesentlich mitgewirkt hat. Die literaturhistorischen Linien in der flämischen und niederländischen Lyrik laufen von van Ostaijen bis Hugo Claus und von Achterberg bis Lucebert.

---

[4]   Kunz B 1965, S. 9.

Kunz nimmt sich der zeitgenössischen Lyrik an und übersetzt Lucebert und Claus.

Es geht um eine Ausgabe des Verlags Volk und Welt von etwas mehr als zweihundert Seiten, von denen die Hälfte van Ostaijen und Achterberg gewidmet ist und die andere Hälfte Lucebert und Claus. Es liegen ihr frühere Ausgaben von Übersetzungen zugrunde und auf diesem Wege sind viele Übersetzer daran beteiligt. Wie gesagt, stammen die Übersetzungen von Lucebert und Claus von Ludwig Kunz. Alle Übersetzungen von Lucebert in dieser Anthologie von 1977 kommen aus der Anthologie *Wir sind Gesichter* von 1972, von der hier noch die Rede sein wird. Von Hugo Claus hat auch Hans Joachim Schädlich acht Übersetzungen geliefert, aber die meisten Übersetzungen stammen von Kunz. Es geht um dreißig Übersetzungen von Claus, von Gedichten von circa 1950 bis 1970.

Dass Kunz zusammen mit Karl Schwedhelm Pläne für eine Achterberg-Ausgabe hatte, geht aus der Korrespondenz mit Achterberg und aus Unterlagen für eine Rundfunksendung hervor (siehe Katja Zaich in diesem Band). Leider ist eine Ausgabe nie erschienen. Von den fünf Übertragungen, die 1970 in der Zeitschrift *Akzente* gedruckt wurden, stellen wir in dem Abschnitt Achterberg in diesem Band drei vor.

Die Übertragungen von Lucebert

Lucebert ist das Pseudonym von Lubertus Jacobus Swaanswijk. Der Dichter relativierte den selbst erwählten Namen, aber versah ihn auch mit einer Erläuterung. Er erzählte, sein Geburtsname sei *Lubertus*, also hätte er bloß *ce* dazwischengestellt. Aber auch erklärte er, *luce* und *bert* – eine Umstellung von *brecht*, vergleiche das englische *bright* – bedeuteten beide ‚Licht‘. Als 1954 die PEN-Konferenz in Amsterdam stattfand, lernte er Bertolt Brecht kennen. Sie erkannten ihre Namensverwandtschaft und kamen gut miteinander aus. Brecht lud Lucebert daraufhin nach Berlin ein, um als ‚Meisterschüler‘ mit ihm zusammenzuarbeiten.[5] Lucebert nahm die Einladung an und fuhr Anfang September 1955 mit Frau und Kindern nach Ostberlin. Es war kein großer Erfolg. Lucebert entdeckte die Schattenseiten

---

[5] Andringa 2014, S. 276–278.

des sozialistischen Staates und fühlte sich nicht wohl. Er bat seine Frau, den Theaterproben beizuwohnen, und wanderte selbst mit seiner Kamera durch die Stadt. Bis weit in den sechziger Jahren war der Dichter-Maler auch als Fotograf tätig.[6] Früher als beabsichtigt kehrte die Familie nach Holland zurück. Über Brecht, der bald darauf stirbt, hat Lucebert sich niemals negativ geäußert.[7] In einem Gedicht aus den neunziger Jahren findet sich ein Hinweis auf Brechts „Gespräch über Bäume" aus dem berühmten Exilgedicht „An die Nachgeborenen": *zwijgen zou wederom misdaad zijn [Schweigen wäre wiederum ein Verbrechen]*.[8]

Auch Ludwig Kunz ist Bertolt Brecht auf der PEN-Konferenz 1954 begegnet, wie aus Brechts Widmung in dem *Panoptikum* hervorgeht. Man würde nicht wundern, wenn Brecht ein Gesprächsthema zwischen Lucebert und Kunz gewesen wäre. Jedenfalls besaß Kunz eine Zeichnung von Brecht (Abb. VI.3), die in Kapitel II bereits von Micha Labbé erwähnt wurde.

Der Höhepunkt der Zusammenarbeit zwischen Ludwig Kunz und Lucebert liegt in der ersten Hälfte der sechziger Jahre. Verschiedene Kataloge von Ausstellungen in Deutschland erscheinen in jenen Jahren, für die Kunz Einführungen schreibt und Gedichte übersetzt, in zwei Fällen auch einen längeren Prosatext. Was die Übersetzung von Gedichten betrifft, ist die Ausgabe im November 1962 von *Lucebert. Gedichte und Zeichnungen* beim Verlag Heinrich Ellermann (München und Hamburg) die Krönung seines Werks. In dieser Ausgabe erscheinen 52 Gedichte von Lucebert in deutscher Übersetzung. Die Zusammenarbeit wird mit der Veröffentlichung von *Wir sind Gesichter* im August 1972 abgeschlossen.

Kunz hat sich insbesondere auf die früheste Lyrik Luceberts konzentriert. Einige Jahreszahlen und Titel sind hier zur Orientierung nötig. Lucebert veröffentlicht seine ersten vier Lyrikbände zwischen Ende 1951 und Ende 1953. Diese ‚Explosion' wird durch die Probleme mit dem Finden eines Verlages erklärt. Der Durchbruch der neuen Lyrik kommt mit der Anthologie *atonaal* im Oktober 1951, herausgegeben von Stols in Den Haag. Lucebert ist in *atonaal* mit fünf Gedichten vertreten. Einen Monat später, im November 1951, erscheint beim selben Haager Verlag Stols das Debüt

---

[6]   Siehe Barents 1987.
[7]   Andringa 2014, S. 277.
[8]   De Feijter 2009b.

Abb. VI.3: Bildnis Bertolt Brechts von Lucebert. Mit Widmung und Datum: „Für Luku Kunz von Lucebert. Jávea VII '69"

von Lucebert. Erst danach tritt der Amsterdamer Verlag De Bezige Bij in Aktion mit der Herausgabe des Bandes, der eigentlich der erste hätte sein sollen: das so genannte ‚historische Debüt' *apocrief / de analphabetische naam.* Da schreiben wir Juni 1952. Ein paar Monate später, im November 1952, erscheint ein dritter Band und ein Jahr später, im November 1953 der vierte Band, beide wieder bei Stols. Ab hier übernimmt De Bezige Bij die Herausgabe von Luceberts Werk: Im Abstand von jeweils zwei Jahren erscheinen 1955, 1957 und 1959 die folgenden Bände. 1959 sind also sieben Lyrikbände erschienen. 1965 erscheint ein erster Band mit den gesammelten Gedichten bis dahin, in den dann ein neuer Band aufgenommen ist. Dieser Sammelband *Lucebert. Gedichten 1948–1963* (Amsterdam 1965) wurde von Simon Vinkenoog zusammengestellt und hatte für die Verbreitung von Luceberts Werk große Bedeutung. Vinkenoog, der Mann von der Einmannzeitschrift *Blurb,* verantwortet seine Ausgabe mit gerade mal einer Seite Text Klappentext. De Bezige Bij gibt den Band als Literarisches Riesentaschenbuch heraus und es folgen vier Auflagen.

Bis 1965 sind also von Lucebert acht Lyrikbände erschienen. Daneben erschienen einzelne Gedichte in den Zeitschriften *Reflex* und *Cobra,* in der marginalen Zeitschrift *Braak* und in der Anthologie *atonaal* und – je mehr er ins Zentrum des literarischen Systems vorstößt – in den prominenten Zeitschriften *De Gids, Kroniek van Kunst en Kultuur* und *Podium.*

Also hat sich Kunz auf die ‚Explosion' der ersten vier Lyrikbände innerhalb von zwei Jahren konzentriert. Aber er hat auch sozusagen mit dem Dichter mitgeschrieben und für einige erste Veröffentlichungen in zweisprachiger Form gesorgt. Im LKA in Görlitz befindet sich ein dritter Druck vom Mai 1957 des ‚historischen Debüt' *apocrief / de analphabetische naam* mit einer Widmung des Dichters: ‚für Luku/ von/ lucebert' und Notizen des Übersetzers. Weiter lässt sich feststellen, dass Kunz für *Wir sind Gesichter* von 1972 den Sammelband *Lucebert. Gedichten 1948–1963* von 1965 verwendet hat. In den siebziger Jahren, als die Herausgeber der gesammelten Werke von Lucebert glauben, dass der Maler definitiv über den Dichter gesiegt habe, wird eine zweibändige Ausgabe mit Apparat vorbereitet, in der Editionsgeschichte und Varianten dargelegt werden. Diese Ausgabe, *Lucebert. Verzamelde gedichten* (Amsterdam 1974), herausgegeben von C.W. van de Watering in Zusammenarbeit mit C.A. Groenendijk und Aldert Walrecht, trifft eine weitreichende Entscheidung über die Typographie: Die Unterschiede in der Großschreibung in den verschiedenen Ausgaben werden getilgt und überall, wo Kapitale eine nur typographische Funktion hatten – im Titel und am Anfang von Zeilen oder Strophen –, werden sie durch Kleinschreibung ersetzt. Das Register von Übersetzungen in dieser Ausgabe hat auch deutlich gemacht, wie viel die Übersetzungsarbeit durch Ludwig Kunz umfasste. Für diese Studie wurde dankbar auf das Register der Übersetzungen ins Deutsche zurückgegriffen. Eine ganz andere Sache ist, dass der Dichter sich ab 1981 wieder hat hören lassen. Zwischen 1981 und 1994 sind noch fünf neue Lyrikbände erschienen. Die Übersetzerin ins Deutsche, die sich vor allem mit dem Spätwerk befasst hat, ist Rosemarie Still.

Der literatur- und kunsthistorische Kontext

Aus der Wahl, die Ludwig Kunz für seine Übersetzungen trifft, und aus den Dokumenten, die in seinem Nachlass gefunden wurden, kann man ableiten, dass er von Anfang an den Werdegang des Dichters und Malers verfolgt hat. Zwei besondere Exemplare im Buchbesitz von Kunz sind die zwei Nummern von *Reflex*, der Zeitschrift der Experimentellen Gruppe in Holland, die im Sommer 1948 von Constant, Appel und Corneille gegründet wurde. Vom allerersten Anfang an stand die Zusammenarbeit zwischen Malern und Dichtern als zentrales Thema der Ästhetik im Vordergrund. Ein erster Schritt hierzu war, die Dichter Gerrit Kouwenaar, Jan G. Elburg und Lucebert einzuladen, Mitglied der Experimentellen Gruppe zu werden. Das erste Gedicht von Lucebert ist in *Reflex* Nummer 2 vom Februar 1949 erschienen. Es ist zugleich auch eines seiner berühmtesten Gedichte, der ‚minnebrief aan onze gemartelde bruid indonesia' [„Liebesbrief an unsere gefolterte Braut Indonesia"]. Es ist eine heftige Anklage gegen das Auftreten der niederländischen Kolonialmacht in Indonesien, das in einem zweiten militärischen Eingreifen im Dezember 1948 eskalierte. Entsetzen über die Beteiligung der Niederlande in einen Krieg so kurz nach dem Ende des Zweiten Weltkriegs wird im ‚minnebrief' gemischt mit dem Entsetzen über die Tatsache, dass Jugendfreunde es nicht geschafft haben, sich der Wehrpflicht zu entziehen. Selbst hat er das schon geschafft, und das Dokument, das ihn von der Wehrpflicht befreite, hat er sein Leben lang als einen kostbaren Besitz aufbewahrt. Es steht fest, dass Kunz dieses Gedicht von Lucebert gekannt hat. Über die Gründe, warum er es nicht übersetzt hat, kann man natürlich nichts mit Sicherheit sagen. Vielleicht war es zu konfrontierend und für den Mann, der im Exil den Krieg überlebt hatte, unübersetzbar. Inzwischen steht eine vollständige Übersetzung ins Englische zur Verfügung (Lucebert 2013).

Ludwig Kunz ist von Anfang an bei der Experimentellen Gruppe involviert gewesen: Lotte Ruting und Jan Elburg einerseits und Gerrit Kouwenaar andererseits hat er schon zur Zeit des Krieges kennengelernt. Im Laufe von 1947 lernen Kouwenaar und Lucebert einander kennen. Im Spätjahr 1948 hat Lucebert seine erste – sehr bescheidene – Ausstellung, über die Gerrit Kouwenaar eine Rezension schreibt. Noch im Laufe 1948 geht die Experimentelle Gruppe in Cobra auf. In einem Interview mit *Vrij Nederland* von 1965 erinnert sich Kunz, dass er Lucebert und Appel – er nennt diese Namenskombination – schon sehr früh kennengelernt hat. Sie sind in jedem Fall zusammen an der Experimentellen Gruppe und der legendären Cobra-Ausstellung im November 1949 im Stedelijk Museum in Amsterdam beteiligt.

Die Cobra-Ausstellung im November 1949

Ungefähr gleichzeitig mit der zweiten Nummer von *Reflex* in Amsterdam kommt in Kopenhagen die erste Nummer der Zeitschrift *Cobra* heraus. Als Niederlande-Nummer der Zeitschrift wird *Cobra* Nummer 4 programmiert. Sie erscheint anlässlich der Cobra-Ausstellung im November 1949 in Amsterdam und dient zugleich als Katalog. An der ambitionierten Ausstellung unter dem Namen ‚Exposition International d'Art Expérimental' nahmen Künstler von zehn verschiedenen Nationalitäten teil. Die Organisation war in den Händen der niederländischen Experimentellen Gruppe, die vom Direktor des Stedelijk Museum Amsterdam, Willem Sandberg, sieben Säle im Erdgeschoss des Museums zur Verfügung gestellt bekam. Die Einrichtung der Ausstellung von Architekt Aldo van Eyck wird von Willemijn Stokvis als ein Kunstwerk an sich beschrieben. Aldo van Eyck fasste die Wände und Böden der Säle als eine leere Leinwand auf, auf der er mit den im Allgemeinen kleinen Bildern die Ausstellung komponierte. Skulpturen, Zeichnungen und Graphik wurden auf niedrigen Podesten ausgestellt. Weiter wurden einige starke Akzente gesetzt mit großformatigen Gemälden, die in der letzten Vorbereitungswoche vor Ort von Appel, Constant, Corneille und Eugène Brands geschaffen wurden.[9]

Für die an der Ausstellung teilnehmenden Dichter richtete Aldo van Eyck einen kleinen Saal mit einem Käfig ein. Die Wände des Saales wurden schwarz gestrichen. An einer der Wände wurde ein Käfig hochgezogen, gebaut aus schmalen schwarzen Latten, die vom Boden bis zur Decke reichten. An der Rückwand des Käfigs wurde eine Collage von Buchdeckeln befestigt, darüber ein großes Kreuz und obendrüber in weißen Buchstaben der Spruch: „Es gibt eine Lyrik, die wir abschaffen". Es wurden Fotos gemacht, auf denen die Dichter Kouwenaar, Elburg, Lucebert und Bert Schierbeek, über den Gittern ihres Käfigs hängend, auf diesen Text zeigen. Bei dem Fototermin am Dichterkäfig ist auch der deutsche Künstler Karl Otto Götz anwesend – von ihm wird später noch die Rede sein. An verschiedenen Stellen waren an den Latten so genannte Zeichnung-Gedichte oder ‚peintures-mots' befestigt, in denen die kreative Zusammenarbeit von Dichtern und Malern und die Wechselwirkung zwischen Schreib- und Malkunst zum Ausdruck kamen. Elburg schrieb in seinen Memoiren, dass vor allem Lucebert sich um die Einrichtung des Dichterkäfigs sehr bemüht hat. Eine Reihe ‚Ahnenporträts', Zeichnungen mit schwarzer Tusche von bewunderten Dichter-Vorläufern – Elburg nennt die Namen von Rimbaud, Gorter, Jarry, Majakowski, Tzara, van Ostaijen, Éluard, Arp – hat es nicht in die Ausstellung geschafft, weil die „zur Ähnlichkeit neigenden Abbildungen einen Verstoß gegen die Einheit des Stils der experimentellen Ausstellung bildeten."[10]

Für Samstag, den 5. November, ein paar Tage nach der Ausstellungseröffnung, steht ein Dichterabend auf dem Programm. Die zu Cobra gehörenden Dichter sollen aus ihrer experimentellen Lyrik vorlesen. Lucebert leitet den Abend ein und qualifiziert die experimentellen Dichter bei dieser Gelegenheit als die ‚ersten Nudisten' in der niederländischen Literatur.

---

[9]   Stokvis 1980, S. 114.
[10] Elburg 1987, S. 143 und 146.

Ausgangspunkt für diese Metapher ist ein Zitat von Paul van Ostaijen: *Ik wil bloot zijn/ en beginnen* [Ich will nackt sein/ und anfangen], Schlusszeilen von „Vers 6" aus dem in Berlin geschriebenen Band *De Feesten van Angst en Pijn* [*Feste der Angst und des Schmerzes*].

Der nächste Sprecher war der französischsprachige belgische Dichter Christian Dotremont, der Brüsseler Mittelpunkt von Cobra. Was man von ihm erwartete, war ein Gedichtvortrag, aber der große Stapel Papier, der vor ihm lag, enthielt alles außer Lyrik. Der Text, den Dotremont vorlas, war ein Manifest – vielleicht doch schon kein Genre, das sich zum Vortrag eignet – und wurde in einer späteren Nummer von *Cobra* veröffentlicht. Die frustrierten Erwartungen, der Vortrag auf Französisch und der wiederholte Gebrauch des Wortes ‚Soviétique' sorgten für Unruhe im Saal und brachten einen Teil der Zuhörer zu der Annahme, dass hier kommunistische Propaganda betrieben wurde. Lucebert soll Dotremont aufgefordert haben, „im Namen der kommunistischen Parteidisziplin" seinen Vortrag zu beenden, aber er fuhr unbeirrbar fort und schien außerdem von einer Art Leibwächter unterstützt zu werden, die unter anderem aus Constant und Aldo van Eyck bestanden, die sich hinten im Saal aufgestellt hatten und laut der Rekonstruktion von Willemijn Stokvis „aggressiv in den Saal schauten."[11] Als ein Amsterdamer Schreiner laut rief, dass er in Amsterdam sei und nicht in Paris, worauf der Dichter Martinus Nijhoff, der sich unter den Zuhörern befand, sich den Scherz erlaubte, „ob man in Paris mittlerweile Russisch spreche", nahmen die ‚Leibwächter' den Schreiner fest, was das Startzeichen für ein allgemeines Handgemenge wurde. Die Museumsaufseher räumten den Saal und ein Lyrikvortrag kam nicht mehr zustande. Die Spannung, die sich an diesem Abend entlud, hatte sich nicht nur zwischen einem entrüsteten Publikum und streitlustigen Künstlern aufgebaut, sondern auch zwischen Malern und Dichtern. Die Dichter müssen das sehr starke Gefühl bekommen haben, dass sie eine rein dekorative Funktion hatten, als „das Beiwerk zu den Malern", wie Kouwenaar es später ausdrücken wird.

---

[11] Stokvis 1980, S. 121.

Der *Podium*-Abend im März 1951

Als im Frühjahr 1951 erneut eine Manifestation im Stedelijk Museum statt-findet, wobei die experimentellen Dichter wieder mit einbezogen sind, fühlt man eine vergleichbare Spannung und die Geschichte vom November 1949 wiederholt sich. Am 1. März 1951 wird im Stedelijk Museum in Amster-dam eine so genannte ‚gesprochene Nummer‘ organisiert zur Werbung für die neue Nummer der Zeitschrift *Podium*. Es betrifft die erste Nummer des siebten Jahrgangs, die als ‚Durchbruch-Nummer‘ in die Geschichte ein-gegangen ist: Die neue Lyrik der Bewegung von Fünfzig präsentiert sich hier mit Lyrik von Lucebert, Claus, Campert, Kouwenaar, Vinkenoog und Sybren Polet. Sechs Dichter also. Die Anthologie *atonaal* vom Oktober desselben Jahres wird das Werk von elf Dichtern zusammenfassen.

Aus den verschiedenen Berichten über diesen *Podium*-Abend in Zeitun-gen und Briefen geht hervor, dass Lucebert mit seinem Auftritt den anderen die Schau stahl. Er überraschte nicht nur das Publikum, sondern auch sei-ne Kollegen, indem er aus seinem Beitrag eine dadaistische Performance machte. Auf den Titel „Der Analphabet" folgte der Vortrag des ABC; dem Titel „Der Tod des Ministerpräsidenten" folgten zwei Zeilen „de minister-president is een kanon / piep piep piep piep piep" („der Ministerpräsident ist eine Kanone / piep piep piep piep piep"); danach setzte er eine schwar-ze Maske auf, kündigte das Gedicht „Herbst" an und schüttete das Glas Wasser, das auf dem Pult stand, über seinen Kopf. Zum Schluss zauberte er eine „Sternennacht" mittels Zünden eines Feuerwerks namens Sternenre-gen. Die Amsterdamer Zeitung *Het Parool* berichtete am nächsten Tag über das Geschehen unter der Schlagzeile „Wasser und kaltes Feuer im Stede-lijk Museum."[12] Inzwischen sind von Lucebert in der betreffenden Nummer von *Podium* sechs Gedichte erschienen, darunter das berühmte „Schule der Poesie". In diesem Gedicht nimmt er Abstand zur lieblichen Stimme der *dichters van fluweel (Dichter in Samt)* und verkündet: *lyriek is de moeder der politiek (Lyrik ist die Mutter der Politik)*. Er vergleicht sich selbst mit *een rat in de val (einer Ratte in der Falle)* und verlangt nach *het riool van revolutie (der Gosse der Revolution)*. Der Titel verweist auf Herman Gorter, eine führende Gestalt der Achtziger Bewegung und führender Sozialist, der

---

[12] Calis 2001, S. 367–373.

seine lyrische Poesie 1897 in *De school der poëzie (Die Schule der Poesie)* sammelte.

> Selbst ich, der ich in diesem Bande wohne
> Wie eine Ratte in der Falle, verlange die Gosse
> Der Revolution und rufe: Reimratte, höhn,
> höhn noch diese viel zu schöne Poesieschule.

Die erste Übersetzung: „Und jetzt bedeckt ein Zungenschild aus Haß die Erde"

Die erste Übersetzung von Lucebert, die Kunz veröffentlicht, ist die in *Meta*, der Zeitschrift von Karl Otto Götz. Nachdem er an der Cobra-Ausstellung im November 1949 in Amsterdam teilgenommen hat, stellt Götz eine deutsche Nummer der Zeitschrift *Cobra* zusammen. Mitte 1951 gibt er von seiner eigenen Zeitschrift mit dem Namen *Meta* (von Metamorphose) eine Nummer heraus, die den „jungen Malern und Poeten in Holland" gewidmet ist, wie der Untertitel lautet. Die Nummer enthält Abbildungen von Constant, Appel, Brands, Rooskens und Wolvekamp und Übersetzungen des Werks von Lucebert, Elburg und Bert Schierbeek.

Die Auswahl, die Ludwig Kunz für diese Nummer von *Meta* aus dem Frühwerk Luceberts trifft, ist erstaunlich. Er wählt ein Fragment eines immer außerhalb der Lyrikbände gebliebenen Gedichts, das im Moment der Übersetzung nur in der Zeitschrift *Podium* erschienen ist. Das ist die erste Zeitschrift, die die Experimentellen sozusagen ‚erobern' mit der oben beschriebenen „Durchbruchnummer" von Ende Februar 1951. Das erste Gedicht, das Kunz von Lucebert übersetzt, erschien in *Podium,* Jahrgang 6 (1950), Nummer 7 vom Juli 1950. Dies alles macht es sehr wahrscheinlich, dass Kunz den *Podium*-Abend, auf dem Lucebert seine Dada-Performance zum Besten gab, miterlebt hat.

Die Übersetzung in *Meta* ist ein Fragment eines langen, aus sieben Strophen bestehenden Gedichtes über die Schöpfung, speziell die des Menschen. Indem er einen Text aus dem Johannesevangelium verwendet – „Im Anfang war das Wort und das Wort war bei Gott" – stellt der Dichter die

Schöpfung des Menschen in Bezug auf das Vermögen zu sprechen als misslungen dar. Die Sprechorgane von Mann, Frau und Kindern – speziell genannt werden *huig, mond, keel* und *tong* (Gaumen, Mund, Hals und Zunge) – sind so missgestaltet, dass sie nicht zu verstehen sind. Es gibt nur eine einzige Stimme, die das Recht zu sprechen hat, und das ist Gottes Stimme.

Es ist eines der schärfsten, kritischsten frühen Gedichte von Lucebert, aus dem das Bestreben, die Sprache neu zu schreiben und für menschliches Sprechrecht neben dem göttlichen zu plädieren, deutlich hervorgeht. Es ist eine Sache, dass Kunz ausgerechnet dieses Gedicht für seine erste Übersetzung auswählt; eine andere Sache ist die Art und Weise, wie er das tut. Aus den sieben Strophen wählt er die zwei Strophen über die Schöpfung der Frau. Um die Verurteilung zur Sprachlosigkeit oder Unmündigkeit, die sich aus dem ganzen Gedicht destillieren lässt, deutlich zu machen, fügt er in diese beiden Strophen eine freie Übersetzung von anderthalb Zeilen aus der Schlussstrophe ein: *ik kniel neer/ tussen duizend geknakte tongen kaal en onteerd*

> ...
> Sie pflückten eine Frau und schnitten ihr eine Glockenstuhlkehle
> Nun läutet sie wie Mandeln glänzen
> Aber das Fruchtfleisch machten sie fett
> Die Stimme ist nicht zu verstehen denn sie tanzt
>
> Sie haben statt Kelchen Kugeln ausgeteilt
> Und jetzt bedeckt ein Zungenschild aus Haß die Erde
> Und Nachkömmlinge fliegen hin und her
> Und Gewehre schlagen Wirbel in ihre Reden
> Und eine Hand hält sich flackernd hoch
> Aber ihre Finger liegen gefoltert in ihren Lippen
> ...

Die Übereinstimmung der Laute bei *keel / Kehle* und *kelk / Kelch* ist im Niederländischen und im Deutschen gleich. Die Zeile *zij hebben geen kelken maar kogels verstrekt* lässt der Übersetzer glänzen durch die direkte Folge von *statt Kelchen Kugeln*; die *duizend geknakte tongen kaal en onteerd* übersetzt er mit *ein Zungenschild aus Haß.*

Als Kunz 1965 den Martinus Nijhoff Preis in Empfang nimmt, schreibt er in seinem Dankeswort, dass der Übersetzer „immer der echte Fürspre-

Anja de Feijter

cher des Dichters" sein muss und dass eine so genannte wörtliche Übersetzung dafür nicht immer das richtige Mittel ist:

> Der eine klammert sich an der wörtlichen Übersetzung fest, der andere ist bereit,
> eine Verszeile zu wechseln, einige Worte oder Zeilen zu ändern – und gerade er
> kommt mit einer derart freien Interpretation oft dem ursprünglichen Text näher als
> der so genannte wörtliche Übersetzer.[13]

Das ist genau, was er hier getan hat: eine Verszeile gewechselt. Die Übertragung der Bedeutung ist ihm vollständig gelungen.

Die ersten Lucebert-Ausgaben von Ludwig Kunz: *Lithologie* und *Geh durch den Spiegel*

Aus 1959 datiert *Lithologie,* ein prachtvoll gestaltetes Kunstbuch mit einem
Titel, der durch die Kombination von ‚lithos' und ‚logos' (Stein und Wort)
unmittelbar anspricht und der gleich in verschiedenen Sprachen funktionie-
ren kann. Der vollständige Titel lautet *Lucebert. Lithologie: zehn Gedichte,
zehn Lithos*, eine Ausgabe von Steendrukkerij De Jong & Co, Hilversum
Holland. Es geht um eine Loseblattausgabe von zehn doppelt gefalteten
Blättern mit insgesamt 40 Seiten. Von der Gesamtauflage von 1000 Exemplaren sind 300 für die deutschsprachige Ausgabe reserviert. Im Besitz von
Kunz befindet sich ein Exemplar, das noch eine Schutzhülle aus Papier hat –
die definitive Ausgabe hat eine Leinenhülle – mit Widmung und Datierung:
Mai 1959. Das ist der Monat, in dem der siebte Gedichtband von Lucebert
erscheint, der Band *val voor vliegengod*. Die zehn Gedichte für *Lithologie*
kommen alle aus diesem Band. Bei sieben der zehn Gedichte geht es um
Faksimiles von Handschriften, teilweise illustriert. Drei Gedichte sind gesetzt und gedruckt. In der deutschsprachigen Ausgabe bleiben die Blätter
mit Faksimile gleich, die gedruckten Gedichte werden durch Übersetzungen ersetzt. Kunz wählt dafür andere, frühere Gedichte, von denen er vorher
schon Übersetzungen gemacht hat.

Durch die Entscheidung für die früheren Gedichte erweitert Ludwig
Kunz die Reichweite von *Lithologie* erheblich. Er wählt „Moore", das

---

[13] Kunz G 1965c, S. 11, Übers. Katja Zaich.

156

Künstlergedicht über Henry Moore, das er bereits früher als Übersetzung in *De Kim* veröffentlicht hat. Weiter „Der Weg voll leichtem Nebel" und „Ich suche auf poetische Weise", zwei Gedichte, die er zum ersten Mal 1957 in die erste Anthologie *Junge niederländische Lyrik* aufnahm. Von den zehn doppelt gefalteten Blättern von *Lithologie* ist eines auf einer Seite hellrot. In rotem Negativ stehen in der niederländischen Ausgabe die Gedichte „mirakelspeler" und „bijzantium" auf diesem roten Blatt, in der deutschsprachigen „bijzantium" und „Ich suche auf poetische Weise". So bekommt das wichtige poetologische Gedicht, das aus dem ‚historischen Debüt' von 1952 stammt, einen auffallenden Platz in dieser Ausgabe mit vor allem Werk von 1959.

Geh durch den Spiegel. Lucebert

Fast gleichzeitig muss Ludwig Kunz an der Übersetzung der Gedichte für den Buch-Katalog von Galerie Der Spiegel zur Ausstellung von Lucebert in dieser Kölner Galerie vom 25. März bis 12. Mai 1960 gearbeitet haben. Bei seiner Wahl für diesen prachtvoll gestalteten Katalog, eine Ausgabe der Galerie Der Spiegel selbst – Geh durch den Spiegel. Folge 21 / 1960 – fällt das ausgesprochene Interesse von Kunz für die Kombination von Lyrik und bildender Kunst auf. Im Band *apocrief / de analphabetische naam* steht die Abteilung des Gedichtbandes ‚de getekende naam' [der gezeichnete Name], eine Abteilung von elf Gedichten, von denen vier eine Art Einleitung bilden und sieben als poetische Charakterisierung des Werks eines bildenden Künstlers zu verstehen sind. Aus dieser Abteilung des Gedichtbandes übersetzt Kunz sechs Gedichte, darunter „Arp"; das ist das erste Mal, dass dieses Gedicht in Kunz' Übersetzung erscheint (Siehe den Abschnitt mit Übertragungen von Lucebert). Auch „Brancusi" und – wiederum – „Moore" wählt er für *Geh durch den Spiegel* aus. Als erstes Gedicht wählt er „Der Beginn", ein Gedicht aus dem vierten Gedichtband von Lucebert, dann folgen drei Gedichte aus *apocrief / de analphabetische naam* und danach die sechs Gedichte von ‚de getekende naam'. Unter den drei Gedichten aus dem ‚historischen Debüt' ist – wiederum – „Ich suche auf poetische Weise". Weiter übersetzt Kunz „Es gibt alles in der Welt es ist alles". Auffallend ist die Entscheidung für „Das Licht ist dichter als", eines der Gedichte, die

in der ‚Durchbruchnummer' von *Podium* gestanden haben, welche an dem
Abend vom 1. März 1951 im Stedelijk Museum präsentiert wurde.

In seiner Einführung im Katalog schreibt Ludwig Kunz über den tu-
multartigen Verlauf des Vortragsabends der experimentellen Lyrik im November 1949:

> Als das Amsterdamer „Stedelijk Museum" im Sommer 1959 erstmalig die Zeich-
> nungen und Gouachen des heute fünfunddreißigjährigen niederländischen Dichter-
> Malers Lucebert zeigte, tauchten merkwürdige Erinnerungen auf: zehn Jahre vor-
> her endete ein Leseabend Luceberts mit seiner experimentellen Gruppe ‚CoBrA'
> an der gleichen würdigen Stätte in einem wahren Tumult. Polizeibeamte mußten
> dieser Vorlesung damals ein Ende bereiten. In der Zwischenzeit wurde Lucebert
> einer der bedeutendsten Literaturpreise – der Lyrikpreis der Stadt Amsterdam –
> verliehen. (...)

> Die Zeit des Krieges, die Lucebert in jungen Jahren erlebte, distanzierte ihn von
> den traditionellen Ausdrucksmitteln und Schematismen seiner Vorgänger. Die Hy-
> bris der Technik, das Unbefriedigtsein in der Nachkriegswelt führte ihn und sei-
> ne Freunde zum ‚Unbehagen an der Kultur' und zum Versuch eines Neubeginns.
> Der Unnaivität dieser Zeit stellt er seine eigene, fast kindhaft reine Naivität ge-
> genüber. Zugleich entlarvt er mit urwüchsiger Spottlust die kitschigen Ideale der
> Spießbürger aller Gattungen. Er gehört jenen Schaffenden an, die im Kleide des
> Experimentes einer neuen geistigen Ursprünglichkeit zustreben (...).[14]

Im Zeitungsarchiv im LKA wird eine Rezension von A[lbert] S[chulze]
V[ellinghausen] aufbewahrt, in der in der Übersetzer Kunz, „de[r] letztere[]
unserer Expressionisten" genannt, mit Lob überschüttet wird.[15]

Geh durch den Spiegel. Karel Appel

Kunz arbeitet im Jahr 1961 wiederum mit Galerie Der Spiegel zusammen.
Der Prosatext ‚appel's verflichaam leeft', den Lucebert für die Ausstellung
von Karel Appel im Stedelijk Van Abbe-Museum in Eindhoven im Frühjahr 1961 schrieb, wird von Ludwig Kunz für eine Ausstellung von Appel
im Januar/Februar 1962 in Galerie Der Spiegel in Köln übersetzt. Der Katalog von Galerie Der Spiegel beginnt mit Kunz' Übersetzung dieses Textes

---

[14] Kunz B1960 a, [S. 6–7].
[15] Die Quelle dieses Ausschnitts ist nicht angegeben.

von Lucebert. Die Ästhetik von Appel – der Künstler, der sich von seinem Material leiten lässt – wird vom Dichter wunderbar in Worte gefasst und ebenso schön übersetzt:

Ist derselbe Mann, der draußen rücksichtslos Berge zu versetzen scheint, nicht drinnen mühsam damit beschäftigt, diese Berge zu erklimmen? Kurz, will Appel, wie viele andere mit ihm, nicht vielleicht nur der geduldige und in seiner Geduld beinah passive Arbeiter sein, der nicht seine, sondern Absichten seines Materials verwirklicht? Feststeht, daß Appel sein Material nie zu entmaterialisieren versucht. Analog versucht er auch nie, hinter die Erscheinungen zu greifen. Die Idee von Umbra und Violett oder Stilleben mit Totenschädel interessiert ihn nicht; er orientiert sich einzig an der Farbmaterie selbst.[16]

Natürlich gehört hier ein offenes Auge dazu, ein Auge, das nicht eigensinnig projiziert, sondern nur wahrnimmt. Aber ein offenes Auge für Rot zum Beispiel wäre für die meisten von uns eine Strafe:

Kurz, ohne zu schielen ein rotes Rot zu sehen, ist für die meisten von uns eine Strafe. Genauso, wie wir unsere Träume verraten, verraten wir auch Rot und alle anderen Farben.

Nicht so Appel. Ohne es besser wissen zu wollen, läßt er sich gefallen, was Farben ihm zu sagen haben. Er läßt das Rot, das Blau, das Schwarz zu sich sprechen, ein jedes, wie allein es sprechen kann. Selbst das Rot darf alles sagen; selbst wenn es ausfällig und beleidigend wird, verbietet er ihm nicht den Mund.[17]

Der Katalog gehört zur Ausstellung von Appel im Januar und Februar 1962. Gezeigt werden achtzehn Gouaches von Appel und zehn Fotos von Ed van der Elsken, aufgenommen bei den Aufnahmen für den Dokumentarfilm „Die Wirklichkeit von Karel Appel" von Jan Vrijman, die im Dezember 1961 in Kasteel Groeneveld in Baarn gemacht wurden. Das Nachwort ist von Rudi Oxenaar, von 1963 bis 1990 Direktor des Rijksmuseum Kröller-Müller in Otterlo. Daraus geht hervor, dass die Fotos von van der Elsken eine Art Vorveröffentlichung sind und dass der Film von Vrijman noch nicht fertig ist. Die Kölner Galerie Der Spiegel organisiert also eine Appel-Ausstellung unmittelbar nach den Aufnahmen in den Niederlanden.

---

[16] Kunz B 1962 a, [S. 7].
[17] ebd., [S. 11–13].

Im Schloss Groeneveld in Baarn wurde ein Studio für Karel Appel eingerichtet, wo die Aufnahmen beginnen, nachdem Appel sich an die Anwesenheit des Filmteams gewöhnt hat. Der Dokumentarfilm gewann bei der Berlinale 1962 einen Goldenen Bären.[18]

Gedichte und Zeichnungen bei Ellermann 1962

Die Gestaltung von *Gedichte und Zeichnungen* ist spektakulär. Das große Format [295 x 225 mm] ermöglichte es, die Zeichnungen in Originalgröße zu reproduzieren. Es zählt 106 Seiten [ohne Seitenzahlen] und enthält 52 Gedichte und – inklusive der Zeichnungen auf Vorder- und Rückseite des Bandes – 52 Zeichnungen. Wort und Bild sind also im vollendeten Gleichgewicht. Im Allgemeinen stehen Seiten mit einem oder mehreren Gedichten gegenüber Seiten mit einer Zeichnung. Im Fall längerer Gedichte, die sowohl auf Niederländisch als auch auf Deutsch aufgenommen sind, stehen Original und Übersetzung auf zwei Seiten nebeneinander. Viermal befinden sich zwei Zeichnungen auf zwei Seiten nebeneinander. Die Zeichnungen datieren von 1957 und 1961. Eines von den sechs Gedichten, die im Original und in der Übersetzung aufgenommen sind, ist das Gedicht „Hans Arp". Auch in dieser Ausgabe wird den Gedichten aus der Abteilung des Gedichtbandes ‚der gezeichnete Name' eine Vorrangstellung eingeräumt: in der Mitte des Buches stehen die Gedichte „Paul Klee", „Henry Moore", „Brancusi" und „Hans Arp" zusammen auf zwei gegenüberliegenden Seiten. Das Gedicht „Max Ernst" aus dem dritten Band von Lucebert hat Ludwig Kunz dieser Gruppe von Gedichten hinzugefügt.

Die drei Gedichte, die Kunz bereits in *Lithologie* aufgenommen hat, stehen wiederum in *Gedichte und Zeichnungen*. Wer diese Übersetzungen mit den früheren aus *Lithologie* vergleicht, bemerkt kleine Unterschiede. Im Allgemeinen sind die früheren Übersetzungen wörtlicher. Die Schlussstrophe von ‚ik tracht op poëtische wijze' übersetzt Kunz zuerst so:

---

[18] Was Kunz auch zu dieser Gelegenheit übersetzt hat, ist experimentelle Prosa von Bert Schierbeek: die letzten Seiten des Romans *Het dier heeft een mens getekend [Das Tier hat einen Menschen gezeichnet]*, im April 1960 im Verlag De Bezige Bij erschienen.

Ich hab darum die Sprache
In ihrer Schönheit aufgespürt
Erfuhr daraus dass sie nichts Menschliches mehr hatte
Als die Wortgebrechen des Schattens
Des ohrenbetäubenden Sonnenlichts

Später vereinfacht er die Konstruktion in den letzten beiden Zeilen: „Als die Wortgebrechen des Schattens/ Als das ohrenbetäubende Sonnenlicht", so dass nicht mehr klar ist, dass die Wortgebrechen des Schattens *und* des Sonnenlichts gemeint sind. Dem gegenüber steht, dass die Bedeutungsnuance eines Mangels an Gleichgewicht zwischen Schatten und Sonnenlicht erhalten bleibt.

In *Gedichte und Zeichnungen* ist dies das erste Gedicht und stehen Original und Übersetzung auf nebeneinanderliegenden Seiten: Also auch in dieser Ausgabe wollte Kunz diesem Gedicht einen bedeutenden Platz geben. Leider ist es nicht mehr aufgefallen, dass das Original eine Verteilung in fünf Strophen hat, während die Übersetzung nur vier hat. Dies ist auch schon der Fall bei der ersten Veröffentlichung der Übersetzung in der Anthologie *Junge Niederländische Lyrik* von 1957, dort vermutlich verursacht vom Streben, das Gedicht auf eine Seite zu bekommen. Das Original mit fünf Strophen macht deutlicher sichtbar, dass das lange Gedicht sich um das Zentrum der zwei Zeilen über Schönheit dreht, die exakt in der Mitte stehen: am Anfang der dritten Strophe. Dies hat übrigens nicht verhindert, dass Kunz problemlos in seinem Nachwort gerade diese Strophe zitiert:

In dieser Zeit hat was immer man nannte
Schönheit Schönheit ihr Gesicht verbrannt
Sie tröstet nicht mehr die Menschen
Sie tröstet die Larven die Reptile die Ratten
Aber den Menschen erschreckt sie
Und leiht ihm die Ahnung
Staub nur zu sein auf dem Kleide des Universums

Er nennt es „bekennende Worte". Diese Strophe über Schönheit in der Nachkriegszeit hat er von Anfang seiner Übersetzungsarbeit von Lucebert an immer ins Zentrum der Aufmerksamkeit gestellt. Auch im Vorwort des

Abb. VI.4: LK vor dem Café Reijnders am Leidsepleim. Foto Lucebert, um 1962

Katalogs für Galerie Der Spiegel von 1960 und im Vorwort seiner ersten Anthologie *Junge Niederländische Lyrik* von 1957 zitiert er diese Strophe über Schönheit *in dieser Zeit*. Trost und Abschreckung, Mensch und Tier, klein und groß sind die Gegensätze, die dieser Strophe über das verbrannte Antlitz der Schönheit Gestalt geben. Nach dem Zitat charakterisiert Kunz die Lyrik von Lucebert treffsicher und meiner Ansicht nach besonders schön mit der Formel „den Zwiespalt als Einheit zeigen", eine Formel am Ende des unten stehenden Zitats. Er beginnt mit einem Verweis auf das Ineinander-Übergehen von Gedanken und Bild:

Aus solchen Versbindungen, in denen Gedanke und Bild ineinanderfließen, schält sich bereits das Paradoxon seiner Weltsicht heraus. Die schmückende Arabeske ist ihm völlig wesensfremd. (...) Ein besonderes Merkmal seiner Verskunst ist sein diszipliniertes Spiel mit Wortprägungen, die einen doppelten oder zuweilen auch mehrfachen Sinn haben, ineinandergreifenden Laut-, Wort- und Satzbildungen. So vermag er seinen Antithesen, Paradoxien, Assoziationen ein einheitliches Gefüge zu geben. Dabei bedient Lucebert sich ganz und gar nicht der spitzen Feder eines Literaten, sondern seine wahrhaft dichterischen Gleichnisse tragen viel eher die Züge der magischen Beschwörung. Seine Verse sind mit dunklen und hellen, primitiven und raffinierten Bildern, mit bitteren und milden, dramatischen und spöttischen Gedanken und Empfindungen geladen. So weiß er den Zwiespalt als Einheit zu zeigen und den ‚Raum des umfassenden Lebens zum Ausdruck zu bringen'.[19]

Der Dichter hat das Seine dazu getan, um dafür zu sorgen, dass die Zeilen über das verbrannte Gesicht der Schönheit den Aufschwung bekommen konnten, den sie bekamen: Die Zeilen 16 und 17 bilden die exakte Mitte des Gedichts, vorher und nachher stehen insgesamt fünfzehn Zeilen, aufgebaut aus drei Strophen oder Quasi-Strophen von immer fünf Zeilen.[20]

Im Gedicht wird nicht nur einer bestimmten Ästhetik abgeschworen, sondern auch einer bestimmten Metaphysik und Sprache. Mancher Leser hat in der rätselhaften dritten Zeile, *eenvouds verlichte waters,* eine Anspielung auf Genesis 1, Vers 1 gesehen. Die zweite Zeile – *dat wil zeggen / Das heißt* zieht die Aufmerksamkeit ebenfalls auf sich und weist auf die nachdrückliche Nebenordnung des Gedichts als Ganzes hin, auch zum Ausdruck gebracht in den Verbindungen *Nicht mehr allein ... Doch auch* und *dar-*

---

[19]   Kunz B 1962b, ‚Nachwort', [S. 102–103].
[20]   Widdershoven 1995, S. 25.

um in der Schlussstrophe. Nebenordnung in der extremen Form der Wort-
wiederholung bestimmt die Beschreibung des Lebensweges in der zweiten
Strophe. In den Worten, mit denen der Weg beschrieben wird – *Steine, Tiere, Vögel* – kann eine Anspielung auf Orpheus gesehen werden. Die Ver-
schiebung von *Weg* vom Anfang der Verszeile an ihr Ende – *Der Weg aus
Vereinsamung zur Gemeinschaft/ Der Steine Steine Tiere Tiere Vögel Vögel
Weg* – verursacht eine enorme Verzögerung des Rhythmus, die die Breite
der Zeilen vor allem auch hörbar macht. Nur nebenbei: Luceberts Vortrag
seines eigenen Werks gilt als legendär. Am Ende der dritten Strophe wird
das Bewusstsein der menschlichen Nichtigkeit beschrieben: *een broodkruimel te zijn op de rok van het universum.* Kunz hat *broodkruimel [Brotkrü-
mel]* nur nach Bedeutung übersetzt: mit *Staub.* Diese Entscheidung könnte
überraschen.[21] Der Übersetzer hat sich zweifellos so entschieden, um die
phonologische Beziehung zwischen *(-)kruimel* und *ruimte* beizubehalten:
Staub und *Raum.* Die Beziehung zwischen *dem Raum des umfassenden Lebens* in der ersten Strophe, *Universum* in der dritten Strophe und *Raum*
in der vierten legt eine kosmische Interpretation nahe. Laut Widdershoven
kann in der ‚omarming van het goede (...) de verstikking van de klassie-
ke metafysica' [Umarmung des Guten (...) die Erstickung der klassischen
Metaphysik] gelesen werden.[22] Was in dieser Zeit nötig ist, ist eine neue
Schönheit nach menschlichem Maß, die die Extreme von Sonnenlicht und
Schatten in sich einschließt oder in sich vereinigt.

In der Tradition der jüdischen Mystik wird die Welt des Göttlichen oder
die Welt der *Sefirot* (‚Zahlen' oder ‚Saphire', nach dem Glanz Gottes, der
wie der eines Saphirs ist) auf vielfältige Art symbolisiert. Gott offenbart
sich, indem er sich wie ein kosmischer Baum ausbreitet, sich körperlich
entfaltet und sich selbst einen Namen gibt. Die Gleichstellung von Körper
und Namen in der Tradition der jüdischen Mystik macht Lucebert zum Fun-
dament seiner Poetik (siehe unten). In kosmischen Vorstellungen göttlicher
Offenbarung spielen Sonne und Mond eine wichtige Rolle. Indem er die
Vorstellung der Sefirot als Licht mit der als Sprache kombiniert, entsteht
die Möglichkeit, Schatten und Sonnenlicht darzustellen als eine Sprache,

---

[21] So bei Verstegen 1985, S. 75.
[22] Widdershoven 1995, S. 36.

an der gewisse Unzulänglichkeiten haften. Von dieser Möglichkeit macht der Dichter Gebrauch und daher *de spraakgebreken van de schaduw* en *die van het oorverdovend zonlicht*. In der Sichtweise des Dichters hat *de taal in haar schoonheid* wenig oder selbst nichts Menschliches, weil an ihr der Mangel einer absoluten Überlegenheit des Lichts haftet. Eine derartige Wertskala, die Licht und Dunkelheit verabsolutiert und als solche auseinanderhält, lässt keinen oder nicht genug Raum für Menschlichkeit. Das verbrannte Antlitz der Schönheit hat eine Doppelbedeutung: Es steht nicht nur für das verbrannte Gesicht einer bestimmten Sprache, sondern auch für das verbrannte Gesicht von Gott.[23]

Früher stellte ich den Bezug zu der breiten Diktion von Hölderlin her und – für dieses Gedicht im besonderen – zu dessen Gedicht „Hälfte des Lebens".[24] Dass in der letzten Strophe die Rede ist von Sonnenlicht und Schatten und nicht von Sonne und Mond, könnte in Bezug gesetzt werden zu „Hälfte des Lebens", wo ebenfalls die Rede von Sonne und Schatten ist: *Weh mir, wo nehm' ich, wenn / Es Winter ist, die Blumen, und wo / Den Sonnenschein, / Und Schatten der Erde?* Heute, wo ich weiß, wie Ludwig Kunz über das Gedicht von Lucebert schreibt, halte ich es nicht für unmöglich dass er den Anklang an Hölderlin gespürt hat. Jedenfalls gehört Kunz zu den frühen Interpreten von Lucebert, die den Zeitbezug des Gedichtes und dessen weitreichende sprachkritische Bedeutung sofort erkannt haben.

Kunz hat auch die letzte Strophe eines Gedichts, das auf „Ich suche auf poetische Weise" folgt, übertragen. Es steht auf der Rückseite der Seite mit „Ich suche auf poetische Weise". In dieser Strophe wird ein Versuch unternommen, die neue Sprache, die angestrebt wird, in positiven Begriffen zu beschreiben:

Niemand ist ausgesandt	niemand is gezonden
Worte zu wägen und zu betrachten	woorden te wegen en te bezien
Man stolpert willig	men strompelt vrijwillig
Von Buchstabe zu Buchstabe	van letter naar letter
Ruft u und a	roept oe en a
Im Schatten der Scham	in de schaduw der schaamte
Die leibhafte Sprache	de lichamelijke taal
Schenkt Licht uns und Schande	maakt licht ons en schande
Verbirgt sich sprachlos	gaat sprakeloos schuil

---

[23] De Feijter 1994, S. 174–177.
[24] ebd., S. 176.

Die Poetik der Bewegung von Fünfzig ist bekannt als Poetik der körperlichen Sprache. Die oben zitierte Stelle aus der frühen Lyrik Luceberts ist die Stelle, wo diese Formel zu finden ist: *de lichamelijke taal*, in Kunz' Übersetzung *die leibhafte Sprache*. Deutlich ist dieselbe Strukturierung durch Schatten und Licht einerseits und Sprache und Sprachlos(igkeit) andererseits. Scham und Körperlichkeit kommen in dieser Strophe dazu. Eine wichtige Bedeutung der Poetik der körperlichen Sprache ist das Streben nach einer Sprache, in der Sexualität und körperliche Liebe nicht verschwiegen werden müssen. So gesehen, ist das Werk der Fünfziger ein Vorbote der sexuellen Revolution in den sechziger Jahren. Aber die wichtigste Bedeutung der körperlichen Sprache ist die einer neuen Sprache nach der Katastrophe des Zweiten Weltkriegs: eine neue Sprache, in der die Schöpfung sozusagen noch einmal stattfinden könnte und also auch eine neue Sprache, die die alte, von Gott gegebene Sprache zur Diskussion stellt und ablehnt. Wonach der Dichter Lucebert strebt, ist Neuschreibung der Sprache, ganz wörtlich auch als eine Neu-Rechtschreibung aufgefasst. Was der Dichter der körperlichen Sprache will, ist eine Sprache, in der er sich verkörpert weiß, eine Sprache als eine Sammlung von Namen, in der er wie in einem Körper verschwinden kann. Die bestehende Sprache, die Sprache, mit der er sich konfrontiert sieht, ist eine Sprache, die so sehr die Verkörperung des ersten Namensgebers oder Nenners ist, dass er sich nicht in ihr ausdrücken kann. Zentrales Konzept in der frühen Lyrik von Lucebert ist *de analphabetische naam*. Hiermit wird zwar ein Name oder eine Sprache gemeint, die neu ist und die man noch lesen und schreiben lernen muss, aber wichtiger ist die Bedeutung einer Sprache, die den ,alphabetischen Namen' – so bezeichnet auf Basis bestimmter Spekulationen über die Reihenfolge der Buchstaben im Tetragrammaton, den mit vier Buchstaben geschriebenen Namen – oder die Sprache Gottes verwirft und ablehnt und menschliches Schöpfen und Sprechen an die Stelle von Gottes Schöpfen und Sprechen stellt.

Abb. VI.5: Zeichnung Lucebert im Panoptikum (1961)

Die Beiträge Luceberts zum Panoptikum

Von den beiden Zeichnungen Luceberts im Gästebuch von Kunz ist eine datiert: ‚Voor Luku van lucebert ‚61' steht unter einer Figur mit einem großen gekrönten Kopf und einen hoch aufragenden Zweig mit hellgrünen Blättern in der Hand (Abb. VI.5). Es ist, als ob Lucebert hier schon vor dem tatsächlichen Ereignis 1965 Ludwig Kunz mit dem Martinus Nijhoff Preis für Übersetzungen krönen will.

Die andere Zeichnung trägt den Titel de ‚analphabetische naam' (Abb. VI.6). Das Bild erinnert sofort an den Titel ‚stereographie' – so bei erster Veröffentlichung – und an den Menschen, wie er in jenem Gedicht beschrieben wird: einen bei der Geburt in zwei gespaltenes Wesen. Das Gedicht kommt aus dem dritten Band von Lucebert von 1952. Kunz und Lucebert haben über die Übersetzung dieses Gedichts korrespondiert.[25] Es wurde zum ersten Mal in *Gedichte und Zeichnungen* von 1962 aufgenommen und kehrt später in *Wir sind Gesichter* von 1972 zurück. Die Übersetzung ist in diesen beiden Publikationen dieselbe:

naar stad en land van geluk	In die Stadt ins Glücksland
zullen wij samen gaan	Wollen wir zusammen gehen
niet hier en naast elkaar	Nicht hier so nah einander
maar hier en daar	Doch dort und dort
en ieder afzonderlijk	Und jeder für sich
op vuil water vederen voetstappen	Wie federnde Schritte auf Moderwasser
zijn onze handelingen	Ist unser Tun
en onze vrolijkheid is	Und unsere Heiterkeit ist
de gevangenis aanvang & omvang	Eintritt unserer Haft und Ende
maar ver van elkaar in de ruimte	Gespalten sind wir und gespalten
is de ruimte een tweesnijdend mens	Erzeugen wir den zweischneidigen Menschen
haar rechterdaad is sterven	Seine rechte Tat ist Sterben
zijn linkerdaad is de dood	Seine linke Tat ist Tod

---

[25] Siehe Zuiderent 1975–1976; De Feijter 2009a.

Abb. VI.6: Zeichnung Lucebert im Panoptikum (o.D.)

Wie im Original das Wort *ruimte* wiederholt wird, so in der Übersetzung *gespalten*. Die Metapher aus der letzten Strophe – *de ruimte (is) een tweesnijdend mens* – kann ein treffendes Beispiel für eine Besonderheit sein, auf die Kunz selber im Nachwort von *Gedichte und Zeichnungen* hinweist: die Mehrdeutigkeit von „ineinandergreifende[n] Laut-, Wort- und Satzbildungen." Durch die Verwendung des Adjektivs *tweesnijdend* wird im Substantiv *mens* das Wort ‚mes' [Messer] suggeriert. Die Kombination ‚tweesnijdend mes' [zweischneidiges Messer] liegt unter der von ‚tweesnijdend mens' [zweischneidiger Mensch] und schimmert durch. Diese spektakuläre Metapher scheint auf die Übertragung der Gespaltenheit des Menschen auf den Raum zu deuten. Die Kernbegriffe ‚Raum' und ‚Universum' kommen auch in „Ich suche auf poetische Weise" vor, wo die Rede ist vom *Guten* oder der *Umarmung, die uns verzweifelt im Raum / Herumtorkeln (läßt)* und von der *Ahnung / Staub nur zu sein auf dem Kleide des Universums*.

Nicht nur ein in zwei Hälften gespaltener Mensch lässt sich von der Zeichnung im *Panoptikum* von Kunz ablesen, sondern auch die Vorstellung des Menschen als Sternzeichen wird durch diese Zeichnung einfacher zu verstehen. Dafür brauchen wir nur alle Rundungen am Ende der vielen Triebe oder Glieder zu schauen. Auch das Gedicht „Jahreszeit", in dem diese Vorstellung eine Hauptrolle spielt, wurde von Kunz übersetzt:

Jahreszeit	seizoen
Über den stattlichen Sternenbildern	over de statige sterrenbeelden
Hunger Hitze Durst und Kälte	honger hitte dorst en koude
Blüht unser Körper lianenhaft	bloeit lianenspel ons lichaam
Langsam stirbt die alte Einsicht	langzaam sterft de oude kennis
Schwirrend schneien die Schlangenschuppen	ruisend sneeuwt het slangenschubben
Die Tür geht zu die Tür geht auf	de deur gaat dicht de deur gaat open
Männerschatten wirft der Winter	mannenschaduw werpt de winter
Frauenschatten wirft der Sommer	vrouwenschaduw werpt de zomer
So stirbt der tote Körper	zodoend sterft het dode lichaam[26]

---

[26] Kunz hat in der zweiten Strophe übersetzt: *Männerschatten erzeugt den Winter/ Frauenschatten erzeugt den Sommer*, aber wahrscheinlicher ist, dass Winter und Sommer hier an Subjektstelle stehen.

Das Gedicht „Das Bild ist das Bett worin" gehört in denselben Kontext. Es stammt aus einer Reihe von sechs Gedichten ‚beelden in het heden‘, die Lucebert für eine Übersichtsausstellung von zeitgenössischer niederländischer Bildhauerkunst im Stedelijk Museum Amsterdam, organisiert von der Liga Nieuw Beelden, schrieb. Die Ausstellung wurde im Dezember 1959 eröffnet und reiste im Laufe von 1960 weiter nach Deutschland, nach Dortmund, Frankfurt und Bonn und in die Schweiz, nach Basel. Für den deutschsprachigen Katalog *Holländische Plastik der Gegenwart* übersetzte Kunz die Gedichte ins Deutsche. Es ist eines der Beispiele dafür, wie der Übersetzer direkt mit dem Dichter mitübersetzt. Das dritte Gedicht aus dieser Reihe:

Das Bild ist das Bett worin	het beeld is het bed waarin
der Raum des Zu-Weit-Seins	de ruimte van te ruim zijn
zur Ruhe kommt	tot rust komt
und ruht dort in Spiralen	en rust daar in spiralen
und ruht dann im Wirbeln	en rust dan in het wervelen
dessen was wir nennen: Stoff	van wat wij noemen stof
dessen was wir nennen: Geist	van wat wij noemen geest

Bochum 1963: Was das Auge malt

Ein nächster Höhepunkt in der Zusammenarbeit in der ersten Hälfte der sechziger Jahre ist der Katalog zur Ausstellung in der Städtischen Kunstgalerie Bochum im Frühjahr 1963. Im kurzen Vorwort auf der Rückseite der Titelseite dankt Museumsdirektor Peter Leo insbesondere Ludwig Kunz – als ‚der Übersetzer des Dichters Lucebert‘ bezeichnet –, wobei er auch auf die Ausgabe von Ellermann hinweist. Der Katalog beginnt mit der Reproduktion eines handgeschriebenen Briefes ‚Lieber Herr Doktor Leo‘ von Lucebert an den Direktor des Museums und schließt mit Kunz' Übersetzung des wichtigen Prosatextes ‚Kalm aan kinderen, er valt iets zwaars‘,

Anja de Feijter

erstmals veröffentlicht in einem Katalog des Van Abbe-Museums in Eindhoven vom April 1961. Lucebert hat diesen zweiseitigen Text, in dem er
seine Ästhetik darstellt, immer wieder in späteren Ausstellungskatalogen
verwendet. Es gibt auch Übersetzungen ins Englische und ins Spanische.
Kunz' Übersetzung ins Deutsche vom Mai 1963 ist die erste (siehe den Abschnitt Lucebert). Der Text von ‚Hört Kinder etwas Schweres kommt hier
zur Sprache' beginnt folgendermaßen:

Alles was mir gerade einfällt, male ich, ich zeichne und male alles auf allem, alle
Auffassungen schätze ich aus ferner Distanz in gleicher Weise, Gegensätze bleiben bei mir ruhig in Funktion und während sie einander widerstreben, leiste ich
nicht den geringsten Widerstand, bleibe ich außer Schußweite und erringe jene
Freiheit, die mir allein meine Gemälde, meine Gedichte zu geben vermögen, diese
beglückenden Spielgärten, wo kein Wippen den Schwung des Schaukelns unterbricht, wo in Sandkästen ganze Saharas und geräumige Ozeane zusammenfallen.

Der erste Teil des Katalogs enthält Reproduktionen in Schwarzweiß, der
zweite Teil Reproduktionen in Farbe. Dieser zweite Teil enthält die gleichzeitige Veröffentlichung auf Niederländisch und Deutsch der Reihe ‚wat
het oog schildert / Was das Auge malt', worin der Dichter immer wieder
zu beschreiben versucht, was das Auge ist und kann. Es geht um eine Serie von sechs Gedichten, oben auf der Seite auf Niederländisch, unten auf
Deutsch, abgedruckt neben Reproduktionen des in der Ausstellung ausge-
stellten Werkes. Dies ist das zweite und ausführlichste Beispiel für direktes
Mitschreiben des Übersetzers mit dem Dichter-Maler. Ich zitiere das vor-
letzte Beispiel der Serie:

elk oog is een wandluis in het enorme alhambra van de droom
en tegelijk een pauwenei vol onbetaalbare gouden realen
in elke zinnige hand is ook een oog gevlochten
waarmee handen onzichtbare lichamen kunnen ontwerpen en waar maken

jedes Auge ist eine Wanze in der riesigen Alhambra des Traumes
und zugleich ein Pfauenei voll nimmer erwerbbarer goldener Realen
in jede fähige Hand ist auch ein Auge geflochten
das Sie treibt unsichtbare Körper zu ergründen und zu formen

172

Zusammenarbeit mit Willem Sandberg in *nu 2* von 1968

Es steht fest, dass Willem Sandberg von Kunz' Lucebert-Übersetzung und von der Übersetzungsarbeit in Ausstellungskatalogen von Lucebert in Deutschland und anderswo wusste. Zu den vielen Dingen, die Sandberg und Kunz teilten, gehörten Bewunderung für Luceberts Werk und Affinität damit. Für die Ausgabe der gesammelten Gedichte von Lucebert 1974 übernahm Sandberg die Typographie.

Willem Sandberg (1897–1984), Spross einer adligen Familie, begann 1919 gegen die Familientradition ein Studium an der Kunstakademie in Amsterdam, lebte in den Folgejahren in verschiedenen Ländern und befasste sich mit zahlreichen neuen Strömungen sowie mit der Naturheilkunde. Ab 1928 arbeitete er als Grafiker in Amsterdam, besuchte jedoch daneben auch Vorlesungen in Psychologie, Jura und Philosophie. Über seine Arbeit für den Verband der Handwerks- und Gewerbekunst (VANK), war er ab 1934 in die Organisation von Ausstellungen im Stedelijk Museum in Amsterdam involviert, wo man ihm 1936 die Position eines Konservators und stellvertretenden Direktors anbot. Sandberg sorgte dafür, dass nach Kriegsausbruch 1939 die wichtigsten Kunstwerke in den Niederlanden in einem Bunker in den Dünen untergebracht wurden.[27] Aus seinem ausgedehnten Netzwerk von Kontakten mit anderen progressiven Künstlern entstand nach der Besatzung der Niederlande 1940 der Künstlerwiderstand. Im Rückblick wies Sandberg später auf den Protest gegen die Kulturkammer, die 1941 nach nationalsozialistischem Modell vom Besatzer in den Niederlanden gegründet wurde, als Anfang des Künstlerwiderstands hin.[28] Sandberg und der Widerstandskämpfer Gerrit van der Veen kannten sich in diesem Zusammenhang. Der VANK wurde, um der Zwangsmitgliedschaft der Kulturkammer zu entgehen, 1941 aufgelöst. Gerrit van der Veen und Leo Braat, der Sekretär und Kassenführer des Verbands der niederländischen Bildhauer, entzogen sich Anfang 1942 dem Einfluss der Kulturkammer. Der Künstlerwiderstand strebte zwei Ziele an: einerseits versuchte man die materielle Not der Künstler, die keinen Auftrag mehr annehmen konnten, zu lindern und andererseits verfertigte man falsche Personalausweise.

---

[27] Siehe die Sandberg-Biographie von Max Arian 2011.
[28] ebd., S. 384.

Sandberg war an den Vorbereitungen des Anschlags auf das Amsterdamer *Bevolkingsregister* (Einwohnermeldeamt) 1943 beteiligt. Er nahm aber am Anschlag selber nicht teil und konnte mit knapper Not einer Verhaftung entkommen. Seine Mitkämpfer und Freunde wurden fast alle festgenommen und hingerichtet. Die letzten beiden Besatzungsjahre musste Sandberg untertauchen. 1945 kehrte er an das Stedelijk Museum zurück und wurde zum Direktor ernannt. Sowohl sein Engagement für die zeitgenössische Kunst als auch seine Vergangenheit als Widerstandskämpfer machte Sandberg für Kunz zum Geistesverwandten. Leo Braat war wenige Jahre nach Kriegsende als Redakteur für bildende Kunst am *Kim* beteiligt. Auf Bitte des Museums zur Geschichte des Holocaust *Yad Vashem* verfasste Ludwig Kunz 1975 ein Dokument, worin er die Reihe seiner Adressen im Versteck festlegte. Darin schreibt er auch, dass sein falscher Personalausweis auf den Namen von ‚Hans Moens' gestellt war, also mit einem Anklang an den eigenen Namen.[29]

Sandberg, Direktor des Amsterdamer Stedelijk Museum von 1945 bis 1962, zog gern die Aufmerksamkeit auf sich und sein Museum, um so in der Öffentlichkeit auf die Bedeutung der modernen Kunst hinzuweisen. In *nu: au milieu du XXième siècle. midden in de XXe eeuw. in the middle of the XXth century. mitten im XX. jahrhundert* legte er 1959 seine Museumspolitik dar. Er behauptete, dass das Museum sich vor allem auf die modernste Kunst richten müsse und „een brandpunt voor het leven van nu" [ein Brennpunkt für das jetzige Leben] sein solle, wo „alles wat de trekken van het gezicht van onze tijd kan verhelderen" [alles, was die Gesichtszüge unserer Zeit erhellen kann] an der richtigen Stelle sei. 1968 veröffentlicht Sandberg *nu 2*, ausgeschrieben: *nu. maintenant. now. jetzt 2*, eine Ausgabe von – wiederum – Steendrukkerij de Jong & Co in Hilversum. Das Buch ist Nummer 21 der *Kwadraat-Bladen*, einer Reihe von „Experimenten in gedruckter Form, die auf dem Gebiet der graphischen Gestaltung, der bildenden Kunst, Literatur, Architektur und Musik erscheinen. Sie werden unter Redaktion von Pieter Brattinga zusammengestellt und sie sind nicht käuflich zu erwerben", wie es im Impressum lautet. Die Reihe läuft von 1955 bis 1974. Sandberg schrieb den viersprachigen Text – Französisch,

---

[29] Dokument im LKA in Görlitz.

Abb. VI.7: Umschlag von Willem Sandberg NU 2 *(1968)*

Englisch, Deutsch, Niederländisch – von *nu* allein, aber holte sich für die Übersetzung ins Deutsche von *nu 2* die Hilfe von Ludwig Kunz.

Das Buch ist eine Kunst- und Kulturgeschichte in zehn Kapiteln. Es zählt 120 Seiten: sechs doppelt gefaltete Blätter Papier der schweren Qualität mit jeweils vier Transparenten dazwischen. Das Papier wird für die Illustrationen verwendet, die Transparenten für den Text. Jedes Kapitel besteht aus zwei Seiten aus Papier und darauf folgend vier Transparenten. Das Papier ist notwendigerweise dick, weil die Drucke von Sandberg darauf

gedruckt sind: Schablonendrucke in Hellrot, Gelb und Blau von im Allgemeinen stehenden und liegenden Figuren, aber einmal kommt zum Beispiel
auch ein Rietveld-Stuhl vor. Das Büchlein misst 25 cm. Es gibt 15 Seiten
mit Illustrationen. Das Ganze befindet sich in einem Umschlag mit Klap-
pen; auf dem Umschlag steht der Titel *nu 2* zweimal; einmal gerade und
einmal gespiegelt, daneben noch ein Druck einer stehenden Figur in Bewegung, eine Illustration, die auch innen verwendet wird (Abb. VI.7).

Auf den Transparenten stehen die poetischen Texte, immer in derselben Reihenfolge der vier Sprachen: erst der ursprüngliche Text auf Französisch, dann die Übersetzungen ins jeweils Englische, Niederländische und
Deutsche. Den französischen Text hat Sandberg in Handschrift drucken lassen: eine schöne, sehr regelmäßige Handschrift. Die Übersetzungen sind
Schreibmaschinenarbeit. Die Titelseite mit dem Titel in Handschrift zeigt
gleich ein schönes Beispiel für Kalligraphie: die drei Buchstaben *tzt* des
Wortes *jetzt* sind eher gezeichnet als geschrieben; weiter hinten im Buch
kommt der Titel *Cubisme* vor: der erste Buchstabe dieses Wortes ist nicht
mehr geschrieben, sondern wie ein rund gebogener Pfeil, der auf sein eigenes Ende zeigt, gemalt.

Ich weise insbesondere auf Kunz' Übersetzung einiger Zeilen aus dem
dritten Kapitel mit dem Titel ‚hiërarchie' hin. Die niederländische Version
lautet:

(...)
god groot de mens klein verbonden
door de hierarchie der kerk
die het lot in handen heeft
tussen hemel en hel

vanzelfsprekend draait de zon
rond de platte aarde

omstreeks 1500
wordt de aarde rond
en begint om de zon te draaien

Mit einem überraschenden ‚mis-reading' übersetzt Kunz die Zeilen über das präkopernikanische Zeitalter:

gott gross der mensch klein
verbunden durch die hierarchie der kirche
die das geschick lenkt
zwischen himmel und hölle

selbstredend dreht sich die sonne
um die flache erde

um 1500
rundet sich die erde
und beginnt um die sonne zu drehen

Die drei Versionen dieser Zeilen in den anderen Sprachen lassen keinen Zweifel über die Bedeutung zu: ‚Selbstverständlich dreht sich die Sonne um die Erde'. Die Übersetzung von Kunz mit *selbstredend* schafft Verwirrung und lässt die Möglichkeit offen, die Sonne als Himmelskörper zu verstehen, dem das Wort genommen wird. Diese Möglichkeit erinnert an die Schlussstrophe von „Ich suche auf poetische Weise".

Wir sind Gesichter von 1972

Im Laufe von 1971 entsteht der Plan für eine Lucebert-Ausgabe in der Bibliothek Suhrkamp. Lucebert und Kunz machen sich begeistert an die Arbeit. Das Haus in Bergen an der Nordseeküste von Lucebert und seiner Frau Tony war bekannt für seine Gastfreundschaft. Etwas davon liest man im Brief von Ruth Liepman, der Literaturagentin von Kunz, an Siegfried Unseld von Suhrkamp heraus:

Ich war zwischen Weihnachten und Neujahr bei den Luceberts draussen in Bergen – ein faszinierender Nachmittag, bis spät in die Nacht. Wir haben zusammen mit Ludwig Kunz über alles gesprochen.

Im Laufe des Jahres entstehen Schwierigkeiten über die Bilder, zu denen Unseld anscheinend ‚kein Verhältnis' findet. Er schlägt vor, das Buch ohne Illustrationen herauszugeben. Ruth Liepman antwortet postwendend: „Dass Ihnen die Bilder von Lucebert nicht gefallen, ist ein rechter Schlag" [der

Brief ist auf den 15.6.72 datiert] und macht klar, dass eine Veröffentlichung ohne Zeichnungen keinesfalls in Frage kommt. Von Kunz kommt der Kompromiss. Er schlägt vor, die Illustrationen von der Ausgabe von *Lucebert. Gedichten 1948–1963* als Material zur Illustration von *Wir sind Gesichter* zu verwenden. In seinem Exemplar dieser Sammelausgabe von Lucebert im Kunz-Archiv in Görlitz sind die Zeichnungen, die hierfür verwendet wurden, als solche markiert. Unseld hat seinerseits klargemacht, dass es für eine Ausgabe in der Suhrkamp-Reihe Beschränkungen gebe und dass nicht von einem bestimmten Format und einem bestimmten Umfang abgewichen werden könne. Aus der Tatsache, dass etwa zehn Jahre später eine zweite Ausgabe von Lucebert in der Suhrkamp-Bibliothek erscheint, geht hervor, dass die Frage ohne Schaden gelöst wurde. Aber dann ist nicht mehr Ludwig Kunz für die Übersetzung zuständig, sondern Rosemarie Still. Sie wird nach Ludwig Kunz die Übersetzung von Luceberts Werk ins Deutsche fortsetzen.

Auffallend an der Auswahl für *Wir sind Gesichter* ist, dass der Übersetzer wiederum seine Vorliebe für das frühe Werk herausstellt. Gedichte, die ihre erste Veröffentlichung in *Braak* erlebten, gehören dazu und auch sind die ersten drei Gedichte von *apocrief / de analphabetische naam* hier zum ersten Mal übersetzt: „Sonett", „Schule der Poesie" und „Wo bin ich".

Zum Schluss: „Den Zwiespalt als Einheit zeigen"

Ludwig Kunz ist vor allem der Übersetzer der Bewegung von Fünfzig und Cobra gewesen. Bestimmend für seine Arbeit sind die Übertragungen von Lucebert. Er hat mit dem Dichter-Maler Lucebert mit-geschrieben, also hat er auf der Grundlage von Erstausgaben oder von frühen Publikationen seine Arbeit geleistet. Eine Werkausgabe wie die von Simon Vinkenoog (Lucebert 1965) stand ihm erst spät zur Verfügung, während die spätere Ausgabe der gesammelten Gedichte aus den siebziger Jahren (Lucebert 1974) für ihn irrelevant war. Vielmehr ist es so, dass umgekehrt seine Arbeit für diese Ausgabe relevant war, weil sie zum ersten Mal verdeutlichte, wie viel er von Lucebert ins Deutsche übertragen hat.

Als Übersetzer von Lucebert hat Kunz sich immer in den Dienst des Autors und des Lesers, ja der niederländisch- und deutschsprachigen Literatur gestellt. Am Anfang seiner Arbeit steht seine Übertragung eines praktisch unübersetzbaren Gedichtes. Er hat dessen Bedeutung erfasst und beschloss, es mit einem erheblichen Eingriff zu übersetzen. Was er übersetzt, ist ein Fragment; der Eingriff – der Einschub in das Fragment von der Zeile *Und jetzt bedeckt ein Zungenschild aus Haß die Erde* – beruht auf dem Gedicht als Ganzem.

Wenn man die Gesamtheit seiner Übersetzungsarbeit der Lyrik von Lucebert überschaut, kann man den Schluss ziehen, dass seine früheren Übersetzungen wörtlicher sind, die späteren freier. Die Gründe seiner Entscheidungen sind immer vorstellbar oder nachvollziehbar. So ist die bemerkenswerte Übersetzung von *broodkruimel* mit *Staub* in „Ich suche auf poetische Weise" zu verstehen als Entscheidung, die Beziehung zwischen *–kruimel* und *ruimte* in Stand zu halten, die Beziehung zwischen *Staub* und *Raum*, unendlich klein und unendlich groß. Aus der Formel ‚Den Zwiespalt als Einheit zeigen' spricht ein tiefgründiges Verständnis von Luceberts Lyrik und Malkunst. Denn das ist der letzte Aspekt, der hier beleuchtet werden muss: seine Dienstbarkeit der Malkunst gegenüber neben der zur Lyrik. Ohne seine Übersetzung von Luceberts Prosa über Karel Appel und über sein eigenes Werk als Zeichner und Maler wäre die Frucht des Werkes von Kunz als Kulturvermittler nicht so groß gewesen.[30]

---

[30] Für ihre Bereitschaft, ihre Erinnerungen an Ludwig Kunz mit uns zu teilen, danke ich Giny Klatser-Oedekerk. Henny und Maia Swaanswijk bin ich für ihre Erinnerungen an „Onkel Luku" dankbar. Suzanna Héman und Carolien Glazenburg, Konservatoren des Stedelijk Museum Amsterdam, und Carolien Provaas des Niederländischen Fotomuseums in Rotterdam möchte ich für ihre Unterstützung danken. Den Erben Lucebert bin ich sehr erkenntlich für ihre Genehmigung das Werk Luceberts veröffentlichen zu dürfen. Auch den Erben Sandberg danke ich für die Abdruckgenehmigung.

VII. Ludwig Kunz und das *Algemeen Handelsblad* 1950–1969

Tim van der Grijn Santen

Vermittler und Beobachter

Die Mehrheit der Beiträge, die Ludwig Kunz[1] für die niederländische Presse verfasste, wurde im *Algemeen Handelsblad* veröffentlicht. Durch seine Tätigkeit in der Weimarer Zeit und die Tatsache, dass er deutscher Herkunft war, war Kunz gleichsam prädestiniert, die Entwicklung der deutschen Nachkriegsliteratur zu verfolgen. Hinzu kam, dass er sich weitgehend in die niederländische Gesellschaft integriert hatte und sich der niederländischen Sprache bediente.[2] Über den Gebrauch der Sprache des Exillandes macht Kunz eine kleine Bemerkung in der Besprechung eines Romans von Robert Neumann (*AHa* 11.4.1953). Dieser meinte, dass man sich von der Vergangenheit lossagen und völlig neu anfangen solle. „Es muss eine Ehrensache sein", so zitiert Kunz, „die eigene Sprache aufzugeben um sich die Sprache des Gastlandes anzueignen". Worauf Kunz trocken bemerkt: „Aber später gab er zu, dass diese Haltung in mancher Hinsicht einem Irrtum unterlag." Nicht etwa wegen Verrats oder dergleichen, sondern weil die Erfahrung lehre, dass man eine Zweitsprache, die man erst später erlernt,

---

[1] In der Ausgabe *Makum Aleph. Amsterdam als jüdischer Zufluchtsort in der deutschen und niederländischen Literatur* habe ich Ludwig Kunz mehrere Seiten gewidmet (van der Grijn Santen 2008, S. 151ff., 195, 197, 339–343, 365, 369).

[2] Bisher ist es nicht gelungen, originelle Manuskripte bzw. Typoskripte einzusehen – falls sie überhaupt noch existieren. Deshalb kann man sich kein richtiges Bild von Kunz' Sprachkenntnissen machen. Das Zeitungsarchiv teilte mir am 29. Juli 2014 Folgendes mit: „Leider gibt es keine Typoskripte von Ludwig Kunz oder anderen Autoren in unserem Archiv." Man kann aber umgekehrt kaum glauben, dass Kunz für den Potsdamer Platz tatsächlich „Potsdammer Plats" geschrieben hätte, wie der Name in der Zeitung abgedruckt worden ist. Dabei sollte berücksichtigt werden, dass sich damals zwischen dem Urtext und dem Abdruck in der Zeitung ein Setzer befand, dessen Fehler nicht immer sorgfältig genug korrigiert wurden.
  Lili Jampoller, eine alte Bekannte von Kunz, teilte per E-Mail im Bezug auf die Sprachkenntnisse Folgendes mit: „Er schrieb äh sprach schon Niederländisch, aber mangelhaft. Ich habe damals noch eine Studentin, die ihr Deutsch-Studium fast beendet hatte, vermittelt, die ihm mit den Veröffentlichungen half." (29.8.2014)

181

niemals so gut beherrschen könne wie die Muttersprache. Andere Autoren, die damals in die Niederlande geflohen sind, bestätigen diese Feststellung. Elisabeth Augustin (1903–2001), zum Beispiel, schrieb zuerst und mit Erfolg Bücher auf Niederländisch, aber im Laufe ihres langen Lebens musste sie zugeben, dass diese Sprache ihr niemals so eigen geworden war wie die deutsche Muttersprache.[3] Zwei niederländische Schriftsteller deutscher Zunge, Hans Keilson und Konrad Merz, haben es nicht einmal versucht, ihre Literatur in der Sprache des Gastlandes zu schreiben. Für beide galt außerdem, dass sie ihre Muttersprache als die eigentliche Heimat empfanden, obwohl beide völlig in die niederländische Gesellschaft integriert waren.[4]

Genau beobachtete Kunz, wie eine neue deutsche Literatur anfangs nur langsam heranwuchs, und zugleich behielt er im Auge, wie man im neuen Deutschland mit angesehenen älteren Literaturschaffenden wie Heinrich und Thomas Mann, Musil oder Hesse umging. Der Neuerscheinung der gesammelten Poesie von Hugo Ball widmete Kunz eine ausführliche Besprechung (*AHa* 20.3.1965), aus der deutlich hervorgeht, wie sehr er mit der Literatur und den Autoren aus dem ersten Drittel des 20. Jahrhunderts vertraut war. Dabei ging er zwar von einer gebildeten Leserschaft aus, fand es aber nicht unter seiner Würde, noch mal geduldig zu erklären, wer Hermann Hesse war und welche Bedeutung er hatte (*AHa* 6.7.1957). Es war dann fast zehn Jahre her, dass Kunz zwei Beiträge für *De Vrije Katheder*[5] über Hesse veröffentlicht hatte (siehe für Hesses Widmung für das *Panoptikum* Abb. VII.1). Hesse erhielt 1946 sowohl den Nobelpreis für Literatur wie auch den Goethepreis der Stadt Frankfurt am Main. Den zweiten Beitrag fing Kunz damals folgendermaßen an: „In meiner kurzen Betrachtung über Hermann Hesse bin ich von der Annahme ausgegangen, dass das literarische Werk dieses Dichters den Lesern des V.K. genügend bekannt

---

[3] Siehe ihren Vortrag, den sie am 27. September 1973 im Amsterdamer Goethe Institut gehalten hat unter dem Titel *Eine Grenzüberschreitung und kein Heimweh*. Der Vortrag wurde abgedruckt in: Würzner 1977, S. 33ff.

[4] Hans Keilson, *Da steht mein Haus*. Frankfurt am Main 2011, S. 127. Siehe auch das Kapitel *Sprache als Heimat* in meinem Buch *Makum Aleph*.

[5] *De Vrije Katheder* wurde 1943 gegründet, nachdem die niederländischen Universitäten von dem Besatzer geschlossen worden waren. Die Zeitschrift sollte eine Plattform zum Meinungsaustausch sein, insbesondere zur linken Seite. Sie wurde ein Opfer des kalten Krieges und im Mai 1950 erschien die letzte Nummer. Siehe dazu Van den Burg 1983.

wäre." Hesse sei allerdings in den Niederlanden weniger bekannt. Die Verleihung des Nobelpreises habe sehr viel Kritik hervorgerufen und deshalb solle man sorgfältig pro und contra abwägen. Als Romanschriftsteller hätte man Hesse besser zwanzig Jahre vorher ehren sollen, meinte Kunz. Wenn jedoch das Ziel gewesen sei, „das ‚bessere' Deutschland" hervorzuheben, „dann käme hierfür nur *ein* Mann in Betracht, ein großer Dichter und ein guter Europäer, der einen scharfen Verstand in den Dienst eines blutenden Herzens stellt, dessen ganzes Lebenswerk dem unerbittlichen Kampf um die Erziehung der Deutschen gegolten hat: der Schriftsteller Heinrich Mann." Es wäre eine deutlichere Geste gewesen, „da nun die Wahl, nach Jahren deutscher Tyrannei, zum ersten Male auf einen deutschen Schriftsteller gefallen ist." Wenn sich Hesse auch schon früh „kompromisslos" gegen die deutsche Machtpolitik ausgesprochen habe, „verfügt Heinrich Mann jedoch, was die deutsche Frage anbelangt, über eine tiefere und zugleich realistischere Erkenntnis. Er ist der unermüdliche Kämpfer für die wirkliche Demokratisierung seines Landes."

Kunz gefiel folglich die Tatsache sehr, dass Heinrich Manns Gesammelte Schriften neu aufgelegt wurden. Eine Neuauflage, meint er im *AHa* vom 20.6.1959, „ist im Moment nicht nur aktuell, sondern ohne Weiteres notwendig". Nach *Der Untertan,* der ersten Neuausgabe, würde der Akzent auf das spätere Werk fallen. Interessant ist, wie umsichtig Kunz die Rede auf die Beziehung zwischen Werk und Herkunft eines Autors brachte – wobei eben die Herkunft der Mutter von Thomas und Heinrich Mann angedeutet wurde. „Es ist immer gefährlich, das Werk eines Künstlers einfach aus dessen ‚Herkunft' erklären zu wollen, aber eine solche Suche nach den Quellen darf zweifellos als Hilfsmittel einer Betrachtung fungieren." Heinrich Mann selber hätte „uns" mit seinem Konflikt konfrontiert. Kunz zitiert dann aus Manns *Zwischen den Rassen*: „die Wahl zwischen dem Süden und dem Norden, den romanischen und germanischen Elementen, zwischen der hemmungslosen Sehnsucht der Sinne und dem alles fordernden Geist." Während das Werk Thomas Manns deutlich eine Einheit bilde, „beruht das Œuvre Heinrich Manns auf dem Gegensatz zwischen zwei Welten: der norddeutschen Patrizierfamilie seines Vaters einerseits, der kreolischen Herkunft seiner Mutter andererseits." Heinrich Mann wollte auch *kein* deutscher Autor sein, sondern ein europäischer und Kunz findet es bezeichnend,

Abb. VII.1: Zeichnung mit Widmung von Hermann Hesse (1929)

dass gerade „die großen Romane, die so lebhaft und bunt sind, in Frankreich und Italien spielen".

Zu der Hauptperson in *Der Untertan* zitiert Kunz einstimmig die Worte des Verlegers: „Setzt man statt ‚Untertan' ‚Opportunist', ‚Mitläufer' oder ‚Konformist' [. . .] so hätte der Roman ebenso gut 1933, 1945 oder 1958 geschrieben werden können."[6] Schließlich deutet Kunz auf die Gemeinsamkeiten der Brüder Mann hin. Bezeichnend für Heinrich Mann sei die pädagogische Erkenntnis. „Bei aller Verschiedenheit gibt es eine wichtige Parallele zwischen den Brüdern: das stark erzieherische Element in ihrem Werk. [. . .] Thomas Mann hat offen erklärt, wie sehr er mit der frühen Kritik von Heinrich an dem deutschen ‚Untertanen' einverstanden war." Beide standen sie ab 1933 vor derselben Aufgabe: dem Versuch, einen neuen Humanismus aufzubauen, einen Humanismus rationalistischer Herkunft.

Das *Algemeen Handelsblad*

Die niederländische Presselandschaft war bis in die siebziger Jahre des 20. Jahrhunderts eine Widerspiegelung der gesellschaftlichen Vielfalt. Zu den wichtigsten liberalen Zeitungen für die gehobene Mittelklasse gehörten *Het Vaderland* aus Den Haag, die *Nieuwe Rotterdamse Courant*[7] aus Rotterdam und das *Algemeen Handelsblad* aus Amsterdam. Die Gründung der *Nieuwe Rotterdamsche Courant* im Jahre 1842, d.h. 14 Jahre nach dem Anfang des *Algemeen Handelsblad*, wurde dort als eine ernste Bedrohung betrachtet.[8] Seit dem 1. Oktober 1970 gehen diese beiden Zeitungen unter dem Namen *NRC Handelsblad* zusammen.

Als das *Algemeen Handelsblad* im Jahre 1828 gegründet wurde, gehörte Belgien noch kurze Zeit zum Königreich der Niederlande, das insgesamt etwa sechs Millionen Einwohner zählte. Obwohl ein richtiges „Handelsblatt", d.h. eine Zeitung für die gehobene Mittelklasse, tat es sich anfänglich schwer mit dem Begriff „liberal". Am 7. Juni 1832 schrieb der Chefredakteur: „. . . der Liberalismus, welchen Namen man ihm auch gebe, bleibt,

---

6 Deutsch im Original.
7 Bis 1945 schrieb man *Rotterdamsche*.
8 Visser 1953, S. 135.

Tim van der Grijn Santen

was es ist, und nichts anderes als Zügellosigkeit, ein ewiger Widerstand gegen alles, was existiert, gegen alle Gesetz, Ordnung und Regierung."[9] Bald aber bekannte sich die Zeitung doch zum politischen Liberalismus, sogar zu dessen progressiver Strömung im Parlament.

Die letzte und wohl größte Krise erlebte die Zeitung in den Jahren 1940–1945. Nach der Schilderung von W. Visser wurde alles versucht, sich den Maßnahmen des Besatzers zu entziehen. Obwohl sich dies selbstverständlich als unmöglich erwies, konnte die Zeitung bis zum Ende des Kriegs erscheinen.[10] Trotzdem durfte sie schon am 1. September 1945 wieder gedruckt werden und keine fünf Jahre später druckte sie den ersten Beitrag von Ludwig Kunz.

Für dieses Kapitel wurden Artikel erforscht, die Ludwig Kunz von 1950 bis 1969 für das *Algemeen Handelsblad* geschrieben hat. In der Bibliographie befindet sich eine Übersicht aller bisher vorgefundenen Beiträge. Es betrifft Betrachtungen über 55 Literaturschaffende und Literaturwissenschaftler. Von denen waren allerdings nur drei Frau, nämlich Ingeborg Bachmann, Grete Weil, und Else Lasker-Schüler. Elisabeth Langgässer, Ilse Aichinger[11] und Luise Rinser wurden mehr oder weniger beiläufig erwähnt, aber zum Beispiel Hilde Domin, Nelly Sachs und Anna Seghers kommen im *Algemeen Handelsblad* nicht vor. Das soll nicht heißen, dass Kunz diese Autorinnen nicht kannte und schätzte. In sein ‚Pamphlet' *De Kim* hat er das Gedicht ‚Land Israel' von Nelly Sachs aufgenommen.[12] Man muss übrigens anmerken, dass es um jene Zeit verhältnismäßig wenig prominente Autorinnen gab.[13]

---

9 ebd., S. 99.
10 ebd., S. 414ff.
11 Siehe den Beitrag von Katja Zaich in diesem Band.
12 *De Kim* Nr. 2, die ‚Israel-Nummer', Seite 2.
13 Die Werke von Elisabeth Augustin, Rose Ausländer, Ingrid Bachèr, Gisela Elsner, Elfriede Jelinek, Ursula Krechel, Elisabeth Plessen, Brigitte Reimann, Hilde Spiel, Gabriele Wohmann und Christa Wolf fielen alle aus dem zeitlichen Rahmen, während Vicki Baum dem Rezensenten vielleicht nicht seriös genug war.

186

Das ,Dritte Reich' und darüber hinaus

Nach dem Krieg lebte Ludwig Kunz im Amsterdamer Südviertel, wo in den Jahren 1933 bis 1940 verhältnismäßig viele jüdische ,Emigranten' aus Deutschland und später auch Österreich – sofern sie es sich leisten konnten – ihr vorläufiges Heil fanden.[14] Einige Straßen in diesem Viertel wurden nach Komponisten benannt und die Beethovenstraat erlangte eine Art Berühmtheit durch den Roman von Grete Weil (1906–1999) *Tramhalte Beethovenstraat*.[15] Der Roman erschien achtzehn Jahre nach Kriegsende und wurde am 16. November 1963 von Kunz besprochen.[16] Selten hat er den Inhalt eines Buches so nahe an sich herangelassen. Das wurde wohl dadurch ermöglicht, dass Grete Weil als Erzähler und Protagonisten einen deutschen ,arischen' Dichter aufführt, der während des Krieges in Amsterdam als Zeitungsjournalist tätig ist und erst allmählich begreift, was nachts in jenem Teil Amsterdams vor sich geht. Dazu schreibt Kunz:

Das Buch ist eine heftige Anklage gegen die barbarische Judenverfolgung. Grete Weil erzählt in diesem Buch, in Form eingeschobener kurzer Dialoge und Kommentare, das ganze Drama der Deportation der niederländischen Juden. Es ist der Verfasserin gelungen, jenes schwierige Thema zu einem erschütternden Roman zu verarbeiten, zu einem Buch, das eine ähnliche Beklommenheit hervorruft wie jene, die uns aus der nahen Vergangenheit noch allzu bekannt ist.

Sehr knapp beschreibt Kunz, wer Grete Weil ist: „Die Autorin, die jüdischer Herkunft ist, ging 1933 ins Exil in die Niederlande; in den späteren Jahren der Besatzung versteckte sie sich in Amsterdam. Sie war also Zeugin der Verfolgung ihrer jüdischen Schicksalsgefährten in dieser Stadt." Die Worte, „in dieser Stadt" besaßen für einen Großteil der Leser des *Algemeen*

---

[14] Die Straßenbahnlinie 24 fuhr damals schon durch dieses Viertel. Im Dezember 1936 schrieb Christien de Haan ihrem früheren Arbeitnehmer, dem Schriftsteller Konrad Merz: „Weißt Du, dass diese Straßenbahn die Palästinatram genannt wird, weil so viele deutsche Juden darin sitzen?" Siehe W.B. van der Grijn Santen 2014, S. 123.

[15] In dem Beitrag von Micha Labbé in diesem Band kann man nachlesen, dass Kunz ab 1971 selbst in der Beethovenstraat gelebt hat.

[16] Im *Utrechtsch Nieuwsblad* vom 24. März 1964 kündigte Han Wielek, der gleich Kunz und Weil als deutschjüdischer Emigrant in Holland überlebte, die niederländische Übersetzung des Romans an. Wieleks Frau Willy Wielek-Berg übersetzte den Roman ins Niederländische (ebenfalls 1963).

Handelsblad eine doppelte Bedeutung: einmal geht es um die Vergangenheit, aber auch um das Bewusstsein, dort zu leben, wo die Schrecken der Verfolgung in besonderem Maße stattfanden.

Das Engagement mischte sich bei Kunz mit einer Art Objektivität, wobei er sein persönliches Schicksal gewöhnlich ausklammerte. Das kann man höchstens ab und zu zwischen den Zeilen entdecken, wie in der Besprechung von *Tramhalte Beethovenstraat*. In seinem letzten (bekannten) Beitrag für die Zeitung *NRC Handelsblad* vom 14. Januar 1972 enthüllte er ganz kurz und knapp etwas von den eigenen Erfahrungen. Allerdings handelte es sich um einen Leserbrief, in dem er auf die Anschuldigung reagiert, die der Journalist und Schriftsteller Adriaan Venema zu Thomas Manns Haltung im Jahre 1933 geäußert hatte. Kunz zitiert Venema: „... Er hat seine wichtige Stellung als internationaler Schriftsteller dazu benutzt, Reden zu halten, Konferenzen beizuwohnen, aber das war alles. Wer ins Exil geht, ist nicht unbedingt der Kämpfer, wie von Mann gerne unterstellt wird." Venema behauptete außerdem, dass Thomas Mann versucht habe, mit dem neuen Regime einen Kompromiss zu schließen, damit er sein Eigentum behalten und weiterhin in Deutschland hätte leben können. Kunz wies darauf hin, dass bereits F.C. Weiskopf – als Opfer der Nazis und wichtiger Kulturträger der DDR wohl über jeden Verdacht erhaben – diese „widersinnige Nachrede" entkräftet habe. Es sei der Schriftsteller Manfred Hausmann gewesen, der die Gerüchte in die Welt gesetzt habe mit dem „edlen" Motiv, dadurch „die Intellektuellen, die 1933 in Deutschland geblieben waren, in Schutz zu nehmen".[17] In Wirklichkeit verwendete Hausmann das Wort „entlasten": „Ich habe es für meine Pflicht gehalten, die Öffentlichkeit davon zu unterrichten, um diejenigen Intellektuellen zu entlasten, die 1933 in Deutschland geblieben sind."[18]

Nur wenige prominente Autoren hätten laut Kunz damals so viel für die Verfolgten geleistet wie eben Thomas Mann. Als die Niederlande 1938 die

---

[17] Zitiert nach Dirks 1947, S. 965.

[18] Manfred Hausmann hat im Frühjahr 1947 behauptet, dass er sich erinnerte, den Brief mit dem bewussten Inhalt damals, also 1933 oder 1934, gesehen zu haben. Daraufhin konnte sich Thomas Mann jedoch nicht mehr genau erinnern, was er geschrieben hatte, aber der Brief ist dann doch „wiedergefunden" und Hausmanns Gedächtnis hat sich als falsch erwiesen.

Grenzen schlossen und drohten, alle, die nach dem 1. April eingewandert waren, auszuweisen, setzte sich Mann für sie ein. Kunz fuhr dann fort: „Ich spreche hier pro domo, weil ich selber einer der Betroffenen war. Während seines Aufenthalts in Noordwijk an der Nordsee im Jahre 1939 hat Th. M. in zahlreichen Fällen tätig eingegriffen, was vermutlich dadurch ermöglicht wurde, dass er ein guter Bekannter des damaligen Außenministers in Den Haag war." Ihm, Kunz, seien mehrere Fälle bekannt, in denen Thomas Mann in verschiedenen Ländern Hilfe geleistet habe. Dass es bekanntlich andere Meinungen über die Haltung Thomas Manns gibt, besonders im Jahre 1933 – etwa in Bezug auf seine Weigerung, an dem Sammlung-Projekt seines Sohnes Klaus mitzuwirken – tut hier wenig zur Sache, da es sich um die veröffentlichte Ansicht von Ludwig Kunz handelt. Freilich beschränkte sich Kunz in seiner Motivierung auf die letzten Jahre vor dem Krieg.

Über Schriftsteller, die in Deutschland geblieben waren und weiterhin publizierten, äußerte sich Ludwig Kunz kaum. Zwar prangerte er die nationalsozialistische Herrschaft an, kaum aber einzelne Personen. Wilhelm Lehmann, der in der Zeitschrift *Die Lebenden* veröffentlicht hatte und im Mai 1950 mit Kunz Verbindung aufnahm,[19] bat er um einen Beitrag für *De Kim*. Fast überschwänglich bedankte er sich am 24. Oktober 1950 bei Lehmann für den „meisterlichen Beitrag".[20] Im *Algemeen Handelsblad* vom 8. Juni 1957 huldigte Kunz Wilhelm Lehmann, als dieser 75 Jahre alt wurde: „*Wilhelm Lehmann, zwischen Natur und Kultur.*"

Mit Bedauern stellt Ludwig Kunz am Anfang seiner Tätigkeit für das *Algemeen Handelsblad*, d.h. im Jahre 1950, fest, dass es keine Brücke gebe zwischen der international geschätzten Literatur aus der Zeit vor 1933 und der jüngeren Generation, die in der Nazizeit aufgewachsen war. Rückschauend erwähnt er am 14. November 1964 einen Essayband des früh verstorbenen Emigranten bzw. Rückkehrers Werner Milch (1903–1950), der mit zwei Beiträgen in *Die Lebenden* vertreten war und in der Görlitzer Zeit bestens mit Kunz bekannt. Mit Einverständnis stellt er dar, wie Milch zu zeigen versuchte, dass der Anti-Nazi, der nicht in entscheidender Weise durch zwölf Jahre Diktatur beeinflusst war, nicht viel mehr als eine Fiktion

---

[19] Siehe Andringa 2014, S. 273. Der Brief vom 12. Mai 1950 befindet sich im LKA in Görlitz.

[20] ebd., S. 269ff.

sei. Am 5. Dezember 1953 fasst Kunz ein gewisses Unbehagen in Worte: „Für ausländische Leser sind Kriegsromane von jungen deutschen Autoren oft bedenklich. Diese Schriftsteller erhielten die stärksten Eindrücke während der Jahre der Diktatur, was noch oft in ihren Werken sichtbar wird."

In ihrem Beitrag in diesem Band geht Dorle Meyer ausführlich auf das Verhältnis von Ludwig Kunz zu dem Maler und Lyriker Ludwig Meidner (1884–1966) ein. Unter der Überschrift *Ludwig MEIDNER – Pionier des Expressionismus* gratulierte Ludwig Kunz seinem alten Freund zum 75. Geburtstag (*AHa* 17.4.1959). Dass sich die beiden kannten, überging Kunz jedoch in diesem umfangreichen Beitrag, der eine ausführliche Übersicht von Meidners Leben und Wirken als Maler und Lyriker gibt. Kurz vor Kriegsausbruch konnte Meidner, als Jude und ‚entarteter' Künstler doppelt verfemt, Deutschland noch rechtzeitig verlassen. Da waren jedoch bereits viele seiner Werke zerstört worden. Kunz erläutert:

Es ist nur wenig bekannt, dass man in Deutschland nicht nur Bücher verbrannte: Eine Tatsache ist es, dass man im Innenhof der Berliner Feuerwehrkaserne einen ‚Scheiterhaufen entarteter Kunst' errichtete, wo etwa 9000 Gemälde und 14000 Zeichnungen ihr Ende fanden. Im Katalog der Ausstellung ‚Entartete Kunst' befand sich eine Abbildung eines Selbstporträts Ludwig Meidners als Beispiel „minderwertiger Kunst", in guter Gesellschaft übrigens von Beckmann, Chagall, Dix, Grosz, Heckel, Kirchner, Kokoschka, Nolde, Schmidt-Rottluff, Schlemmer und zahlreichen anderen bedeutenden Künstlern, deren Werk zerstört wurde.

Sei die Bücherverbrennung bloß eine symbolische Tat gewesen, hier handelte es sich um Schlimmeres, da es nun um unwiederbringliche Unikate ging.

Meidner, der 1953 nach Deutschland zurückkehrte, bekomme, so stellt Kunz fest, inzwischen endlich wieder die Aufmerksamkeit, die er verdiene. Es sollten demnächst einige Bände mit Prosa und Poesie erscheinen. Kunz selber gab später im Schweizer Arche Verlag einen Band mit Betrachtungen über und Abbildungen von Ludwig Meidner heraus (Kunz C 1973).

VII. Deutsche Literatur im *Algemeen Handelsblad*

Nachkriegsdeutschländer

Der erste Zeitungsbeitrag von Ludwig Kunz eröffnete am 21. Januar 1950 die Reihe mit der Konstatierung, dass, sowie mit der Frage, wie sich die beiden deutschen Literaturen, Ost und West, gegenüberstünden. Deshalb sollte man etwas länger bei dieser ersten Bücherschau stehen bleiben. Man weiß als Zeitungsleser zwar niemals, wer für die Schlagzeilen zuständig ist, aber in diesem Fall trafen sie schon den richtigen Punkt: *In der deutschen Nachkriegsliteratur stoßen die Meinungen heftig zusammen. Tendenzen weit auseinander – Noch wenig neue Namen.*

Im Nachkriegsdeutschland gebe es eigentlich kein Gebiet, wo die Ansichten so heftig zusammenstießen wie in dem der Literatur, leitet Kunz seine Betrachtung ein.

Wenn man aber berücksichtigt, dass zwischen '33 und '45 fast alles, was einmal die deutsche Literatur auf den internationalen Plan gebracht hat, ausgerottet wurde, dass zu derselben Zeit der jungen deutschen Generation tagtäglich das ABC des Nationalsozialismus eingepaukt wurde, kann man sich denken, wie gründlich die Brücke zu dem, was man die ‚Tradition‘ nennen darf, vernichtet wurde.

Gerade diese junge Generation habe sich einstweilen nicht von der Erschütterung erholen können, die von dem „Zusammenbruch" hervorgerufen sei. Kunz verweist auf die „vortreffliche Übersicht" in F.C. Weiskopfs *Unter fremden Himmeln*,[21] „aus der ersichtlich wird, dass fast alle Repräsentanten der deutschen Literatur ihr Land verließen." Die wenigen im Lande verbliebenen Schriftsteller, die schon etwas „zu sagen" hätten, gehörten zu den älteren Jahrgängen, deren Entwicklung sich in der Weimarer Republik abgespielt hatte – sofern sie wenigstens immun gegen die „neuen Theorien" gewesen seien. Kunz nennt sie die „Zwischengeneration".

Von den Schriftstellern, die Kunz erwähnt, war die Mehrzahl immerhin ins Exil gegangen und lebte zu dieser Zeit in der DDR: Stephan Hermlin, Eduard Claudius[22], Willi Bredel, Bodo Uhse, Arnold Zweig und F.C.

---

[21] Weiskopf 1947.

[22] Irrtümlicherweise als Ernst Claudius dargestellt. Kunz unterlaufen gelegentlich Fehler in Namen. So schrieb er in dem Interview mit Herbert Ihering (*AHa* 28.8.1965) zweimal Erwin Strittmaker. Dies könnte aber wiederum ein Setzer oder ein Korrektor daran schuld sein. In einem Brief aber an Reinhard Tgahrt, 23.8.1973, über den Meidnerband

191

Weiskopf. Daneben erwartete er viel von Luise Rinser (1911–2002) und Ilse Aichinger (1921). Von Letzterer nannte er den Roman *Die größere Hoffnung*, „ein merkwürdiges Buch, weil darin die heftigen Ereignisse der deutschen Barbarei auf eine vollkommen eigene Weise dargestellt werden: als der Strom dramatischer Erlebnisse eines Kindes, das Leid und Hoffnung von der eigenen Perspektive heraus beurteilt; die Gedanken- und Gefühlswelt eines kleinen Mädchens."[23]

„Genug Beispiele", meint er, aber: „Das literarische Leben im heutigen Deutschland befindet sich noch in einem Stadium, in dem heftig nach einer Lösung gesucht wird. Zweifellos gibt es einen starken Schöpfungswillen. Aber es fehlt den jungen Autoren oft noch dasjenige, was die Darstellung zu Kunst macht." Trotzdem lasse das Herantasten auf einen Anfang hoffen.

Mit den Jahren wuchs dann doch eine neue deutsche Literatur heran und man kann feststellen, dass Kunz im Allgemeinen die Arbeit von Heinrich Böll und Martin Walser schätzte, was jedoch nicht zu kritikloser Bewunderung führte. Es mag auffallen, dass kein Werk von Günter Grass erwähnt, geschweige denn besprochen wurde – sein Name wurde gelegentlich beiläufig erwähnt –, ebensowenig übrigens wie Werke von Max Frisch oder Friedrich Dürrenmatt. Ob hier die Maxime von Marcel Reich-Ranicki umgekehrt galt, dass es zwischen einem Autor und einem Kritiker nur „Frieden oder gar Freundschaft" geben könne, „wenn der Kritiker niemals über die Bücher dieses Autors schreibt, und wenn dieser sich damit ein für allemal abfindet"?[24] Oftmals jedenfalls besann sich Kunz zurück auf ältere Meister, die er von früher her kannte, denen er traute und mit denen er oft befreundet war!

Umso interessanter wurden die Beiträge, bei denen es sich um Interviews handelte, obwohl der Leser oft nicht genau erkennen kann, was tatsächlich und wörtlich gefragt wurde. Die Interviews, immer mit einer langen Einleitung versehen, hatten oft eher die Form einer Gesprächswieder-

---

schrieb Kunz aber zweimal Pinkus statt Pinthus.

[23] Kein Wort über die Tatsache, dass das Mädchen zwei ‚falsche' Großeltern hatte und als ‚Halbjüdin' in den dunklen Jahren der Diktatur ungewollt eine ‚Zwischenposition' einnahm. Sie gehörte weder zu den Verfolgern noch eigentlich zu den Verfolgten. Cfr.Grossmann 1967.

[24] Marcel Reich-Ranicki, *Mein Leben*, S. 369.

gabe. Im Juli 1965 erschien zum ersten Male ein solches Interview, und zwar mit dem Literaturwissenschaftler Hans Mayer. Dann folgten Interviews mit Peter Weiss, Hans Werner Richter, Herbert Ihering, Walter Höllerer, Kurt Pinthus, Willy Haas, Adolf Frisé und Max Brod, von denen die meisten ins Exil gegangen waren. Es handelte sich allesamt um Männer (!) aus vergangenen Zeiten. Dass die knappe Mehrzahl ihrer jüdisch war, hat wohl weniger mit Kunz' eigener Herkunft als Jude zu tun als vielmehr mit seinem Interessengebiet, das – wenn auch vereinfacht dargestellt – mit dem Begriff *Weimarer Republik*[25] zusammengefasst werden könnte.

Gespräche

Hans Mayer (1907–2001)

Das erste Interview, mit der Überschrift *Hans Mayer: Die Mauer trennt nicht überall*, besteht zur Hälfte aus einer Einleitung über Leben und Werk dieses „brillanten Kritikers, der über scharf polemische Fähigkeiten verfügt". (*AHa* 24.7.1965) Wo das Gespräch stattfand, wird nicht erwähnt, nichts weist darauf hin, dass das in den Niederlanden geschah.

Mayer schien einerseits der Exponent des Exilierten zu sein, von dem Peter Weiss gesagt hatte: „Wer einmal ins Exil gegangen ist, ist endgültig ausgewandert." (*AHa* 7.8.1965). Andererseits war er der gelungene Rückkehrer. Er entstammte einer angesehenen jüdischen Familie aus Köln. Nach dem Exil lebte er kurze Zeit in Frankfurt am Main, bis er 1948 nach Leipzig berufen wurde. Dort lehrte er, bis er 1963 nicht mehr von einer Vortragsreise in den Westen zurückkehrte. Auf die Frage, weshalb er sich 1948 für Leipzig in der damaligen ‚Sowjetzone' entschieden habe, erwiderte er in einem Rundfunkgespräch mit François Bondy,[26] dass damals Ernst Bloch aus den USA nach Leipzig berufen wurde, dass Arnold Zweig und Bertolt Brecht nach Ostberlin kamen, dass die literarische Zeitschrift *Sinn und Form* gegründet wurde wie auch das Berliner Ensemble von Brecht, Ernst Busch, Hanns Eisler und anderen.

---

[25]   In dem ersten Interview mit Willy Haas wurde die kulturelle Bedeutung der Weimarer Zeit deutlich zum Ausdruck gebracht.

[26]   Kunz gab nicht an, wann die Sendung stattgefunden hat, und schrieb nur „früher schon".

Kunz macht die Wahl für Ostdeutschland begreiflich und schildert zugleich Mayers Leistungen und seinen Werdegang. Von hieraus kommt er zu einigen Fragen an den „liebenswürdigen Gelehrten, der trotz der vielen Arbeit Zeit für ein Gespräch hat". Mayer verfüge über eine erstaunliche Gelehrsamkeit und wisse sofort über niederländische Dichter wie Gorter, Verwey oder Heijermans zu sprechen. Aber sein Spezialgebiet sei die Literatur von West- und Ostdeutschland. Der Berichterstatter erkundigt sich dann nach einem möglichen „Zusammenhang" zwischen beiden Literaturen. Die jungen Autoren stünden in beiden Ländern vor vergleichbaren „Schaffensprobleme[n]", meint Mayer, aber auffälliger sei die Situation innerhalb der Theaterliteratur, wobei „jeder junge Bühnenautor" sich mit dem Brechttheater auseinanderzusetzen habe. Dabei stellten sich die Autoren in der DDR dogmatischer auf, während „im Westen doch Versuche entdeckt werden können, sich langsam von Bertolt Brechts Einfluss zu befreien". Mayer nennt in diesem Zusammenhang Martin Walser und Peter Weiss.

Befragt nach dem Buch *Deutsche Literatur in West und Ost* von Marcel Reich-Ranicki, meint Mayer, dass dieser als Kritiker besser sei, wenn er polemisiere, als wenn er einen Schriftsteller schätze. „Er lehnt immer die richtigen Schriftsteller ab, aber er lobt manchmal die falschen." Kunz will dann auch noch wissen, wen Mayer als die wichtigsten Lyriker des Augenblicks betrachtet. Mayers Antwort: „Von der älteren Generation möchte ich Peter Huchel nennen [...], und von den Jüngeren Paul Celan, einen Juden aus Rumänien."

Peter Weiss (1916–1982)

(*AHa* 7.8.1965) Könnte man Hans Mayer einen Theoretiker der Politik nennen, so stand Peter Weiss mit beiden Beinen auf dem Boden der politischen Praxis. Schweden wurde sein Exilland, denn als politisch bewusster Mensch konnte er in Deutschland nicht mehr leben. Als getaufter ‚Halbjude' – oder besser ‚Halbarier' – hätte er dort überleben können, aber er entschied sich eindeutig für das Exil. Weiss hat sich als Autor von Prosa und Theatertexten in schwedischer und deutscher Sprache hervorgetan und mit Zustimmung zitiert Kunz die Zeitschrift *Theater*, die anlässlich der Aufführung des Schauspiels *Die Verfolgung und Ermordung Jean Paul*

194

Marats dargestellt durch die Schauspielgruppe des Hospizes zu Charenton unter Anleitung des Herrn de Sade meinte: „... es ist ein großes Ereignis, weil ein deutscher Theaterautor auf den Vordergrund getreten ist, der zum ersten Mal seit Brecht für das Theater in der ganzen Welt wichtig werden könnte."

Kunz urteilt auch selber über den Autor, den er zweifellos schätzte. In früheren Werken gebe es sicherlich Schwächen, aber er finde sympathisch, dass sich der Autor im Gegensatz zu vielen Zeitgenossen absurder Wortspiele enthalte. „Seine Sprache ist klar und deutlich gebaut und wurde eher durch klassische Dichter gebildet. Demgegenüber steht ein großes Interesse für alle menschlichen Absurditäten und Grausamkeiten. Dieses psychologische Interesse, der Versuch, an seinem Mitmenschen Symptome der Absurdität und Grausamkeit zu entdecken, gehört zu seinen Themen."

„Wer sich mit Peter Weiss trifft", schreibt Kunz, „sieht ein Gesicht, das mal Züge von poetischer Milde und Musikalität zeigt, mal wieder das eines Beobachters mit scharfem, analysierendem Blick für alles, was ihn fesselt." Kurz vor diesem Gespräch hatte Weiss an einem internationalen Kongress antifaschistischer Schriftsteller in Weimar teilgenommen, was in westdeutschen Zeitungen scharf kritisiert wurde. Dagegen habe Weiss dort gerade die wichtigsten Schriftsteller aus dem Westen vermisst – er nannte keine Namen – und die Kritik in den Zeitungen berühre ihn nicht.

Kunz lenkt das Gespräch auf das gerade vollendete Theaterstück *Die Ermittlung. Oratorium in 11 Gesängen*. Peter Weiss erzählt, dass er dem [Auschwitz-]Prozess in Frankfurt mehrere Male beigewohnt habe. Aber um ein deutliches Bild des Vernichtungslagers zu bekommen, habe er auch an der gerichtlichen Ortsbesichtigung teilgenommen. Bald würde die Stimme des Autors in vielen Ländern zu hören sein, so erwartet Kunz, denn Weiss habe das Stück für alle deutschsprachigen Bühnen freigegeben. Das bedeutete, dass die Uraufführung zugleich in Westberlin und in Rostock (DDR) stattfinden sollte. Außerdem würde das ‚Oratorium' dann ebenfalls in München, Stuttgart, Braunschweig, Köln und Essen aufgeführt. Kunz hofft auf einen großen Publikumserfolg, denn: „Insbesondere in der Bundesrepublik, wo der Verurteilung der Lagerhenker aus der Nazizeit noch zu wenig Verständnis entgegengebracht wird, wird die Aufführung dieses *document humain* von Peter Weiss ein wichtiges Ereignis werden."

Auf die Tätigkeit von Weiss als bildender Künstler und als Filmemacher wurde in der Gesprächswiedergabe nicht eingegangen.

Hans Werner Richter (1908–1993)

Das Interview mit Hans Werner Richter (*AHa* 21.8.1965) enthält nur eine knappe Einleitung und die Fragen sind kurz und direkt. Offenbar besuchte Ludwig Kunz Richter in seiner Westberliner Wohnung, in der Villa, die einst dem Verleger S. Fischer gehört hatte und die vom Berliner Rundfunk gemietet wurde, um als Zentrum für das kulturelle Leben zu dienen. In der Einleitung hebt Kunz hervor, dass Richter zu den deutschen Autoren gehöre, „die einen Versuch machen, die Konsequenzen aus den Ereignissen in den Jahren der Diktatur zu ziehen, und um eine demokratische Erneuerung der Bundesrepublik kämpfen." Von einer kritischen Note, zum Beispiel wegen Richters Handlungsweise bei den Treffen der ‚Gruppe 47', ist keine Rede.

Es war die Zeit, da die von Richter begründete und mit fester Hand geleitete ‚Gruppe 47' noch existierte und ein bekanntes, wenn auch nicht unumstrittenes Phänomen war. Etwa zehn Jahre vorher nannte sie Mitbegründer Alfred Andersch in seiner *Bibliographie der „Gruppe 47"* „die vielbesprochenste [sic!] und zugleich unbekannteste Gruppierung neuer literarischer Kräfte seit 1945 in Deutschland". Es sei „dem literarisch Interessierten" damals schwer gefallen, sich ein zutreffendes Bild der Gruppe und von deren Autoren zu machen.[27] Aus der Bibliographie seien hier nur die „Träger des alljährlich verliehenen Preises der ‚Gruppe 47'" genannt: Ilse Aichinger, Ingeborg Bachmann, Heinrich Böll, Günter Eich und der Niederländer Adriaan Morriën. Zu der Rolle von Richter in der Gruppe legte Helmut Heißenbüttel, mit dem Kunz übrigens in Verbindung stand, dar: „Es gibt keine Mitglieder der Gruppe 47. [...] Mitglied der Gruppe 47 sein heißt eine Einladung zur Tagung der Gruppe 47 bekommen. *Frage:* Wer verschickt die Einladungen? *Antwort:* Hans Werner Richter. *Folgerung:* Es gibt nur ein Mitglied der Gruppe 47: es gibt Listen die dieses

---

[27] Andersch 1978 (1955), S. 140ff.

196

eine Mitglied der Gruppe 47 verwahrt hütet in Einladungen verwandelt."[28] Immerhin hatte die Gruppe 47 anfänglich eine wichtige Rolle gespielt, in den Worten Jürgen Grabows: „[Sie] bedeutete einst, in orientierungsloser Zeit, Orientierungshilfe für Literaten, Kritiker, Verleger, Buchhändler und Leser."[29]

Anlass zu diesem Beitrag von Kunz war, dass gerade drei Romane von Richter auf Niederländisch erschienen waren (*Sie fielen aus Gottes Hand* (1951), *Spuren im Sand* (1953) und *Die Geschlagenen* (1949)), und zwar in der Reihe ‚Arboreeks‘ des sozialdemokratischen Verlags ‚De Arbeiderspers‘, zusammen in einem sogenannten ‚Omnibus‘, d.h. einem Sammelband. Diese Ausgabe erwähnt Kunz jedoch nicht, obwohl das im Zusammenhang mit der von ihm angeführten sozialistischen[30] und antinationalsozialistischen Gesinnung des Autors nicht ohne Belang gewesen wäre.

Kunz' erste Frage bezieht sich auf die ‚Gruppe 47‘. In seiner ausführlichen Antwort schildert Richter ein rosiges Bild. „Unsere Zusammenkünfte sehen aus wie eine spannende Aufführung" sagt er und gibt zu: „Wir haben nicht nur Freunde, sondern auch zahlreiche Feinde." Diese „Feinde" waren Schriftsteller, die nicht eingeladen worden waren, aber Richter – oder Kunz – überging dabei diejenigen Autoren, die durch die Reaktionen nach einer Lesung in tiefe Verzweiflung gestürzt waren, wie etwa Paul Celan.[31] Bezeichnend ist in dieser Hinsicht zum Beispiel auch Richters Reaktion, nachdem Albert Vigoleis Thelen aus seinem Roman *Die Insel des zweiten Gesichts* gelesen hatte: „Emigrantendeutsch!" Ein einziges Wort, aber in den Worten von Michael Gormann-Thelen ein „Urteil in bundesdeutscher Fallbeilverschärfung".[32] „Wenige protestierten", stellte er fest. „Die Thelens und ihr Verleger flohen einmal mehr sofort Deutschland – auf Nim-

---

[28] Heißenbüttel 1956, S. 654ff. Die Interpunktion wurde nach dem gedruckten Original wiedergegeben.

[29] Grabow 1991, S. 162.

[30] Siehe dazu auch das Vorwort von Hans Werner Richter zu dem Auswahlband *Der Ruf*, S. 7ff.

[31] Siehe Reich-Ranicki 1999, S. 404ff. Dahingegen muss man anmerken, dass in der *Bibliographie der „Gruppe 47"* auch Celan mit seinem Gedichtband *Mohn und Gedächtnis* aufgeführt worden ist (Andersch 1978 (1955), S. 141).

[32] Gormann-Thelen 2010, S. 60.

merwiedersehen."[33] Letzteres stimmte zwar nicht, aber tut hier wenig zur Sache.[34]

Kunz will dann wissen, ob deutsche Autoren bestimmte Grundbedingungen erfüllen müssten, um eingeladen zu werden. Schriftsteller mit einer faschistischen Vergangenheit kämen nicht in Betracht und es gebe zwei Bedingungen, erklärte Richter: die politische Haltung und das literarische Niveau. Gerade zur Zeit dieses Interviews hatten sich Richter und „einige Freunde" an den Bundestag gewandt mit der Bitte, die *Deutsche National-zeitung und Soldatenzeitung*, eine Wochenzeitung rechtsextremer Prägung, aus dem Verkehr zu ziehen.

Als ihn Kunz fragt, ob er einen neuen Roman plane, antwortet Richter, dass das der Fall sei, aber dass die Pläne sich schwer verwirklichen ließen. Obgleich entschiedener Nazigegner, möchte er die Frage erörtern, ob er trotzdem selber schuldig geworden sei, und dem Leser die prinzipielle Frage stellen: „Wie hätten Sie sich in dieser außerordentlichen Lage benommen?" Er sei der Meinung, dass auch der „Antinazi" in den zwölf Jahren der Diktatur sehr viele Veränderungen und Einflüsse erfahren habe; dies erinnert an die oben angeführten Worte von Werner Milch. Letztendlich fragt Richter sich: „Wie wäre mein Leben ohne Hitler verlaufen?"

Herbert Ihering (1888–1977)

Herbert Ihering habe, so erklärt Kunz, 1922 den jungen Brecht ‚entdeckt', d.h. er habe ihn für den Kleistpreis vorgeschlagen und auf diese Weise ins Rampenlicht gezogen. Als Kunz den 77-jährigen Kritiker besuchte, der in Westberlin lebte, aber dessen Werke an erster Stelle in Ostberlin erschienen, wurde nur vom Theater gesprochen. (*AHa* 28.8.1965) Das Theater in der DDR sei weit besser als ihr politischer Ruf, meinten die Kritiker aus dem Westen, und Ihering macht deutlich, dass man innerhalb des deutschspra-

---

[33] ebd.

[34] Bemerkenswert ist, wie Thelen in der Rückschau von seiner Sicht aus ganz anders über die damalige Situation geurteilt hat. Am 18. August 1977 schrieb er dem Graphiker Helmut Salden: „Es *war* ein großer Erfolg und ich habe Beatrijs sofort ein Telegramm geschickt: Großer Erfolg! dieser triumpf in bebenhausen, gegen eine schwere konkurrenz (walser, bachmann, jens, andersch, weihrauch etc.), hat zum fontane-preis geführt."

chigen Raums nicht am ostdeutschen Theater vorbeischauen könne. Kunz zählt auf, welche Ostberliner Theater Ihering nannte: die Staatsoper und die Komische Oper, das Berliner Ensemble unter der Leitung von Brechts Witwe Helene Weigel, das Deutsche Theater und die Kammerspiele, die Volksbühne sowie das Maxim Gorki-Theater.

Ihering habe sich in der Zeit der Weimarer Republik und erneut nach 1945 um das Theater verdient gemacht, so legt Kunz dar. Er sei als Kritiker einige Male als Nachfolger von Alfred Kerr aufgetreten, aber beide seien sehr unterschiedlicher Meinung, was sich, vereinfacht gesagt, darin äußere, dass Ihering die Bedeutung von Bertolt Brecht schon früh erkannte, während Kerr ein großer Bewunderer von Gerhart Hauptmann war.

„An Brecht wurde der Rivalitätskampf beider zum Konflikt", hieß es in der *Neuen Zürcher Zeitung* vom 6. Juli 2002, und in seinem Nachruf in der *Neuen Rundschau* umriss Gerhard Schoenberner das Wirken Herbert Iherings folgendermaßen: „Ihering stand in der Tradition Lessings und Fontanes. Kritik verstand er nicht, wie Kerr, als subjektive Impression, als selbständiges literarisches Kunstwerk, dem das Theaterereignis nur Anlaß ist, sondern als Werkanalyse, ganz auf den Gegenstand bezogen und hinter ihm zurücktretend."[35] Es sei ihm nicht um eine „elegante Formulierung" gegangen, sondern um eine genaue. „Die bloße Tatsache", so Schoenberner, „daß [Ihering] in allen entscheidenden Fragen gegen Kerr historisch recht behielt, erweist die Überlegenheit seiner Methode."[36]

Kerrs Bewunderung für Hauptmann hätte sich im Übrigen, wie Kunz im *Algemeen Handelsblad* vom 29. Januar 1955 erklärte, schlagartig geändert, als sich dieser „als Propagandafigur des Dritten Reiches" habe „missbrauchen" lassen. Offenbar hätte Kerr übersehen, meinte Kunz 1955, „dass Gerhart Hauptmann, wenn er auch sein soziales Drama ‚Die Weber' geschrieben hat, faktisch nur allzu oft ein opportunistischer Schwächling war." In diesem Rahmen ist es nicht uninteressant, was Kunz knapp zehn Jahre vorher in der Zeitschrift *De Vrije Katheder* zu Hauptmanns wechselnden Positionen ausgesagt hatte. In dem Beitrag von Wolfgang Wessig in diesem

---

[35] Schoenberner 1977, S. 316ff.
[36] ebd., S. 317.

Band kann man nachlesen, wie Kunz bereits im Jahre 1932 sein Urteil über Gerhart Hauptmann dargestellt hat.

Von dem, was Ihering nach dem Ausschluss aus der Reichsschrifttumskammer im Jahre 1936 gemacht hat, wurde mit keinem Wort geredet. Laut Schoenberner fand er eine Stellung „im Besetzungsbüro der TOBIS-Filmgesellschaft, später als Dramaturg am Wiener Burgtheater". Und bei WIKIPEDIA kann man nachlesen, dass das Wirken während der NS-Zeit seinem Ruf erheblich geschadet habe. Typisch für Ludwig Kunz war sowieso, dass er keine peinlichen Fragen zu stellen pflegte. Dabei ist ungewiss, ob der Wortschwall, mit dem Ihering die aktuelle deutsche Theaterlandschaft schilderte, den niederländischen Leser wirklich erreicht hat. *Een middag bij Herbert Ihering*, also ein Nachmittag bei Herbert Ihering, hat sich für Kunz allerdings gelohnt.

Walter Höllerer (1922–2003)

In der langen Einleitung zum Gespräch mit Walter Höllerer (*AHa* 25.9.1965) zitiert Kunz Hans Mayer: „Er [Höllerer] ist einer der besten Theoretiker auf dem Gebiet der Poetik, ein talentierter Lyriker und überdies der große Initiator des Kulturlebens Westberlins." Das von ihm gegründete ‚Literarische Colloquium' zählte viele bekannte Autoren, die auch an der ‚Gruppe 47' teilnahmen. Die herbe Kritik von Robert Neumann an beiden Gruppen in der Zeitschrift *Konkret* (1966) musste damals noch geschrieben werden,[37] aber abgesehen davon, fehlt bei Kunz wiederum jegliche kritische Note. Er zeigt sich ganz mit Freude und Bewunderung erfüllt vor dem Tatendrang des Literaturprofessors.

Fast zehn Jahre zuvor (am 17. November 1956) hatte sich Höllerer von einer unerbittlichen Seite gezeigt, als er dem niederländischen Lyriker Konrad Merz eine Ablehnung erteilte. Mehrere Gedichte hätten ihm zwar gefallen, aber der Manuskriptstapel der Zeitschrift sei so hoch, dass er alles wieder zurückschicken müsse. Fast gefühllos klang dann die Bemerkung: „Grüßen Sie bitte meinen Freund Adriaan ... "[38] Dabei handelte es sich um

---

[37] Neumann 1966.
[38] Siehe das von mir herausgegebene Buch *Kurt Lehmann oder auch Konrad Merz. Die Korrespondenz*, S. 175.

den niederländischen Schriftsteller Adriaan Morriën, Preisträger der Gruppe 47, wie wir oben gesehen haben, der sich als Begründer und Redakteur von *Litterair Paspoort* unter anderem mit deutscher Literatur befasste.[39] Am 6. Juni 1956 schrieb Morriën an Dick Binnendijk, dass er gerne mal mit Konrad Merz bekannt werden möchte, „um über seine Gedichte zu reden." Hoffnungsfroh fügte er auch noch hinzu: „Ich fahre morgen nach Frankfurt, wo ich Walter Höllerer, den Redakteur von *Akzente*, einer interessanten Zeitschrift, selber auch Dichter, treffen werde. Ich werde mit ihm über Merz und seine Arbeit sprechen. Merz sollte ihm dann mal eine Auswahl seiner besten Gedichte schicken."

„Höllerer ist während seiner Gespräche sehr konzentriert; er spricht genau und sachlich", meldet Kunz und zählt auf, was er alles mache. Er sei Redner, Redakteur, die „Seele" des ‚Literarischen Colloquiums', schreibe für mehrere Zeitschriften. Kurz: „Der junge Gelehrte mit seinen energischen Gesichtszügen ist ein ausgezeichneter Organisator." Höllerer wünsche sich bessere Bücher und bessere Leser, die deutsche Sprache sei durch das ‚Dritte Reich' missbraucht und zerstört worden und der Deutsche befasse sich seit 1945 nur noch mit dem ‚Wirtschaftswunder'. Dies sei laut Kunz die Meinung eines amerikanischen Kritikers gewesen, aber der Kritiker Reich-Ranicki komme hingegen zu der Schlussfolgerung, dass zahlreiche Nachkriegsautoren über große sprachliche Fähigkeiten verfügten.[40] Es wird aus diesem Teil des Berichtes leider nicht deutlich, wo Höllerer stand. Dass er sich um die Kultur und um junge Prosaschriftsteller bemühte, war klar. Er hatte sich von der Ford-Foundation reichlich Mittel geben lassen, um „den Verein, das Institut und den Verlag" zu ermöglichen, eine Tatsache, die ihm ein Jahr später vorgeworfen wurde: Ob Höllerer keine Ahnung habe, was ein solches Institut wie die Ford-Foundation faktisch bezwecke?[41]

---

[39] Die Zeitschrift *Literair Paspoort*, „Zeitschrift für Bücher aus der Alten und Neuen Welt" (1946–1982) bemühte sich, niederländische Leser mit ausländischer Literatur bekannt zu machen. Von 1976 bis 1981 besprach ich (TvdGS) für *Litterair Paspoort* deutschsprachige Literatur.

[40] Kunz gab weder an, um welchen Kritiker es sich handelte, noch wo Reich-Ranicki die Schlussfolgerung gezogen hätte.

[41] Cfr. Schlinsog 2005, S. 57ff.; Geisenhanslüke und Hehl 2013. Zum Fünfzigjährigen des Literarischen Colloquiums Berlin schrieb Ursula Krechel in der *FAZ* vom 5.8.2013: „Man munkelte, die Ford Foundation arbeite eng mit dem CIA zusammen, und an Geld,

Darüber machte sich Kunz jedoch keine Gedanken, entweder aus Unwissen oder auch weil es ihn nicht interessierte. Vielleicht auch wollte er wiederum keine unbequemen Fragen stellen. Übrigens wurden einige Gedichte von Hugo Claus und von Gerrit Achterberg in der Übertragung von Kunz fünf Jahre später in *Akzente* abgedruckt (Kunz B 1970a und b; Siehe auch die Abschnitte über diese Dichter in diesem Band).

Kurt Pinthus (1886–1975) und Paul Raabe (1927–2013)

Es gab eine auffällige Verbindungslinie Kurt Pinthus – Paul Raabe – Ludwig Kunz. Am 4. Juni 1966 erschien ein Interview mit Kurt Pinthus. Auf die Frage, ob er als Achtzigjähriger nun sein Werk vollendet habe, antwortete Pinthus: „Ganz und gar nicht. Ich schreibe zusammen mit Paul Raabe, der sich vollkommen der wissenschaftlichen Forschung des literarischen Expressionismus verschrieben hat, an einem Buch *Flegeljahre des Films*, das fast fertig ist." Am 2. Juli 1966 folgte ein Interview mit „dem jungen Literaturhistoriker" Paul Raabe. Ende 1966 schrieb Paul Raabe die Einführung zu dem fotomechanischen Nachdruck der *Flugblätter. Die Lebenden*, die Ludwig Kunz von 1923 bis 1931 redigiert und herausgegeben hatte. Es scheint nicht bloß eine Koinzidenz zu sein. Hinzu kommt noch, dass Pinthus damals in Marbach lebte, wo seine literarische Arbeit und seine Korrespondenz im Literaturarchiv aufbewahrt werden und wo Raabe auch arbeitete.

Kurt Pinthus, „einer der wichtigen Kulturvermittler in der ersten Hälfte des 20. Jahrhunderts,"[42] dessen Name für immer mit der Anthologie expressionistischer Dichtung *Menschheitsdämmerung* verbunden bleiben wird, wird von Kunz vorgeführt als deutscher Kritiker, der während der Jahre der Diktatur Hochschullehrer Theatergeschichte in New York war. Mit 80 Jahren sei er noch voller Esprit, ein fesselnder Erzähler, der seine Gedanken scharf formuliere. „Ich möchte 100.000 Jahre werden", erzählt er Kunz, „aus purer Neugierde, wohin es mit der Menschheit weitergeht." Es habe ihn schon gefreut, dass die Neuauflage von *Menschheitsdämmerung* gut bei

---

aus welchen Quellen auch immer, fehle es nicht."
[42] Hanne Knickmann in: Kilcher 2000, S. 468.

der Jugend angekommen sei. Wichtiger jedoch finde er, dass der Band in Deutschland und den Vereinigten Staaten an Schulen und Universitäten als Lehrbuch verwendet werde.

Das Buch *Flegeljahre des Films*, das er zusammen mit Paul Raabe schreibe, „zeigt, dass zahllose wichtige Schriftsteller kreativ mitgearbeitet haben, um das heutige Niveau des Films zu erreichen." Im Jahre 1913 sei bereits Pinthus' *Kinobuch* erschienen, „ein mutiger Versuch, die Möglichkeiten des Films als Kunst zu fördern." Weiterhin arbeite Pinthus im Auftrag des Verlegers Rowohlt an einer Autobiographie mit dem Titel *Ein Leben lang*. „Es handelt sich darin weniger um mein eigenes Leben als um eine ganze Generation von Schriftstellern, die ich persönlich gekannt habe. Also um Gespräche und Diskussionen, um künstlerische Grundsätze und Weltanschauungen." Pinthus sei nicht nur Kritiker gewesen, „sondern auch Lektor im Verlag Ernst Rowohlt. Im Jahre 1912 begann Kurt Wolff [...] seinen später so berühmten Verlag und überredete Pinthus, bei ihm Lektor zu werden. Da wurde die bekannte Serie *Der Jüngste Tag* gegründet."

Im Gespräch mit Paul Raabe bittet Kunz ihn, sein großes Interesse am Expressionismus zu erläutern. Es folgt eine lange Antwort, die nicht eigentlich auf die Frage eingeht:

Nach 1945 hatten wir in Deutschland auf literarischem Gebiet den ‚Nullpunkt' erreicht. Auf der Suche nach einem Weg aus dem Chaos befasste ich mich mit allem, was im Dritten Reich als ‚entartete Kunst' betrachtet wurde. Ich bin der Meinung, dass wir in Deutschland eine solcherart stark konzentrierte Bewegung wie den Expressionismus niemals mehr erlebt haben, und dass dieses Phänomen, auch rein historisch betrachtet, einzigartig war.

Die Neuentdeckung begann mit einer Ausstellung im Schiller-Nationalmuseum, der damaligen Arbeitsstelle von Raabe. Die Einrichtung dieser Ausstellung sei für ihn und seine Mitarbeiter „ein großes Abenteuer" gewesen, da die meisten Autoren vollkommen unbekannt geworden waren. Während der Vorbereitung seien zahllose Manuskripte von Autoren wie Jacob van Hoddis, Alfred Lichtenstein, Max Herrmann-Neiße, Walter Hasenclever und Carl Sternheim ans Licht gekommen.

Aber auch Franz Kafka hatte sein Interesse. Nachdem er Max Brod in Israel besucht hatte, habe Raabe einen Vortrag über den jungen Brod gehalten. „Ich habe dabei versucht zu beweisen, dass das Verhältnis von Kafka zum Expressionismus eher äußerlicher Natur war. Er war ein Zeitgenosse dieser Strömung. Aber weiterhin war Kafka eben nur – Kafka." Auch im Gespräch mit Pinthus kam Kafka zur Sprache. Pinthus erzählte ausführlich über seine Begegnung mit Franz Kafka, der im Sommer 1912 durch Max Brod in ‚Wilhelms Weinstuben' in Leipzig eingeführt wurde. Kafka sei, genau wie Pinthus selber, sehr am Film interessiert gewesen, er solle seiner Schwester oft „groteske Filme" vorgespielt haben. Er habe auch in Gesprächen zugegeben, dass sein erster Roman, *Amerika*, vom Film beeinflusst gewesen sei. Das ergebe sich auch aus seinen Worten: ‚Bilder, Bilder, Bilder'.[43] Kurz nach dieser Begegnung, im Jahre 1913, erschien Kafkas erste Veröffentlichung in Buchform bei Rowohlt, ein Band mit Erzählungen unter dem Titel *Betrachtung*. Bei Kurt Wolff, der Teilhaber des Rowohlt Verlages war und 1912 den Verlag übernahm und bald umbenannte, kamen in den Jahren 1916 und 1917 weitere Bände heraus.

Willy Haas (1891–1973)

„Statt geistreich zu sein, hat er Geist." Dieses Lob spendete Otto Flake 1924 dem ihm völlig unbekannten Autor des Prosasammelbandes *Das Spiel mit dem Feuer*.[44] Immerhin hatte Willy Haas, der Kritiker aus Prag, mit seinen literarischen Zeitschriften *Herderblätter* und *Die literarische Welt* mehr Erfolg als Ludwig Kunz mit den ‚Flugblättern' *Die Lebenden*, aber in den beiden Zeitungsbeiträgen, die Haas gewidmet waren, verlor Kunz darüber kein Wort. Vielmehr erwähnte er beide Male bewundernd, dass die Auflagenhöhe zwanzigtausend betragen hätte (*AHa* 6.5.1964 und 5.11.1966). In dem ersten Beitrag zu Willy Haas schildert Kunz die kulturell sehr fruchtbaren Jahre in Deutschland nach dem verlorenen Krieg. *Die Lebenden* erschien ab 1923, *Die literarische Welt* wurde 1925 begründet. Bezeichnend für letztere Zeitschrift seien die vielen Umfragen gewesen, die verschiedenen Problemen gewidmet waren, so zum Beispiel von der Frage ausgehend: „Darf

---

43 Nach einem Zitat aus Gustav Janouch(1961): „Ich zeichnete keine Menschen. Ich erzählte eine Geschichte. Das sind Bilder, nur Bilder." (S. 25). Siehe zum Thema Kafka und das Kino: Zischler 1996.
44 *Die Weltbühne* 1924/48, S. 805.

ein Schriftsteller in seinen Werken existierende Personen darstellen?" oder: „Wie entsteht ein Schauspiel?" In diese Rezension brachte Kunz deutlich eigene Erfahrungen ein. Er zeigte sich besonders engagiert und fast euphorisch. Zum Schluss musste er jedoch eingestehen, dass die kulturelle Größe in der Vergangenheit lag: „Die Anthologie *Die literarische Welt* ist ein fesselndes Dokument einer besonders produktiven Epoche geworden. Der Kommentar von Willy Haas zu seiner damaligen Arbeit ist: ,*Die literarische Welt* ist heute nicht zu wiederholen, sowohl was mich wie jeden anderen anbelangt. Was uns fehlt, ist die ungewöhnlich breite Grundlage, jener unerschöpfliche Reichtum an Materialien, der uns damals überall zur Verfügung stand. Man brauchte zu der Zeit als Redakteur seine Idee nur zu träumen und sie war schon zur Hälfte Wirklichkeit geworden.'"

Obwohl Haas im Jahre 1966 fünfundsechzig Jahre alt geworden war, hatte er sich entschlossen, seine Tätigkeit als Kritiker und Redakteur der Hamburger Tageszeitung *Die Welt* fortzusetzen. „Es schien mir interessant", meinte Kunz, „dieser besonderen Figur einige Fragen zu stellen." Seine erste Frage lautet: „Sie besuchen Amsterdam regelmäßig. Haben Sie einen besonderen Grund?" Willy Haas erklärt, ein großer Bewunderer von Amsterdam zu sein. Obwohl Prag und Amsterdam sehr verschieden seien, seien beide Städte doch auch verwandt. Der direkte Anlass seiner Besuche sei die Malerei und dabei insbesondere Rembrandts ,joodse bruidje' (die jüdische Braut) im Rijksmuseum: „Ich habe dieses Gemälde oft gesehen, und zwar in sehr verschiedenen Perioden meines Lebens, aber der starke Eindruck ist immer geblieben."

Die weiteren Fragen betreffen aber die Literatur. Wiederum ist von Kafka die Rede. Haas war wesentlich jünger als Max Brod und Franz Kafka, aber er hatte beide schon auf dem Schulhof des Gymnasiums gesehen. Sie seien immer zusammen gewesen. „Außerdem waren Kafkas und meine Mutter Nachbarinnen in der Synagoge. Sie kannten sich gut und erzählten sich viel über ihre Söhne." Mit Franz Werfel, der nur um ein Jahr älter war als Haas, habe ihn eine Freundschaft verbunden, die bis zu Werfels Tod dauerte. „Werfel ist ein fast vergessener Autor", so Willy Haas, „seine Romane haben seine poetischen Werke in den Hintergrund gedrängt. Natürlich haben auch diese Romane Qualitäten, aber sie sind nicht repräsentativ für den echten Werfel." Haas verkehrte mit vielen wichtigen Autoren, ließ sie

Tim van der Grijn Santen

in seiner Zeitschrift zu Wort kommen und hatte mit ihnen korrespondiert. Diese Korrespondenz sei laut Haas jedoch fast ganz verloren gegangen, aber:

Wohl habe ich vor kurzem eine Postkarte von Kafka zurückgefunden. Ich hatte ihn eingeladen, einen Vortrag in der Herder-Vereinigung[45] zu halten. Kafka schrieb: ‚Wie erscheint man denn bei Euch bei einer Vorlesung? Im Straßenanzug oder im Smoking? Herzliche Grüße Kafka. p.s.: ich habe keinen.' Er kam also im ‚Straßenanzug', sprach ziemlich leise, wohl aber sehr überzeugend und attraktiv. Bescheiden und einigermaßen schüchtern war er, wenn auch mit „betonter Liebenswürdigkeit".

An Frank Wedekind erinnerte sich Haas ebenfalls. Ihn sah er oft auf der Bühne, als er in seinen eigenen Dramen auftrat. „Der Eindruck war immer gleich: als Darsteller war er immer schlecht, aber gleichzeitig dermaßen echt, dass man den Eindruck bekam, dass er im selben Augenblick dabei war, das Schauspiel zu schreiben."

In den beiden Beiträgen über Willy Haas fällt auf, dass überhaupt nicht von dessen Tätigkeit als Filmkritiker und Drehbuchautor die Rede ist. Es müsste doch auch für den niederländischen Zeitungsleser interessant gewesen sein zu erfahren, dass Haas den Krieg in Indien überlebt und dort für den Film gearbeitet hatte. Wiederum kann man vermuten, dass es Kunz doch an erster Stelle um gemeinsame literarische Erinnerungen ging.

Adolf Frisé (1910–2003) – Robert Musil (1880–1942)

In *Die Lebenden* hatte Alfred Döblin einmal Robert Musil hoch gepriesen. Er gehöre „in das überhaupt feine und delikate Zwischengebiet zwischen Schriftsteller und Dichter", wo auch ein Thomas Mann zu Hause sei. Auf eine völlig eigene Art habe Musil in seinen Dramen eine „allseitige Ironie" entwickelt. „Es ist ein schauderhafter Irrtum der Kritik, Musil irgendwie mit Wedekind zusammenzubringen; ihre Gewächse stammen aus ganz anderen Ländern; persönlich und darstellend trennt den Dogmatiker und Mo-

---

[45] Die ‚J.G. Herder-Vereinigung' war die Jugendabteilung der Prager B'nai B'rith-Loge. Aus ihr sind 1911–1912 die ‚Herder-Blätter' hervorgegangen. Siehe Katja Schettler in Kilcher (2000), S. 193.

ralisten Wedekind eine Welt von dem Mathematiker, Erkenntnistheoretiker, Skeptiker Musil." So in der letzten Nummer des Jahres 1924.

Am 17. September 1955 erschien eine Rezension mit der Überschrift *Robert Musil und die Zwiespalt zwischen Einsicht und Tat.* Darin befasste sich Kunz mit *Der Mann ohne Eigenschaften.* Dreizehn Jahre später meldete Kunz, dass der Kampf, oder vielmehr der Streit um den Nachlass Musils beendet worden sei. Dazu führte er ein Gespräch mit dem literarischen Nachlassverwalter, Adolf Frisé.

Im Jahre 1955 wundert sich Kunz, dass das Werk von Musil, der doch zu Lebzeiten anerkannt und geschätzt wurde, erst nach seinem Tod und nach dem Krieg auf großes Interesse gestoßen sei. Er erinnert daran, dass Musil freiwillig ins Exil gegangen und 1942 in Genf gestorben war. Ein merkwürdiges Phänomen findet Kunz, „dass sein ganzes Œuvre, der Prosaband *Verwirrungen des Zöglings Törless* und auch seine späteren Bücher – wie viel Talent sie auch zeigten – nur einen Anlauf zu seinem großen Roman *Der Mann ohne Eigenschaften* bildet." Im Vergleich zu der herkömmlichen Literatur bringe Musil etwas Neues: „Ihm ist das Thema hauptsächlich nur der Anlass zu einer größeren Auseinandersetzung mit Mensch und Welt." An erster Stelle gehe es ihm um eine „logisch-begriffliche Klärung". Für ihn sei die Arbeit an dem Roman eine Lebensaufgabe gewesen, die er durch seinen Tod nicht habe vollbringen können. Musil hatte das adlige „von" streichen lassen, war Offizier und Ingenieur, wurde jedoch von der Wissenschaft angezogen und wurde Chemiker, Biologe, Philosoph, Psychologe und nicht zuletzt Mathematiker. Von dieser Position aus habe er den „essayistischen Roman" gewählt, in dem er sein Thema, „die Zwiespalt zwischen Erkenntnis und Tat", betrachtete. Der Erfolg sei groß gewesen, obwohl Musils Prosa „das Geständnis eines Intellektuellen" sei und sich denn auch an Intellektuelle richte.

Der Beitrag vom 7. September 1968 nun meldet, dass eine Neuausgabe in Vorbereitung sei. Adolf Frisé hatte sich bereits als Student mit den Werken von Musil befasst und Verbindung mit dem Autor aufgenommen. Frisé edierte außer *Der Mann ohne Eigenschaften* auch die Tagebücher, Aphorismen, Essays und Reden, Prosa, Dramen sowie die späten Briefe. Das Ehepaar Ernst Kaiser-Eithne Wilkins fing nach Erscheinen der englischen Fassung eine Polemik gegen den Herausgeber an, die Kunz in dem Interview mit Frisé zur Sprache bringt. Seine erste Frage aber lautet: „Gibt es Gründe dafür, dass Sie erst nach dem letzten Weltkrieg angefangen haben, das Werk von Musil veröffentlichen zu lassen?" Die Antwort mutet ein wenig merkwürdig an. Frisé sagt nicht einfach, dass dies zwischen 1933 und 1945 unmöglich gewesen wäre, sondern meint: „Vor dieser Zeit gab es keine Gelegenheit. Sein Name als Autor blieb zeitlebens zu unbekannt. So ging die isoliert lebende Gestalt, die Musil war, langsam zugrunde in einer Welt, die ihr achtlos entgegentrat."

Als Kunz im Jahre 1956 zum ersten Mal mit Frisé gesprochen hatte, habe es, so bringt Kunz in Erinnerung, noch keine wichtige Literatur über Musil gegeben – geschweige denn Übersetzungen ins Niederländische – aber zwölf Jahre später könne man auf mehrere Studien hinweisen. „Ja", sagt Frisé anschließend, „und dann das Buch von Ernst Kaiser und Eithne Wilkins *Robert Musil* (W. Kohlhammer Verlag), in dem auch scharfe Kritik an meiner Redaktion geliefert wird." Davon möchte Kunz mehr wissen und es folgt eine ausführliche Antwort. Frisé gibt zu, dass ihm Fehler unterlaufen seien, aber das Ehepaar hätte ihm vorgeworfen, dass er die Fragmente aus dem Nachlass zur Romanhandlung montiert habe, ohne Rücksicht darauf zu nehmen, wann diese Entwürfe entstanden seien. Frisé habe den unvollendeten Roman vollendet und das hätte er nicht machen dürfen. Die Polemik wurde von dem Ehepaar im *Times Literary Supplement* veröffentlicht, aber schließlich hatte Professor Rosenthal aus Philadelphia, der Schwiegersohn von Frau Musil, das letzte Wort: „Die Kaisers haben einige Fehler in dieser Edition entdeckt, aber Adolf Frisé hat die große Musil-Renaissance eingeleitet." Beide Parteien sollten deshalb lieber zusammenarbeiten und so ist es dann auch geschehen. Alle Musil-Werke wurden fortan „in einer Atmosphäre freundschaftlicher Zusammenarbeit" veröffentlicht.

Dass mittlerweile auch niederländische Übersetzungen erschienen bzw. im Erscheinen begriffen waren, wird mit keinem Wort erwähnt.[46] Kunz hat sich offenbar vollständig auf Musils Wirkung in der deutschen Literatur konzentriert.

---

[46] 1967 erschien ein Beitrag von Musil in der Meulenhoffausgabe *Meesters der Duitse vertelkunst* und bei Polak & Van Gennep erschienen 1968 *De ervaringen van de jonge Törless* und 1969 *Drie vrouwen*. *De man zonder eigenschappen* kam erst 1988 heraus, wiederum bei Meulenhoff.

Abb. VII.2: Widmung Max Brod im Panoptikum (1967)

Tim van der Grijn Santen

Max Brod (1884–1968)

Für Ludwig Kunz war Max Brod gewissermaßen ein ‚alter Bekannter‘ (Abb. VII.2). Er war bereits in der ersten Nummer von *De Kim* aus dem Jahre 1950 vertreten. In der zweiten Nummer – der Israelnummer – fand sich ein längerer Beitrag von Brod unter der Überschrift *Wohin der Weg?* Darin fragt er sich, ob Neues anbrechen würde, „neu nicht nur für Israel, das die Exilfesseln abstreift, neu auch für den Weltrund, der des Neuen so jammervoll bedürftig ist?"

„Auch jetzt in Tel Aviv bin ich immer noch aktiv. Ich ähnele einem alten Zirkusgaul, der bis zu seinem letzten Tag über die Manege trabt." Diese Worte sprach Max Brod wenige Wochen vor seinem Tod, als Kunz ihn in Deutschland traf, wo er Vorträge hielt. Selbstverständlich geht Kunz in seinem Zeitungsbeitrag (*AHa* 1.2.1969) ausführlich auf das Verhältnis zwischen Brod und Franz Kafka ein: „Zwanzig Jahre lang haben sich Brod und Kafka [. . .] tagaus, tagein gesehen. Kafka hat ihm seine Manuskripte ‚als erstem und einzigem‘ vorgelesen." Allerdings unterlässt es Kunz zu fragen, „ob es ohne Brod, ohne seinen dauernden Zuspruch, ohne seine Bemühungen [. . .] einen nennenswerten Nachlaß überhaupt gegeben hätte?"[47] Dagegen weist er auf die Kritik hin, die Professor H. Uyttersprot aus Gent geäußert hatte. Dieser hatte bezweifelt, ob Max Brod einige Passagen von Kafkas *Der Prozess* in der richtigen Reihenfolge veröffentlicht hätte. „Hier geht es nicht um einen Vorschlag, das Werk von Kafka in eine neue Reihenfolge zu stellen", legt Brod dar, „sondern genau genommen nur um ein einziges Kapitel im Roman *Der Prozess*." „Der Kritiker Willy Haas, ein alter Freund von Kafka", fährt dann Kunz fort, „wirft Uyttersprot vor, Kritik zu üben, ohne sich zu bemühen sich die originellen Manuskripte von Kafka anzusehen. Also wird es wohl künftig die Aufgabe der Literaturhistoriker sein, zu erforschen, ob es auch im Falle Kafka – wie es augenblicklich mit dem Werk Robert Musils geschieht – einer neuen ‚textkritischen‘ Edition bedarf."

Kunz fragt Brod, ob sich in der langen Zeit, über sechzig Jahre immerhin, die er mit Kafka und seiner Arbeit bekannt war, seine Meinung geändert habe. Das sei nicht der Fall, entgegnet Brod:

---

[47] Pazi 1979, S. 165.

Im Prinzip bleibt meine Meinung unverändert: Kafka war in meinen Augen ein Prophet typisch jüdischen Ursprungs; er wurzelt in jüdischen Traditionen und hat sich mit zunehmender Reife zu einem Exponenten der jüdischen Ethik entwickelt. [...] die Aphorismen bilden seinen Glauben, die Verhaltenslinien eines gerechten Lebens, dagegen zeigt er in seinen Romanen und in seiner Prosa, wie der Mensch auf Abwege gerät und dadurch in ein Chaos verschlagen wird. [...] Man hat Kafka in Richtung Heidegger interpretiert und den Nachdruck gelegt auf Tod und Verzweiflung. In Wirklichkeit ist Kafka ein echter Schüler von Kierkegaard.[48]

Anschließend macht Kunz auf die Worte von Thomas Mann aufmerksam, die er 1930 in *Die Lebenden* abgedruckt hatte. Mehrere Kulturschaffende wurden unter der Überschrift *Die Vernachlässigten* gefragt, auf welchen Dichter sie insbesondere hinweisen wollten. Im Gespräch mit Brod zitiert Kunz Thomas Mann: „Es muß ja seine Gründe haben, daß das Publikum diesen merkwürdigen und tiefen Dichter nicht beachtet, aber sehr edel, sehr anerkennenswert sind diese Gründe nicht, und man muß tun, was man kann, um sie außer Wirkung zu setzen." Und auch schrieb Mann: „... ohne die hingebungsvolle Bemühung seines Freundes Max Brod [wären seine Werke] noch unbekannter, als sie es tatsächlich geblieben sind."[49] Gerade Thomas Mann habe sich für die Verbreitung von Kafkas Werken eingesetzt, erwidert Brod. Sein Aufruf, um einen Verleger zu finden, sei von Hesse, Buber und Heinrich und Thomas Mann unterschrieben worden, nicht aber von Gerhart Hauptmann. Der habe sich geweigert mit der Bemerkung, dass er noch niemals etwas von Kafka gelesen habe.

Ob sich Kunz die unaufhörliche Flut von Publikationen über Kafka, die seit den 70er Jahren nicht nur über Europa, sondern über die ganze Welt strömt, hätte vorstellen können? Über die Reihenfolge der Kapitel in *Der Prozess* wird immer noch diskutiert.

---

[48] Hans Joachim Störig weist darauf hin, dass Kafka „ähnliche Gedanken" hegte wie Kierkegaard als Vorläufer der existenziellen Philosophie. Alle Existenzphilosophen hätten Kierkegaards „Lehre der *Angst* als fundamentale Tatsache der Existenz, der *Einsamkeit* des Menschen und der unauflösbaren Tragik des Menschseins" gemeinsam. (Störig 1959, S. 315ff.)

[49] Zitiert nach dem deutschen Original.

Tim van der Grijn Santen

Heinrich Böll (1917–1985)

Es ist aufschlussreich, näher auf die Erwähnung und Bewertung (von Büchern) von Heinrich Böll einzugehen. Seinen Werken widmete Kunz insgesamt die meisten Beiträge. Bemerkenswert ist freilich, dass in dem Zeitungsbeitrag vom 21. Januar 1950 mit der Überschrift „Noch wenig neue Namen" der Name Böll fehlt, obwohl dieser nach eigenem Erkunden allein schon zwischen 1945 und 1947 „60 Novellen in zehn verschiedenen Zeitungen veröffentlicht" hatte[50] und 1949 der Kurzroman *Der Zug war pünktlich*, offiziell ‚Erzählung' geheißen, als Buchausgabe erschienen war.

Da Kunz bei der Besprechung durchweg von den deutschen Originalausgaben ausging, ist zum Beispiel keine Rezension von der niederländischen Übersetzung von Bölls *Haus ohne Hüter* bekannt, die von der Hand eines renommierten Journalisten, Jan Blokker, stammte und 1955 in einem bekannten Verlag erschienen war, dem ehemaligen Exilverlag Allert de Lange. Jan Blokker war zu der Zeit Filmredakteur des *Algemeen Handelsblad*.

Immerhin hat Kunz die Nichterwähnung aus 1950 wieder wettgemacht und in der Kritik zu dem „meisterlichen Zeitroman" *Billard um halbzehn*[51] (*AHa* 12.12.1959) meinte er: „Heinrich Böll hat sich von Anfang an immer bemüht, das Gewissen seiner Leser wachzurütteln. Unauslöschlich ist seine Erinnerung an das Heer der Unschuldigen, die während des Dritten Reichs ‚verbrannt, zertrampelt, vergast, abgeknallt' wurden", wie es in *Haus ohne Hüter* heißt. Außerdem sei Böll nebst Gert H. Theunissen einer der Gründerväter der *Germania Judaica* in Köln gewesen, womit er „seine humanistischen Ansichten" deutlich demonstriert habe. In *Haus ohne Hüter* schildere der Verfasser hauptsächlich die Folgen des Krieges, und zwar insbesondere „eine entwurzelte Jugend ohne Halt, Familien, deren Väter im Krieg gefallen sind."

Mit der Besprechung von Bölls *Und sagte kein einziges Wort* und Hans Joachim Langes Roman *Die Mauer von Mallare* eröffnet Kunz die Reihe der Böll-Betrachtungen (*AHa* 5.12.1953). Es habe zwar einen Strom neu-

---

[50] Zitiert nach Schröter, S. 66.
[51] Kunz schrieb „halb Zehn", wie der Roman in der Erstausgabe hieß. Die niederländische Ausgabe erschien bereits im Jahre 1960 unter dem Titel *Biljarten om half tien*.

212

er deutscher Bücher gegeben, aber unter den jungen Autoren habe man wenige Talente entdecken können, meint er. Nun jedoch scheine sich die Situation geändert zu haben. Bölls Roman habe in Deutschland viel Erfolg gehabt und gerade sei eine holländische Übersetzung erschienen. „Böll ist ein geborener Erzähler", schreibt Kunz, „der das Wort in jeder Hinsicht beherrscht." Das Besondere an dem Roman sei, dass „die Beichte" der beiden Protagonisten „niemals nihilistisch wird – etwas, was bei vielen jungen Deutschen selbstverständlich schon der Fall ist". Für Kunz war, wie auch an anderen Stellen ersichtlich wurde, „eine positive Lebenshaltung" von großer Wichtigkeit und dabei bemerkt er, dass Böll, trotz seiner Kritik an der Kirche, „typisch katholisch" bleibe, „obwohl sich die Problematik in diesem Buch nicht auf konfessionelle Begriffe beschränkt und oft eine heftige Kritik an der Erstarrung innerhalb der Kirche zeigt."

Was Kunz genau mit „typisch katholisch" sagen wollte, wird nicht weiter erläutert. In dem Gespräch, das Kunz später mit Böll führte (*AHa* 9.10. 1963), kommt dies allerdings wieder zur Sprache. Darin konnte er auf Bölls Kommentar zu dem „Hirtenbrief" hinweisen, in dem, obwohl nicht namentlich genannt, Autoren wie Böll „zersetzend und intelligent" genannt wurden. Der *Hirtenbrief der deutschen Bischöfe* wurde am Sonntag, den 22. September 1963, „auf allen Kanzeln verlesen", wie der katholische Kommentator ‚J. M.-M.' in der *Zeit* vom 27. September 1963 mitteilte. Der Brief verblüffte unter anderem durch ein an das Dritte Reich erinnerndes Vokabular, wie etwa den Begriff „zersetzende Kritik". Der Brief richtete sich gegen katholische Intellektuelle und J. M.-M. nannte von den Ungenannten neben Böll und Carl Amery auch Friedrich Heer aus Wien.[52] „Nenne man sie ‚Linkskatholiken' oder ‚Antiklerikale' oder was immer: Niemand, selbst kein Bischof, sollte ihnen absprechen dürfen, daß es Leute von Überzeugung sind – von katholischer religiöser Überzeugung –, die eben hieraus ihre Ideen, Kraft, Courage und Zuversicht schöpfen, mit den Forderungen des modernen Lebens und der Zukunft fertig zu werden." Der auf der Hand liegende Irrtum, erklärte Böll in dem Gespräch, das Kunz mit ihm führte, sei, dass man eine Romanfigur mit dem Verfasser identifiziert.

---

[52] Friedrich Heer veröffentlichte 1967 *Gottes erste Liebe. Die Juden im Spannungsfeld der Geschichte*, in dem der Titel des 11. Kapitels vielsagend ist: „Zermalmt zwischen Kreuz und Hakenkreuz."

Das wiederum würde heißen, dass zum Beispiel die Kritik an der katholischen Kirche in *Ansichten eines Clowns* ‚nur' in der Ansicht von Hans Schnier, dem ‚Clown', (und dessen Vater) läge.

Dass Böll „ein geborener Erzähler" war, wurde von Kunz in der Buchkritik aus dem Jahre 1959 wiederholt. „Er hat die Möglichkeiten völlig ausgeschöpft und so seinem Œuvre ein wichtiges Werk hinzugefügt. Seine Erzählweise ist konzentrierter und subtiler geworden, er beschränkt sich auf das Wesentliche und meidet das Überflüssige. Gedanken, Gefühlsäußerungen, Assoziationen und Gleichnisse bilden in seiner Prosa eine Einheit. Seine Sprachgewandtheit ist schlankweg meisterhaft ... "

Den Roman *Ansichten eines Clowns* nennt Kunz einen „rücksichtslosen sozialen Roman" (*AHa* 9.10.1963). „Noch niemals hat dieser katholische Autor ein Buch hervorgebracht, worin seine antiklerikalen Empfindungen so heftig geäußert worden sind. Das neue Buch ist ein leidenschaftlicher, ‚in einem Atem' geschriebener Roman." Kunz vergleicht Böll mit Hochhuth und Carl Amery, die sich ebenfalls mit dem deutschen Katholizismus auseinandergesetzt hatten. Dabei handelte es sich um eine Abrechnung mit der Rolle, die die deutsche (und österreichische) katholische Kirche während des Dritten Reichs spielte. In dem oben erwähnten Hirtenbrief wurden zwar keine Namen genannt, aber in dem Gespräch mit Kunz erzählt Böll, dass einer der Bischöfe in einem persönlichen Kommentar die Namen von Böll und Amery genannt habe. Von Amery erschien 1963 *Die Kapitulation oder Deutscher Katholizismus heute*. Ebenfalls aus dem Jahre 1963 stammte das Theaterstück *Der Stellvertreter*, in dem Rolf Hochhuth die Haltung des Vatikans zur Shoa kritisierte.

Auch andere Schriftsteller hätten zu der Zeit ihrem Unbehagen über den Lauf der Dinge in der damaligen Bundesrepublik eine literarische Form gegeben; Kunz erwähnt einige „nonkonformistische" Autoren wie Günter Grass, Martin Walser, Uwe Johnson und andere. Er besuchte Böll vor allem, weil er wissen wollte, wie dieser „auf die so umfangreiche Diskussion, die sein Roman ausgelöst hat, reagieren würde".

Kunz beschreibt Heinrich Böll als den sympathischen, breitschultrigen Gastgeber, der schon bald eine Flasche Whisky auf den kleinen Tisch stellt, sich jedoch mit seinem Kommentar zurückhält. Auf den erwähnten Hirtenbrief der deutschen Bischöfe, in dem von dem „Nonkonformismus" einiger

Schriftsteller die Rede war, habe Böll ziemlich gelassen reagiert. Man solle ja den Autor nicht mit den Romanfiguren gleichsetzen, meint er, und vermutet: „Vielleicht handelt es sich um eine Art ‚Rückendeckung Rom gegenüber‘". Der Begriff „Nonkonformismus" wurde, erklärt Böll, anfangs in der anglikanischen Kirche verwendet, und er fragt sich, „welche Bedeutung dieser Begriff in der katholischen Kirche hat." Kunz weist darauf hin, dass Böll nicht viel von Diskussionen hält und kein Polemiker ist: „Was er sagen will, äußert er in Form seiner Romane oder Erzählungen."

Keine Gespräche im eigentlichen Sinne

Ernst Toller (1893–1939)

„Zum Gedenken Ernst Tollers" schrieb Heinrich Mann im Juni 1939 in einem kurzen Vortrag über den 45-Jährigen, der im Mai 1939 im New Yorker Exil seinem Lebe ein Ende gesetzt hatte: „Sein kurzes Dasein war ganz Aktion, es hatte die starke Spannung der Akte, die er schrieb. Ach, nur das Werk trägt ein ständiges höchstes Aufgebot der Kräfte, und nicht das Leben. Nur seines Werkes war er sicher und seines Lebenskampfes nie."[53]

Anlass zu Kunz' Beitrag *Erinnerungen an Ernst Toller* (*AHa* 6.12.1969) war die Aufführung von Tankred Dorsts ‚szenischer Revue‘ *Ernst Toller* durch die niederländische Theatergesellschaft ‚Nederlandse Comedie‘. Tankred Dorst hatte in diesem Theaterstück die verschiedenen Stationen von Ernst Tollers politischem Leben während und nach der Münchener Räterepublik genau und eindringlich verfolgt und dargestellt. Das Stück entstand zwischen 1964 und 1968 und wurde Ende 1968 unter der Regie von Peter Palitzsch uraufgeführt. Im *Spiegel* hieß es dazu: „Der bayrische Schlamassel des Theater- und Polit-Revoluzzers Toller ist jetzt selbst Theater geworden."[54] Die niederländische Übersetzung war von Gerrit Kouwenaar; die Regie führte Walter Tillemans (1932). Der Regisseur wirkte hauptsächlich in seiner Geburtsstadt Antwerpen und galt als gesellschaftlich engagiert. Dabei interessierte er sich sowohl für die Theaterklas-

---

[53] Heinrich Mann, *Verteidigung der Kultur*, S. 411.
[54] *Der Spiegel*, 11. November 1968, *Bayrischer Schlamassel*, Autor nicht genannt.

siker wie für die Moderne. Die niederländische Erstaufführung fand am 22. November 1969 in der Amsterdamer Stadsschouwburg statt.

Ludwig Kunz ärgerte sich – obwohl er das nicht so harsch sagte – über die beschränkte Auskunft über Toller im Programmheft. „Da ich Toller persönlich gekannt habe, scheint es mir nützlich, zwecks einer Klarstellung dieser Figur, einiges in Erinnerung zu rufen", schreibt er. Gewissermaßen gegen seine Gewohnheit nimmt er den Leser an die Hand und führt ihn in das Leben des engagierten und zeitweise weltberühmten Dramatikers ein. Dabei werden die Rolle, die Toller in der bayrischen Räterepublik gespielt hat, die Bedeutung der fünf Jahre Festungshaft, sein politischer Standort und das Leben in der *Republik von Weimar* beleuchtet. Am interessantesten sind wohl die eigenen Erinnerungen an Toller: „Ich erinnere mich noch an Gespräche, die wir in jenem Jahr [1928] auf der Insel Hiddensee führten." Gesprochen wurde von Tollers Schauspiel ‚Die Wandlung' und den Motiven, die zur Niederschrift geführt hatten. In Tollers Worten: „Ich war damals der festen Meinung, dass eine Änderung der bestehenden Gesellschaftsverhältnisse zu einer menschlichen Wandlung führen sollte; [...] dass unsere Mitmenschen von farblosen Bürgern zu wirklichen Menschen umgebildet werden würden."

„Toller war für jede Empfehlung bei höchst persönlichen Problemen dankbar", fährt Kunz fort, „er war leicht zu beeinflussen und machte oft den Eindruck, sich nicht entschließen zu können. Eines Tages stellte er plötzlich, während eines Gesprächs, eine Frage, die ihn offenbar sehr beschäftigt hatte: ‚Wie kann man am besten Selbstmord verüben?' Den nächsten Tag, auf einer Künstlerfete, hatte sich seine Stimmung vollkommen geändert und war er optimistisch und sogar fröhlich."

Toller habe gut ausgesehen und sei besonders charmant und sehr hilfsbereit gewesen, schreibt Kunz zur Abrundung des Bildes, nachdem er vorher erklärt hatte, dass Toller kein Revolutionär mit der Waffe in der Hand gewesen sei, sondern immer mit Worten für den Frieden gekämpft habe.

Gert H. Theunissen (1907–1974)

Nicht nur durch die Interviews wird ersichtlich, dass Kunz viele Kontakte pflegte, obwohl er doch offenbar lieber im Hintergrund blieb. ‚Jüdische

Fragen' wurden selten erörtert und vielleicht deshalb fällt die Besprechung der ersten Ausgabe der gerade gegründeten Kölner Stiftung ‚Germania Judaica' auf. Es handelt sich um *Mut zur Realität. Deutsche Autoren gegen Antisemitismus. Von Golgatha bis Auschwitz* von Gert H. Theunissen (*AHa* 14.10.1959). Die Zeitungsüberschrift weist einen merkwürdigen Fehler auf, der auch im Text wiederholt wird, die Broschüre von Theunissen hieß nämlich *Zwischen Golgatha und Auschwitz*.

In den noch nicht einmal fünfzehn Jahren nach Kriegende sei schon zu viel in Vergessenheit geraten, konstatierte Kunz, namentlich die Jugend wisse „wenig oder nichts von der Wahrheit über das Reich von Hitler [...]. Es ist deshalb besonders interessant, zu erfahren, dass einige bekannte deutsche Schriftsteller einen mutigen Versuch wagen, die wirklichen Ereignisse während der Diktatur aufzuklären, einen Versuch, der ihrer Beliebtheit wahrscheinlich nicht zu Gute kommen wird." Vorsitzender sei „einer der prominenten Schriftsteller der jüngeren Generation", Heinrich Böll, der auch das Nachwort zur Erklärung der Bedeutung und der Zielsetzung der „Kölner Bibliothek zur Geschichte des deutschen Judentums" verfasst hat. Ein anderer Mitbegründer war Paul Schallück, dessen jüngster Roman „im *Handelsblad* vom 23. Mai 1959 ausführlich besprochen wurde".[55] Aus dem Vorwort von Schallück zitiert Kunz:

Wie viele Deutsche wissen, was zwischen 1933 und 1945 Deutsche an Juden verübt haben? Wie viele Deutsche kennen den Weg, den Deutsche und Juden in den vergangenen Jahrhunderten nebeneinander und auch miteinander gegangen sind? Die Tragödie des deutschen Judentums ist nicht beendet, solange sie nicht im Bewußtsein des deutschen Volkes gegenwärtig ist, solange sie nicht bei ihrem Namen genannt wird. Die Krankheit des deutschen Volkes ist nicht ausgeheilt, solange es an der Vergeßlichkeit leidet.[56]

Daher sei es gut, dass die Stiftung ‚Germania Judaica' gegründet worden war.

---

[55]   Man könnte annehmen, dass diese Rezension von Kunz geschrieben worden ist, aber der Beleg fehlt.
[56]   Zitiert nach dem deutschen Original.

Tim van der Grijn Santen

Gert H. Theunissen, der Verfasser der drei Vorträge, war Kritiker und hatte eine leitende Stellung im Rundfunk beim WDR in Köln.[57] Sein Urgroßvater war Niederländer gewesen,[58] weshalb er ein Faible für die Niederländer hatte; aus Scham hatte er die Niederlande zwischen 1930 und 1950 nicht besucht.[59] Anschließend an das Zitat von Paul Schallück schreibt Kunz:

Theunissen hat in seiner Schrift nicht den leichtesten Standpunkt gewählt, den Philosemitismus: hier spricht ein bewusster Christ, der eine objektive Auseinandersetzung anstrebt. ,Und weil Juden wie Christen auf den einen Gott gegründet sind, konnte es nicht anders sein, als dass mit den Juden auch die Christen verfolgt, gefoltert und getötet wurden.'[60]

Leider hat Kunz den darauf folgenden Satz nicht zitiert: „Darin hat sich bekundet, daß in dem Juden sozusagen der menschliche Mensch der allgemein verbindlichen jüdischen Humanitas vernichtet werden sollte: der Mensch als ein an Gott leidendes Geschöpf." Es war also nicht so, dass Theunissen das Schicksal und das Leiden von Juden und Christen während der Nazizeit gleichgesetzt hätte. Vielmehr wäre man geneigt, Konrad Merz zu zitieren, der sich in seinem ,Memoirenbuch' fragte, ob nach Auschwitz nicht jeder Mensch Jude sei.[61] Was Kunz außer Acht ließ, bewusst oder unbewusst, war die Tatsache, dass der Theologe Theunissen – und mit ihm viele wohlwollende Deutsche, inklusive der Initiatoren der *Woche der Brüderlichkeit* – Christen und Juden als religiöse Paradigmen verwendet hat. Die Judenverfolgung betraf jedoch keineswegs ,nur' jüdisch gläubige Juden. Das könnte für Kunz der Grund gewesen sein, dass er den zweiten

---

[57] Da Kunz damals Beiträge für deutsche Rundfunksender lieferte (siehe das Kapitel von Zaich in diesem Band), könnten sich Kunz und Theunissen in Köln begegnet sein. Jedenfalls haben sie sich 1955 in Amsterdam getroffen, wie das Foto zu einem Artikel in der Amsterdamer Tageszeitung *De Telegraaf* vom 22. Juni 1955 belegt.

[58] In *De Telegraaf* (22.6.1955) mokierte man sich über die Tatsache, dass dieser Urgroßvater als Antimilitarist nach Deutschland geflohen war, um dem Militärdienst in den Niederlanden zu entgehen.

[59] *De Telegraaf*, 22. Juni 1955.

[60] Deutsches Zitat in der Zeitung.

[61] Konrad Merz: *Berliner, Amsterdamer und ach – Jude auch*, S. 38f.

Satz nicht mehr zitiert hat. Das Kapitel ‚Ludwig Kunz und das Judentum‘ gehört aber nicht hierher.

Theunissens Ausgangspunkt sei Martin Bubers „Unbegreiflich- und Unheimlichwerden des Daseins zwischen Geburt und Tod“ gewesen. Kunz legt dies wie folgt dar:

Theunissen versucht, die Formel der jüdischen ‚Humanitas‘ zu finden, wie sie im Laufe von zweitausend Jahren gewachsen ist. Er kommt zu der Schlussfolgerung: ‚... alles schreit nach Sicherheit, und überall werden Sicherungen eingebaut. Aber das Unheimliche regiert hinter dem Vorhang der Illusionen und Ideologien die Weltenstunde, die schon längst geschlagen hat. [...] Wir kennen die Konsequenzen, die aus der friedlichen Gelehrtenarbeit eines Max Planck und Otto Hahn gezogen werden können. In dieser Hinsicht bestehen zwischen Auschwitz und Hiroshima nur graduelle Unterschiede.‘[62] Er macht uns in seinen tiefgehenden Betrachtungen darauf aufmerksam, dass wir alle immer noch ‚zwischen Golgatha und Auschwitz‘ leben. Theunissen richtet sich gegen den Geist der Ära der Maschine, gegen die ‚Zersplitterung von Körper, Seele und Geist‘. Ihm bedeutet Auschwitz einen Aufruf zu Menschenwürde.

Anschließend geht Kunz noch kurz auf die beiden anderen Aufsätze aus der Broschüre ein (*Über die Noblesse der Juden* und *Auschwitz und die künstliche Zukunft*) und meint schließlich: „Mit dieser Broschüre hat Gert H. Theunissen auf hervorragende Weise, nicht nur als Schriftsteller, sondern gleichfalls als Theologe und als Kulturhistoriker, seinen Beitrag zum Ziele der neuen Stiftung geliefert. Auf dieses Ziel weist Heinrich Böll im Nachwort noch einmal nachdrücklich hin; er ruft auf zur Mitarbeit.“

Das Urteil von Ludwig Kunz ist rein positiv. Wir haben oben gesehen, dass er das Bild sogar einigermaßen manipuliert hat. Andererseits hat er sich die „graduellen Unterschiede“ zwischen Auschwitz und Hiroshima ohne Kommentar gefallen lassen. Immerhin könnte dieser Zeitungsbericht den Leser dazu veranlassen, sich mit der Broschüre und der ganzen Problematik des deutsch-jüdischen Diskurses zu befassen.

Knapp fünf Jahre später bespricht Kunz aufs Neue ein Werk von Theunissen, einen Essayband mit dem Titel *Nachtwache der Bürger* (*AHa* 9.4.1964). Die Zeitungsüberschrift lautet nun „Auschwitz und die Zu-

---

[62] Zitiert nach dem deutschen Original.

Tim van der Grijn Santen

kunft". Zuerst erinnert Kunz an die Darlegung aus dem Jahre 1959 und fährt fort: „Aufs Neue beschäftigt sich der Autor mit der Problematik der Tragödie der Juden und der Verantwortung von Christen." Immer deutlicher sei in den zwölf Jahren der Diktatur der Zusammenhang zwischen technischer Macht und dem Verursachen menschlichen Leidens deutlich geworden: „Sogar die Grundlage der menschlichhistorischen Existenz musste von den Machthabern ausgegraben und zerstört werden." Eines der Probleme, mit denen er sich auseinandersetzt, sei somit „der Mensch und sein Verhältnis zur Technik". Denn laut Theunissen stehe die ‚Dehumanisierung' in einer kausalen Verbindung mit der Hybris der Technik und übe sie einen außerordentlichen Einfluss auf das aus, was er ‚den Mangel an Geschichtsbewusstsein' nennt.

Theunissen suche eine neue religiöse Haltung, die es ermögliche, „die Vernunft neu zu durchdenken". Mit seinen Gedanken über eine „moralische Neuordnung" richte er sich an erster Stelle an „den Bürger von heute". In einigen Essays über „Einzelgänger" rücke er die Leistungen verschiedener „großer Bürger" in den Mittelpunkt: „So beschreibt er eine Gestalt wie Multatuli, der sich nicht als Sozialist empfand, aber von seiner bürgerlichen Verantwortung aus zu seiner Betrachtungsweise kam."[63] Auch sonst befasse sich Theunissen mit Bürgern aus den Niederlanden: „In Vermeer und in Rembrandt offenbart sich den Augen der Einklang zwischen Zahl und Geschichte, zwischen Gesetz und Geschick. Darauf beruht die bürgerliche Existenz überhaupt. Und Holland ist eben dafür das große Beispiel."[64] Dass auch Spinoza ein Essay gewidmet wurde, wundert nicht. Kunz sah die Betrachtungen von Theunissen als „das Resultat einer ausgesprochen religiösen Haltung, die auf den Versuch eines Neubeginns gerichtet ist."

---

[63] Multatuli (Ps. von Eduard Douwes Dekker) gilt als der bedeutendste niederländische Schriftsteller des 19. Jahrhunderts. In seinem Magnum Opus *Max Havelaar*, einem vielschichtigen Roman, prangerte er die Kolonialverhältnisse im damaligen Niederländisch-Ostindien an.
[64] Deutsches Zitat in der Zeitung.

Kritische Kritik

Der Kritiker Ludwig Kunz befasste sich auch mit Kritikern und wies dabei auf zwei wichtige Betrachtungsweisen hin: die Individualität betreffend und die soziologische. Anlass war das Erscheinen des literarischen Nachlasses von Karl Kraus unter dem Titel *Die dritte Walpurgisnacht* einerseits und Paul Rillas *Literatur* andererseits. „Auch Rilla führt einen heftigen Kampf gegen den ‚Ungeist phrasenhafter Journalistik'. Aber während Kraus nur Heftigkeit und Spott als seine Waffen wählt, den gegenwärtigen Zustand ebenfalls als Zukunft betrachtend, hält sich Rilla an eine soziologische Annäherungsweise und verfolgt konsequent die Methodik des historischen Materialismus." Diese Schlussfolgerung zieht Kunz im *AHa* vom 15. August 1953, also noch keine zehn Jahre nach Beendigung des Krieges und keine zwanzig Jahre nach dem Tod des Wiener Kritikers Kraus (1874–1936). Karl Kraus, so meint er, betrachte es als seine große Mission, den Kampf gegen die Anonymität und die Nivellierung der Kultur zu führen. Bei zweifelhafter Sprache ahne er eine elementare Schwäche ideologischer oder moralischer Art, meint Kunz. Er entlarve dadurch die Heuchelei und den Mangel an Logik. „Diese Entlarvung hatte nicht nur eine literarische, sondern außerdem eine kulturkritische Bedeutung. Diese tiefer greifende Funktion wird oft von den vielen vernachlässigt, die in Kraus nur den Satiriker sehen." Das Werk aus dem Nachlass befasse sich mit „der Problematik des Dritten Reichs". Es schildere die nazistische Zerstörung der Sprache und analysiere somit den „Giftgeist, dem die Gehirne erlagen", wie es bei Kraus hieß. Kunz hat nichts gegen die Kritik von Kraus einzuwenden – im Gegenteil, dürfte man sagen – aber er merkt es als einen Fehler an, dass Kraus' „spirituelle Polemik" nur den Menschen in seiner Individualität gelten lasse. „Die Problematik des ‚sozialen Prozesses' blieb in seinen Erwägungen immer allzu sehr im Hintergrund." Dagegen spreche Rilla von der „Aufgabe" der künftigen Literatur, wobei die literarische Kritik immer „eine Form wissenschaftlicher Forschung" sein sollte.

Kunz macht in seinen Besprechungen meistens einen humanen, milden Eindruck. Auf den ersten Blick scheint es sogar, als ob er niemals streng geurteilt hätte, geschweige denn *ver*urteilt. Dementgegen berichtete er zu den Memoiren von Willy Haas (*AHa* 28.12.1957), dass diese den Verfasser nicht zu „kritischen, analytischen oder literaturhistorischen Betrachtungen" veranlasst hätten: „Er hat seine Lebensgeschichte geschrieben, mit dem deutlichen Vergnügen an seiner eigenen Erzählung eines Baron von Münchhausen, der unter Freunden, bei einer Flasche Wein, die Abenteuer seines Lebens zu erzählen pflegte." Man könnte diesen Satz freilich als ein Beispiel milder, oder eben doch schonungsloser Kritik auffassen. Nur gelegentlich wird der Schein der Milde, der bekanntlich trügt, offen durchbrochen. Im *AHa* vom 15.8.1953 äußert Kunz sich über das Nachwort von Heinrich Fischer zu *Die dritte Walpurgisnacht* von Karl Kraus, nachdem er daraus zuerst eine Stelle zitiert hat: „Man hat in ihm den leidenschaftlichen jüdischen Propheten im Sinne des Alten Testaments gesehen; den sozialen Revolutionär; den konservativen Hüter der Tradition; den literarischen Wegbereiter der Moderne; den Pazifisten im Geiste christlicher Nächstenliebe." Eine „Konstatierung", meint Kunz, „die Fischer ein wenig zu positiv einschätzt." Denn gerade hierin komme eine Unzulänglichkeit von Kraus zum Ausdruck. Wenn nämlich dermaßen unterschiedliche Gruppen ihn als einen der Ihren betrachteten, so wäre das nur dadurch möglich, dass seine spirituelle Polemik nur den Menschen in seiner Individualität gelten lasse, und sich niemals festlege auf zum Beispiel einer soziologischen Betrachtungsweise. „Die Problematik des ‚sozialen Prozesses' blieb in seinen Erwägungen allzu sehr im Hintergrund." Aber es gebe doch das historische Verdienst von Kraus, „dass er einer ganzen Generation die Pflichten eines Kritikers auf eindeutige Weise eingeprägt hat, dass er sie mit der vollen Verantwortung für das Wort konfrontiert hat, dessen Verfall er als Kulturgefährdung erster Ordnung betrachtete."

Zum sehr breit angelegten Roman ... *der vor dem Löwen flieht* von Jacob Klein-Haparash (1897–1970) – 900 Seiten, eingeteilt in 6 Bücher – erklärt Kunz (*AHa* 13.3.1962), dass der Verfasser schreibe wie „ein besonders talentierter Journalist", was an sich schon ziemlich abwertend erscheint, aber er meint auch, dass sich der Roman einer Kriminalstory gefährlich nähere. Überhaupt sei es dem Autor nicht ganz gelungen, „die historische Bilanz der jüngeren Vergangenheit" richtig darzustellen, indem er allerhand „billige Privataffären" einfließen lasse.

Obwohl Kunz vor allem später große Stücke auf Heinrich Böll hielt, oder gerade eben, weil er ihn als Autor mochte, konnte er Schwachstellen nicht leiden. Im *AHa* vom 12. November 1954 bespricht er *Haus ohne Hüter* und bemängelt, dass Böll „ein rein ‚naiver‘ und keinesfalls ein intellektueller Erzähler" sei, was seines Erachtens für einen „essayistischen" Roman notwendig wäre. „Trotz vieler Fehler" wusste Kunz das Buch aber doch zu schätzen. Etwa neun Jahre später (*AHa* 9.10.1963) beobachtete er in *Ansichten eines Clowns*, einem „schonungslosen sozialen Roman", Szenen, die etwas „zu sehr schwarz-weiß" seien. Kunz vermisste in der Schilderung der „katholischen Welt" die Nuance und bemerkte zu viel Gehässigkeit. „Hier fehlt es Böll ab und zu an der notwendigen Distanz. Ein Autor wie Böll bedarf dieser Art von Übertreibung nicht."

Ein besonderer Fall betraf den Roman *Die verratenen Söhne* (1957) von Michael Horbach (*AHa* 1.6.1957). Horbach (1924–1986) gehörte zu der jungen Generation, die noch als Soldat in den Krieg hineingezogen wurde. Kunz lobt an ihm die Weise, in der er mit der Vergangenheit abrechnet. Dass die Schilderung manchmal sehr „krass" sei, kann Kunz noch billigen. Schade aber findet er, dass Horbach „sein zweifellos fesselndes Buch mit einer zu sentimentalen Liebesgeschichte abschließt". Es sei der trübselige und nihilistische Schluss eines Buches, das als eine Anklage des Wortführers der ‚verratenen Söhne‘ gemeint ist. Er vertrete diejenigen, die sich von der älteren Generation in die Irre geleitet fühlten. Diese Generation habe die „schizoide Katastrophe" mit vorbereitet, wodurch die jüngere Generation „auf eine schiefe Bahn geworfen" sei. So lande Horbach „in einer Art Nihilismus, einer Zukunft ohne Aussicht." Zur Bekräftigung seiner Worte bemüht Kunz dann den Schweizer Literaturhistoriker Walter Muschg (1898–1965) her, der in seiner Aufsatzsammlung *Die Zerstörung der deutschen Literatur*" (1956) „von einer Verwechslung von Nihilismus und Tragik", spreche, „zwei Denkweisen, die sich sehr nahe sind und häufig kreuzen, aber zwischen denen eine ganze Welt liegt, die auf Dauer nicht verschleiert werden kann." Zwar beziehe sich Muschg dabei auf Gottfried Benn, aber Kunz erkennt darin eine weiterführende Bedeutung: „das Merkmal einer ganzen Gruppe junger deutscher Autoren."

Wo Kunz nihilistische Tendenzen verspürte, wurde er hellhörig. An Wolfgangs Koeppens Roman *Tauben im Gras* bedauert er dessen „prinzipielle Leugnung aller Positivität" (*AHa* 11.4.1953). Der Roman versuche „das vollständige deutsche Chaos" zum Ausdruck zu bringen, aber gerade

„diese allzu nachdrückliche nihilistische Tendenz macht das Buch in mancher Hinsicht unsympathisch."

Dagegen freut sich Kunz darüber, dass in *Und sagte kein einziges Wort* von Böll „die Beichte" der beiden Hauptpersonen „niemals nihilistisch wird" (*AHa* 5.12.1953). Nun aber hatte er etwas an der Qualität auszusetzen, denn im zweiten Teil des Buches habe Böll leider das Niveau des ersten Teils nicht halten können. Immer mehr verliere das Buch an Bedeutung, „und zwar durch die irrationale, typisch deutsche Kompliziertheit, während es auch nicht mangelt an sentimentalen Szenen."

Wenn begabte Autoren Zweifelhaftes leisteten, signalisierte Kunz das mit sichtbarem Unmut und Bedauern. Das Prosadebüt der besonders talentierten Lyrikerin Ingeborg Bachmann – *Das dreißigste Jahr* – veranlasste ihn zu einigen kritischen Bemerkungen (*AHa* 8.9.1962). Die Autorin habe den interessanten Versuch einer Art psychologischer Erzählkunst gemacht, aber „die Problematik ihrer Figuren ist mehr oder weniger innerhalb des Gebietes der heftigen Emotion steckengeblieben. Gerade diese Art von Prosa fordert eine scharfe Logik und eine deutliche Argumentation." Ingeborg Bachmann habe in diesem Erzählband für ihre rein emotionale Rebellion keine adäquate Ausdrucksform gefunden. Dies im Gegensatz zu ihren Gedichten, in denen sie „genau das richtige Bild und das richtige Wort zu finden" wisse. In den Erzählungen schwanke die Qualität, manchmal gebe es „langweilige und überflüssige Szenen".

Wenn Kunz einen Roman von Herbert Heckmann (1930–1999) „einen nicht üblen ersten Versuch eines jungen Autors" nennt (*AHa* 21.9.1963), ist das fast tödlich. Es sind die Schlussworte eines Absatzes, in dem der Begriff „junger Autor" schon mal verwendet wurde. Wie sollte man folgenden Satz verstehen? „Im Gegensatz zu einigen talentreichen jungen Romanschriftstellern hält Heckmann an einer fast naturalistischen Wiedergabe des Geschehens fest." Außerdem findet Kunz die Komposition zu breit und zu wenig konzentriert. „Die assoziativ aufgebaute Erzählkunst ist diesem Autor vollkommen unbekannt", seine Erzählweise mute altmodisch an und mache einen trägen Eindruck. Dabei tut Kunz auch hier wieder sein Bestes, um nennenswerte Aspekte dieses Werkes aufzuzählen.

Durch seine Beiträge zur neuen deutschen Literatur hat Ludwig Kunz versucht, ein Tor zu öffnen, das durch den Krieg und die Besatzung geschlossen worden war. Es war jedenfalls auch sein Verdienst, dass insbesondere jüngere Autoren in den Niederlanden Anklang gefunden haben. Die deutsche Sprache schien verpönt, aber trotzdem wurde sie noch in den Schulen gelernt und gelehrt. Erst mit dem fast rücksichtslosen Aufstieg des Englischen als obligatorischer Zweitsprache haben das Französische und das Deutsche ihren natürlichen Platz im niederländischen Kurrikulum endgültig aufgeben müssen. Es wird zwar noch französische und deutsche Literatur gelesen, aber fast nur noch in Übersetzung. Kritiker wie Kunz hätten heutzutage einen schlechten Stand. Daher gibt es eben auch kein *Litterair Paspoort* mehr.

Hans Lodeizen (1924 – 1950)

Zu dem geplanten Band mit Gedichtübertragungen von Hans Lodeizen schrieben Ludwig Kunz und Karl Schwedhelm folgende Vorbemerkung:

HANS LODEIZENs Name wird in seiner niederländischen Heimat von allen denen mit Achtung und Bewunderung genannt, die eine Beziehung zur zeitgenössischen Literatur, insbesondere zum Gedicht besitzen. Sein Werk mußte dem Umfang nach gering bleiben, weil der Dichter nur ein Alter von sechsundzwanzig Jahren erreichte und bereits 1950 starb. In dem Klang seiner Verse ist die Liebe zum Dasein unmittelbar neben der bitteren Erkenntnis der Unvollendbarkeit des Lebens zu finden. Todessehnsucht und Ahnung eines frühen Endes stehen neben rauschhafter Hinwendung zu den Erscheinungen der Natur. Die Stimme all jener Dichter, die zu früh von dieser Erde scheiden mußten, ist in Lodeizens Strophen noch einmal gegenwärtig: Johann Christian Günther, Keats, Shelley, Büchner, Heym – bis hin zu dem jungen Wolfgang Borchert, der besondere Reiz einer Blüte, die ihren Sommer vorwegnahm, weil sie ahnte, daß ihr kein Herbst beschieden sein würde.

Diese Vorbemerkung hat heute ihre Aktualität nicht verloren. Das Manuskript der Übertragungen, die Kunz und Schwedhelm zusammen hergestellt hatten (siehe für die Verbindung der beiden Männer den Beitrag von Katja Zaich), liegt in Kunz' Nachlass. Aus einem Brief Schwedhelms vom August 1955 geht hervor, dass der Lektor vom Hanser-Verlag, Dr. Göpfert, Interesse gezeigt hatte. Offenbar hat der Hanser-Verlag aber doch abgelehnt. 1958 schreibt Schwedhelm Herrn Schonauer vom Claassen-Verlag. Eine Veröffentlichung scheint bevorzustehen, denn es handelt sich um Einzelheiten der Ausgabe: Schwedhelm erläutert Unterschiede in den Sprachen und bittet, die niederländischen Originaltexte mit hereinzunehmen. Jedoch ist die Ausgabe nie erschienen, weder bei Claassen noch in einem anderen Verlag.

Lodeizen wurde von den späteren Fünfzigern als ein Vorläufer betrachtet. Von ihm befindet sich auch ein Gedicht in der Holland-Nummer von *De Kim*, allerdings in der englischen Übertragung von James Holmes. Wir stellen hier einige der unveröffentlichten Übertragungen aus dem Manuskript vor neben den originalen Fassungen, die aus 1949/1950 stammen.

227

Hans Lodeizen

Es ist nicht nachzuweisen, welche Vorlage benutzt wurde, also könnten die niederländischen Texte aus der Gesamtausgabe 1996 geringfügig, zum Beispiel in der Interpunktion, abweichen.

voor het lijden zijn wij allemaal gemaakt	Für das Leiden sind wir allesamt geschaffen
zij die uithouden zullen winnen	die ausharren, werden gewinnen –
het is één uur 's nachts	es ist ein Uhr nachts,
zij die de sterren zien zijn levend.	wer aber die Sterne sieht, wird leben.
nadat ik dit gezegd had, is het laat geworden	Wie ich dies gesagt habe, ist es spät geworden.
de trams reden niet meer, de nacht zweeg	Die Straßenbahnen fahren nicht mehr.
	Die Nacht schwieg
en in het donker ben jij gevallen	und ins Dunkel bist du gefallen,
als een witte steen, geluidloos.	geräuschlos, als ein weißer Stein.
ik hier die spreek ben van de maan gekomen	Der ich hier rede, bin vom Mond gekommen,
ik heb de zilveren buidel vol geldstukken	trage den Silberbeutel voll Münzen,
ik heb als een gordijn opengerukt	habe das Dunkel wie einen Vorhang aufgezogen,
het donker, om de nacht te zien.	um die Nacht zu sehen.

VLUCHTEN	FLÜCHTEN
de snelle spin	Der raschen Spinne
voeten en handen van angst	Füße und Fühler voll Angst
is aangekomen.	sind angekommen.
de spin,	Die Spinne
blij om haar gewicht,	ihres Gewichts gewiß
blijft onbewegelijk	bleibt unbeweglich
als het lood van een draadje lood.	als Lot eines Fadenlots.
en als zij weer weggaat,	Macht sie sich wieder davon,
al haar draden brekend,	all ihre Fäden zerstörend,
dan is dat om de leegte te achtervolgen	so geschiehts, der Leere nachzustellen,
die men zich voor moet stellen,	die man annehmen muß
als alles is vernietigd.	wenn einst alles vernichtet.

geen nederlaag! vizioenen
van ongekende pracht
wil ik alleen en ongehoord
oproepen
en in de onbegrepen duisternis zal dan
een bliksemstraal glimlachen
dat het goede uur gekomen is

o zon, o armoe!

cypressen als trossen
aan de bergen hangend en de blauwe
borst van hare majesteit
de hemel
en ik
zijne koninklijke hoogheid
de idioot

o zon, o armoe!

gelach uit de menigte –.

LA VOIX DU PEUPLE
wij willen geamuseerd worden
goddelijk geamuseerd worden
door de nachtwind en haar elegante
geuren (onzichtbare princessen)
de piccolo der vleermuizen en de viool
van de zwarte akelige torren
wij willen geamuseerd worden

wij willen lachen in het stervende
blauw aan de hemel en mijn tante
de nachtegaal zingt met gonzende keel
op het terras willen wij onze stoelen
uitspreiden, de wijn rinkelend
in de glazen, de meisjes en hun hoge
stemmetjes. wij willen lachen.

wij willen plezier maken in witte
ijsbergen van lakens en geniepige
ogen uit de hemel wegkaatsen en dronken
zijn op blote voeten o het contact
tussen de handen en het geronk
van de stem tussen de verwelkte lippen
in de nacht. wij willen plezier maken.

Keine Niederlage! Visionen
von ungeahnter Pracht
will ich allein und ungehört
aufrufen.
Und in die unbegriffene Düsternis
wird dann ein Blitzstrahl lächeln,
daß die gute Stunde da

o Sonne, o Armut!

Zypressen hängend wie Trauben
an den Bergen, dazu die blaue
Brust von Seiner Majestät
dem Himmel
und ich
Seine Königliche Hoheit
der Idiot

o Sonne, o Armut!

Gelächter aus der Menge

LA VOIX DU PEUPLE
Wir wollen unsern Spaß haben,
unsern göttlichen Spaß haben
durch den Nachtwind und seine reizvollen
Düfte (unsichtbare Prinzessinnen)
durch die Piccolflöte der Fledermäuse und
die Geige der schwarzen ekligen Asseln
wollen wir unsern Spaß haben.

Lachen wollen wir ins sterbende Blau
des Himmels, und meine Tante,
die Nachtigall, schlägt mit schwirrender Kehle,
auf der Terrasse wollen wir unsere Stühle
aufstellen, der Wein klingt
in den Gläsern, und die Mädchen
mit ihren hohen Stimmen. Wir wollen lachen.

Wir wollen unser Vergnügen in
Eisbergen von weißen Laken, es mit heimlichen
Blicken aus dem Himmel wegstehlen
und barfuß trunken sein. O die Berührung
zwischen den Händen und dem Röcheln
der Stimme zwischen verwelkten Lippen
in der Nacht. wir wollen unsern Spaß haben.

en deze wereld waar ik niet van houd
vanwege de buitenwijken vanwege de
al te lange diners

hoe graag zou ik haar willen inwisselen
voor deze *mijn* wereld waar ik woon
waar ik lachend tussen spiegels loop

maar ik ben vast met één helft aan de andere
mijn liefde is niet verdeeld
maar mijn handen zijn twee
de ene is goed en lachend
de andere o angstig, voorzichtig

(want hij moet vasthouden, nemen)

deze wereld die ik niet liefheb
vanwege de terugkeer uit Zwitserland
vanwege de reis naar Frankrijk in de lente
deze wereld die ik liever zou kleuren
dan haar bewonen.

diese Welt, von der ich nichts halte
wegen ihrer Vorstadtviertel, wegen
der allzu langen Diners

wie gern wollt'ich sie vertauschen
gegen diese, meine Welt, in der ich wohne,
wo lachend ich zwischen Spiegeln laufe

doch ich bin mit einer Hälfte an die andere gekettet
meine Liebe ist nicht geteilt
doch zwei Hände hab ich,
die eine ist gut und fröhlich
die andere verängstet, voll Vorsicht

(denn sie muß festhalten, nehmen)

diese Welt, die ich nicht liebe
wegen der Rückkehr aus der Schweiz
wegen der Reise nach Frankreich in den Frühling
diese Welt, der ich lieber Farbe leihen sollte
denn in ihr wohnen.

Gerrit Achterberg (1905 – 1962)

In der *Neuen Zürcher Zeitung* vom 28. Januar 1962 schrieb Ludwig Kunz in seinem Nachruf über Gerrit Achterberg, der bis heute als einer der großen niederländischen Dichter gilt: „Das Magische und Beklemmende, das er zu erhellen suchte, kam (...) in betont nüchternen Formulierungen zum Ausdruck und schien oftmals dem Vokabular etwa eines Chemikers oder Ingenieurs zu entstammen." Kunz hatte Achterberg, der ausnahmsweise als einziger Vorkriegsdichter von den „Fünfzigern" sehr geschätzt wurde, schon gleich nach dem Krieg kennengelernt. Im *Panoptikum* finden wir Achterbergs Widmung aus dem Jahre 1946. Sie besteht aus dessen Gedicht „Kafka" in Handschrift. In den 50er Jahren hat Kunz zusammen mit Karl Schwedhelm auch Gedichte von Achterberg übertragen, wie aus einem Brief Achterbergs an Kunz hervorgeht. Zwar sind die Manuskripte bisher nicht gefunden, aber von dem Gedicht „Kafka" befinden sich zwei Typoskripte im Nachlass, die zeigen, wie sehr sich Kunz um die Übersetzung bemüht hat. Erst viel später, im Jahre 1970, finden wir fünf Gedichte von Achterberg, alle aus den dreißiger und vierziger Jahren, in der Übertragung von Kunz und Schwedhelm in der Zeitschrift *Akzente*. Eins davon ist „Kafka". Allerdings hatte der Dichter im *Panoptikum* aus Versehen in der letzten Zeile geschrieben: „Maar wat [was] was je?" statt „Maar waar [wo] was je?". Der Fehler blieb in Kunz' Übersetzung stehen, aber wird hier getilgt. Dieses Gedicht verbildlicht eine albtraumhafte Beklemmung, die man häufig im Werk Kafkas spürt. Das Gedicht „Hulshorst" weist auf einen kleinen, verlassenen Bahnhof unweit von Achterbergs Wohnort hin. In „Geologie", zusammen mit Schwedhelm übertragen, kann man die von Kunz angedeutete naturwissenschaftliche Sprache beobachten.

Gerrit Achterberg

Kafka   Franz Kafka

Ik heb naar je gevraagd vannacht.   Heut nacht hab ich nach dir gefragt.
Huiseigenaren liepen   Hauseigentümer liefen
naar boven en die sliepen   treppauf und die dort schliefen
deden hun deuren open   rissen die Türen auf
om door elkaar te lopen.   wild durcheinander ihr Lauf.
Ik ging een datum binnen,   Mir fiel ein Datum ein
die niet meer kon beginnen.   das konnte nicht mehr sein.
Vroeger en later stonden   Frühere und spätere Stunden
bijeen met honderd ponden.   vereint zu hundert Pfunden.
Zo geurde ook je haar.   So hauchte auch dein Haar her
Alles woog even zwaar.   und alles wog gleich schwer.
Tevoren droeg ik nimmer   Zuvor trug ich noch nimmer
zo'n boordevolle emmer   so übervollen Eimer
toestand en commentaar.   der Kommentar zur Lage.
Maar waar was je? Waar?   Doch wo warst du? Wo? Sage!

Hulshorst   Hulshorst

Hulshorst, als vergeten ijzer Hulshorst, wie vergessenes altes Eisen
is uw naam, binnen de dennen   klingt dein Name, zwischen den Tannen
en de bittere coniferen,   und den bitteren Koniferen
roest uw station;   rostet dein Bahnhof;
waar de spoortrein naar het noorden   an dem die Eisenbahn nach Norden
met een godverlaten knars   mit gottverlassenem Zischen
stilhoudt, niemand uitlaat   hält, niemand steigt aus und
niemand inlaat, o minuten,   niemand steigt ein, die Minuten,
dat ik hoor het weinig waaien   in denen ich ein schwaches Wehen höre
als een oeroude legende   als uralte Legende
uit uw bossen: barse bende   aus deinen Wäldern: eine mürrische Bande
rovers, rans en ruw   von Räubern, verkommen und roh,
uit het witte veluwhart.   mitten aus dem weißen Herzen der Veluwe.

Geologie

Koude is tussen ons
als een ijstijd, mens.
Gij zijt rotssteen.
Ik ben alluvium.

Gij zijt wet en staat.
Ik verander dagelijks,
om eenmaal ergens
nieuw land te zijn,
buiten de kaart.

Geologie

Kälte ist zwischen uns
wie eine Eiszeit, Mensch.
Du bist Felsgestein.
Ich bin Alluvium.

Du bist Gesetz und Staat.
Doch ich verändre mich täglich,
um einmal irgendwo
neues Land zu sein,
jenseits aller Karten.

VIII. „Die niederländische Poesie ist im Ausland noch immer allzu wenig bekannt". Ludwig Kunz als Vermittler niederländischer Kultur in Deutschland

Katja Zaich

Nach dem Krieg setzte sich Ludwig Kunz nicht nur in den niederländischen Medien für die deutsche Literatur ein, er wollte umgekehrt auch niederländische Kunst und Kultur in Deutschland bekannter machen. Zahlreiche Artikel über Autoren, Neuerscheinungen, Ausstellungen, Museen und das Holland Festival, das 1947 erstmals stattfand, erschienen in namhaften Zeitungen wie der „Frankfurter Allgemeinen", der „Neuen Zürcher Zeitung" und der „Deutschen Woche". Aus der erhaltenen Korrespondenz geht hervor, dass er von 1950 bis zum Anfang der siebziger Jahre Manuskripte für Radiosendungen verfasst hat. Dabei ging es sowohl um längere eigenständige Beiträge als auch kurze Berichte, die im Rahmen von Kultursendungen ausgestrahlt wurden.

Während Kunz die deutschen Nachkriegsautoren mit einer gewissen Distanz betrachtete und behandelte und vor allem über „alte Bekannte" berichtete, ließ er sich ganz vorbehaltlos auf die niederländische Nachkriegsliteratur ein. Das war angesichts seiner Biographie vielleicht nicht erstaunlich, waren doch die Vorkriegsliteraten Teil seines Lebens vor der Emigration, während die Niederlande erst nach der Flucht aus Deutschland für ihn relevant und die niederländische Kultur erst nach dem Krieg Teil seines Lebens wurde. Nach Georges-Arthur Goldschmidt teilt das Exil „das Leben in zwei von nun an unvereinbare Hälften auf: das Vorher und das Nachher. Eine sehr banale Feststellung, kann man erwidern, die aber das Wesen des Exilierten als Doppelboden fundiert, untergräbt und sogleich aufspaltet."[1] Andererseits tat Kunz in den fünfziger und sechziger Jahren in den Niederlanden eigentlich das, was er in den zwanziger und dreißiger Jahren auch in Deutschland getan hatte: über die Avantgarde in Literatur und bildender Kunst schreiben.

---

[1] Goldschmidt 2007, S. 1.

Katja Zaich

Der deutsche Rundfunk nach dem Zweiten Weltkrieg

Nachdem das Radio sich im Nationalsozialismus zum Hauptinstrument der Propaganda entwickelt hatte, wurde der Rundfunk sofort nach der Kapitulation von den Alliierten übernommen. Während in der sowjetischen Besatzungszone das Radio erneut als Propagandainstrument genutzt wurde, gründeten die Westalliierten in ihren jeweiligen Besatzungszonen Sender nach eigenem Vorbild. So wurde in der britischen Zone der NWDR (Nord-Westdeutscher Rundfunk) als zentrale Radiostation für das gesamte Gebiet gegründet, während es in der amerikanischen Zone vier eigenständige Rundfunkanstalten gab.[2] In der französischen Zone wurde bereits 1946 der Südwestfunk (SWF) gegründet. Vorbild für den NWDR war die BBC, eine „Public Corporation", aus der eine „Anstalt des öffentlichen Rechts" wurde:

Es war geplant, aus dem NWDR einen Sender zu machen, der einem demokratischen Meinungspluralismus folgend allen politischen Parteien und Weltanschauungen gleiche Darstellungsrechte im Programm gewährte, dessen Programm unabhängig von der jeweils herrschenden Regierungsmeinung und der Landespolitik gestaltet werden konnte (Staatsferne!) und der durch ein Gremium, in dem die wichtigsten „gesellschaftlich relevanten Gruppen" vertreten waren, beaufsichtigt wurde.[3]

Das kommerziell geprägte amerikanische Rundfunksystem eignete sich viel weniger zur Übertragung auf die deutsche Situation. In der amerikanischen Zone wurde pro Bundesland ein Sender gegründet, der Bayerische Rundfunk, der Süddeutsche Rundfunk, der Hessische Rundfunk und Radio Bremen. Jeder Sender unterstand einem eigenen Radiooffizier, allerdings waren sich diese Offiziere untereinander nicht einig über die Struktur. Und so setzte sich letztendlich das System der BBC durch: gebührenfinanziert und durch Gremien kontrolliert.[4] Von Anfang an spielte neben der Information und der Unterhaltung auch Kultur eine wichtige Rolle, schließlich hatte Deutschland in 12 Jahren Diktatur einiges auf dem Gebiet verpasst. Hörspiele und Lesungen waren bis in die sechziger Jahre hinein ein wich-

---

2 Schätzlein 1995, S. 46.
3 ebd.
4 Neuhauss und Krohberger o.J.

236

tiger Bestandteil des Radios. 1949 wurden die Sender samt ihrer dezentralen und gebührenfinanzierten Struktur zu den Landesrundfunkanstalten, 1950 entstand die ARD als „Arbeitsgemeinschaft der Rundfunkanstalten Deutschlands".

Diese Situation war also Ausgangspunkt für Ludwig Kunz' Kontaktaufnahme mit deutschen Sendern. Offenbar ergriff er selbst die Initiative und schrieb die verschiedenen Rundfunkanstalten an. Sicher wusste er um den Bildungsauftrag des Radios und das Bedürfnis, wieder Anschluss an das internationale Kulturleben zu bekommen. Die Frage ist, inwieweit er auf eine gewisse Bekanntheit setzen konnte, oder ob er sich einfach als der bisher unbekannte Kulturkorrespondent andiente. Der (damals noch) Nordwestdeutsche Rundfunk schreibt Kunz am 27. Mai 1950:

Natürlich würde auch uns ein Thema wie die ‚Situation der heutigen holländischen Dichtung' interessieren. Nur sind wir im Augenblick mit Terminen so besetzt, dass uns die Sendezeit dafür fehlt. Darf ich Ihnen [...] vorschlagen, sich mit Herrn Dr. Edmund Ringling, NWDR Köln [...] in Verbindung zu setzen. Für unseren Kölner Sender liegt Holland näher im Bereich des allgemeinen Interesses.[5]

Zwei Wochen später reagiert Karl Schwedhelm vom Süddeutschen Rundfunk:

[V]on meinem Kollegen, Herrn Hans Sattler, wurde mir Ihr an seine Abteilung gerichtetes Schreiben weitergeleitet.

Ich wäre Ihnen sehr dankbar, wenn sich diese Verbindung mit Holland, gerade auch auf literarischem Gebiet, im Laufe der nächsten Zeit ausbauen liesse [...] Es wäre uns deshalb sehr lieb, wenn Sie uns das Manuskript, das in Bremen gesendet wird, hierher leiten könnten [...] Vielleicht dürften wir bei dieser Gelegenheit auch schon an Sie herantreten mit der Bitte, uns Ihre literarische Zeitschrift nach Erscheinen zuzustellen, damit wir in unseren Zeitschriften-Besprechungen darauf eingehen können.[6]

Das lässt darauf schließen, dass Kunz sich mit demselben Anliegen an mehrere Sender gewandt hat. Dadurch dass jedes Bundesland seinen eigenen Sender hatte, war es möglich, den gleichen oder sehr ähnlichen Beitrag

---

5   Jürgen Petersen/NWDR, Brief an Ludwig Kunz, 27.5.1950.
6   Karl Schwedhelm/SDR, Brief an Ludwig Kunz, 14.6.1950.

mehreren Sendern anzubieten. Offenbar hat sich Kunz mit seinen früheren publizistischen Erfahrungen und seiner Arbeit für „De Kim" präsentiert und weckte damit sofort Vertrauen. Vermutlich bekamen deutsche Sender zu jener Zeit auch nicht allzu viele Angebote aus dem Ausland, zumal von Leuten, die deutschsprachig waren.

Technische Voraussetzungen und Honorierung

Wie arbeitet man von Amsterdam aus an Sendungen deutscher Radiosender mit? Aus der Korrespondenz geht hervor, dass Ludwig Kunz immer Manuskripte erstellte, die dem Sender dann per Post zugingen. Das dürfte gerade am Anfang der fünfziger Jahre noch ein recht langwieriges Unterfangen gewesen sein. Die kurzen Berichte für den SDR wurden dann beim Sender eingesprochen. Die Anweisungen für diese Beiträge waren zuerst 120 Schreibmaschinenzeilen à 18–20 Silben, später sollten die häufigeren, aber kürzeren Beiträge nur noch 40 Zeilen betragen. Das Honorar für 40 Zeilen betrug 1952 immerhin 40 DM.[7]

Anders war es mit den Beiträgen für den SWF, die oft als Dialog konzipiert waren. Diese wurden nach Genehmigung beim niederländischen „Wereldomroep" in Hilversum auf Platte gesprochen und dann nach Baden-Baden geschickt. Die Kosten für das Interview mit Ed Hoornik zum Beispiel beliefen sich auf 21,40 Gulden, je 10 Gulden pro Schallplatte und 1,40 Gulden für die Frachtkosten.[8] Das Honorar, das Ludwig Kunz für diesen Beitrag aus Baden-Baden erhielt, betrug 100 DM (Eduard Hoornik erhielt ebenfalls 100 DM). Dieses Honorar wurde für Kunz „zurückgelegt", wohl um eine Extrabesteuerung zu umgehen – Karl Schwedhelm nennt in einem anderen Schreiben „die unglückselige ‚Ausländersteuer'".[9] Später gab es offenbar einen offiziellen Weg, diese Steuer zu umgehen, denn 1970 wird Kunz vom SDR gebeten, einen „Antrag auf Freistellung von der Einkommenssteuerpflicht in der Bundesrepublik Deutschland" auszufüllen, damit sein Honorar ohne Abzug überwiesen werden kann.[10]

---

[7] Karl Schwedhelm/SDR an Ludwig Kunz, 21.06.1952.
[8] Radio Nederland Wereldomroep, Brief an Ludwig Kunz, 13.06.1953.
[9] Karl Schwedhelm/SDR, Brief an Ludwig Kunz, 21.06.1952.
[10] SDR, Brief an Ludwig Kunz, 21.10.1970.

Die Praxis der Plattenaufnahme ergab allerdings Probleme. In den fünf-ziger Jahren wurden die meisten Radiosendungen in Europa auf Mittelwelle gesendet, so dass sie eine große Reichweite hatten. Deutschland war aller-dings als besetztes Land 1948 nicht bei der Verteilung der Frequenzen an-wesend und bekam so nur die schlechtesten Frequenzen. Daher wurde in Deutschland die Ultrakurzwelle genutzt, die zwar eine kürzere Reichweite, aber eine bessere Qualität hatte.[11] Dies sorgte jedoch dafür, dass die nie-derländischen Aufnahmen nicht den Qualitätsanforderungen der deutschen Sender entsprachen, wie aus einem Schreiben vom Südwestfunk hervor-geht:

Das Gespräch, das Sie führen, ist an sich durchaus interessant, jedoch ist die tech-nische Aufnahme, die durch den holländischen Weltrundfunk gemacht worden ist, durch das veraltete System der Schallplatten akustisch so schlecht ausgefallen, daß wir nach Umschnitt dieser Platten auf unser modernes Tonbandsystem die Auf-nahme nur mit großen Bedenken über unseren Sender gehen lassen können. Das abschließende Gedicht, von Herrn Eduard Hoornik rezitiert, müssen wir z.B., da es akustisch über unsere hochempfindliche UKW-Ausstrahlungsanlage so nicht zu bringen ist (wegen starker Schleifgeräusche und einer allgemeinen Verzerrung der Stimme), von einem unserer Sprecher neu lesen lassen. [...] Bitte seien Sie nicht böse, wenn ich Sie unter diesen Umständen bitte, von einer zweiten Aufnahme mit Herrn Pierre H. Dubois Abstand zu nehmen. Die technisch viel verfeinerteren Empfangsverhältnisse hier gestatten es leider nicht, daß wir – zumal in unserem literarischen Programm – Schallplattenumschnitte verwenden können.[12]

Allerdings wird Kunz vom Süddeutschen Rundfunk 1960 gebeten, seine Beiträge in den Niederlanden auf Tonband zu sprechen. Man war wohl in-zwischen auch dort zu der moderneren Technik übergegangen.[13]

Was die Honorare betrifft, muss man davon ausgehen, dass der Rund-funk nicht schlecht bezahlte. 1957 bietet der Hessische Rundfunk 120 DM für ein Manuskript von 80–100 Schreibmaschinenzeilen, 1958 gibt es beim WDR 100 DM für einen dreiminütigen Bericht über die Ausstellung „Nie-derländische Kunst des Mittelalters". 1960 wird beim SDR der Standarta-rif 1 DM pro Schreibmaschinenzeile genannt. Der WDR bietet Kunz 1962

---

[11] Neuhauss und Krohberg o.J.
[12] Horst Krüger/SWF, Brief an Ludwig Kunz, 29.4.1953.
[13] SDR, Brief an Ludwig Kunz, 09.05.1960.

für ein einstündiges Hörbild über Multatuli 2000 DM an. Es geht dabei um ein Manuskript von maximal 28 Seiten.[14] Die Hälfte wird nach Abgabe des Manuskripts gezahlt, der Rest nach der Sendung.[15] Für eine Sendung zur niederländischen Lyrik – bestehend aus einer Einleitung und mehreren Gedichtübersetzungen – bietet der WDR 1964 1000 DM an[16], offenbar ein ungewöhnlicher Betrag, wie aus dem Brief vom 21.5.1964 hervorgeht.[17]

Zusammenarbeit mit verschiedenen Sendern

Aus der erhaltenen Korrespondenz geht hervor, dass Ludwig Kunz für den Südwestfunk, den Süddeutschen Rundfunk, Radio Bremen, den Bayerischen Rundfunk, den NWDR (später WDR) und den Hessischen Rundfunk gearbeitet hat. Die Zusammenarbeit begann 1950 und weitete sich in den folgenden Jahren immer mehr aus. 1953 schreibt Kunz an Radio Saarbrücken:

Sehr geehrte Herren,

ich erlaube mir, Sie ergebenst anzufragen, ob Sie vielleicht von Zeit zu Zeit an kurzen Berichten über das niederländische Kulturleben interessiert sein würden?

Gern füge ich hinzu, dass ich bereits über eine gewisse „Erfahrung" verfüge, da ich hier auch seit 2 Jahren laufend als Berichterstatter vom „Süddeutschen Rundfunk" in Stuttgart tätig bin.

Ausserdem bin ich literarischer Mitarbeiter beim „Südwestfunk" in Baden-Baden. Meine nächste Sendung in Baden-Baden ist am 26. Juni um 16.45 h ins Programm aufgenommen: ein Zwiegespräch mit dem bekannten Amsterdamer Lyriker Eduard Hoornik über „heutige niederländische Lyrik" (Aufnahme: Holländischer Weltrundfunk).

Ueber meine journalistische Tätigkeit berichte ich Ihnen, dass ich hier literarkritische Beiträge in einer der grossen hiesigen Tageszeitungen („Algemeen Handelsblad") sowie in Zeitschriften veröffentliche.

---

[14]   WDR, Brief an Ludwig Kunz, 11.01.1962.
[15]   WDR, Brief an Ludwig Kunz, 10.04.1962.
[16]   Roland H. Wiegenstein/WDR, Brief an Ludwig Kunz, 10.01.1964.
[17]   WDR, Brief an Ludwig Kunz, 21.05.1964.

VIII. Vermittler niederländischer Kultur in Deutschland

Falls Sie wünschen, lasse ich Ihnen gern zur Orientierung einige Nummern meiner literarischen Flugblätter „De Kim" zugehen, die nach einiger Unterbrechung ab September wieder erscheinen werden.

Ihnen sehr ergeben:

Ludwig Kunz[18]

Kunz sah also durch seine Tätigkeit für SDR und SWF Möglichkeiten, für weitere Sender Beiträge zu verfassen. Dabei bietet er vor allem „kurze Berichte über das niederländische Kulturleben" an, wie er sie wohl vor allem für den SDR verfasste. Bereits zu Beginn seiner Arbeit für den SDR 1950 erwähnt er in einem Brief an Karl Schwedhelm:

Die Manuskripte für Baden-Baden kann ich jedoch vieler Arbeit wegen erst in einigen Monaten bearbeiten, während ich einen solchen kurzen „Bericht aus Holland", den ich so bunt wie möglich zu formulieren beabsichtige, zu jedem gewünschten Termin zwischendurch schreiben kann.[19]

Ludwig Kunz schrieb auf jeden Fall auch Rundfunkbeiträge für den Bayerischen Rundfunk, den Hessischen Rundfunk und Radio Bremen, teilweise waren das wiederverwertete Manuskripte für andere Sender. Ich möchte mich im Folgenden aber auf seine Zusammenarbeit mit dem Südwestfunk, dem Süddeutschen Rundfunk und dem Westdeutschen Rundfunk beschränken, für die er zweifellos am häufigsten arbeitete.

Südwestfunk

Mit der Abteilung „Kulturelles Wort" des SWF arbeitete Kunz seit 1950 zusammen. Anton Betzner schreibt im Dezember 1950 an Kunz, das Thema „Holländische Kulturpolitik" sei ihm sehr willkommen. Weiter nennt er andere Vorschläge, die Kunz gemacht hat: einen Beitrag von 15 Minuten über Adriaan Roland Holst, 15 Minuten über junge holländische Dichtung von heute und Fragmente oder Kurzerzählungen junger holländischer Dichter.[20] Betzner äußert sich auch etwas unzufrieden darüber, dass Kunz offenbar

---

[18] Ludwig Kunz, Brief an Radio Saarbrücken, 15.5.1953.
[19] Ludwig Kunz, Brief an den SDR/Karl Schwedhelm, 13.11.1950.
[20] Anton Betzner/SWF, Brief an Ludwig Kunz, 11.12.1950.

241

nicht so schnell reagiert, wie er das gern hätte. Am 31.1.1951 schreibt er: „[E]s freut mich sehr, daß unsere Zusammenarbeit nun doch noch in Fluß kommen wird."[21] Es ging dabei um einen Beitrag mit dem Titel „Holländische Literatur-Politik", dessen Manuskript Kunz im März einreichte.[22] Dieser Beitrag wurde als Zwiegespräch zwischen Kunz und dem Literaturwissenschaftler A.L. Sötemann am 10. Mai 1951 beim Wereldomroep in Hilversum aufgenommen,[23] am 23.5. bestätigte Betzner den Empfang der Platten, er könne aber noch kein Sendedatum nennen.[24] Während sich die Produktion eines Beitrags und dessen Sendung über Monate hinzog, wurden ständig neue Pläne gemacht. Es liege ihm daran, schreibt Betzner im April 1951, dass „unsere deutschen Hörer über die bei uns so gut wie unbekannten großen niederländischen Erzähler, wie Vestdijk, Bordewijk, Elsschot und Walschap aufgeklärt werden".[25] Er verlangt biographische Notizen und Übersetzungsproben dieser Autoren. Im nächsten Brief geht es um ein Zwiegespräch mit dem Literaturkritiker Ben Stroman, einen Vortrag Kunz' zur jungen holländischen Dichtung und seine Übersetzungen von Gedichten Gerrit Achterbergs.[26]

Wenn man davon ausgeht, dass Ludwig Kunz während der Untertauchzeit gar keine oder eine nur sehr eingeschränkte Möglichkeit hatte, Kontakte zu knüpfen, ist es erstaunlich, dass er schon wenige Jahre nach Kriegsende mit interessanten Figuren aus dem niederländischen Literaturleben als Gesprächspartner aufwarten konnte. August Lammert Sötemann (1920–2002) stand zu diesem Zeitpunkt noch am Anfang seiner Karriere. Er war damals Sekretär der niederländischen Akademie für Dichtung. 1968 sollte er Professor für niederländische Literatur an der Universität Utrecht werden. 1950 hatte er ein Buch über Adriaan Roland Holst publiziert und *Das Schloss* von Kafka übersetzt. Er sprach also gut genug Deutsch, um mit Kunz einen Dialog für das deutsche Radio zu führen. Ben Stroman (1902–1985) war als Ressortchef im Feuilleton des *Algemeen Handelsblad* sozu-

---

21 Anton Betzner/SWF, Brief an Ludwig Kunz, 31.1.1951.
22 Anton Betzner/SWF, Brief an Ludwig Kunz, 9.4.1951.
23 Notiz auf Brief vom SWF/Anton Betzner an Ludwig Kunz, 31.1.1951.
24 Anton Betzner/SWF, Brief an Ludwig Kunz, 23.5.1951.
25 Anton Betzner/SWF, Brief an Ludwig Kunz, 9.4.1951.
26 Anton Betzner/SWF, Brief an Ludwig Kunz, 23.5.1951.

sagen Kunz' Chef. Offenbar war Stroman auch Anton Betzner vom SWF ein Begriff, denn er schreibt, Kunz habe keinen besseren Gesprächspartner finden können.[27] Überhaupt schien sich Betzner recht gut auszukennen, hatte er doch sehr konkrete Vorstellungen:

Ich finde es durchaus sachgerecht, daß Herr Stroman sich diesmal nur auf die holländische Literatur konzentriert hat. Wir wollen aber nicht vergessen, auch über die flämische Literatur eine entsprechende Betrachtung im Auge zu behalten. Auch mich interessiert sehr die jüngere katholische Richtung innerhalb der flämischen Literatur.[28]

Kunz' Hauptanliegen in seinen Beiträgen war es, die niederländische Literatur überhaupt in Deutschland bekannt zu machen. So beginnt der Beitrag „Holländische Literaturpolitik, Zwiegespräch Sötemann-Kunz" mit folgendem Text:

Wenn man im Ausland das Gespräch auf die heutige niederländische Literatur lenkt, muss man zumeist feststellen, dass die grosse Welt eigentlich allzu wenig vom literarischen Leben in Holland weiss. Gewiss sind die Namen einiger niederländischer Schriftsteller auch ins Ausland gedrungen. Ich erinnere an ältere Schriftsteller, deren Namen auch in Deutschland bekannt sind, an Multatuli, Couperus oder Heijermans. Und aus dem verwandten flämischen Schrifttum an Timmermans oder Stijn Streuvels. Aber das sind Ausnahmefälle einzelner Autoren, deren Bücher übersetzt und damit in Weltsprachen übertragen wurden. Zweifellos gibt es unter den vielen heutigen Romanschriftstellern und Lyrikern einige Wenige, deren Werk ein internationales Echo verdienen würde.[29]

Das Gespräch mit Sötemann dreht sich vor allem um die Frage, warum Autoren anderer kleiner Sprachen, wie z.B. des Norwegischen (Ibsen, Strindberg), durchaus im Ausland bekannt sind. Sötemann sagt:

Dass unsere wichtigsten Autoren im Auslande noch immer unbekannt geblieben sind, möchte ich vor allem auf die allzu geringe Aktivität unserer Verleger zurückführen. Auch auf die Tatsache, dass wir hier keine literarischen Copyrightvermittler kennen wie zum Beispiel in England. Gewiss – die Verbreitung wichtiger

---

[27] ebd.
[28] Anton Betzner/SWF, Brief an Ludwig Kunz, 26.6.51.
[29] Kunz, Bücherschau. Holländische Literaturpolitik, SWR Historisches Archiv Baden-Baden 60III51, Hörfunk-Manuskripte, S. 1 (Kunz H 1951, 13. 10.).

holländischer Bücher im Auslande würde für unsere Autoren pecuniae causa eine wirksamere Hilfe bedeuten als alle amtlichen Stützungsmassnahmen.[30]

Im Weiteren erklärt Sötemann, dass die Auflagen der niederländischen Bücher so gering seien, dass Schriftsteller nicht davon leben könnten. Dann berichtet er, wie der niederländische Staat Literaten unterstützt und welche Stiftungen Gelder zur Verfügung stellen. Abschließend wird die niederländische Kulturpolitik als „ziemlich aktiv" bezeichnet, aber insgesamt doch nicht ausreichend. Ein Bezug zu Deutschland wird nicht hergestellt.

Im Gespräch mit Stroman geht es dagegen konkret um die Literatur.[31] Kunz fragt Stroman nach ausländischen Einflüssen auf die niederländische Literatur, und nachdem der einiges über angelsächsische Einflüsse gesagt hat, meint Kunz:

Nach meiner Meinung sind gerade die niederländischen Schriftsteller aufs engste ihrem völlig eigenen Geistesleben verwurzelt. Die breiten kalvinistischen Strömungen des niederländischen Entwicklungsganges sind uns bekannt genug. Sie dürften mitbestimmend geworden sein für die einerseits ausgeprägte niederländische Nüchternheit, aber auch für ihren Humanismus wie schliesslich auch für ihren konsequenten Individualismus.[32]

Es ist erstaunlich, dass Kunz hier so dezidiert seine eigene Meinung formuliert, während er sonst die Rolle des Fragenden und Erläuternden übernimmt und das Inhaltliche seinem Gesprächspartner überlässt. Nachdem Stroman sich ausführlich zu diesem Punkt geäußert hat, wird über das Buch gesprochen, dass dieser gerade über den niederländischen Roman zwischen 1940 und 1951 geschrieben hat.[33] Hier geht es darum, die Hörer über die aktuelle niederländische Literatur zu informieren. Stroman nennt Bordewijk und Vestdijk als die bedeutendsten Autoren des vergangenen Jahrzehnts, aber spricht auf Kunz' Wunsch auch über ältere Autoren. Stroman nennt J.

---

[30]   ebd., S. 2.
[31]   Wie wir gesehen haben, war Ben Stroman der Chefredakteur für Kultur des *Algemeen Handelsblad.*
[32]   Kunz, Bücherschau. Niederländische Romanliteratur, SWR Historisches Archiv Baden-Baden, Hörfunkmanuskripte 61III51, S. 2 (Kunz H 1951, 24. 10.).
[33]   Siehe Stroman 1951.

van Oudshoorn, Maurits Dekker, Anna Blaman und Theun de Vries.[34] Dann redet er vor allem über Simon Vestdijk. Schließlich bittet Kunz Stroman, noch etwas über die jüngste Autorengeneration zu sagen, und Stroman geht auf Gerard van het Reve und Willem Frederik Hermans ein:

Die jungen Autoren fühlen sich zugleich dem heftigsten Kampf um die nackte Existenz ausgesetzt. Bei van het Reve gelangen aufwirbelnde Hass-Liebesgefühle zum Ausdruck, die den Konflikt zwischen dem Kinde und dem Älteren, also die Diskrepanz zwischen der jungen und der alten Generation auf heftige Weise demonstrieren. Die Prosa von Willem Frederik Hermans steht hingegen stark unter amerikanischem literarischen Einfluss und hat eine merkwürdige Kraft voll Zynismus und Brutalität. Zweifellos handelt es sich hierbei um zwei junge Autoren von nicht zu unterschätzender Bedeutung.[35]

Kunz weist darauf hin, dass dieser Pessimismus auch bei jungen Autoren anderswo in Europa zu spüren sei. Am Ende erwähnt Stroman noch Gerrit Kouwenaar und Alfred Kossmann, kommt dann aber zu dem Schluss, dass man kaum sagen könne, dass in den Niederlanden heute weltliterarische Meisterwerke geschrieben würden. Allerdings hält er die genannten Autoren für durchaus wert, auch im Ausland gelesen zu werden.[36] Wie schon im Gespräch mit Sötemann wird auch über zweitrangige Literaten gesprochen, deren Werk durchaus im Ausland bekannt sei; deren Namen werden jedoch nicht genannt. Kennzeichnend für Ludwig Kunz' Literaturkritik ist, dass er eigentlich immer positiv urteilt. Autoren und Werke, die er nicht gut findet, kommen schlicht und ergreifend in seinen Besprechungen nicht vor (siehe auch den Beitrag von van der Grijn Santen in diesem Band).

Auch in den folgenden Jahren waren Kunz' Beiträge für den SWF oft Gespräche mit Autoren und Literaturkritikern, zum Beispiel mit dem Dichter Eduard Hoornik (1910–1970) und dem Kritiker Pierre H. Dubois (1917–1999). An dem Gespräch mit Hoornik meldete auch Radio Bremen Interesse an.[37] Dennoch erscheint es Horst Krüger vom SWF sinnvoller, künftige Beiträge nicht mehr als Gespräch anzulegen, sondern als Vortrag mit länge-

---

[34] vgl. Niederländische Romanliteratur, Kunz H 1951, 24.10., S. 4.
[35] ebd., S. 7.
[36] ebd., S. 9
[37] Inge Müller/Radio Bremen, Brief an Ludwig Kunz, 24.6.1953.

Katja Zaich

ren Zitaten,[38] was sowohl mit den technischen Schwierigkeiten als auch mit dem Deutsch der niederländischen Gesprächspartner zu tun hat. Ob Kunz das geplante Manuskript „Junge niederländische Romankunst" je verfasst hat, ist unklar. Im Archiv des SWF ist es nicht zu finden, wohl aber ein Text mit dem Titel „Wie ein kleiner Staat für seine Dichter sorgt" und ein Bericht über den PEN-Kongress 1954 in Amsterdam. Beide wurden in der Reihe „Kulturpolitische Glosse" gesendet. Im ersten Beitrag kommt Kunz noch einmal auf das Thema niederländische Kulturpolitik zurück. Da der niederländische Sprachraum so klein sei, seien die Auflagen viel zu niedrig, um davon leben zu können und so sei die wirtschaftliche Not unter niederländischen Schriftstellern sehr hoch.[39] Gleich fügt er hinzu, dass es natürlich nicht um die Unterhaltungsliteratur gehe, sondern um „dichterische Werke". Wie schon im Gespräch mit Sötemann, werden verschiedene Unterstützungsmaßnahmen von Staat und Stiftungen für Schriftsteller genannt. Am interessantesten aber findet Kunz die Praxis der Regierungsaufträge. Diese Passage ähnelt sehr der im Gespräch mit Sötemann. Das Kultusministerium beauftragt vor allem junge Dichter mit bestimmten Werken, zahlt ihnen ein festgesetztes Honorar dafür, überlässt nach Fertigstellung die Nutzung aber frei den Autoren.[40] Dann geht es noch um Reisestipendien, Preise und Preisausschreiben, insgesamt doch „ein umfangreiches staatliches Kulturprogramm".[41] Horst Krüger vom SWF zeigt sich sehr zufrieden mit dem Text: „Das darin Gesagte ist ja vorbildlich und gewiß nicht nur für unsere deutsche Kulturpolitik."[42]

Dagegen ist Kunz' nächster Beitrag in der „Kulturpolitischen Glosse" ein Bericht über den PEN-Kongress in Amsterdam, in dem er vor allem den Verlauf der Veranstaltung wiedergibt. Nur gegen Ende erlaubt er sich ein Urteil: „Doch die anschließende Diskussion führte zu mancher Enttäuschung. Man sprach zuviel über den Roman und zu wenig über die Lyrik.

---

[38] Horst Krüger/SWF, Brief an Ludwig Kunz, 10.7.1953.
[39] Kunz, Kulturpolitische Glosse. Wie ein kleiner Staat für seine Dichter sorgt. Holländische Kulturpolitik. Gesendet am 27.12.1953. SWR, Historisches Archiv Baden-Baden, Hörfunk-Manuskripte P1591, S. 3 (Kunz H 1953).
[40] ebd., S. 4f.
[41] ebd., S. 7.
[42] Horst Krüger/SWF, Brief an Ludwig Kunz, 28.10.1953.

[...] Es unterliegt keinem Zweifel, daß die literarische Diskussion des 26. Pen-Kongresses keine Glanzleistung darstellte."[43] Außerdem hätten einige deutsche Teilnehmer – darunter Erich Kästner, Rudolf Alexander Schröder, Kasimir Edschmid und Hermann Kasack – im letzten Moment abgesagt, da kurz vor der Konferenz in der Zeitschrift des englischen PEN-Zentrums ein Artikel über die Kriegszeit in Holland erschienen sei. Das wurde „von deutscher Seite als Unfreundlichkeit angesehen".[44] Ludwig Kunz enthält sich jeglicher Stellungnahme zu dem Thema, sondern verweist auf das Holland-Festival, das zur gleichen Zeit stattfand und bei dem es gerade auch deutsche Künstler seien, die bei Publikum und Presse großen Erfolg hätten.[45] Es lag ihm fern, sich zu der Rolle der Deutschen während der Besatzung zu äußern, obwohl er selbst ein Opfer war.

Kunz' letzter Beitrag für den SWF wurde am 15. Dezember 1957 gesendet, ein Beitrag über den Dichter Hans Lodeizen mit dem Titel „Wer aber die Sterne sieht, wird leben". Das Manuskript wurde beim Sender eingesprochen, der „1. Sprecher" spricht den erläuternden Text, der „2. Sprecher" rezitiert die Gedichte. Es beginnt mit einem Versatzstück, das Kunz gern als Einleitung verwendet: „Die niederländische Literatur von heute ist in Deutschland allzu wenig bekannt."[46] Es ist ein Lyrikprogramm, in dem die Gedichte Lodeizens im Mittelpunkt stehen und interpretiert werden. Das Manuskript beim SWF unterzubringen, gestaltete sich diesmal schwieriger. Am 10.5.1957 schickt Ludwig Kunz das Manuskript an den Sender und schreibt: „Bei meinem vorjährigen Besuch hatte auch Prof. Bischoff – kurz vor meiner Abreise – die übersetzten Verse von Lodeizen gelesen; sie gefielen ihm sehr gut. Da inzwischen nun wieder ein Jahr vergangen ist, erlaube ich mir, dies in Erinnerung zu bringen."[47] Und im Juni schreibt Karl Schwedhelm an Ludwig Kunz:

---

[43] Kunz, Kulturpolitische Glosse. Der PEN-Kongreß in Amsterdam. Hörfunkmanuskript, gesendet am 4.7.1954. SWR Historisches Archiv Baden-Baden, Hörfunk-Manuskripte P 1598, S. 3 (Kunz H 1954).
[44] ebd. S. 4.
[45] ebd.
[46] Kunz, Lyrik der Zeit. Wer aber die Sterne sieht, wird leben. Der holländische Dichter Hans Lodeizen. Hörfunkmanuskript, gesendet am 15.12.1957. SWR Historisches Archiv Baden-Baden, Hörfunk-Manuskripte 36/II/57, S. 2 (Kunz H 1957).
[47] Ludwig Kunz, Brief an den SWF/Wolfgang A. Peters, 10.5.1957.

Es ist fein, daß der SWF sich doch zu einer Annahme des Manuskriptes LO-DEIZEN entschlossen hat. Das Honorar gebührt Ihnen ohne jede Einschränkung als Verfasser des Manuskripts. Es ist völlig unwichtig, ob etwas für mich dabei abfällt. Wir wollen doch beide nur dazu beitragen, daß dieser Autor auch in Deutschland bekannt wird.[48]

Der Dichter Hans Lodeizen lebte von 1924 bis 1950, wurde also nur 26 Jahre alt. 1949 erschien sein einziger Gedichtband „Het innerlijk behang". Kunz hatte Lodeizens Gedichte übersetzt und wollte diesen Dichter auch in Deutschland bekannt machen (siehe auch den Abschnitt Lodeizen in diesem Band). Zusammen mit Schwedhelm arbeitete er an einer deutschen Ausgabe, die nie erschienen ist, obwohl es 1959 schon recht konkrete Verhandlungen mit dem Claassen-Verlag gegeben hat. Zuvor waren Verhandlungen mit anderen Verlagen gescheitert, und auch der niederländische Verleger van Oorschot machte Schwierigkeiten, wie er im November 1958 an Karl Schwedhelm schreibt: „Mit dem holländischen Verleger van Oorschot, der in geschäftlicher Hinsicht geradezu widerlich ist, versuchte ich bereits seit einem Jahr ins Reine zu kommen und ich hoffe auch, dass mir dies geglückt ist."[49]

Kunz' Hörfunkbeitrag von 1957 ist eine einzige Hommage an den jungen Dichter. Er habe sich „von allen traditionellen Vorbildern der niederländischen Lyrik losgelöst"[50], Dichtung und Leben bildeten bei ihm eine völlige Einheit[51] und in seiner Lyrik würden „fast tagebuchartig die Dinge durch einen jungen Menschen von heute benannt und festgestellt, dessen heftige Verneinung der Welt nur der Ausdruck einer zerquälten Suche nach deren Bejahung ist"[52]. Im Mittelpunkt aber stehen Lodeizens Gedichte in Kunz' Übersetzung.

---

[48] Karl Schwedhelm, Brief an Ludwig Kunz, 22.6.1957.
[49] Ludwig Kunz, Brief an Karl Schwedhelm, 30.11.1958.
[50] Manuskript „Wer aber die Sterne sieht, wird leben", Ludwig-Kunz-Archiv, S. 3.
[51] ebd.
[52] ebd., S. 7.

Süddeutscher Rundfunk und Karl Schwedhelm

Besonders lang und intensiv war Ludwig Kunz' Zusammenarbeit mit dem Süddeutschen Rundfunk und Karl Schwedhelm, der dort erst Lektor und schließlich Leiter der Literaturabteilung war.

Karl Schwedhelm[53] wurde 1915 in Berlin geboren und war ursprünglich Bibliothekar. Nach seiner Teilnahme am 2. Weltkrieg als Soldat und der russischen Gefangenschaft kam er nach Winnenden bei Stuttgart, arbeitete zunächst als Lehrer und kam 1947 zum Süddeutschen Rundfunk in Stuttgart. Dort machte er sich einen Namen als Förderer von Schriftstellern. Veröffentlicht wurde u.a. sein Briefwechsel mit Wilhelm Lehmann,[54] mit dem auch Ludwig Kunz korrespondierte. Karl Schwedhelm übersetzte selber aus dem Französischen und publizierte 1955 unter dem Titel „Fährte der Fische" eigene Gedichte. Vor allem aber war er der Verfasser von Artikeln, Rezensionen und Rundfunksendungen.

Der erste Kontakt zwischen Ludwig Kunz und Karl Schwedhelm datiert vom Juni 1950. Kunz hatte dem SDR ein Manuskript angeboten, das bereits von Radio Bremen gesendet worden war. Es ging um eine Zusammenarbeit mit dem niederländischen Literaturkritiker und Radiomoderator Pierre Henri Ritter (1882–1962). Schwedhelm war begeistert und bat Kunz um Vorschläge für mehr solcher Sendungen mit P.H. Ritter.[55] Ritter war als „Dr. P.H. Ritter jr" den niederländischen Radiohörern bekannt durch seine Bücherrubrik am Sonntagnachmittag. Es hat wohl eine Sendung zusammen mit Kunz gegeben, geht aus einem kurzen Schreiben Ritters an Kunz hervor,[56] über weitere Sendungen ist jedoch nichts bekannt.

Am 2. November 1950 fragt Karl Schwedhelm bei Ludwig Kunz an, ob er daran interessiert sei, „in grösseren Abständen, etwa alle 10–12 Wochen, einen Beitrag über das Kulturleben in den Niederlanden an uns zu schicken. Die Beiträge sollten etwa einen Eindruck geben von bedeutenden Theateraufführungen, Kunstausstellungen, Filmereignissen, Vorgängen des wissenschaftlichen Lebens und wesentlichen Erscheinungen des Bücher-

---

53 Biographische Daten siehe Johann 2010, S. 86.
54 Schwedhelm 2007.
55 Karl Schwedhelm/SDR, Brief an Ludwig Kunz, 14.6.1950.
56 P.H. Ritter, Brief an Ludwig Kunz, 19.6.1950.

marktes, im ganzen also eine bunte Übersicht"[57]. Ludwig Kunz reagiert am 13.11. positiv. Berichte dieser Art waren für ihn weniger aufwändig als die längeren Beiträge für den SWF. Durch seine Arbeit für das *Algemeen Handelsblad* saß er ja an der Quelle der kulturellen Berichterstattung. Die Berichte wurden in der Sendung „Kulturumschau" gebracht. Tatsächlich befinden sich im Historischen Archiv des SDR für die Jahre ab 1951 mehrere Beiträge von jeweils 1–3 Seiten jährlich, vor allem über Ausstellungen und andere kulturelle Ereignisse. Kunz bot aber auch seine längeren Beiträge über niederländische Literatur dem SDR an, denn Schwedhelm erwähnt 1951 in einem Brief, er habe den Vorschlag über heutige holländische Literatur an die Literarische Abteilung weitergegeben. Allerdings wurde daraus vorerst nichts, Kunz war vor allem als Kulturberichterstatter tätig. Ende 1951 wurde er dazu aufgefordert, einen Beitrag über die wichtigsten kulturellen Ereignisse des Jahres in den Niederlanden zu verfassen und aufzunehmen, der Teil eines Überblicks über die wichtigsten Ereignisse im Kulturleben der europäischen Länder werden soll.[58] 1952 wurde er gebeten, künftig häufiger kurze Berichte zu schicken, damit die Sendung aktueller würde.

Die Beziehung zu Karl Schwedhelm wurde intensiver und persönlicher. Briefe kamen oft nicht mehr vom Sender, sondern von der Privatadresse und waren teilweise per Hand geschrieben. Auf Vermittlung von Kunz besuchte Schwedhelm 1954 das Holland Festival. Am 5. September bedankt er sich in einem handgeschriebenen Brief:

Darf ich Ihnen aber mit diesen Zeilen wenigstens sagen, wie sehr mich die überaus freundschaftliche und fürsorgliche Aufnahme durch Sie beglückt hat und wie sehr mir das Beisammensein mit Ihnen die zwei Amsterdamer Tage nachhaltig angenehme Erinnerungen werden ließ. Gerade die liebevolle Führung aufgrund Ihrer grossen Orts- und Sachkenntnisse haben mir, der ich so wenig Zeit hatte, dort einen imponierenden Überblick verschafft. Schwer drückt es mich, daß ich noch nicht die 15 Gulden überweisen konnte. Es wird bestimmt in der nächsten Woche gemacht. Man braucht dazu ein Formular des Wirtschaftsministeriums [...]⁵⁹

---

⁵⁷ Karl Schwedhelm/SDR, Brief an Ludwig Kunz, 2.11.1950.
⁵⁸ Karl Schwedhelm/SDR, Brief an Ludwig Kunz, 1.11.1951.
⁵⁹ Karl Schwedhelm, Brief an Ludwig Kunz, 05.09.1954.

Die Besuche Schwedhelms zum Holland Festival wurden zur Tradition. Schwedhelm kam als Korrespondent des Senders, denn die Unterbringung wurde von Jo Elsendoorn organisiert, dem Pressechef des Festivals.[60] Den Besuch der abendlichen Vorstellungen kombinierte er mit Treffen mit Kunz tagsüber. Er bittet Kunz auch, eine Begegnung mit Willem Sandberg, dem Direktor des Stedelijk Museum, zu arrangieren, den er gern interviewen möchte.[61] Kunz blieb also in der Rolle des Vermittlers. Schwedhelm äußert sich erfreut über den weiteren Ausbau der Zusammenarbeit, zu der auch die Lodeizen-Übersetzungen gehören.[62]

Das Holland-Festival, ein jährlich stattfindendes internationales Theaterfestival in Amsterdam, das 1947 von dem deutsch-jüdischen Emigranten Peter Diamand ins Leben gerufen wurde, bedeutete für Ludwig Kunz journalistischen Hochbetrieb: Er berichtete in deutschsprachigen Zeitungen (*Frankfurter Allgemeine, Neue Zürcher Zeitung, Süddeutsche Zeitung*) und auch für verschiedene Radiosender. Eine Liste aus dem Jahr 1959 verzeichnet nicht weniger als sieben Sendungen zum Thema Holland Festival, nämlich für den Hessischen Rundfunk, den Süddeutschen Rundfunk und den Westdeutschen Rundfunk.[63]

1956 kam Schwedhelm mit seiner Frau zum Holland Festival. „Wir freuen uns sehr auf das Zusammensein mit Ihnen und ich hoffe, daß wir sogar etwas zum Übersetzen kommen", schreibt er einige Tage vor seiner Ankunft, und: „Übrigens habe ich für den Nachmittag des 21. Juni ein Studio in Hilversum erbeten und würde mich freuen, wenn wir wieder ein Funkgespräch miteinander halten könnten. Vielleicht überlegen Sie sich inzwischen schon ein Thema."[64] Bei dem gemeinsamen Übersetzungsprojekt ging es um Gedichte von Gerrit Achterberg, wie aus dem Brief vom 1. Juli hervorgeht:

Sehr gespannt bin ich, verzeihlicherweise, auf den Eindruck, den Gerrit Achterberg von unserer gemeinsamen Übersetzungsprobe gewinnen wird. Wenn das Echo positiv ist, so möchte ich Ihnen den Vorschlag machen, uns für eine auswahlartige

---

60 Karl Schwedhelm, Brief an Ludwig Kunz, 13.06.1955.
61 ebd.
62 Karl Schwedhelm, Brief an Ludwig Kunz, 24.07.1955.
63 Diese Liste befindet sich in der Korrespondenz von Kunz im LKA.
64 Karl Schwedhelm, Brief an Ludwig Kunz, 09.06.1956.

Katja Zaich

Übersetzung von ihm autorisieren zu lassen und in der nun schon bewährten Weise unserer Zusammenarbeit eine Anzahl seiner Verse zu übertragen.[65]

Mit der Unterstützung Schwedhelms widmete sich Kunz mehr und mehr der Übertragung niederländischer Gedichte ins Deutsche. Den Brief vom November 1958, in dem es vor allem um die Veröffentlichung des Lodeizen-Bandes geht, schließt Kunz mit der folgenden Mitteilung:

Scheinbar will Suhrkamp ein oder zwei Romane des jungen Dichters Hugo Claus herausbringen. Claus sagte mir, dass er sich sehr freuen würde, wenn man seine Gedichte ins Deutsche übertragen könne. Auch der experimentelle Lyriker Lucebert ist drauf und dran, grösseren Erfolg zu finden.[66]

Das Verhältnis zwischen Kunz und Schwedhelm war vertraut, aber stark vom intellektuellen Austausch und der gemeinsamen Arbeit – sowohl für den Sender als auch außerhalb dessen – geprägt. Das persönliche Verhältnis der beiden war zugleich freundschaftlich und distanziert. In seinem Brief zu Kunz' 60. Geburtstag, von dem Schwedhelm nach eigener Aussage allerdings nur durch einen „glücklichen Zufall" rechtzeitig hörte, bedankt er sich für Kunz' „von wahrer Herzenshöflichkeit bestimmte Zuneigung".[67] Dieser antwortet später mit den Zeilen „Haben Sie allerherzlichsten Dank für Ihr so freundschaftliches Gedenken!"[68] Im selben Brief erwähnt er, die Erweiterung seiner Tätigkeiten in den Niederlanden habe „in den letzten Wochen beängstigende Formen angenommen",[69] er arbeite sehr viel für das *Algemeen Handelsblad* und Willem Sandberg, der Direktor des *Stedelijk Museum* habe auch immer wieder Aufträge für ihn. Zudem beauftrage ihn das niederländische Außenministerium mit Übersetzungen.[70] Die Korrespondenz zwischen Schwedhelm und Kunz geht in den sechziger und siebziger Jahren weniger um konkrete Aufträge für den SDR als um Persönliches und die Übersetzungsprojekte. Aber auch für den SDR wurden

---

[65] Karl Schwedhelm, Brief an Ludwig Kunz, 01.07.1956.
[66] Ludwig Kunz, Brief an Karl Schwedhelm, 30.11.1958.
[67] Karl Schwedhelm, Brief an Ludwig Kunz, 10.02.1960.
[68] Ludwig Kunz, Brief an Karl Schwedhelm, 02.03.1960.
[69] ebd.
[70] ebd.

jetzt zunehmend literarische Sendungen gemacht. So schreibt Schwedhelm 1970:

> [I]ch bin Ihnen außerordentlich dankbar, daß Sie meiner Bitte so rasch nachgekommen sind und ein für meine Reihe wirklich schönes Manuskript geschrieben haben. Die Übersetzungen finde ich ausgezeichnet. Ich habe nur ein Gedicht weglassen müssen, weil es mir sonst zu lang erscheint. Die Sendung ist vorgesehen für Donnerstag, den 5. November, 22.45 Uhr im 2. (UKW)-Programm. [...] Es würde sich durchaus lohnen, eine deutsche Buchausgabe Ihrer Übersetzungen herauszubringen.
>
> Wenn Sie wieder einen holländischen jüngeren Lyriker übertragen, so lassen Sie es mich bitte wissen – dann machen wir ebenfalls davon eine Sendung.[71]

Ein Jahr danach erinnert Schwedhelm Kunz an eine zehnminutige Sendung über Sybren Polet, ebenfalls inklusive Gedichtübersetzungen.[72] Die späteren Briefe sind vor allem persönlich, wobei immer wieder große Dankbarkeit für die freundschaftliche Beziehung ausgedrückt wird. Das letzte Schreiben ist ein kurzer Brief zu Weihnachten 1975.

Schwedhelm empfahl Kunz auch bei seinen Kollegen. So fragt 1960 die Sendestelle Heidelberg-Mannheim bei Kunz an, ob er zu einer neuen Sendereihe über die wichtigsten kulturellen Ereignisse in europäischen Ländern regelmäßig beitragen würde, was Kunz positiv beantwortet.[73] Er durfte selber Vorschläge machen, worüber berichtet werden sollte. Im Brief vom 5. Oktober 1962 wird ein Manuskript mit dem Titel „Zwei Amsterdamer Ausstellungen" erwähnt und auf eine neue Zeiteinteilung des Programms hingewiesen, woraus man schließen kann, dass Kunz diesem Programm regelmäßig Beiträge zulieferte.

Westdeutscher Rundfunk

Besonders lange arbeitete Ludwig Kunz für den WDR. Seine Tätigkeiten umfassten bei langem nicht nur die Berichterstattung über kulturelle Ereignisse in den Niederlanden. Ludwig Kunz verfasste längere Beiträge sowohl

---

[71] Karl Schwedhelm, Brief an Ludwig Kunz, 01.09.1970.
[72] Karl Schwedhelm, Brief an Ludwig Kunz, 08.09.1971.
[73] SDR, Briefe Ludwig Kunz, 09.05. und 02.06.1960.

über niederländische Literatur als auch über deutsche Literaten, zum Beispiel Peter Hille, Ludwig Meidner und Ernst Weiß.

Bei Kunz' Zusammenarbeit mit dem Westdeutschen Rundfunk ist vor allem die Beziehung zu Redakteur Gert H. Theunissen von Bedeutung. Kunz lieferte Beiträge für dessen Sendung „Werk und Wirkung", wobei er oft über Kunstausstellungen berichtete. Bereits 1955 vermittelte Ludwig Kunz ihm eine Einladung zum Holland Festival[74]. Genau wie Karl Schwedhelm betont auch Gert Theunissen, wie sehr er sich im Rahmen seines Festivalbesuchs auf die Gespräche mit Kunz freue. Kunz muss ein sehr interessanter und angenehmer Gesprächspartner gewesen sein. Später schreibt Theunissen an Kunz, er verehre ihn so herzlich wie kaum einen anderen Mitarbeiter.[75]

Kunz schrieb für den WDR auch Literaturvorträge, von denen gleich der erste, „Wie Kritiker recht behielten ...", so viel Aufmerksamkeit erregte, dass Hörer nach dem Manuskript fragten.[76]

1958 möchte Theunissen Kunz für eine neue Sendereihe über europäische Länder gewinnen, wobei es in einer abendfüllenden Sendung jeweils um einen Dichter gehen soll, „der in dem betreffenden Land gleichsam als Verkörperung seines Landes und seines Volkes gilt, aber in Deutschland fast unbekannt ist".[77] Während er für Frankreich Victor Hugo und für England Samuel Johnson nennt, möchte er beim niederländischen Dichter Kunz' Meinung abwarten, der dann seinen Erwartungen entsprechend Vondel nennt. Kunz sollte diesen Beitrag offenbar nicht verfassen, sondern mehr als Berater fungieren.[78] Selber schreibt er nur, er freue sich, dass der Plan eines Vondel-Hörbildes zum Erfolg geführt habe.[79]

Für die Reihe „Dichtung der Welt" verfasste Ludwig Kunz selbst ein Manuskript über junge niederländische Lyrik.[80] Im Privatarchiv befindet sich ein siebzehnseitiges Manuskript mit dem Titel „Junge niederländische

---

[74]   Gert Theunissen/NWDR, Brief an Ludwig Kunz, 11.05.1955.
[75]   Gert Theunissen/WDR, Brief an Ludwig Kunz, 11.01.1962.
[76]   Roland H. Wiegenstein/WDR, Brief an Ludwig Kunz, 14.2.1957.
[77]   Gert Theunissen/WDR, Brief an Ludwig Kunz, 22.01.1958.
[78]   Gert Theunissen/WDR, Brief an Ludwig Kunz, 30.06.1958.
[79]   Ludwig Kunz, Brief an Gert H. Theunissen, 08.07.1958.
[80]   Werner Honig/WDR, Brief an Ludwig Kunz, 17.07.1958.

Lyrik. Neue Folge", bei dem es sich um einen Beitrag von 1971 handelt, also lange nach dem ersten Manuskript von 1958. Gedichtübersetzungen von Lucebert, Gerrit Kouwenaar und Jan Elburg stehen im Mittelpunkt. Es gibt eine kurze Einleitung, die sich wieder einmal damit befasst, dass die niederländische Lyrik im Ausland fast unbekannt sei und dass es zu wenige übersetzte Lyriker gebe. Dann geht er kurz auf die Gruppe „Die Fünfziger" ein, in der sich die jungen niederländischen Dichter 1950 vereinigten.[81] Später gibt es zu Gerrit Kouwenaar und Jan Elburg jeweils eine kurze Einleitung. Der Rest der einstündigen Sendung besteht ausschließlich aus Gedichtrezitationen. Auch in einem Brief von 1964 wird ein Beitrag zur niederländischen Lyrik mit Gedichten von u.a. Hans Sleutelaar erwähnt,[82] also scheint es sich um eine Art Serie zu handeln, die sich über mehrere Jahre hinzog.

Für den WDR machte Ludwig Kunz öfter einstündige Programme, so 1962 ein Hörbild über Multatuli. „Nehmen Sie ruhig fünf Sprecher", schreibt Theunissen, „umso lebendiger wird die Sache".[83] Offenbar standen genug finanzielle Mittel für so eine Produktion zur Verfügung, denn Kunz erhielt auch ein Honorar von 2000 DM.

1965 bekam Kunz die Anfrage für einen Beitrag zum Thema „Amsterdam als Exil". Das Thema ist wohl schon persönlich mit ihm besprochen worden, jetzt wird gefragt, ob er „nach wie vor Lust" habe, diesen Beitrag zu verfassen.[84] Nachdem Ludwig Kunz immer sehr darauf bedacht zu sein schien, das Persönliche aus seiner journalistischen Arbeit herauszuhalten, erstaunt es, dass er auf diesen Themenvorschlag positiv reagiert hat. Im Historischen Archiv des WDR ist dieser Beitrag jedoch nicht erfasst, was allerdings nicht unbedingt bedeutet, dass es ihn auch nicht gegeben hat. Ludwig Kunz wäre damit seiner eigenen Geschichte bedrohlich nahe gekommen.

Die Beziehung zum WDR wird zunehmend lockerer, 1973 schreibt Roland H. Wiegenstein:

---

[81] Ludwig Kunz, Junge niederländische Lyrik. Neue Folge, gesendet vom WDR am 02.05.1971, S. 1 (Kunz H 1971).

[82] Roland H. Wiegenstein/WDR, Brief an Ludwig Kunz, 10.01.1964.

[83] Gert Theunissen/WDR, Brief an Ludwig Kunz, 11.01.1962.

[84] WDR, Brief an Ludwig Kunz, 22.11.1965.

Gern wüßte ich, was Sie treiben, ob Sie noch immer „vor sich hin schreiben", seit
unserem letzten zufälligen Treffen in Frankfurt sind ja auch schon wieder Jahre
vergangen! [...] Wenn Sie Zeit und Lust haben: mögen Sie mir einmal länger
schreiben, mitteilend, was Sie treiben und vielleicht auch, was es an neuen Autoren
bei Ihnen gibt und ob Sie Lust haben davon etwas zu übersetzen? Die Sendungen
dürften jetzt knapp über 40 Minuten lang sein [...] [85]

Das zeigt, dass Ludwig Kunz bis ins hohe Alter als Experte gefragt war.
Sein Konzept, Lyrikübersetzungen noch vor ihrer etwaigen Buchveröffentlichung in Form einer Hörfunksendung zu bringen, war vielleicht auch einzigartig.

Zwei Manuskripte zu Willem Sandberg

In Ludwig Kunz' Privatarchiv befinden sich zwei Manuskripte, die mit Willem Sandberg zu tun haben und beide aus dem Jahr 1965 stammen. Der
Name Sandberg fällt bereits in einem Brief von Kunz an Karl Schwedhelm
1960: „Auch Herr Sandberg vom „Stedelijk" betraut mich dauernd mit interessanten Aufträgen."[86] Welcher Art diese Aufträge waren, bleibt unklar,
handelte es sich vielleicht um Übersetzungen? Oder geht es um Artikel in
deutschen Zeitungen? Vor allem 1957 und 1958 erschienen in der *Deutschen Woche* zahlreiche Artikel zu Ausstellungen im Stedelijk Museum,
allerdings nicht mehr 1960, als Kunz dies an Schwedhelm schrieb.

Ein Blick auf das neue israelische Nationalmuseum. Ein Gespräch mit Dr.h.c. Willem Sandberg[87]

Dieser Artikel erschien in redigierter Form unter dem Titel „Im Gespräch
mit Willem Sandberg über Israels neues Nationalmuseum" in der *Frankfurter Rundschau*. Ein Foto zeigt das Museum in der Landschaft mit der
Bildunterschrift: „Die Gebäude von Israels neuem Nationalmuseum liegen

---

[85] Roland H. Wiegenstein/WDR, Brief an Ludwig Kunz, 16.10.1973.
[86] Ludwig Kunz, Brief an Karl Schwedhelm, 02.03.1960.
[87] Das Manuskript befindet sich im LKA. In gedruckter Form: siehe Kunz F 1965,
      18./19.4.

in einer Urlandschaft nahe der Wüste", ein anderes Foto zeigt Sandberg an einem Tisch sitzend, als er sich gerade Milch in den Kaffee schenkt.

Sandberg ist nach seiner Pensionierung am Stedelijk Museum Direktor des neu zu errichtenden israelischen Nationalmuseums (Israel Museum) in Jerusalem geworden, das am 11. Mai 1965 eröffnet werden sollte. Kunz interviewt ihn, als er „wieder einmal für drei Tage in Amsterdam" ist. Obwohl man Sandberg auch eine leitende Funktion am Museum of Modern Art in Chicago angeboten hat, hat er sich für die Aufgabe in Israel entschieden, weil er dort die Gelegenheit gesehen habe, „in einer Urlandschaft, nahe der Wüste, etwas ganz Neues aufzubauen, ja sozusagen etwas aus dem Boden zu stampfen". Weiter berichtet Sandberg über die Gestaltung des Museums und seine Faszination von der Urlandschaft, die er in Israel antraf. Er habe bereits eine ganze Sammlung seltsam geformter Steine. Kunz referiert dann an eine frühere Ausstellung Sandbergs im Stedelijk mit dem Titel „Von der Natur zur Kunst". Weiter geht es um die Architekten des Museums und die Eröffnungsausstellung über die „Großen Meister der Bibel". Danach geht es um die bildende Kunst in Israel, wobei er feststellt, dass alle zeitgenössischen israelischen Künstler europäische Wurzeln haben. Religiöse oder politische Aspekte eines israelischen Nationalmuseums werden in dem Artikel nicht einmal am Rande erwähnt.

Skulpturen in Amsterdam. Internationale Ausstellung im Vondelpark

Ob es sich bei diesem Text um einen Zeitungsartikel oder einen Hörfunkbeitrag handelt, ist bisher unklar, er lässt sich nicht zuordnen. Thema ist eine Ausstellung anlässlich des 100-jährigen Bestehens des Amsterdamer Vondelparks. Willem Sandberg wurde beauftragt, eine Skulpturenausstellung zusammenzustellen, die auf den Grasflächen des Parks gezeigt wurde, zudem wird von Theatervorstellungen und Ballettabenden im Park gesprochen. Zuerst einmal geht Kunz auf die Umstände der Gründung des Parks 1865 ein, dann auf den Dichter Joost van den Vondel, nach dem der Park 1867 benannt wurde, und schließlich auf die heutige Gestalt des Parks. Erst dann kommt er auf Sandbergs Ausstellung zurück, wobei sich zeigt, dass er über Kunst genauso minuziös berichtet wie über Literatur. Er bespricht die

Skulpturen von Jacques Lipchitz, Henry Moore, Shinkichi Tajiri, Karel Appel, Wim Schippers – dessen überdimensionierten Stuhl er eine „Persiflage auf die ‚holländische Gemütlichkeit'" nennt –, und Picasso, dessen Werk vom Norweger Carl Nesjar ausgeführt wird und zu dem Zeitpunkt noch gar nicht fertig ist. Interessanterweise befinden sich auch auf dem Gelände des Israel Museums noch heute Skulpturen von Lipchitz, Moore und Picasso[88].

Kunz beendet seinen Artikel mit dem Hinweis darauf, dass die Ausstellung gratis sei und starke Anteilnahme finde. In einem Beitrag des niederländischen Polygoon-Journals sieht man, wie Kinder auf den Kunstwerken herumklettern[89], aber ob Kunz das mit „Anteilnahme" gemeint hat, ist zu bezweifeln.

Gelungene Kulturvermittlung?

1965 wurde Ludwig Kunz mit dem niederländischen Übersetzerpreis, dem „Martinus Nijhoff prijs", geehrt. In der Begründung der Jury heißt es:

Neben der Mitarbeit bei vielen deutschen und Schweizer Zeitungen und Zeitschriften muss vor allem erwähnt werden, dass das deutsche Radio eine große Zahl von Exposés von Kunz über niederländische Dichter und bildende Künstler gesendet hat, Exposés von wechselnder Länge, aber manchmal mit einer beneidenswerten und für niederländische Verhältnisse unvorstellbaren Zeitlänge von einer Stunde. Auf diese Weise hat Kunz ein großes Publikum Bekanntschaft mit dem Werk von Multatuli, van Eeden, Achterberg, Lodeizen, Lucebert, Claus und mit wichtigen Erscheinungen unserer modernen Literatur machen lassen.[90]

Von niederländischer Seite wurde Kunz' Einsatz für die niederländische Kunst und Kultur in Deutschland also durchaus wahrgenommen. Der Martinus Nijhoff Preis wurde ihm nicht nur für seine publizierten Übersetzungen, sondern auch für die Zeitungs- und Radiobeiträge verliehen.

---

[88]   Siehe www.english.imjnet.org.il/page_2986.
[89]   Der Film ist zu sehen unter: https://nl.wikipedia.org/wiki/Vondelpark.
[90]   Jury-rapport Martinus Nijhoff prijs in: Dresden 1965, S. 10, Übersetzung Katja Zaich.

Hugo Claus (1929 – 2008)

Der Flame Hugo Claus gilt als einer der bedeutendsten flämischen Schriftsteller der modernen Zeit. Er ist wohl vor allem berühmt durch seine Romane. Seine Familienchronik *Het verdriet van België* [*Der Kummer von Belgien*] (1983, deutsche Zweitübersetzung 2008), die im Zweiten Weltkrieg spielt, ist ein Höhepunkt der modernen europäischen Literatur. Er fing um 1950 an zu publizieren. Aber er versuchte sich in mehreren Künsten und machte sich auch als Bildhauer, Maler und Zeichner und später als Filmemacher einen Namen. Er schrieb außerdem eine Oper und Theaterstücke. Sein soziales Engagement zieht wie ein roter Faden durch sein Werk, aber auch schockierte er regelmäßig die bürgerliche Moral seiner Zeit. 1950–53 lebte er in Paris zusammen mit prominenten CoBrA-Künstlern und Fünfzigern wie Karel Appel, Hans Andreus und Simon Vinkenoog. Auch kam er mit französischen Surrealisten und Existentialisten in Kontakt. Zwischendurch veröffentlichte er immer wieder Gedichtbände.

In seinem zweiten Band *Junge niederländische Lyrik* (1965) nimmt Ludwig Kunz zum ersten Mal Übertragungen von Hugo Claus auf. Da die Reihenfolge der Autoren alphabetisch ist, eröffnet der Band mit Claus, und zwar mit vier Gedichten. Zwei davon werden hier publiziert: „Een kwade man" [So schwarz ist kein Haus] und „West-Vlaanderen" [Gedämpftes Lied dunkeler Faden]. Es handelt sich um frühe Lyrik, die Kunz aus den frühesten Bänden ausgewählt hat. Varianten zeigen, dass Kunz auf der Grundlage von Erstpublikationen übersetzt hat: Das erste Gedicht aus dem Band *Een huis dat tussen nacht en morgen staat* [Ein Haus, das zwischen Nacht und Morgen steht] (1953), das zweite aus dem Band *Tancredo Infrasonic* (1952). Beide Übersetzungen erscheinen später mit einigen Veränderungen aufs neue in dem Band *Gedichte aus Belgien und den Niederlanden* (Kunz B 1977).

Hugo Claus

Een kwade man

Zo zwart is geen huis	So schwarz ist kein Haus
Dat ik er niet in kan wonen	daß ich nicht darin wohnen kann
Mijn handen niet langs de zachte muur	meine Hände nicht an der sanften Mauer
kan strekken	ruhen lassen könnte
Zo wit is geen morgen	So weiß ist kein Morgen
Dat ik er niet in ontwaak	daß ich nicht darin erwache
Als in een bed	wie in einem Bett
Zo waak en woon ik in dit huis	so wache und wohn' ich in diesem Haus
Dat tussen nacht en morgen staat	das zwischen Nacht und Morgen steht
En wandel op zenuwvelden	spaziere auf Nervenfeldern
En tast met mijn 10 vingernagels	greife mit meinen zehn Fingernägeln
In elk gelaten lijf dat nadert	an jeden demütigen Leib der kommt
Terwijl ik kuise woorden zeg als:	während ich keusche Worte spreche wie:
Regen en wind appel en brood	Regen und Wind Apfel und Brot
Dik en donker bloed der vrouwen.	schweres und dunkles Blut der Frau

West-Vlaanderen

Dun lied donkere draad
Land als een wit laken
Dat zinkt

Lenteland van hoeven blauwe melk
En kinderen van wilgenhout

Koorts en zomerland wanneer de zon
Haar jongen in het koren maakt

Blonde omheining
Met de doofstomme boeren bij de dode haarden
Die bidden ‚Dat God ons vergeve
Wat hij ons heeft aangedaan‘

Met de rode vissers die op hun boten branden
Met de gevlekte dieren de schuimende vrouwen
Die zinken

Land gij breekt mij aan Mijn ogen zijn scherven
Ik in Wabash met gescheurde zolen
Ik in Ithaka met gaten in mijn vel
Ik leen uw lucht in mijn woorden
Uw struiken uw linden schuilen in mijn taal

Mijn letters zijn: Westvlaanderen duin en polder

Ik verdrink in u
Land gij wordt een gong in mijn schedel en soms
Later in de avend
Een kinkhoorn: mei en kever Duistere lichte
Aarde.

Gedämpftes Lied dunkeler Faden
Land wie ein weißes Laken
Das sinkt

Frühlingsland aus Hufen blauer Milch
Und Kindern aus Weidenholz

Fieber und Sommerland wenn die Sonne
Ihr Junges im Korn erwachen läßt

Blonde Umzäunung
Mit taubstummen Bauern an toten Kaminen
Die beten: „Daß Gott uns vergebe
Was er uns hat angetan"

Mit roten Fischern, die auf ihren Dampfern brennen
Mit gefleckten Tieren und schäumenden Frauen
Die sinken

Land du tastest mich an meine Augen sind Scherben
Ich in Wabash mit zerrissenen Sohlen
Ich in Ithaka mit Löchern in der Haut
Ich leihe deine Luft für meine Worte
Deine Sträucher deine Linden wurzeln in meiner Sprache

Meine Buchstaben sind: westflandrische Dünen und Deiche

Ich ertrink in dir
Land du bist der Gong in meinem Schädel und manchmal
Spät in der Dämmerung
Eine Meeresschnecke: Mai und Käfer Düstere leichte
Erde

Gerrit Kouwenaar (1923 – 2014)

Mit Gerrit Kouwenaar verband Ludwig Kunz eine langjährige Freundschaft. Kouwenaar übersetzte die Erzählungen von Kunz, Kunz übersetzte Gedichte von Kouwenaar und veröffentlichte sie unter anderem in seinen beiden Ausgaben *Junge niederländische Lyrik* 1957 und 1965. In der ersten Anthologie nahm er die Gedichte „In den Straßen" und „So weit fallen die Schatten" auf. Die Übersetzung des ersten Gedichts wurde auch in der *Kim*-Nummer abgedruckt. Das zweite Gedicht entnahm Kunz der Fünfziger-Anthologie *vijf 5-tigers* (1955). In der zweiten Anthologie stehen inzwischen klassisch gewordene Gedichte aus dem Band *zonder namen* (1962). „Ein Gedicht als ein Ding" ist in dem Beitrag über Kouwenaar von Andringa in diesem Band abgedruckt. Hier werden die Gedichte „Ohne Farben" und „Ereignis" vorgestellt.

in de straten

In de straten der stad schuilen regen en mensen
misschien is het zomer late zomer haast najaar
ik denk dat er bladeren zijn als vertrapte handen
jongens rapen bedroefd en zinloos kastanjes

de avond komt langzaam op kogellagers
meisjes laten zich bevend in portieken betasten
mannen zitten dampend in cafetaria's
vrouwen lopen zacht fluitend de parken door

aan de glazen puien van krantenpaleizen
lezende vingers langs de lippen der dodenlijsten
staand op elkanders voeten peilend elkanders ogen
hij is gesneuveld in een bioscoopjournaal

ik denk ik ben gesneuveld ik ga huiswaarts
niemand ziet mij ik roep luid maar geen stem
ik stamp met mijn hakken roep de klok aan
mijn tabak is gestolen ik ben gesneuveld.

Gerrit Kouwenaar

In den Straßen

In den Straßen der Stadt stecken Regen und Menschen
vielleicht ist es Sommer – Spätsommer, fast Herbst
ich denk', es gibt Blätter wie zertretne Hände
Jungen sammeln trüb und sinnlos Kastanien

der Abend kommt langsam auf Kugellagern
Mädchen lassen sich bebend in Haustoren betasten
Männer sitzen rauchend in Cafeterias
Frauen schlendern sanft flötend durch Parkanlagen

an den gläsernen Fassaden der Zeitungspaläste
lesende Finger auf den Lippen der Totenlisten
die Füße aufeinander die Augen ineinander
er ist in einer Wochenschau gefallen

ich bin gefallen denk' ich und geh' heimwärts
niemand sieht mich ich ruf' doch kein einziges Wort
ich stampfe mit den Hacken flehe die Uhr an
mein Tabak ist gestohlen – ich bin gefallen.

Zo ver vallen de schaduwen
dat men nuchter moet zijn als een woordenboek
zoek
onder de a van aarde
onder de w van wereld
onder de o van pijn

oorlogen vallen met een droog geluid
in onze vochtige ogen
het enige wat wij hebben
een handvol lichaam
moet nuchter blijven
in het volste licht

want het is de stilte
want het is de stilte der stemmen
waarin de mensen bloemen verwekken
met oprechte ogen

want het is in de late middag
dat de schaduwen langer worden
en zelfs onze nuchterste stemmen
zijn nog te zacht voor de nacht –

So weit fallen die Schatten
daß man nüchtern sein muß wie ein Wörterbuch
such
unter dem E von Erde
unter dem W von Welt
unter dem O des Schmerzes

Kriege fallen mit einem trocknen Ton
in unsere feuchten Augen
das einzige was wir haben
diese Handvoll Körper
muß nüchtern bleiben
im vollsten Licht

Denn es ist die Stille
denn es ist die Stille der Stimmen
worin die Menschen Blumen schaffen
mit offenen Augen

denn es ist am späten Nachmittag
daß die Schatten länger werden
und selbst unsere nüchternsten Stimmen
sind noch zu schwach für die Nacht –

zonder kleuren

Ohne Farben

Kleuren – het komt nog zo ver
dat ik ze afzweer:
het mannelijk blauw, het vrouwelijk rood
het kinderlijk geel
het gezonde luidruchtige groen
het verongelijkt paars, het sluipende rose
dat zijn vader en moeder bedriegt
met tedere leugens en zich ongevraagd
in het mokkende zwart uitstrekt
het zwart dat domweg voor nacht speelt
en het wit, behaarde
illusie van niets

Farben – es kommt noch so weit
daß ich sie abschwöre:
das männliche Blau, das frauliche Rot
das kindliche Gelb
das gesunde lärmvolle Grün
das beiseite gelassene Lila, das schleichende Rosa
das seinen Vater und seine Mutter betrügt
mit zärtlichen Lügen und sich ungefragt
im nörgelnden Schwarz ausstreckt
das Schwarz das schlechtweg die Nacht spielt
und das Weiß, behaartes
Wunschbild des Nichts

het komt nog zo ver
dat ik met een pen met kleurloze inkt
de man en de vrouw en het kind
het gezonde seizoen en de schoppende grafrand
het sluipende vlees en de weerzijds
elkander slopende raven en nevels
openleg meng en vereeuwig

noch kommt es so weit
daß ich mit einer Feder mit farbloser Tinte
den Mann und die Frau und das Kind
die gesunde Jahreszeit und den stoßenden Grabrand
das schleichende Fleisch und die einander
aufreibenden Raben und Nebel
bloßlege menge verewige

zoals een blinde

wie ein Blinder

zoals een blinde niet ziet
wat men zegt dat er is
maar zegt wat hij tast en betwijfelt –

wie ein Blinder nicht das sieht
wovon man sagt daß es ist
doch sagt was er betastet, was er bezweifelt –

gebeurtenis

Rokend een sigaret van blonde gestolen tabak
sta ik op de landweg

hoe egypte zich mengt met zuring
hoe windstille damp (nog onvergelijkbaar
met gifgas) de verboden geur
als een kamer vasthoudt

hoe de populieren hun zilver tonen
hoe de hemel eensklaps voorgoed van god ontdaan is

hoe de naam stilte zelfs te luid is
hoe er niets gebeurt niets gebeurt
hoe er volstrekt niets gebeurt –

Gerrit Kouwenaar

Ereignis

Eine Zigarette rauchend aus blondem gestohlnen Tabak
stehe ich auf der Landstraße

wie Ägypten sich mengt mit Ampfer
wie Windstille Dampf (noch unvergleichbar
mit Giftgas) den verbotnen Geruch
wie eine Stube festhält

wie die Pappeln ihr Silber zeigen
wie der Himmel auf einmal ganz ohne Gott ist

wie der Name Stille noch zu laut ist
wie nichts geschieht nichts geschieht
wie ganz und gar nichts geschieht –

IX. Ludwig Kunz und Gerrit Kouwenaar: Eine dichterische Verflechtung

Els Andringa

Es hätte alles anders sein können. Aber wieso darüber grübeln? Es *hätte* alles anders sein können. Unsinn, Unsinn. Aber nehmen wir mal an, es wäre... Nein, ich nehme nichts an. Ich möchte nichts annehmen. Es hätte niemals anders sein können, *niemals*. Es konnte ausschließlich so sein wie es gekommen ist. Vielleicht sollte ich auch nicht mehr schreiben. Auch das ist ja ein letztes Zugeständnis an einen Jugendtraum. Einen Traum, der unzertrennlich mit jener Vergangenheit verbunden ist, mit den Umständen, die mich zu dem machten, der ich jetzt bin. Einem Emigranten, einem Fremden, ja, offen gestanden: auch davon abgesehen, zu jemandem mit einem verpfuschten Leben. Denn sind die Umstände allein daran schuld? [Kouwenaar: *Negentien Nu*, S. 9, Übersetzung E.A.]

Stelle man sich einmal vor, man hätte in einem gewissen Moment im Leben eine andere Entscheidung getroffen. Oder stelle man sich einmal vor, gewisse Umstände wären ein wenig anders gewesen, wären später, früher, oder gar nicht eingetreten. Wie wäre das Leben dann verlaufen? Wer wäre man dann geworden? Hätte man eine andere Identität gehabt? Es ist ein Gedankenspiel, das manchem unterläuft, aber vielleicht gerade demjenigen, der unter starkem Druck von Umständen, die von außen kamen, Entscheidungen treffen musste, die den Lebenslauf weitgehend bestimmten. Ludwig Kunz hatte auf der Hälfte seines Lebens[1] seine Heimat, seine Stadt, seine Familie, den ihm so teuren Kulturkreis verlassen müssen. Eigentlich hätte er von den Niederlanden aus weiterreisen wollen, aber dazu war es zu spät. Der Krieg schnitt mitten durch sein Leben und nach dem Krieg hat er versucht, sich sein Leben wohl oder übel zurechtzumachen.

Die Familie Kouwenaar hatte Kunz schon während des Krieges kennengelernt und vor allem mit dem Schriftsteller und später prominenten Dichter Gerrit hat er sich offenbar gut verstanden. Gerrits Vater war Journalist von sozialistischem Schnitt und betätigte sich während des Krieges im

---

[1] Siehe zur Hervorhebung der „Hälfte des Lebens" und zur Anspielung auf Hölderlins berühmtes Gedicht: Dick 2013.

Untergrund. Die Familie half Flüchtlingen unterzutauchen und nahm auch
selbst welche auf. Es ist nicht zu belegen, aber vielleicht hat auch Kunz
eine Zeit bei der Familie verbracht. Der jüngste Sohn machte gerade seine
ersten literarischen Versuche. Auch sein Leben wurde von den Kriegserleb-
nissen durchschnitten: Wegen unerwünschten publizistischen Aktivitäten
wurde er einige Zeit ins Gefängnis eingesperrt – danach tauchte er unter.
Obwohl kein deutsch-jüdischer Flüchtling, hat er wohl manche Erfahrungen mit Kunz geteilt und mag ihn wohl verstanden haben. Nach dem Krieg
hat Gerrit Kouwenaar zuerst als Romanschriftsteller debütiert. Von seiner
Hand erschienen Anfang der fünfziger Jahre drei Prosawerke, die alle vom
Krieg handelten. Wir kommen gleich darauf zurück. Nachher hat er sich
definitiv der Poesie zugewandt und ist einer der bedeutendsten Dichter der
Niederlande geworden. Im Laufe der Zeit hat er alle wichtigen Poesiepreise
in den Niederlanden bekommen. Als er 2014 im Alter von 91 Jahren starb,
hat er ein umfangreiches lyrisches Œuvre hinterlassen.

Kouwenaar bespricht *Gang durch die Nacht* (1945)

Bereits Ende 1945 erschien Kunz' autobiographischer Roman *Weg door de
nacht* in dem unbekannten niederländischen Verlag „De Uil" in Amsterdam
in der Übersetzung von Jan Rens. Das deutsche Original ist leider verschollen. Kunz muss den Text großenteils bereits während des Krieges verfasst
haben. Das Buch wurde zwar wenig beachtet, aber in der kommunistischen
Zeitung *De Waarheid* vom 8. November 1946 erschien eine Besprechung
von Gerrit Kouwenaar. Es ist eine „klassische" Besprechung, die im ersten Teil allgemein die Frage erörtert, wie sich die neue Kriegsliteratur zur
Kriegsliteratur aus dem Ersten Weltkrieg verhält. Wo die frühere Literatur
vor allem pazifistisch und antimilitaristisch gegen die Unmenschlichkeit
der Kriegsführung agiert habe, erhebe sich jetzt die freie Menschheit gegen die unmenschliche Macht des Faschismus. Ihre Aufgabe sei nicht nur
Warnung gegen die Folge, sondern auch gegen die Ursache der Katastrophe. Kouwenaar erhoffte sich den Anfang einer neuen literarischen Ära. Es
sei, stellt er fest, nur noch wenig erschienen und er vermutet, die Schriftsteller hätten noch nicht die richtige Distanz gewonnen um sich „objektiv"
mit ihr auseinanderzusetzen. „Objektivität" hatte für Kouwenaar offenbar

ein großes Gewicht in seinem Blick auf die Literatur. Im „Kriegstagebuch" beobachtet er eine eigene Gattung, die einerseits durch die Nähe des Autors zum Erlebten eine gewisse Objektivität nahelege, andererseits eben durch diese Nähe in die Gefahr gerate, das objektiv Wichtige nicht vom objektiv Unwichtigen zu trennen. Anschließend wendet er sich Kunz' Buch zu, das er ohne weiteres als Kriegstagebuch hinstellt. Dabei geht er stillschweigend über die Züge der Fiktionalisierung wie die personale Erzählform hinweg. Kunz habe, so meint er, dem oben erwähnten Kriterium nicht immer genügt, dennoch sei seine „Objektivität" bemerkenswert. Kouwenaar erklärt, Kunz habe durch seine deutsch-jüdische Herkunft bereits seit 1933 seinen objektiven Blick in bitterster Weise ausbilden können. Beherrscht, kurz, fast trocken stelle er die Anklagen gegen sein Exil und dessen Ursachen dar, verliere dabei den größeren Zusammenhang aber nicht aus den Augen. In ergreifender Weise halte er in seinem spröden Stil am einzigen Recht, das der Mensch verlangt, fest, dem Recht in Freiheit zu leben. Literarisch sei nicht alles ausgewogen, aber das sei einem Tagebuch wohl auch nicht abzuverlangen. Kunz' Talent enthalte ein Versprechen für die Zukunft. Mit Zustimmung zitiert Kouwenaar zum Schluss den niederländischen kommunistischen Schriftsteller Theun de Vries, der im Vorwort des Buches den dokumentarischen Wert hervorhebt und es der niederländischen Leserschaft empfiehlt.

Trotzdem hat das Buch keine weite Leserschaft erreicht. Vielleicht war es zu früh erschienen, in einer Zeit, wo man lieber die neueste Vergangenheit vergessen und nach vorne schauen wollte. Die ersten niederländischen Bücher, welche die Zeit des Verstecks und die Bedrängung und Bedrohung der Juden aus eigener Erfahrung heraus beschrieben, erschienen erst im Verlauf der 50er Jahre. Zwei eindrucksvolle und noch immer repräsentative Beispiele sind Jacques Pressers *De nacht der girondijnen* (1957) und Marga Mincos *Het bittere kruid* (1957).[2] Das Tagebuch der Anne Frank, das zur Ikone der Geschichte geworden ist, gelangte erst allmählich zu Ruhm. Bücher der deutschen Emigranten in den Niederlanden wurden lange und werden manchmal noch immer nicht von einem grö-

---

[2]   Beide Bücher wurden 1959 zusammen in einem Band von Rowohlt auf Deutsch herausgegeben: *Das bittere Kraut. Eine kleine Kronik* und *Die Nacht der Girondisten*.

ßeren Publikum beachtet. Konrad Merz' *Ein Mann fällt aus Deutschland*, schon 1936 im Exilverlag Querido erschienen, wurde anfänglich gefeiert, aber nach dem Krieg vergessen. Auch Merz' späteres Werk, das in Deutschland und der Schweiz herauskam, wurde kaum wahrgenommen. Die Werke Hans Keilsons wurden erst vor kurzem wieder entdeckt und neu übersetzt und herausgegeben, als Keilson 2009 hundert Jahre alt wurde. Darunter war auch die eindrucksvolle Novelle *Komödie in Moll* (Querido Verlag, Amsterdam 1946) über ein Ereignis in der Untertauchzeit, das Keilson selbst erlebt hatte. Erst im Verlauf der achtziger Jahre wurde die Zeit des Zweiten Weltkrieges, oft von der zweiten und dritten Generation, literarisch und dokumentarisch offengelegt. Die Kinder und Enkelkinder durchbrachen das Schweigen der (Groß)Eltern und setzten die Erinnerungen literarisch um.[3] Bis an den heutigen Tag erfolgte ein Strom von Romanen, Biographien, Familiengeschichten und Erinnerungen.

Kouwenaars Roman *Negentien-NU*

1950 erschien im Verlag De Bezige Bij, einem Verlag, der aus dem Widerstand hervorgewachsen ist, Kouwenaars Roman *Negentien-NU* [Neunzehn-JETZT]. Wir haben am Anfang dieses Kapitels bereits die ersten Zeilen des Romans zitiert und festgestellt, dass sich in einigen Lebensdaten und Umständen des Protagonisten Joseph Railowsky unschwer Ludwig Kunz erkennen lässt. Das heißt aber nicht, dass der Verlauf dieses fiktionalen Romans die Biographie von Kunz genau rekonstruiert. Es handelt sich im Wesentlichen um einen psychologischen Roman, in dem die Folgen traumatischer Erlebnisse im Hin und Her zwischen zwei Protagonisten in einem Gewebe von Gegenwart, Vergangenheit, Traum, Erinnerung und Halluzination sichtbar werden. Das Buch besteht aus zwei Teilen, die jeweils aus der Perspektive der beiden Protagonisten erzählt werden. Die Lebenswege dieser Protagonisten haben sich in einem entscheidenden Moment gekreuzt und bleiben, trotz großer räumlicher Distanz, mit einander verzahnt. Nach und nach wird die von Krieg und Vertreibung gezeichnete Vorgeschichte

---

[3] Die deutsch-niederländische Literaturwissenschaftlerin Elrud Ibsch hat sich intensiv mit dieser Thematik auseinandergesetzt. Siehe Ibsch 2004 und 2014.

der Beiden enthüllt, ohne dass alle Details ausgefüllt werden. Der Roman galt damals als „experimentell", aber im Rückblick entdeckt man eine Verwandtschaft mit anderen Werken, die Erfahrungen des Krieges aufarbeiten. Schriftsteller suchten nach neuen Mitteln um sich den Traumata der Kriegserlebnisse anzunähern. Die überlieferten Formen und abgegriffene Sprache reichten nicht aus, weder in der Lyrik noch in der Prosa. Nicht nur die „Fünfziger" waren sich dessen bewusst, auch andere Schriftsteller, die aus der eigenen Erfahrung schöpften, erprobten neue Techniken.[4]

Synopsis des Romans

Im ersten Teil des Romans kämpft Joseph Railowsky nach dem Ende des 2. Weltkrieges mit seinem Dasein im Exil, seinen Erinnerungen und seinem Heimweh. Als Handelsreisender hält er sich über Wasser. Nachbarn und Bekannte meinen es gut mit ihm, doch echtes Verständnis für seine Situation haben sie nicht. Er naht sich einem Nervenzusammenbruch und von Alpträumen verfolgt braucht er dauernd Medikamente gegen Schlaflosigkeit und Nervosität, die ihm von seinem Hausherrn, einem Arzt, verschrieben werden. Im Traum und im fiebrigen Halbschlummer kommen ihm Bilder aus der Vergangenheit, die deutsche Kleinstadt, wo seine Familie eine Textilfabrik betrieb, seine scheue Liebe zur Schauspielerin Maruschka, seine Erinnerung an einen begabten, aber geistesgestörten Dichter mit dem Namen Karl Stephan, dessen Gedichte er im von ihm herausgegebenen Blatt veröffentlichte. Fragmentarisch wird enthüllt, dass dieser Dichter die Schauspielerin für sich gewonnen, sie missbraucht und schließlich gewalttätig umgebracht und sie von der Brücke in den Fluss geworfen hatte. Der Täter wurde in eine Anstalt eingesperrt. Railowsky soll als Jude völlig irrational davon bezichtigt sein, zum Mord angeregt oder ihn wenigstens nicht verhindert zu haben. Er ergreift die Flucht aus dem bedrohlichen Land und überquert die Grenze zu den Niederlanden. Als sein Bruder aus Südamerika schreibt, sein alter Freund Karl Stephan lebe jetzt unter einem anderen Namen in Südamerika, gerät er außer sich und will unbedingt die Adresse haben. Er schreibt ihm einen Brief, versinkt aber durch die traurigen Erinnerungen, ein zunehmendes Gefühl eigenen Versagens und eine scheinbar

---

[4] Eindrucksvolles Beispiel ist Elisabeth Augustins Roman *Labyrint* (1955), der in der deutschen Version erst 1988 unter dem Titel *Auswege* im Persona Verlag erschien. Auch Elisabeth Augustin floh in die Niederlande. Sie ist eine Ausnahme unter den deutschen Schriftsteller(inne)n, weil sie auf Niederländisch zu schreiben anfing. Auch in diesem Roman greifen Erinnerungen, Träume, Halluzinationen so sehr ineinander, dass sie sich nicht mehr unterscheiden lassen.

Els Andringa

hoffnungslose Zukunft immer tiefer in einer Depression. Der erste Teil endet damit, dass er zu den gesammelten Beruhigungstabletten greift.

Im zweiten Teil ist Karl Stephan der Protagonist. Als fünfzigjähriger Senor Oural lebt er in Südamerika und schreibt seine Memoiren. Auch hier vermischt sich der Prozess des Schreibens in der Gegenwart der politischen Spannungen in Südamerika mit Erinnerungen und Träumen. Sein Bedienter Ramon, ein verschwiegener Mann, der in der revolutionären Arbeiterbewegung aktiv ist, ist manchmal im Raum präsent. Als junger Mann gerät Karl Stephan nach einem Aufenthalt in einer Anstalt beim Ausbruch des Ersten Weltkrieges in die Armee, aber desertiert bald. Als Kriegsgefangener wird er in einem Bordell für Offiziere angestellt. Eine wundersame Geschichte, wohl teilweise in betrunkenem Zustand erlebt, entwickelt sich in einem Dreiecksverhältnis zwischen einer Prostituierten, einem älteren Grafen und dem Kriegsgefangenen. Nach dem Krieg erwacht er aus der Trunkenheit in einer Bauernscheune. Der Graf sowie seine Geliebte sind „auf ewig beurlaubt". Mittellos landet er in eine deutsche Kleinstadt, wo er das Angebot bekommt, gegen Bezahlung antisemitische Plakate zu verbreiten. Das Bild des Grafen drängt sich ihm immer wieder auf. Traum und Erinnerung vermischen sich. Ein Polizist mit dem Aussehen des Grafen ertappt ihn mit den Plakaten und bringt ihn zu einem jungen Mann. Die Plakate verwandeln sich in Gedichte. Der junge Mann aus reichem jüdischem Hause ist Joseph Railowsky. Er nimmt Karl Stephan die Gedichte für seine Literaturzeitschrift ab. Dann tritt die Schauspielerin ein. Der Dichter erblickt in ihr die ehemalige Geliebte. Sie löst sofort gewalttätige Phantasien aus. Er ermordet sie, wirft sie über die Brücke in den Fluss. Railowsky ist bald am Ort des Verbrechens und blickt den Dichter total entsetzt an. Der Dichter wird wiederum in eine Anstalt eingeliefert. Nach seiner Freilassung wandert er nach Südamerika aus. Dort verkehrt er in einem Emigrantenmilieu, wo er auch Geld zum Lebensunterhalt bekommt. Der Mann, der ihm das Geld verschafft, wird ermordet, seine Frau wird verrückt. Der Dichter bemächtigt sich des Geldes, aber bezahlt davon die Anstalt, in der die Frau gepflegt werden soll. Während des Schreibens seiner Memoiren wechselt er zwischen Vergangenheit und Gegenwart, zwischen Halluzination und Wirklichkeit in einer Weise, dass man sie kaum noch trennen kann. Am Ende beobachtet Karl Stephan die revolutionären Krawalle und hilft Ramon, aus einer heiklen Situation zu entkommen. Obwohl man ihm zuruft, er solle in der Wohnung bleiben, setzt er sich für alle sichtbar auf den Balkon. Dort wird er erschossen.

1984 veröffentlichte der niederländische Verlag Querido einen Sammelband mit den drei frühen Prosawerken Kouwenaars. Es stellt sich heraus, dass Kouwenaar vor allem *Negentien-NU* intensiv bearbeitet hat. Anläss-

lich der Neuausgabe führte der Schriftsteller und Journalist Rudolf Geel
ein Gespräch mit dem Autor.[5] Als Geel Kouwenaar fragt, wie er die Bearbeitung des Buches nach so langer Zeit empfunden habe, antwortet er:

> Ziemlich gemischt. Einerseits gibt es natürlich Vieles, das man mit Staunen oder
> Unmut oder Rührung wiedererkennt, aber zugleich gibt es diese jahrelange Di
> stanz. Ich hatte manchmal das Gefühl, dass ich den Text eines Anderen bearbeitete,
> so wie bei einer Übersetzung. Ich habe vor allem Übertreibungen getilgt, das Zu
> viel, worunter so viele Bücher junger Autoren leiden. Und ich habe die störenden
> Ungeschicklichkeiten entfernt. Aber ich glaube nicht, dass ich Wesentliches ver
> ändert habe. Es ist das gleiche Buch geblieben, mit den dazugehörigen Tatsachen
> [sic!], nur ist es lesbarer geworden, hoffe ich.

Allerdings hat Kouwenaar nicht nur den Stil modernisiert und geglättet,
sondern auch in der Struktur eine wesentliche Veränderung durchgeführt!
In der ersten Fassung gibt es einen kurzen dritten Teil: Joseph Railowsky
wacht in einem weißen Krankenhaus auf. Man hat ihn vor der Selbstvergiftung gerettet. Sogleich erhält er auch zwei Briefe aus Südamerika: einen
von seinem Bruder, der schreibt, Karl Stephan sei getötet worden, den anderen von Ramon, der ihm seinen eigenen Brief zurückschickt, weil der
Adressat verunglückt sei. Selbst fügt Ramon hinzu, Mr. Oural habe ihm
das Leben gerettet. Diese letzten Seiten sind aus der neuen Version jedoch entfernt. Dadurch wird eine Parallele hervorgehoben: In weiter geographischer Entfernung sterben Karl Stephan und Railowsky fast gleichzeitig durch den eigenen Willen. Ihre Lebenswege hatten sich kurz gekreuzt,
aber sind in den Erinnerungen immer verschränkt geblieben. Wahrscheinlich hat Kouwenaar durch das Weglassen des dritten Teils diese Verschränkung kompositorisch durchsichtiger machen wollen. Oder hat er damals
vielleicht Railowsky nicht sterben lassen wollen, weil er so manche Züge von Ludwig Kunz trägt? Der damals natürlich noch lebte und auch das
Buch, das sich in seiner Bibliothek befindet und deutliche Gebrauchsspuren aufweist, gelesen hat. Auffällig ist, dass Kouwenaar von „Tatsachen"
spricht, wo man eher Motive, Geschehnisse oder Themen erwarten würde.
Anderswo im Interview teilt Kouwenaar mit, dass er wenig Phantasie habe
und seine Stoffe immer der Wirklichkeit entnehme. Tatsächlich sind viele

---

5   Geel 1984.

Els Andringa

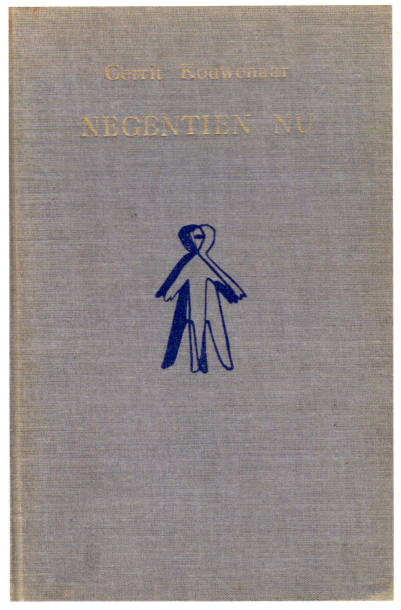

Abb IX.1: Einband von Gerrit Kouwenaar Negentien-NU (1950)

274

Elemente aus dem Leben von Ludwig Kunz identifizierbar: das Leben im Exil in Amsterdam, seine Herkunft aus einer jüdischen Familie, die in einer deutschen Kleinstadt eine Textilfabrik besaß, seine Liebe zur Literatur, das Literaturblatt, für das er Dichter anwarb, sein Bruder, der nach Südamerika emigriert war. Man könnte aus gewissen anderen Elementen sogar eine Kontaminierung von Erinnerungen von Kunz vermuten. Der Dichter, der Perioden in einer Anstalt verbrachte und wegen krimineller Aktivitäten gesucht wurde, weist ein wenig Ähnlichkeit mit Jakob Haringer auf. Auch dieser ungestüme Dichter, den Kunz bewunderte und von dem er Gedichte in den *Lebenden* veröffentlichte, führte ein turbulentes Leben, wurde von der Polizei gesucht und zeitweilig in Anstalten eingeliefert. Allerdings war Haringer ein vehementer Antinazi und floh nicht nach Südamerika, sondern in die Schweiz. Aber Kunz muss sich wohl auch über die wenigen Beiträger in den *Lebenden* Gedanken gemacht haben, die nachher im Hitler-Lager landeten, zum Beispiel Anton Schnack und Hermann Stehr. Über Letzteren schrieb Kunz in der Autorenliste im Nachdruck von *Die Lebenden* taktvoll: „ließ sich nach 1933 von der Nazipropaganda missbrauchen". Weiterhin ist von Kunz bekannt, dass er eine zarte Gesundheit hatte. Man würde nicht staunen, wenn sich die traumatischen Ereignisse auf sein Wohlbefinden ausgewirkt hätten. Schlaflosigkeit und Albträume wären nur allzu verständlich gewesen. Wie dem auch sei, Kouwenaar verdankte Kunz sicherlich Motive und Ideen.

Im Gespräch mit Geel fasst Kouwenaar selbst kurz die zentrale Thematik zusammen:

Ich bin in *Negentien-nu* von einem an sich interessanten Stoff ausgegangen, der später auch in anderen Büchern und Filmen thematisiert worden ist. Es handelt sich um Freundschaften, Jugendfreundschaften vor allem, zwischen Juden und nicht-Juden, die später Nazis wurden. Literarisch gesprochen kann man darin einen Versuch sehen, das gewaltige Drama auf übersichtlichere und nachvollziehbarere Proportionen einzuschränken. Ich habe versucht, die Konfliktkonstellation zuzuschneiden, indem ich zwischen die beiden Hauptgestalten eine Frau gestellt habe, die im Leben beider eine entscheidende Rolle spielt, als Katalysator sozusagen. Sie sind nicht nur Antipoden, sondern gewissermaßen auch eine gegenseitige Abspieglung.

Es ist diese Komposition, die durch das Weglassen der letzten Seiten verstärkt wird. Die grundlegende Idee des „Doppelgängers" im Sinne der literarischen Romantik tritt ausgeprägter hervor. Es schließt sich der Kreis zum ersten Satz: „Es hätte alles anders sein können." Zwei Figuren kristallisieren sich durch Charakter und Umstände gegensätzlich aus, werden in eine andere Richtung getrieben, wenn sich ihre Wege auch mal kreuzen und sie die Liebe zu einer Frau und die Liebe zur Poesie teilen. Wie wäre ihr Schicksal gelaufen, falls sich ihre Herkunft, ihre Temperamente, gewisse Umstände, vertauscht hätten? Die Zeichnung auf dem Einband der ersten Ausgabe 1950 verbildlicht unverkennbar diese Doppelgestalt (Abb. IX.1).

Wie es Kunz nach Kriegsende zumute war, ist wohl am besten seinen Erzählungen zu entnehmen, die 1949 ebenfalls in niederländischer Übersetzung herauskamen. Diesmal war Kouwenaar der Übersetzer und auch jetzt ist das deutsche Manuskript verschollen. Die Erzählungen handeln von einem Untergetauchten, der wieder auftaucht, von einer Person, die aus dem Konzentrationslager „nach Hause" kommt, und von Loyalitätskonflikten in der Zeit des Nationalsozialismus. Angedeutet ist eine Problematik, mit der wohl die meisten Überlebenden konfrontiert wurden: Könnte oder sollte man in die alte „Heimat" zurückkehren? Manche haben diesen Schritt gleich gemacht, andere haben lange gezögert, manche sind probeweise hin und her gereist, wieder andere sind zwar hin und wieder nach Deutschland oder Österreich gereist, aber ließen sich woanders nieder, und noch andere wollten niemals mehr Fuß auf deutschen Boden setzen. Die Visionen einer Rückkehr, die bei Kunz auftauchen, sind negativ besetzt und wohl zum Teil von seinen Erlebnissen in den letzten Jahren in Görlitz gezeichnet. Wenn er sich eine Rückkehr so vorgestellt hat, ist nur zu verständlich, dass er sich entschieden hat, in den Niederlanden zu bleiben. Er beantragte und erhielt 1958 die niederländische Staatsbürgerschaft. Zwar ist er hin und wieder nach Deutschland gereist, aber nach Görlitz ist er niemals zurückgekehrt.

Kouwenaar hat sich wohl intensiv mit diesen Erzählungen auseinandergesetzt. Anzunehmen ist, dass die beiden sich über die Übersetzung unterhalten haben. Kouwenaar mag also manche Einblicke in Kunz' Erinnerungen und Gemütslage bekommen haben. Leider sind sowohl die Manuskripte wie auch eventuelle Notizen oder Briefe verlorengegangen. Als in der Bibliothek Görlitz 1995 eine Ausstellung über Kunz veranstaltet wurde, wandte sich Wolfgang Wessig an die niederländische Kulturbehörde, zunächst in der Hoffnung, die Ausstellung könne auch in Holland gezeigt werden. Dieser Vorschlag stieß jedoch auf Ablehnung. Auch die Bitte um Information über Kunz hatte wenig Erfolg. Martin Mooij, damals ein wichtiger Kritiker und Übersetzer, einer der Gründer des Rotterdamer „Poetry International", verwies Wessig an Gerrit Kouwenaar. Wessig schrieb daraufhin an Kouwenaar, Mooij habe nahegelegt, Kouwenaar sei vielleicht bereit, seine Erinnerungen an Kunz aufzuschreiben: „Dies wäre für uns von großer Bedeutung, zumal unsere Bemühungen um sein Lebenswerk ja gerade erst begonnen haben. Zum Figurenensemble Ihres Romans „19-nu" gehört auch Kunz – ist das richtig, ist eine deutsche Übersetzung geplant?"[6] Doch dazu ist es leider nie gekommen. Wiederholte Bitten, die originalen Manuskripte der Erzählungen oder des Romans zur Verfügung zu stellen, blieben unbeantwortet. Die Manuskripte müssen demnach als verschollen gelten. Demzufolge müssten die Werke also ins Deutsche zurückübersetzt werden. Proben liegen in diesem Buch vor: Ausschnitte des Romans und die Erzählung „Der letzte Jude vom Dorf".

Kunz überträgt Kouwenaars Gedichte ins Deutsche

Die Zusammenarbeit mit Kouwenaar setzte sich aber fort. Als Kunz sich der Poesie zuwandte und sich besonders um die jungen niederländischen Dichter der Bewegung Fünfzig kümmerte, übertrug er auch Gedichte Kouwenaars. In der Nummer von *De Kim* (1954/55), die der niederländischen Lyrik gewidmet war, findet sich ein Gedicht Kouwenaars, einige weitere folgten in den zwei Bänden zur Jungen Niederländischen Lyrik, die Kunz 1957 und 1965 in der Eremiten-Presse herausgab. In der zweiten Ausgabe finden sich drei Gedichte Kouwenaars aus seinem Band *zonder namen* [Ohne Namen] (1962). Diese Gedichte hat Kouwenaar selbst wohl bedeutsam gefunden, weil er sie auch in dem Sammelband *Een eter in het najaar* aufgenommen hat, der anlässlich der Verleihung des „Prijs der Nederlandse Letteren" 1989 herauskam. Eins davon sei hier angeführt: es lässt sich als programmatisches Gedicht lesen und gilt als charakteristisch für Kou-

---

[6] Wolfgang Wessig an Gerrit Kouwenaar am 13. Juni 1995.

wenaars Poetik schlechthin. Aus seiner Sprachkritik, seinem Misstrauen der manipulativen Kraft der Wörter gegenüber, war Sprache für ihn nicht ein kommunikatives oder repräsentatives Vehikel, sondern Material, das bearbeitet werden musste. Ein Gedicht galt ihm als ein handwerklich hergestelltes, selbständiges Gebilde, das sich den gängigen Bedeutungen und Emotionen widersetzt. In Deutungen dieses Gedichts wird manchmal spekuliert, Kouwenaars Misstrauen der Sprache gegenüber habe wohl mit seinen Erfahrungen im Krieg zu tun, wo Sprache als manipulatives, demagogisches Propagandamittel eingesetzt und als Vehikel für Täuschung und Lüge missbraucht wurde.[7]

Een gedicht als een ding	Ein Gedicht als ein Ding
een glazen draaideur en de chinese ober die steeds terugkeert met andere schotels	eine gläserne Drehtür und der chinesische Ober der immer wieder mit andern Schüsseln auftaucht
een parkwachter die zijn nagels bijvijlt tussen siberische kinderen uit maine	ein Parkwächter der seine Nägel nachfeilt zwischen sibirischen Kindern aus Maine
een venus van de voortijd samen met een spin op de snelweg	eine Venus aus der Vorzeit gemeinsam mit einer Spinne auf der Autobahn
een glas moedermelk, een geel gesteven smoking	ein Glas Muttermilch, ein gelblich gestärkter Smoking
een bij, een pennemes beide stekend, een vliegtuig dat oplost in dorpsregen	eine Biene, ein Taschenmesser beide stechend, ein Flugzeug bald aufgelöst im Dorfregen
een gedicht als een ding.	ein Gedicht als ein Ding.

Kouwenaar experimentierte, indem er in paradoxen Strukturen und ungewöhnlichen Kombinationen die Wörter aus ihren gängigen Kontexten löste. Dafür ist vorliegendes Gedicht ein Musterbeispiel. In „Ein Gedicht als ein Ding" sind aber diese Worte im Titel – der in der Übersetzung entfällt – und in der ersten und letzten Zeile ausnahmsweise repräsentativ, sie weisen auf sich selbst als Wort, als Sprache, hin, sind in den Worten der modernen Poetik „selbstreferentiell". Zwischen den Klammern der wiederholten Zeile werden Wortkombinationen als Objekte, gleichsam wie Möbelstücke, in den dichterischen Raum gestellt. Der Raum wird durch den

---

[7]   Siehe hierzu: Franssen 2008.

Titel, die erste und die letzte Zeile abgegrenzt. Innerhalb des Raumes stoßen Bilder aneinander, der Leser wird desorientiert und dazu gezwungen
auf die Wörter und Wortgruppen zu reflektieren: Sibirische Kinder aus Mai-
ne? Gibt es denn so etwas? Eine Venus aus der Vorzeit kann man sich noch
vorstellen, aber wie wäre sie mit einer Spinne auf der Autobahn zu verbin-
den? Manchmal wird eine Assoziation auf Grund der Bedeutung explizit:
ja, ein Taschenmesser und eine Biene stechen beide. Aber gleich daneben
das Bild eines Flugzeugs, das im Regen (weshalb ‚Dorfregen'?) verschwindet. Es sind Fetzen der Wahrnehmung, losgelöst aus einer kontinuierlichen
Welt, die, neu angeordnet, die Routinen des Alltags zerstören.

Was die Übertragung betrifft. Sie bleibt, auch in der Wortwahl, nahe
am Original, aber in einer Hinsicht greift Kunz auf einer Konvention zurück. Kouwenaar hat nur im Titel den Großbuchstaben benutzt, sonst verzichtet er darauf, sowie auch auf die Interpunktion. Nur ganz am Schluss
steht ein Punkt, gleichsam zur Verstärkung der Abriegelung des hergestell-
ten Universums. Kunz jedoch hat die in der deutschen Sprache übliche
Großschreibung der Substantive beibehalten. Man fragt sich, weshalb, weil
Kleinschreibung die Durchbrechung der Konventionen vielleicht verstärkt
hätte. Wollte er vielleicht eine Ähnlichkeit mit dem George-Kreis, den er
nicht besonders liebte, vermeiden? Hat er dieses Mittel für die deutsche Lyrik vielleicht schon als abgegriffen betrachtet? In seinem Dankeswort zur
Preisverleihung für Übersetzer, dem Martinus Nijhoff Preis 1965 sagte er
etwas Bemerkenswertes:

Die Geschichte der niederländischen Poesie ist eine ganz andere als die der deutschen Lyrik. Die Gesetze der Poetik dieser beiden Länder gehen oft stark auseinander. Zum Beispiel: Es passiert oft, dass bestimmte Worte von berühmten deutschen
Dichtern so häufig benutzt worden sind, dass es notwendig ist, auf sie zu verzich-
ten. Der Übersetzer von Poesie muss immer darauf bedacht sein, dass er die Worte
wählt, die am Wenigsten abgegriffen sind. [8]

Ob hier wirklich ein Unterschied zwischen beiden Ländern besteht, könnte man in Frage stellen, aber vielleicht sind „geflügelte Worte" stärker in
der deutschen Kultur eingebettet. Was Kunz über die Worte sagt, könnte
ebenfalls für dichterische Konventionen wie den Gebrauch der Kleinschrei-

---

[8]   Kunz in seinem „Dankeswort" zur Verleihung des Nijhoff-Preises 1965, S. 13.

Els Andringa

bung zutreffen. Dereinst war sie neu, wurde dann aber zu einem distinktiven Merkmal einer bestimmten Gruppe von Dichtern.

Ansonsten zeigt sich Kunz als Befürworter der freien Übertragung. Nicht das bürokratische Festhalten am Wortwörtlichen, sondern „die Übertragung des wirklichen Sinnes, der den Autor beseelt hat, der Versuch, Form, Klang und Rhythmus eines Verses festzuhalten", sei die Essenz.[9]

Eine andere Frage wäre die Übersetzung des Wörtchens „als" in der dreimal (bei Kunz zweimal) wiederholten Zeile. Es könnte im Deutschen sowohl durch „als" wie auch durch „wie" übersetzt werden. Im ersten Fall wird die Identität betont, im zweiten Fall die Ähnlichkeit. Es scheint mir höchst wahrscheinlich, dass Kouwenaar die Übertragung vorher gesehen hat. Dies hätte ein Punkt der Diskussion sein können. Die Übersetzung durch „als" würde dann Kouwenaars Absicht, das Gedicht mit einem „Ding" sozusagen absolut gleichzusetzen, bestätigen.

Wie der Kontakt zwischen Kunz und Kouwenaar weiter verlaufen ist, bleibt ungewiss. Korrespondenz liegt nicht vor. Wir beschließen mit dem letzten Satz aus Kouwenaars Brief vom 14. November 1994 an Frau Louwerse, die den niederländischen Reichsdienst für Bildende Kunst vertrat, den man aus Görlitz um Information gebeten hatte:

Sein [Kunz'] großer Verdienst liegt in der Übertragung und Verbreitung der damals jungen niederländischen Poesie in Deutschland, der von Lucebert an erster Stelle. Dass sein Name und seine Bemühungen sogar unserer Botschaft in Bonn nichts mehr sagen, ist zutiefst bedauerlich.

Kunz hat seine Kriterien für die Wertung von Literatur nur verdeckt gezeigt und kaum je expliziert. Man muss seine Präferenzen also aus seinen Selektionen herleiten. Es wäre zum Beispiel denkbar, dass auch er eine Sprachskepsis entwickelt hätte, die ihn mit Kouwenaar und den anderen „Fünfzigern" verband.

---

[9] ebd. S. 11.

Der letzte Jude vom Dorf

Ludwig Kunz

Leicht überarbeitete (Zurück)übersetzung von Diedericke M. Oudesluijs

Ephraim Pergamenter lief langsam die Straße hinunter. Über seinem müden, nach vorne gebeugten Rücken hing ein Sack, der mit einem dicken Seil um seine Schultern gezurrt war. Seine Kleidung war zerschlissen und an zahlreichen Stellen durchlöchert. Um seinen rechten Schuh war eine Schnur gebunden.

Er sah sehr müde aus. Mühsam setzte er einen Fuß vor den anderen. Hin und wieder blieb er einen Augenblick stehen, als müsse er Luft holen. Auch war es, als müsse er sich nach einer schweren Krankheit, die es auf sein Leben abgesehen hatte, wieder daran gewöhnen, die ersten Schritte zu machen. Behutsam, Schritt für Schritt, ging es weiter. Sein mageres Gesicht war grau und fahl wie Asche. Rauhe, tiefe Falten hatten sich darin eingegraben durch die jahrelange stechende Angst, die tagtäglich wiederkehrte. Aber in den graugrünen, glasig starren Augen schimmerte ein neuer, glücklicher Glanz. Der Druck, der seinen Körper einschnürte, ließ allmählich nach. Alles war so neu für ihn. Manchmal war ihm, als tanze er auf Zehenspitzen über die Straße. So kostbar war ihm die Erde. Der gute gelbe Sand auf der leicht ansteigenden Landstraße, das rauschende blaugrüne Wasser eines Baches, der frische Geruch von Gras und das leise Singen eines Vogelschwarms. Es waren erst drei Tage vergangen. Es war erst drei Tage her, dass er aus dieser elenden Baracke des Lagers befreit worden war. Er lebte noch im Rausch. Noch immer stand ihm das weißgekalkte, scheinheilig einladende Haus vor Augen, jenes Haus, das so viele Menschen unter seinen Fundamenten hatte verschwinden lassen.

Er hatte Glück gehabt. Eines Tages hatten die SSer auf den Wachtürmen des Lagers mit ihren Ferngläsern gespannt den Horizont abgesucht. Weiße und schwarze Schatten fleckten über ihre Gesichter, als sie scheu und ängstlich dem Lager entflohen.

„Wir kommen zurück!" hatte einer von ihnen zähneknirschend geschrien. Eine Stunde später kamen die Russen.

Ephraim Pergamenter hielt mitten auf der Straße inne. Sein Atem stockte. Sein Herz klopfte, als würde es zerspringen. Schon seit geraumer Zeit hatten sich die schwarzen Schatten des Abends um ihn herum niedergelassen. Aber im flackernden gelben Licht einer Laterne sah er die ersten Häuser des Dorfs, aus dem er stammte. Seine Füße versagten ihm den Dienst. Er stand dort wie festgenagelt. Er zitterte am ganzen Körper. Er wollte sich auf den Boden werfen. Aber er murmelte nur ein Gebet.

Er hatte ein wenig Kraft wiedergewonnen. Fast unhörbar schlich er durch sein Dorf. Mehr als vierzig Jahre hatte er hier gewohnt. Jetzt kam er wieder zurück. Da standen sie noch, die alten Häuser des Bäckers und des Lehrers, des Fleischers und der Bauern. Erneut blieb er stehen. Furcht überkam ihn. Er zwang sich, Schritt für Schritt weiterzugehen. Plötzlich sah er es ganz deutlich. Das war sein Haus. Ganz langsam lief er darauf zu. Tatsächlich, auf den Mauern standen noch die vergilbten Buchstaben seines Namens. Ephraim Pergamenter, in Textilien. Er war zuhause. Die Erde bebte unter seinen Füßen. Aber ein herrliches Glücksgefühl überwältigte ihn. Die Straße, das Haus, der nahe Wald – alles wirbelte wie im Tanz um ihn herum. Seine Füße machten noch ein paar Schritte vorwärts. Jetzt stand er unter der alten vertrauten Kastanie, deren Blätter im leisen Spiel des Windes ihre Melodie sangen. Er klammerte sich an der warmen Baumrinde, als wolle er mit ihr sprechen, als wolle er ihr sagen: „Hier bin ich. Kennst Du mich noch?"

Ephraim Pergamenter starrte auf die Straße. Seine Gedanken schienen geradezu durch die lehmige Straßenoberfläche zu brechen, zu der Erde darunter. Er dachte an seine Frau, an seine zwei Kinder, die nicht mit ihm gekommen waren. Sein Herz krampfte zusammen. Es war dunkel im Haus. Es war schon so spät. Deswegen lief er weiter und weiter, bis er vor einem Wirtshaus stehen blieb. Schließlich öffnete eine Frau ihm die Tür, sie schrie im gleichen Augenblick: „Jesus Christus, Ephraim Pergamenter ist zurück. Komm herein."

Den ganzen nächsten Tag saß Ephraim Pergamenter hinter dem Fenster der kleinen Wirtsstube. Er schaute auf die Straße, auf die lehmige polnische Erde. Jeder Baum, jeder Meilenstein war ihm vertraut. Das kleinste Haus kannte er, und die in einiger Entfernung liegenden, ausgedehnten fahlgrünen Wiesen, die fetten gelben Weizenäcker, die an den Himmel zu grenzen schienen. Oft liefen Menschen auf der Straße vorbei. Die meisten kannte er noch. Er kannte ihre ganze Lebensgeschichte. Und während er so durch das Fenster starrte, überkam ihm ein seit Jahren ungekanntes Gefühl von Sanftmut und Glück.

Dann stieg eine Erinnerung in ihm hoch, die ihn in ihrem Griff hielt. Sein Blick ruhte auf den Sack, den letzten Besitz, den er mitgebracht hatte. Er öffnete ihn, griff mit beiden Händen hinein und hielt jeden Gegenstand lange in seinen zitternden Händen. Es waren ein paar schäbige alte Kleidungsstücke. Ein zerrissenes Oberhemd, ein paar kaputte Schuhe und ausgefranste Sträflingskleidung. Das war ihm geblieben.

Plötzlich kam eine schneidende Angst über ihn. Mit weit gesperrten Fingern betastete er jede Ecke des Sacks. Seine Lippen erstarrten vor Schrecken. Schließlich berührten seine Finger ein kleines Bündel Papier. Er hielt es umklammert, seine Hand bebte vor Glück. Da war es, ein kleines Photoalbum, sein unzertrennlicher Besitz, den er jahrelang versteckt hatte.

Er sah das sanfte, stille Gesicht seiner Frau wieder vor sich. Er blätterte weiter. Das Gesicht des Jungen mit den fröhlich glänzenden Augen, das liebe Antlitz des Mädchens.

Er legte das Album wieder hin. Sein Hals war zugeschnürt. Seine Lippen zitterten. Erst schienen sie ein Gebet durchlassen zu wollen. Aber dann erstarrten sie. Sein Mund öffnete sich ein wenig. Er betete nicht. Das Blut stieg ihm in den Kopf. Eine unbändige Erregung ergriff ihn. Er spuckte einen harten Fluch aus.

Das frühere Haus von Ephraim Pergamenter war ein wenig zurückgesetzt. Es war, als ob es aus dem Meer emporstieg, einem Meer aus wolligem grünem Moos, das sich in weichen Wellen zum nahegelegenen Wald ausstreckte. Mit tastenden Schritten ging Pergamenter darüber wie auf einem kostbaren Teppich.

Er blieb stehen. Seine Blicke hafteten sich an der gekalkten Mauer, als ob darauf seine ganze Geschichte zu lesen stand. Ja, das war sein Haus mit den großen, glänzend grünen Rollläden und dem schrägen Dach. Eines Tages war er dort eingezogen. Mit Sorgen beladen war er in den angrenzenden Dörfern Tag für Tag mit einem Wagen voller Stoffreste von Haustür zu Haustür gefahren, um sich abends in seinem Wohnzimmer müde und zufrieden in den Sessel fallen zu lassen. In diesem Haus hatte er Hochzeit gefeiert. Die Kinder waren dort geboren. Jahraus, jahrein hatte er dort friedlich gelebt.

Auf einmal schreckte er aus seinen Gedanken hoch. Mit wilden Sprüngen kam ein Hund aus dem Haus gerannt. Tatsächlich, es war Kazak, sein alter Schäferhund. Quer durch die Wand hatte er gerochen, dass Ephraim Pergamenter auf dem Weg nach Hause war. Außer sich vor Freude sprang Kazak an den alten Mann hoch, drückte sich an ihn, ließ ihn seinen warmen Atem spüren und warf sich schließlich jaulend vor ihm hin.

Jetzt erschien in der Tür auch der alte Knecht. Breitschultrig und unbeholfen stand Rudec dort. Er war gerade vom Mittagstisch aufgestanden. Es klebten noch ein paar Tropfen Fett an seiner Unterlippe. „Komm herein, Pergamenter!" rief er.

Als der alte Mann sich im Wohnzimmer befand und sich hingesetzt hatte, sagte er: „Das hast du gut gemacht. Alles ist beim Alten geblieben." Langsam schaute er sich im ganzen Zimmer um, vom Fußboden an den Wänden entlang zur Decke. Sogar die alte Lampe war noch im Einsatz, so wie früher. „Du hast wirklich hervorragend auf das Haus gepasst," fing Pergamenter wieder von vorne an.

Rudec holte eine Flasche und zwei Gläser aus dem Schrank und stellte sie auf den Tisch. „Prost, Pergamenter!" rief er schnell.

Der alte Mann nippte von seinem Glas. Die jahrelange Verbannung hatte einen Greis aus ihm gemacht. In den Stunden, in denen er die Zähne zusammenbeißen musste, hatte er viel gelernt. Seine Augen sahen einmal so scharf. Worte beeindruckten ihn kaum. Sie waren so dehnbar. Viele Menschen versteckten sich hinter ihren Worten wie hinter einer Maske. Listig und furchtsam versteckten sie ihre Gedanken dahinter. Sie versteckten sie nur schlecht. Denn sie standen ihnen unbarmherzig klar auf der Stirn geschrieben. Das hatte Pergamenter gelernt. Er konnte lesen, was ihnen ins Gesicht geschrieben stand. Er spürte genau, wenn jemandem Worte über die Lippen kamen, die nicht mit seiner inneren Meinung übereinstimmten. Die Züge eines im Stillschweigen verharrenden Gesichts konnten ihn ebenfalls nicht irreführen. Und so las er auf Rudecs Gesicht, als wäre er mit ihm in ein ausführliches Gespräch verwickelt. Jede Falte in dessen Gesicht deutete er. Kein einziger Gesichtszug war ihm entgangen.

Der Knecht fühlte sich unbehaglich. Gejagt stopfte er die Pfeife, und zog dann so kräftig, dass die feinen, graublauen Rauchwolken ihn wie ein dünner Nebel umgaben.

Aufs Neue füllte Rudec die Gläser. Jetzt öffnete sich der Mund des alten Mannes allmählich. „Rudec, hast Du verwahrt, was ich Dir anvertraut habe? Du weißt, was ich meine. Die Goldstücke hinter der Wand. Hör zu. Ich meine es gut mir Dir. Ich will sie mit Dir teilen. Du hast es verdient."

Dann war es bedrückend still.

Schweigend und unbeherrscht stopfte der Knecht seine Pfeife noch einmal und ließ erneut eine feine Rauchwolke über das Gesicht ziehen.

„Warum schweigst du?" Drängte die Stimme des alten Mannes in der eisigen Stille.

Wieder kein Wort.

Aber plötzlich tobte Rudec wie ein heftiger Sturm: „Weil du lügst. Du hast hier überhaupt keine Goldstücke zurückgelassen." Seine geschwollenen Lippen öffneten sich aufs neue.

„Was machst du übrigens hier im Haus? Wärest du nur in Auschwitz geblieben, du Jude."

Der alte Mann stand auf. „Gut, dann werde ich die Angelegenheit dem Gericht überlassen," sagte er.

Die Holztür schlug hinter ihm zu.

Noch lange verfolgte ihn das Gejaule des Hundes.

Um Mitternacht brannte in Rudecs Zimmer eine Petroleumlampe, diese tauchte den großen Raum in eine gleichgültige kühle Dämmerung. Flackernde Lichtstreifen krochen über die schwarzblauen Wände. Fünf Männer saßen an dem großen, runden Tisch. Sie waren in ein lebhaftes Gespräch verwickelt.

„Lies du es vor, Staczek," sagte Rudec zu einem kräftigen jungen Mann, der die Augen in seinem rötlichen Gesicht mit einem bösartigen Gesichtsausdruck halb zugekniffen hatte.

Er war der Sohn des Dorfpolizisten.

Er blätterte ein wenig in dem Pamphlet und murmelte: „Man sollte es immer wieder aufs Neue lesen, sonst vergisst man es zu schnell." Er fing an:

„Polnische Bauern, wir kämpfen nur Euretwegen. Fangt doch endlich an, selbst darüber nachzudenken. Wenn die Liquidation der polnischen Juden beendet ist, werdet ihr die Früchte ernten. In Polen leben mehr als drei Millionen Juden. Wenn sie ausgerottet sind, wird deren ganzer Besitz in Eure Hände fallen."

Mit einer beunruhigend rauen Stimme las Staczek Seite für Seite dieses deutschen Propagandaheftes und zitierte zum Schluss: „Gerade deswegen sollte jeder von euch aktiv an der Ausrottung der letzten Juden teilhaben. Nur dann wird der Wohlstand der polnischen Bauern gewährleistet sein."

Staczek schwieg. Auch die anderen Männer sagten kein Wort. In Rudec wütete ein unheilvolles Gefühl. Den ganzen Nachmittag hatte er zwischen alten Papieren herumgekramt, bis er endlich dieses Propagandaheft gefunden hatte.

Er stellte Gläser auf den Tisch und holte ein paar Flaschen Schnaps hervor. Gierig schlürften die Männer aus den Gläsern.

Das karge Licht der Petroleumlampe beleuchtete das Zimmer immer spärlicher.

„Der Jude Pergamenter ist auch wieder zurück," sagte Staczek, während er Rudec fragend anschaute.

In den frühen Abendstunden, bei Einbruch der Dunkelheit, spazierte Pergamenter meistens die Dorfstraße herunter. Er nahm immer den gleichen Weg. Langsam ging er an seinem Haus vorbei. Aber jeden Abend, wenn er sich dem Haus näherte, wurde er im gleichen, schrillen Ton begrüßt: Sein Hund bellte ihm lauthals aus dem Haus entgegen.

Es war seltsam. An diesem Abend ließ sich Kazak nicht hören. Er schien gar nicht zuhause zu sein. Auch durch die Fensterritzen drang kein einziger Lichtstrahl. Das ganze Haus war in tiefe Dunkelheit gehüllt. Er war noch nie an seinem Haus vorbeigelaufen, ohne dass es ein Echo gab. Er erschrak ein wenig. Er blieb stehen. Tastend lief er um das Haus herum.

Plötzlich traf ihn vollkommen unerwartet ein Faustschlag mitten in den Rücken. Ein zweiter... ein dritter... von allen Seiten hagelten jetzt Schläge auf ihn herunter, hämmernde, mordlustige Schläge. Er fühlte, wie eine Hand seinen Hals umklammerte. Seine Halsadern schwollen furchtbar an.

Ach, eigentlich war das alles überflüssig. Ein einziger Schlag hätte schon ausgereicht. Sein Herz war schon seit langem gebrochen. Er war so schwach.

Die Hände, die ihn umklammerten, spürten, dass die Arbeit erledigt war. Sie entspannten sich. Aber dieselben Hände waren nicht einmal im Stande, der tiefen Finsternis der Nacht zu trotzen. Die Hände versteckten sich, vergruben sich tief in den Taschen, bis die zitternden, weit auseinander gesperrten Fingerspitzen ganz unten nicht mehr weiter kamen. Währenddessen rannten die Beine stürmisch davon.

Mit verzerrtem Gesicht lag er mitten auf der lehmigen Straße. Er schien schreckliche Schmerzen zu haben, aber er fühlte sie kaum noch. Sein Atem stockte. Das Bild eines friedlichen, hell beleuchteten Hauses brannte ihm vor den Augen. Darin sah er seine Frau, die hinter dem Waschkorb stand. Ein Lied strömte ihr von den Lippen. Der Sohn blies lustig die Harmonika, das Mädchen steckte sich das Haar hoch. Aber plötzlich wurden alle ängstlich, sehr ängstlich: Fremde Monster drangen in das Haus ein. Ohne Mühe drangen sie durch Mauern und Wände, durch Dächer und Eisentüren. Sie kamen immer näher. Sie hatten menschliche Gesichter. Aber wenn man sie genau ansah, entdeckte man einen Ausdruck wie von wilden, gefräßigen Raubtieren. Sie fraßen alles, was sich ihnen in den Weg stellte.

Dann brüllte ein rasender Orkan um das Haus. Zischende, feuerrote Blitze flitzten nieder. Ein anschwellendes Meer aus wirren, fiebrigen Farben stürzte sich über ihn und verschlang ihn.

Der Dorfpolizist war an diesem Abend spät aufgeblieben. Ungeduldig saß er am Schreibtisch und trommelte abwechselnd mit den Fingern der linken und der rechten Hand auf die Tischplatte.

Endlich hörte er draußen Schritte, die immer näher zur Tür kamen. Sein Sohn trat in das Zimmer und setzte sich. Schweißtropfen perlten auf seinem Gesicht. Seine Haare waren klebrig und zerzaust. Seinen starren Augen fiel es schwer, sich an das Licht zu gewöhnen.

Vater und Sohn sprachen kein Wort miteinander. Aber der Vater sah das Gesicht seines Sohnes prüfend an und begriff, was dieser ihm sagen wollte. Schweigend legte der Sohn einen Personalausweis auf den Tisch.

Der Polizeibeamte holte ein sauberes Blatt weißen Papiers mit dem Briefkopf seiner Dienststelle und fing an, dem Ministerium einen Bericht zu schreiben. Als er die kunstvoll gewundene Schriftzüge ansah, überkam ihn ein Gefühl der Zufriedenheit.

Draußen erhob sich ein peitschender Sturm. Heulend blies der Wind um die Häuser und ließ seine wilde Melodie gegen die Fenster prallen. Schreckhaft flackerte das armselige gelbe Licht herunter. Der Polizeibeamte starrte auf Pergamenters Personalausweis. Als er es umdrehte, zog ein Schrecken über sein Gesicht. Seine Augen starrte auf einen kleinen Fleck. Einen winzigen Bluttropfen.

Nun schaute auch der Sohn darauf. Er schob sich langsam hin zu seinem Vater. Die Hand des Dorfpolizisten schloss sich und schien ein wenig breiter zu werden. Sie sank auf den Schreibtisch und blieb dort wie ein Stück Holz liegen. Es war eine entsetzlich plumpe fleischige Hand, grob und seelenlos.

Einst war sie schmaler gewesen. Als sie noch in der Schulbank in einem Buch geblättert hatte, in dem zu lesen war: „Geben ist seliger als nehmen." Aber die Jahre, die Jahre des kalten Lebens, hatten die Hand breiter wachsen lassen, sie immer mehr verroht. Und so hatte sich auch der in der Schule gelernte Bibelspruch allmählich in sein Gegenteil verwandelt.

Langsam öffnete sich die Hand wieder und ließ fast unhörbar etwas auf den Tisch gleiten. Er schaute darauf, auf das vor ihm liegende Goldstück. Es schien einen fremden, unheilvollen Glanz auszustrahlen. Auf dem Gesicht des Polizisten spiegelte sich dieser Glanz einer nicht zu sättigenden Habgier wider.

Bibliographie Ludwig Kunz

Die Bibliographie beansprucht keine Vollständigkeit. Die frühen Pressebeiträge in Deutschland 1920 – 1933 konnten wir bislang nicht ausfindig machen. Das Buch mit Zeitungsausschnitten, das Kunz hergestellt und aufbewahrt hat – heute im LKA –, fängt erst nach dem Krieg an. Folgende Rubriken sind unterschieden.

A Literarische Schriften

B Übertragungen

C Herausgeberschaften

D Beiträge im *Algemeen Handelsblad*

E Sonstige Pressebeiträge in niederländischen Blättern

F Pressebeiträge in deutschen Zeitungen

G Vermischte Schriften

H Rundfunksendungen

A Literarische Schriften

1946 – *Weg door de Nacht*. Aus dem Deutschen übersetzt von Jan W. Rens. Mit einer Einleitung von Theun de Vries. Amsterdam: Uitgeverij De Uil. [155 Seiten]
1949 – *Sprong in het Leven*. Aus dem Deutschen übersetzt von Gerrit Kouwenaar. Mit einer Einleitung von Nico Rost. Amsterdam: C. Hafkamp. [75 Seiten]

B *Übertragungen*

1951 – Ludwig Kunz, *Meta* 6, Junge Maler und Poeten. Juli 1951. Frankfurt am Main: Meta-Verlag, K. O. Götz. [Übersetzung von Abschnitten aus Texten von Lucebert, Elburg, Schierbeek; Abbildungen von Constant, Theo Wolvekamp, Appel, Eugène Brands, Anton Rooskens; Umschlag Ger Gerrits] [8 Seiten]

1955 – *Hans Lodeizen. Gedichte.* Aus dem Holländischen ins Deutsche übertragen von Ludwig Kunz und Karl Schwedhelm [unveröffentl. Typoskript im Ludwig Kunz-Archiv].

1957 – *Junge niederländische Lyrik.* Mit elf Zeichnungen von Karel Appel. Herausgegeben und eingeleitet von Ludwig Kunz. Stierstadt im Taunus: Eremiten-Presse. [Übersetzung von Gedichten von Hans Andreus, Remco Campert, Jan G. Elburg, Gerrit Kouwenaar, Hans Lodeizen und Lucebert und Prosa von Bert Schierbeek] [38 Seiten]

1960 a – *Geh durch den Spiegel. Folge 21/ 1960: Lucebert.* Katalog zu den Ausstellungen der Galerie Der Spiegel, Köln. Vorwort und Übersetzung von zehn Gedichten Luceberts. Köln: Galerie Der Spiegel. [März]

1960 b – *Lucebert. Beelden in het heden: Holländische Plastik der Gegenwart.* Katalog. Übersetzung Ludwig Kunz. Basel: Kunsthalle Basel. [Mai]

1960 c – *Lucebert. Lithologie: zehn Gedichte, zehn Lithos.* Mit drei Gedichtübertragungen von Ludwig Kunz. Hilversum Holland: Steendrukkerij De Jong & Co. [Herbst]

1962 a – *Geh durch den Spiegel, Folge 29/ 1962: Karel Appel.* Kataloge zu den Ausstellungen der Galerie Der Spiegel, Köln. Mit Texten von Lucebert, Schierbeek und Oxenaar. Übersetzung von Lucebert [Prosa ,appel's verflichaam leeft' (1961)] und Schierbeek [Fragment *Het dier heeft een mens getekend* (1960)] durch Ludwig Kunz. Köln: Galerie Der Spiegel. [Januar]

1962 b – *Lucebert. Gedichte und Zeichnungen.* Ins Deutsche übertragen und mit einem Nachwort von Ludwig Kunz. München und Hamburg: Verlag Heinrich Ellermann. [November]

1963 a – Lucebert, ,wat het oog schildert' / ,Was das Auge malt'. In: *Lucebert. Städtische Kunstgalerie Bochum 25. Mai – 21. Juli 1963.* Katalog. Mit einem Vorwort von Dr. Peter Leo.

1963 b – Lucebert, ,Hört Kinder etwas Schweres kommt hier zur Sprache' [Übersetzung von Prosa ,Kalm aan kinderen, er valt iets zwaars' (1961)]. In: *Lucebert. Städtische Kunstgalerie Bochum 25. Mai – 21. Juli 1963.* Katalog. Mit einem Vorwort von Dr. Peter Leo.

1963 c – Constant, *New Babylon.* Mit Simon Vinkenoog: „Präambel zu einer neuen Welt" und zehn Grafiken. Übers. von Ludwig Kunz. Amsterdam: Galerie d'Eendt.

1965 – *Junge niederländische Lyrik. Herausgegeben von Ludwig Kunz.* Hugo Claus, Jan G. Elburg, Gust Gils, Gerrit Kouwenaar, Lucebert, Sybren Polet, Bert Schierbeek, Hans Sleutelaar, Hans Verhagen, Simon Vinkenoog. Mit vier Zeichnungen von Lucebert. Stierstadt im Taunus: Eremiten Presse. Nummerierte Ausgabe (Passgänge. Literarisch-graphische Reihe. Bd.XI). [57 Seiten]

1968 – *Willem Sandberg, nu. maintenant. now. jetzt 2.* Kwadraat-Bladen Nummer 21. Hilversum: Steendrukkerij De Jong & Co. [Text in vier Sprachen] German translation by Ludwig Kunz, Amsterdam.

196* – *Corneille. Abessinische Reise. Tagebuchnotizen eines Malers.* Übersetzt und eingeleitet von Ludwig Kunz. Stierstadt im Taunus: Eremiten-Presse. [*Jahr des Erscheinens nicht genau festzustellen]

1970 a – Gerrit Achterberg. Fünf Gedichte. Autorisierte Übertragung aus dem Niederländischen von Ludwig Kunz und Karl Schwedhelm. In: *Akzente* 1970, 2, S. 152–154.

1970 b – Hugo Claus. Fünf Gedichte. Autorisierte Übertragung aus dem Flämischen von Ludwig Kunz. In: *Akzente* 1970, 2, S. 155–157.

1972 – *Lucebert. Wir sind Gesichter. Gedichte und Zeichnungen.* Autorisierte Übertragung aus dem Niederländischen, Auswahl und Nachwort von Ludwig Kunz. Mit einer Einleitung von Helmut Heißenbüttel. Frankfurt am Main: Suhrkamp Verlag, 1972, 96 S. [Bd. 259 der Bibliothek Suhrkamp]

1977 – *Gedichte aus Belgien und den Niederlanden. Paul van Ostaijen, Gerrit Achterberg, Lucebert, Hugo Claus.* Herausgegeben und mit einem Nachwort versehen von Hans Joachim Schädlich. Berlin: Volk und Welt [Übersetzungen von Lucebert und Hugo Claus]

C Herausgeberschaften

1923 – 1931 *Die Lebenden. Flugblätter.* Hrsg. Ludwig Kunz. Fotomech. Nachdr. 1966, Hilversum: De Boekenvriend u. Zürich: Limmat Verlag. (Einf.: Dr. Paul Raabe, Nachw. / Register: Ludwig Kunz.)

1932a –*Gerhart Hauptmann und das junge Deutschland.* Hrsg. Ludwig Kunz. Breslau: Priebatsch's Buchhandlung. Mit Beiträgen von Max Herrmann-Neiße, Edwin Erich Dwinger, Gerhard Menzel, Johannes R. Becher, Gerhart Pohl, Erik Reger, Werner Milch, Lutz Weltmann, Fred von Zollikofer, Hans Fallada. [30 Seiten]

1932b – *Wilhelm Lehmann. Die unbekannte Stimme.* Hrsg. Ludwig Kunz. Berlin: Die Rabenpresse. Mit Beiträgen von Moritz Heimann, Emanuel bin Gorion,

Hermann Kasack, Oskar Loerke, Werner Milch, Kurt Pinthus, Alfred Wolfenstein u.a. [27 Seiten]
1950 – 1955 *De Kim.* Nos.1–6/7. Amsterdam. Fotomech. Nachdr. 1974, Nendeln / Liechtenstein: Kraus Reprint u. Hilversum: c/o Internationaal Literatuur Bureau, Heinz Kohn
1973 – *Ludwig Meidner, Dichter, Maler und Cafés.* Hrsg. Ludwig Kunz. Zürich: Verlag Die Arche. [160 Seiten]

D *Beiträge im* Algemeen Handelsblad

1950 (21. Jan.) – In de na-oorlogse Duitse literatuur botsen de meningen fel. Tendenzen lopen ver uiteen – Nog weinig nieuwe namen. Kroniek der letteren.
In der deutschen Nachkriegsliteratur stoßen die Meinungen heftig zusammen. Tendenzen weit auseinander – Noch wenige neue Namen. Chronik der Literatur.
1953 (11. Apr) – Duitsland gisteren en heden. Tijdsromans van Robert Neumann en Wolfgang Koepen [sic!]
Deutschland gestern und heute. Zeitromane von Robert Neumann und Wolfgang Koeppen.
1953 (15. Aug.) – Tweeërlei vorm van Duitse critiek en polemiek. Karl Kraus, satyrische strijder voor cultuur, en Paul Rilla, historisch-materialistische polemicus.
Zweierlei Form deutscher Kritik und Polemik. Karl Kraus, satirischer Kämpfer für Kultur, und Paul Rilla, historisch-materialistischer Polemiker.
1953 (5. Dez.) – Een Duits na-oorlogs boek en een Duitse oorlogsroman van betekenis. Gebrek aan objectiviteit gaat wijken. Heinrich Böll en Hans Joachim Lange, twee belangrijke auteurs. [O.a. n.a.v. de Nederl. vertaling van *Und sagte kein einziges Wort*]
Ein deutsches Nachkriegsbuch und ein deutscher Kriegsroman von Bedeutung. Mangel an Objektivität verschwindet. Heinrich Böll und Hans Joachim Lange, zwei wichtige Autoren. [Unter anderem anlässlich der niederländischen Übersetzung von Und sagte kein einziges Wort]
1954 (20. März) – Tragiek van een groot schrijverstalent. Een boek over leven en werken van Stefan Zweig door Hanns Arens.
Tragik eines großen Dichtertalents. Ein Buch über Leben und Arbeit von Stefan Zweig von Hanns Arens.
1954 (6. Aug.) – Arnold [sic!] Bronnen klaagt zichzelf aan. Oostenrijks auteur zoekt rehabilitatie van zijn „linksgerichte" faam.

Arnolt Bronnen klagt sich selber an. Österreichischer Autor sucht Rehabilitierung seines „linksgerichteten" Rufs.
1954 (12. Nov.) – Duitse schrijvers beklemd door moeilijke erfenis. Nieuwe romans van Heinrich Böll [*Haus ohne Hüter*] en Rolf Schroers [*Jacob und die Sehnsucht*].
Deutsche Schriftsteller eingeklemmt durch schwieriges Erbe. Neue Romane von Heinrich Böll [Haus ohne Hüter]*und Rolf Schroers* [Jacob und die Sehnsucht.
1955 (29. Jan.) – Alfred KERR en het Duitse toneel voor 1933. *Die Welt im Drama,* een bundel critieken.
Alfred Kerr und die deutsche Bühne vor 1933. Die Welt im Drama, ein Band mit Kritiken.
1955 (17. Sept.) – ROBERT MUSIL en de tweespalt tussen inzicht en daad. *Der Mann ohne Eigenschaften:* roman over de ondergang van de Oostenrijkse monarchie.
Robert Musil und die Zwiespalt zwischen Einsicht und Tat. Der Mann ohne Eigenschaften: *Roman über den Untergang der österreichischen Monarchie.*
1956 (4. Aug.) – Oskar Loerkes Tagebücher, een aangrijpend literair document. Van Akademie für Dichtkunst tot „Friseurvereinigung".
Oskar Loerkes Tagebücher, ein ergreifendes literarisches Dokument. Von der Akademie für Dichtkunst zur ‚Friseurvereinigung'.
1956 (27. Nov.) – Een wedloop met de dood. Franz Theodor Csokors *Auf fremden Strassen.*
Ein Wettlauf mit dem Tod. Franz Theodor Csokors Auf fremden Strassen.
1957 (1. Juni) – Een fel oorlogsboek van jong Duits auteur. Michael Horbachs roman *Die verratenen Söhne.*
Ein heftiges Kriegsbuch eines jungen deutschen Autors. Michael Horbachs Roman Die verratenen Söhne.
1957 (8. Juni) – Wilhelm Lehmann, tussen natuur en cultuur.
Wilhelm Lehmann, zwischen Natur und Kultur.
1957 (6. Juli) – Hermann Hesse, de meester van het Glasperlenspiel, tachtig jaar. Laatste vertegenwoordiger der hedendaagse Duitse romankunst.
Hermann Hesse, der Meister des Glasperlenspiels, achtzig Jahre. Letzter Vertreter der zeitgenössischen deutschen Romankunst.
1957 (28. Dez.) – Willy Haas schrijft zijn memoires. *Die literarische Welt* herleeft als herinnering. Een levensverhaal naar Münchhausens trant.
Willy Haas schreibt seine Memoiren. Die literarische Welt lebt wieder auf als Erinnerung. Eine Lebensgeschichte nach Münchhausens Art.
1958 (31. Mai) – Een jong Duits auteur sluit aan bij grote romantraditie. Debuut

over het „Wirtschaftswunder". Martin Walser: *Ehen in Philippsburg.*
Ein junger deutscher Autor findet Anschluss an die Romantradition. Debüt
über das ‚Wirtschaftswunder'. Martin Walser: Ehen in Philippsburg.
1958 (7. Juni) – Op de boekenplank. Rudolf Alexander Schröder.
Auf dem Bücherregal. Rudolf Alexander Schröder.
1958 (21. Juni) – Op de boekenplank. Karl Otten.
Auf dem Bücherregal. Karl Otten.
1958 (6. Dez.) – Duitse poëzie.
Deutsche Poesie.
1958 (20. Dez.) – Eugen Gottlob Winkler: Nihilisme als enig uitzicht. Groot talent
dat in barbaarse tijd onderging.
Eugen Gottlob Winkler: Nihilismus als einzige Aussicht. Großes Talent, das in
barbarischer Zeit unterging.
1959 (17. April) – Ludwig MEIDNER – pionier van het expressionisme. Bij zijn
vijfenzeventigste verjaardag.
Ludwig Meidner – Pionier des Expressionismus. Zu seinem fünfundsiebzigsten
Geburtstag.
1959 (20. Juni) – Het werk van Heinrich Mann vindt nieuwe aandacht. „Der Untertan", een profetisch boek.
Die Werke von Heinrich Mann finden neue Aufmerksamkeit. ‚Der Untertan',
ein prophetisches Buch.
1959 (14. Okt.) – Moed ten aanzien van de werkelijkheid. DUITSE schrijvers contra antisemitisme. Von Golgatha bis Auschwitz door Gert H. Theunissen.
Mut zur Realität. Deutsche Autoren gegen Antisemitismus. Von Golgatha bis
Auschwitz[10]*von Gert H. Theunissen.*
1959 (12. Dez.) – Duitsland gisteren en heden (het Wirtschaftswunder). Heinrich
Bölls meesterlijke tijdsroman Billard um halb Zehn. Die Kunstfiguur van Heinz
von Cramer: kritische studie tegen de karakterloosheid.
Deutschland gestern und heute (das Wirtschaftswunder). Heinrich Bölls groß-
artiger Zeitroman Billard um halbzehn. Die Kunstfigur von Heinz von Cramer:
kritische Studie gegen die Charakterlosigkeit.
1959 (24. Dez.) – Rubriek ‚Het boek'. Ahnung und Aufbruch (Anthologie van Ex-
pressionistisch proza, onder redactie van Karl Otten).
Rubrik ‚Das Buch'. Ahnung und Aufbruch *(Anthologie expressionistischer*
Prosa, herausgegeben von Karl Otten).
1960 (2. Apr.) – Op de boekenplank. Johannes Urdizil.
Auf dem Bücherregal. Johannes Urdizil.

---

[10] recte ‚Zwischen Golgatha und Auschwitz'

1960 (26. Nov.) – Biecht van een Duits officier. Boeiende kroniek van drie regimes. [Ernst von Salomon] *Beichte eines deutschen Offiziers. Fesselnde Chronik dreier Regimes. [Ernst von Salomon]*
1961 (27. Juli) – Poëzie van Hermann-Neisse [sic!] *Poesie von Herrmann-Neiße*
1961 (7. Okt.) – Reisdagboeken van Oskar Loerke. *Reisetagebücher von Oskar Loerke.*
1962 (13. März) – Twee Duitse tijdromans [Boekrecensie Jacob Klein-Haparash en Martin Walser] *Zwei deutsche Zeitromane (Buchkritik zu Jacob Klein-Haparash [... der vor dem Löwen flieht] und Martin Walser [Halbzeit])*
1962 (14. Juli) – (zonder auteursnaam / *ohne Namensnennung*) Verhalen van Joachim Maass [Boekrecensie] *Erzählungen von Joachim Maass [Buchkritik]*
1962 (4. Aug.) – Kasimir Edschmids memoires *Kasimir Edschmids Memoiren*
1962 (8. Sept.) – Ingeborg Bachmann als prozaïste [Boekrecensie] *Ingeborg Bachmann als Prosaerzählerin [Buchkritik]*
1962 (14. Nov.) – Een nagelaten onvoltooid werk van Heinrich Mann [Boekrecensie] *Ein nachgelassenes unvollendetes Werk von Heinrich Mann [Buchkritik]*
1963 (3. April) – Ulrich Bechers boeiende romances over Brazilië [Boekrecensie] *Ulrich Bechers fesselnde Romanzen über Brasilien [Buchkritik]*
1963 (21. Sept.) – Twee nieuwe Duitse romans [Boekrecensie V.O. Stomps en Herbert Heckmann] *Zwei neue deutsche Romane (Buchkritik zu V.O. Stomps [Gelechter] und Herbert Heckmann [Benjamin und seine Väter])*
1963 (9. Okt.) – Een keiharde sociale roman van Heinrich Böll. *Geen commentaar, zegt de schrijver, maar ...* Wat betekent non-conformisme voor de Katholieke Kerk? [Boekrecensie *Ansichten eines Clowns*] *Ein rücksichtsloser sozialer Roman von Heinrich Böll. Kein Kommentar, sagt der Verfasser, sondern ... Was bedeutet Nonkonformismus für die Katholische Kirche? [Buchkritik Ansichten eines Clowns]*
1963 (16. Nov.) – Tramhalte Beethovenstraat. Een Duitse roman [Boekrecensie Grete Weil] *Tramhalte Beethovenstraat. Ein deutscher Roman [Buchkritik zu Grete Weil]*
1964 (25. März) – Duitse literatuur is débâcle '33-'45 nog niet te boven [Boekrecensie prozabloemlezing van Horst Bingel]

Deutsche Literatur hat Debakel '33-'45 noch nicht überwunden [Buchkritik zu einem Prosasammelband von Horst Bingel]
1964 (9. April) – (ohne Namensnennung) Auschwitz en de toekomst. Een bundel essays van Gert H. Theunissen [Boekrecensie]
Auschwitz und die Zukunft. Ein Essayband von Gert H. Theunissen [Buchkritik]
1964 (6. Mai) – Hernieuwde kennismaking met „Die Literarische Welt". Een bloemlezing van Willy Haas met beschouwingen van en over talrijke schrijvers. [Boekrecensie]
Erneute Bekanntschaft mit „Die Literarische Welt". Ein Sammelband von Willy Haas mit Betrachtungen von und über zahlreiche Schriftsteller. [Buchkritik]
1964 (23. Mai) – Heinrich Manns brieven aan vrienden [Boekrecensie]
Heinrich Manns Briefe an Freunde [Buchkritik]
1964 (23. Mai) – Joodse boeren in Zuid-Duitsland. Verhalen van Jacob Picard [Boekrecensie]
Jüdische Bauern in Süddeutschland. Erzählungen von Jacob Picard [Buchkritik]
1964 (14. Nov.) – Gisteren, vandaag en een reddend eiland [over Werner Milch, 1903–1950, en Gerhart Pohl, 1902–1966]
Gestern, heute und eine rettende Insel [zu Werner Milch, 1903–1950, und Gerhart Pohl, 1902–1966]
1965 (9. Jan.) – Nossacks kartering van de weg naar het onbekende [Boekrecensie]
Nossacks Kartierung von dem Weg ins Unbekannte [Buchkritik]
1965 (20. März) – Van dadaïst tot theologisch theoreticus. Hugo Ball in zijn verzamelde gedichten [Boekrecensie]
Vom Dadaisten zum theologischen Theoretiker. Hugo Ball in seinen gesammelten Gedichten [Buchkritik]
1965 (24. Juli) – Hans Mayer: De muur scheidt niet overal [inleiding + interview]
Hans Mayer: Die Mauer trennt nicht überall [Einleitung + Interview]
1965 (7. Aug.) – De elf zangen van Peter Weiss [lange inleiding + kort interview]
Die elf Gesänge von Peter Weiss [lange Einleitung + kurzes Interview]
1965 (21. Aug.) – Hans Werner Richter, activist [inleiding + interview]
Hans Werner Richter, Aktivist [Einleitung + Interview]
1965 (28. Aug.) – Een middag bij Herbert Ihering [interview]
Einen Nachmittag bei Herbert Ihering [Interview]
1965 (25. Sept.) – Walter Höllerer literair organisator
Walter Höllerer literarischer Organisator [Gesprächsprotokoll]
1966 (16. April) – ERNST WEISS weer in herdruk [Boekrecensie]
Ernst Weiss wiederaufgelegt [Buchkritik]

1966 (29. April) – Hernieuwde kennismaking met Else Lasker-Schüler.
*Erneute Bekanntschaft mit Else Lasker-Schüler [Lebens- und Werkbeschrei-
bung]*
1966 (4. Juni) – boekenrubriek – KURT PINTHUS: Ik zou graag 100.000 jaar
willen worden [inleiding + interview]
*Bücherrubrik – Kurt Pinthus: Ich möchte 100.000 Jahre werden [Einleitung +
Interview]*
1966 (2. Juli) – Verboden, verbrand, herdrukt [inleiding + interview met Paul Raa-
be]
*Verboten, verbrannt, wieder aufgelegt [Einleitung + Interview met Paul Raa-
be]*
1966 (5. Nov.) – Man genaamd WILLY HAAS [inleiding + interview]
Mann namens Willy Haas [Einleitung + Interview]
1968 (7. Sept.) – Nieuwe editie op komst. Strijd over Musil is geëindigd
*Neue Edition im Kommen. Streit um Musil ist beendet [Interview mit Adolf
Frisé]*
1969 (1. Febr.) – Afscheid van Max Brod
Abschied von Max Brod [Einleitung +Interview]
1969 (6. Dez.) – Herinneringen aan Ernst Toller [o.a. Kunz' eigen herinneringen
aan Ernst Toller]
*Erinnerungen an Ernst Toller [unter anderem Kunz' eigene Erinnerungen an
Ernst Toller]*
1972 (14. Jan.) – Ingezonden brief van Ludwig Kunz: Thomas Mann in ballings-
chap
Leserbrief von Ludwig Kunz: Thomas Mann im Exil

E Sonstige Pressebeiträge in niederländischen Blättern (Auswahl)

1946 (2. Aug.) – Wat dreef Gerhardt [sic!] Hauptman [sic!]. *De Vrije Katheder* 6,
14.
Was trieb Gerhart Hauptmann
1946 (13. Dez.) – Hermann Hesse. *De Vrije Katheder* 6, 32.
1946/47 – Max Herrmann-Neisse. *Centaur* 2, S. 238/39.
Max Herrmann-Neiße
1947 (10. Jan.) – Hermann Hesse en de Nobelprijs. *De Vrije Katheder* 6, 36.
Hermann Hesse und der Nobelpreis
1947 (13. Juni) – Thomas Mann in Europa. *De Vrije Katheder* 7, 5.
Thomas Mann in Europa

1947 (26. Sept.) – Briefwisseling Rathenau – Stehr. *De Vrije Katheder* 7, 22.
Briefwechsel Rathenau – Stehr
1948 (26. März) – Een na-oorlogse Duitse roman [Hans Fallada „Der Alpdruck"].
De Vrije Katheder 7, 48.
Ein deutscher Nachkriegsroman [Hans Fallada "Der Alpdruck"]
1948 (29. Mai) – „Het zevende kruis" van Anna Seghers. *De Waarheid.*
1949 (10. Febr.) – 2 Boeken over de Joodse tragedie [H. Wielek „De oorlog die
Hitler won" en Ernst Sommer „Revolte der heiligen"]. *De Vrije Katheder* 9,
10.
*2 Bücher über die jüdische Tragödie [H. Wielek „Der Krieg, den Hitler ge-
wann" und Ernst Sommers „Revolte der Heiligen"].*
1949 (3. März) – Nieuw Duits Proza. *Kroniek van Kunst en Kultuur.*
Neue deutsche Prosa
1952 (12. Sept) – ‚Geschichten von den Maja-Indianern' door Ermilo Abreu Go-
mez. *Kroniek van Kunst en Kultuur.*
1955 (15. Juni) – Nieuw Duits Proza [Thomas Mann]. *Kroniek van Kunst en Kultuur.*
Neue deutsche Prosa
1957 (17. Juni) – Het dagboek als kunstvorm. *Kroniek van Kunst en Kultuur.*
Das Tagebuch als Kunstform

F Pressebeiträge in deutschsprachigen Zeitungen (Auswahl)

Für das Wochenblatt *Deutsche Woche* [*DeuW*] (1951–1962) verfasste LK
1957–59 Berichte über kulturelle Ereignisse in den Niederlanden wie Ausstellungen und das Holland-Festival. Für die *Neue Zürcher Zeitung* [*NZZ*]
schrieb er ab 1959 vor allem über Theater, manchmal auch über Literatur,
für die *Frankfurter Allgemeine Zeitung* [*FAZ*] ab 1959 hauptsächlich über
Literatur. Gelegentlich schrieb Kunz auch für andere Zeitungen.

1950 (17. April) – Im Nacken das Sternenmeer. Eine Erinnerung an den 65jährigen
Ludwig Meidner. *FAZ*
1959 (14. Jan.) – Ein Drama der Zuckerarbeiter. Hugo Claus – Uraufführung in
Rotterdam. *DeuW.*
1959 (23. Jan.) – 20. Todestag Ernst Blass. *FAZ*
1959 (4. Mai) – Kleine Chronik. Uraufführung in Amsterdam [Cees Nooteboom].
NZZ.
1960 (4 Mai) – Eine Doppelbegabung. Der Holländer Lucebert in Köln. *FAZ*

1961 (7. April) – „Ein deutscher Dichter bin ich einst gewesen." Zum 20. Todestag des Lyrikers Max Herrmann-Neiße. *FAZ*
1961 (15. Juli) – Brecht in Holland. *NZZ*
1961 (22./23. Juli) – In der Nachhut des Expressionismus. „Die Lebenden", Berlin und Görlitz von 1923–1931. *Deutsche Zeitung*
1962 (22. Jan.) – Julius Levin zum 100. Geburtstag. *FAZ*
1962 (28. Jan.) – Gerrit Achterberg †. *NZZ*
1965 (18./19. April) – Im Gespräch mit Willem Sandberg über Israels neues Nationalmuseum.*Frankfurter Rundschau*
1965 (25. Aug.) – Karel Appel Ausstellung in Amsterdam. *FAZ*
1974 (23. März) – Warum mußte ich das Leben eines Gefangenen führen? Der Flame Hugo Claus. *FAZ*

G Vermischte Schriften

1928 – *Chaos*. Berlin: Verlag Der Aufbruch (Aufbruch Bücherei 1). [15 Seiten]
1962 – ohne Titel. Beitrag in: *guten morgen vauo – ein buch für den weißen raben v.o. stomps*. Hrsg. von Günter Bruno Fuchs und Harry Pross. Frankfurt /Main: Europäische Verlagsanstalt, S. 97/98
1965a – Vortrag für die Vereinigung der Deutschen Schriftstellerverbände in Berlin am 11. Mai [unveröff. Manuskript im LKA]
1965b – Philipp Bauknecht 1884 – 1933. Im Katalog zur Ausstellung vom 6. Nov. – 31. Dez. 1965 im Kunstschau Böttcherstrasse Paula Becker-Modersohn – Haus Bremen. Bremen [6 Seiten]
1965 c – Dankwoord. In: Sem Dresden u.a., *Mededelingen van het Prins Bernhard Fonds*. Serie B No 25. Uitreiking van de Martinus Nijhoff-prijs voor Vertalingen 1965. Amsterdam: Prins Bernhard Fonds, S. 11–14
1966 – In der Nachhut des Expressionismus. In: Nachdruck *Die Lebenden*, S. 85–87

H Rundfunksendungen

Manuskripte im Historischen Archiv des SWF Baden-Baden

1951 (13. Okt.) – Holländische Literaturpolitik (zusammen mit August Lambert Sötemann), in: Kulturelles Wort, Bücherschau.
1951 (24. Okt.) – Niederländische Romanliteratur (zusammen mit Ben Stroman), in: Kulturelles Wort, Bücherschau.

1953 (26. Juni) – Heutige niederländische Lyrik (zusammen mit Eduard Hoornik), in: Kulturelles Wort.

1953 (27. Dez.) – Wie ein kleiner Staat für seine Dichter sorgt, in: Kulturelles Wort, Unsere kulturpolitische Glosse.

1954 (4. Juli) – Der PEN-Kongress in Amsterdam, in: Kulturelles Wort, Unsere kulturpolitische Glosse.

1957 (15. Dez.) – Wer aber die Sterne sieht, wird leben, in: Kulturelles Wort, Lyrik der Zeit.

Manuskripte im Historischen Archiv des SDR Stuttgart

1959 (27. Jan.) – Gedichte von Lodeizen mit biographischem Zwischentext (zusammen mit Karl Schwedhelm), in: Lyrik aus dieser Zeit.

1961 (8. Aug.) – Fred von Zollikofer (1898–1937) – ein vergessener Dichter (Lyrik und Prosa).

1964 (16. Okt.) – Der flämische Schriftsteller Hugo Claus.

1965 (23. April) – Gerrit Achterberg (Niederlande).

Manuskripte im Historischen Archiv des WDR

1962 (6. Febr.) – Es steigen Monde aus verstaubten Himmelstruhen. Ein Panorama der deutschen Dichtung zwischen den Weltkriegen. In: Kulturelles Wort (Sendereihe Gedanken zur Zeit).

1962 (16. Juli) – Viel habe ich ertragen ... Leben und Werk des rebellischen holländischen Kolonialbeamten und Dichters Multatuli.

1964 (12. April) – Berlin, Motzstraße 55. Zum 80. Geburtstag des Malers und Dichters Ludwig Meidner. In: Kulturelles Wort (Sendereihe Vorträge zur Literatur).

1964 (11. Mai) – Niederländische Literatur der Gegenwart, übersetzt von Ludwig Kunz. In: Kulturelles Wort.

1964 (16. Aug.) – Ernst Weiß – ein vergessener Erzähler. In: Kulturelles Wort (Sendereihe Vorträge zur Literatur).

1964 (18. Nov.) – Ein Weltparlament der Intellektuellen. Erinnerung an Frederik van Eeden. In: Kulturelles Wort.

1965 (22. Jan.) – Jussuf, Prinz von Theben. In: Kulturelles Wort.

1965 (15. Febr.) – Karriere machen und auch Geld. In: Kulturelles Wort.

1965 (28. Sept.) – Fern donnert Berlin ... Dichter des Expressionismus schildern die Stadt.

1966 (5. Sept.) – Erzpoet und Erzzecher. Erinnerungen an Peter Hille. In: Kulturelles Wort (Sache Literatur).

1971 (2. Mai) – Junge niederländische Dichtung. In: Kulturelles Wort (Neue Literatur).

Sendungen von Ludwig Kunz in der Hörfunkdatenbank des WDR

1965 (14. Sept) – Fern donnert Berlin. Dichter des Expressionismus schildern die Stadt.
1965 (17. Okt.) – Die Straßen komm ich entlanggeweht. Zum 75. Geburtstag des expressionistischen Lyrikers Ernst Blass.
1966 (5. Sept.) – Erzpoet und Erzzecher. Erinnerung an Peter Hille.
1966 (9. Okt.) – In der Nachhut des Expressionismus – Die Zeitschrift „Die Lebenden", vorgestellt von ihrem Herausgeber Ludwig Kunz.
1971 (2. Mai) – Neue Literatur. Junge niederländische Dichtung.

Literaturverzeichnis

Andersch, Alfred, „Bibliographie der ‚Gruppe 47'". In: *Texte und Zeichen*, 1955, 1. Reprint. Frankfurt am Main 1978: Zweitausendeins, S. 140–143
Andringa, Els, „Poetics of Emotion in Times of Agony. Letters from Exile 1933–1940". In: *Poetics Today* 32, 2011, 1, S. 129–169
Andringa, Els, *Deutsche Exilliteratur im niederländisch-deutschen Beziehungsgeflecht. Eine Geschichte der Kommunikation und Rezeption 1933–2013*. Band 137 der Reihe *Studien und Texte zur Sozialgeschichte der Literatur*. Berlin/Boston 2014: Walter de Gruyter
Anonym, „Bayrischer Schlamassel". In: *Der Spiegel*, 11. November 1968
Arian, Max, *Zoeken en scheuren. De jonge Sandberg*. Huizen 2011[4]: Johannes van Kessel Publishing
Augustin, Elisabeth, *Auswege*. Mannheim 1988: Persona Verlag. Niederl. unter dem Titel *Labyrint*. Maasbree 1955: Corrie Zelen
Barents, Els, *Het hart van de zoeker. Foto's van Lucebert*. Amsterdam 1987: De Bezige Bij
Bel, Jacqueline, *Bloed en rozen. Geschiedenis van de Nederlandse literatuur 1900 – 1945*. Amsterdam 2015: Bert Bakker
Breuer, Gerda, und Ines Wagemann (Hrsg.), *Ludwig Meidner – Zeichner, Maler, Literat 1884–1966*. Bd. 1–2. Stuttgart 1991: Hatje
Burg, Fenna van den, *De Vrije Katheder 1945–1950: een platform van communisten en niet-communisten*. Amsterdam 1983: Van Gennep
Calis, Piet, *Het elektrisch bestaan. Schrijvers en tijdschriften tussen 1949 en 1951*. Amsterdam 2001: Meulenhoff

Campert, Remco u.a., *vijf 5 tigers. Een bloemlezing uit het werk van Remco Campert, Jan Elburg, Gerrit Kouwenaar, Lucebert, Bert Schierbeek*. Amsterdam 1955: De Bezige Bij

Carew, Jan, „Der karibische Schriftsteller und das Exil". In: *Sinn und Form* 1984, 3, S. 471–494

Dick, Antonín, „Zwei Hälften eines Lebens – Ludwig Kunz". In: *Poetenladen* vom 13. Jan. 2013 unter:
www.poetenladen.de/antonin-dick-ludwig-kunz-die-lebenden.htm

Dirks, Walter, „Der wiedergefundene Brief". In: *Frankfurter Hefte* 1947/9, S. 965–966

Dorst, Tankred, *Toller* (Schauspiel). Frankfurt am Main 2008: Suhrkamp Verlag

Dresden, Sem, u.a., „Jury-rapport Martinus Nijhoff-prijs 1965". In: *Mededelingen van het Prins Bernhard Fonds*. Serie B No. 25. Amsterdam 1965: Prins Bernhard fonds, S. 8–10

Elburg, Jan, *Geen letterheren. Uit de voorgeschiedenis van de vijftigers*. Amsterdam 1987: Meulenhoff

Feijter, Anja de, *„apocrief / de analphabetische naam"*. *Het historisch debuut van Lucebert in het licht van de intertekst van Joodse mystiek en Hölderlin*. Amsterdam 1994: De Bezige Bij

Feijter, Anja de, „Een tweesnijdend mes: Lucebert in het Duits en in het Engels". In: Dick van Halsema, Johan Koppenol, Ben Peperkamp (Hrsg.), *Uitgaan op niveau. Vriendenboek voor Ad Zuiderent*. Amsterdam 2009a: Stichting Neerlandistiek VU, S. 45–50

Feijter, Anja de, „Het laatste uur: Lucebert, Brecht en Dalí". In: Kim Gorus, Patrick Lennon, und Noël Reumkens (Hrsg.), *Word and Image: Literature and the Pictorial Arts in the Twentieth Century, 11.05.2007*. Brussel 2009b: Koninklijke Vlaamse Academie van België voor Wetenschappen en Kunsten, 89–98

Fischer, Ernst, *Verleger, Buchhändler & Antiquare aus Deutschland und Österreich in der Emigration nach 1933. Ein biographisches Handbuch*. Verband Deutscher Antiquare e.V. 2011

Flake, Otto, „Das Spiel mit dem Feuer" [Buchkritik]. In: *Weltbühne* 1924, 48, S. 805–806

Geel, Rudolf, „De romans van Gerrit Kouwenaar. Een gesprek". In: *Literatuur* 1, 1984, 4, S. 215–19

Geisenhanslüke, Achim, und Michael Peter Hehl, *Poetik im technischen Zeitalter*. Bielefeld 2013: Transcript Verlag

Goldschmidt, Georges-Arthur, „Exil und Doppelsprachlichkeit". In: *Exilforschung – Ein internationales Jahrbuch, Bd. 25*. München 2007: Edition Text und Kritik, S. 1–2

Gormann-Thelen, Michael, „Neues vom ‚Prallerzähler'". In: *die horen* 2010/4, S. 59–63

Grabow, Jürgen, „Treffen auf Schloß Dobříš". In:*Sinn und Form* 1991/1, S. 162–167

Grijn Santen, W.B. van der, *Makum Aleph. Amsterdam als jüdischer Zufluchtsort in der deutschen und niederländischen Literatur.* Würzburg 2008: Königshausen & Neumann

Grijn Santen, W.B. van der, *Kurt Lehmann oder auch Konrad Merz. Die Korrespondenz.* Würzburg 2014: Königshausen & Neumann

Grossmann, Editha Maria, *Die Problematik des Dazwischenseins.* Bd. 5 aus den Monographien und Studien zur Konflikt-Psychologie. München/ Basel 1967: Ernst Reinhardt Verlag

Hauptmann, Gerhart, *Ausgewählte Dramen.* Mit e. Nachw. von Hans Mayer. Berlin 1952: Aufbau Verlag [Bibliothek fortschrittlicher deutscher Schriftsteller]

Heer, Friedrich, *Gottes erste Liebe. Die Juden im Spannungsfeld der Geschichte* (1967). München/ Berlin 1981: F.A.Herbig

Heißenbüttel, Helmut, „Bericht über eine Tagung der Gruppe 47". In: *Texte + Zeichen* 1956, 6, S. 654–656

Hermlin, Stephan, und Hans Mayer, *Ansichten über einige Bücher und Schriftsteller.* Berlin 1947: Verlag Volk und Welt

Herrmann-Neiße, Max, *Um uns die Fremde. Gedichte 2,* hrsg. v. Klaus Völker. Frankfurt am Main 1981[1], 1992[2]: Zweitausendeins

Herzfelde, Wieland: „Aus der Jugendzeit des Malik-Verlages. Zum Neudruck der Zeitschrift *Neue Jugend*". In: *Neue Jugend,* fotomechanischer Nachdruck. Hilversum/ Zürich 1967: De Boekenvriend & Limmat Verlag

Ibsch, Elrud, *Overleven in verhalen: van ooggetuigen naar ‚jonge wilden'. Joodse auteurs over de Shoah.* Antwerpen, Apeldoorn 2013: Garant

Ibsch, Elrud, *Die Shoah erzählt: Zeugnis und Experiment in der Literatur.* Conditio Judaica 47: Studien und Quellen zur deutsch-jüdischen Literatur- und Kulturgeschichte. Tübingen 2004: Max Niemeyer Verlag

Jann-Zechendorff, Beate (Hrsg.), *Johannes Wüsten. Malerei, Graphik, Zeichnungen, Keramik.* (Ausst. Kat.). Museum der bildenden Künste Leipzig. Leipzig 1973

Janouch, Gustav, *Gespräche mit Kafka.* Frankfurt am Main 1961: Fischer

Johann, Klaus, „‚Jedenfalls merken Sie, daß ich gerne an Sie schreibe [. . .].' Wilhelm Lehmann in seiner Korrespondenz mit Karl Schwedhelm". In: Uwe Pörksen (Hrsg.), *Merlinszeit. Wilhelm Lehmann braucht ein Haus in Eckernförde.* Göttingen 2010: Wallstein Verlag (= Sichtbare Zeit, 4), S. 86–102

Keilson, Hans, *Komödie in Moll.* Amsterdam 1946: Querido Verlag

Keilson, Hans, *Da steht mein Haus.* Frankfurt am Main 2011: Fischer

Keilson-Lauritz, Marita, „Die Liebe der Kentauren. Deutscher Widerstand in den besetzten Niederlanden im Umkreis des Castrum Peregrini". In: *Capri, Zeitschr. f. schwule Geschichte* 27, 2009, 42, S. 3–20

Kilcher, Andreas (Hrsg.), *Metzler Lexikon der deutsch-jüdischen Literatur. Jüdische Autorinnen und Autoren deutscher Sprache von der Aufklärung bis zur Gegenwart.* Stuttgart/Weimar 2000: Verlag J.B. Metzler

Kouwenaar, Gerrit, *Negentien-NU.* Amsterdam 1950: De Bezige Bij

Kouwenaar, Gerrit, „Inleiding". In: Remco Campert u.a., *vijf 5 tigers. Een bloemlezing uit het werk van Remco Campert, Jan Elburg, Gerrit Kouwenaar, Lucebert, Bert Schierbeek.* Amsterdam 1955: De Bezige Bij, S. 5–19

Kouwenaar, Gerrit, *zonder namen.* Amsterdam 1962: Querido

Kouwenaar, Gerrit, *Negentien-NU.* Zweite, bearbeitete Ausgabe. In: G.K., *Drie romans: Negentien-nu; Val, bom; Ik was geen soldaat.* Amsterdam 1984: Querido

Kretzschmar, Ernst, *Johannes Wüsten. Ständige Ausstellung.* (Ausst.Kat.). Städtische Kunstsammlungen Görlitz. Görlitz 1976

Lucebert, *Gedichten 1948 – 1963,* zusammengestellt von Simon Vinkenoog. Mit Zeichnungen von Lucebert. Amsterdam 1965: De Bezige Bij [Literaire Reuzenpocket 84]

Lucebert, *verzamelde gedichten.* Zwei Bände. Band 1. Mit Umschlag und 30 Zeichnungen von Lucebert. Band 2. *Verantwoording, varianten, dokumentatie, bibliografie en registers.* Mit 37 Zeichnung-Gedichten, zusammengestellt von C.W. van de Watering, in der Zusammenarbeit mit Lucebert, C.A. Groenendijk und Aldert Walrecht. Amsterdam 1974: De Bezige Bij

Lucebert, *The Collected Poems.* Volume I. Translated from the Dutch by Diane Butterman. With an Introduction by Anja de Feijter. København & Los Angeles 2013: Green Integer

Mann, Heinrich, *Verteidigung der Kultur. Antifaschistische Streitschriften und Essays.* Hrsg. v. Werner Herden. Berlin und Weimar 1973: Aufbau-Verlag

Meidner, Ludwig, *Dichter, Maler und Cafés,* hrsg. v. Ludwig Kunz. Zürich 1973: Arche Verlag

Merz, Konrad (= Kurt Lehmann), *Ein Mensch fällt aus Deutschland.* Amsterdam 1936: Querido Verlag

Merz, Konrad, *Berliner, Amsterdamer und ach – Jude auch.* Bocholt/Bredevoort 1998: Achterland Verlagscompagnie

Meyer, Dorle, *Doppelbegabung im Expressionismus. Zur Beziehung von Kunst und Literatur bei Oskar Kokoschka und Ludwig Meidner* (Diss.). Göttingen 2013

Minco, Marga, *Das bittere Kraut: Eine kleine Chronik,* aus d. Holländ. übers. von

Michael Meier, und Presser, Jacob, *Die Nacht der Girondisten*, aus d. Holländ. übers. von Edith Rost-Blumberg. Hamburg 1959: Rowohlt

Neuhauss, Michael, und H.-J. Krohberger, „Rundfunk in Deutschland nach 1945". O.J. Unter: www.epoche-3.de/rundfunk.php

Neumann, Robert, „Spezis. Die Gruppe 47 in Berlin". In: *Konkret* 1966, 5, S. 34–39

Pazi, Margarita, „Max Brod – Willensfreiheit und ethische Tat". In: *Neue Rundschau* 1979/1, S. 165–167

Presser, Jacob, *Die Nacht der Girondisten* [siehe: Minco, Marga]

Raabe, Paul (Hrsg.), *Ich schneide die Zeit aus'. Expressionismus und Politik in Franz Pfemferts 'Aktion' 1911–1918*. München 1964a: C.H. Beck [dtv]

Raabe, Paul (Hrsg.), *Die Zeitschriften und Sammlungen des literarischen Expressionismus*. Stuttgart 1964b: J.B. Metzler

Raabe, Paul, „*Die Aktion*. Geschichte einer Zeitschrift". In: *Die Aktion*, Nachdruck. Stuttgart 1961: J.G. Cotta'sche Buchhandlung

Raabe, Paul, „*Die Lebenden*. Rückblick und Vorschau". In: *Die Lebenden*, Nachdruck. Hilversum/ Zürich 1966: De Boekenvriend & Limmat Verlag, S. 90–92

Reich-Ranicki, Marcel, *Mein Leben*. Stuttgart 1999: Deutsche Verlags-Anstalt

Renders, Hans, *Braak. Een kleine mooie revolutie tussen Cobra en Atonaal*. Amsterdam 2000: De Bezige Bij

Richter, Hans Werner, „Vorwort". In: *Der Ruf. Unabhängige Blätter für die junge Generation. Eine Auswahl*. Hrsg. v. Hans A. Neunzig. München 1976. Nymphenburger Verlagshandlung

Schätzlein, Frank, „Rundfunkpolitik im Westdeutschland der Nachkriegszeit" (Fassung 1995). Unter: http://www.frank-schaetzlein.de

Schlinsog, Elke, *Berliner Zufälle*. Würzburg 2005: Königshausen & Neumann

Schoenberner, Gerhard, „Der Kritiker Herbert Ihering". In: *Neue Rundschau* 1977, 2, S. 316–318

Schoeps, Julius H. (Hrsg.), *Juden als Träger bürgerlicher Kultur in Deutschland*. Stuttgart & Bonn 1989: Burg-Verlag [Studien zur Geistesgeschichte Bd. 11]

Schreiber, Daniel, „Die Böttcherstraße" – nationalistischer Lehrpfad und „Internationale Zeitschrift" (2006), unter: http://archiv.ub.uni-heidelberg.de/artdok/ 571/1/2006{_}Schreiber.pdf

Schröter, Klaus, *Heinrich Böll in Selbstzeugnissen und Bilddokumenten*. Reinbek bei Hamburg 1987: Rowohlt Verlag

Schwedhelm, Karl, *Gesammelte Werke*, Bd. 8: *Karl Schwedhelm und Wilhelm Lehmann. Briefwechsel und Dokumente 1948 bis 1967*. Mit Anmerkungen und einem Nachwort hrsg. von Klaus Johann. Mit einem Lebenslauf Karl Schwedhelms von Sabine Schwedhelm. Aachen 2007: Rimbaud

Steinhagen, Harald, und Benno von Wiese (Hrsg.), *Deutsche Dichter des 17. Jahrhunderts. Ihr Leben und Werk*. Berlin 1984: Erich Schmidt Verlag

Stokvis, Willemijn, *Cobra. Geschiedenis, voorspel en betekenis van een beweging in de kunst van na de Tweede Wereldoorlog*. Amsterdam 1980[2]: De Bezige Bij

Stokvis, Willemijn, *Cobra: Eine internationale Bewegung in der Kunst nach dem 2. Weltkrieg*. Braunschweig 1989: Westermann

Störig, Hans Joachim, *Geschiedenis van de filosofie II*. Utrecht/Antwerpen 1959: Spectrum

Stroman, Ben, *Overzicht en indrukken. De Nederlandse roman in de periode 1940–1950*. Rotterdam/ Den Haag 1951: Nijgh & Van Ditmar

Theunissen, Gert H., *Zwischen Golgatha und Auschwitz. Ein Entwurf in drei Vorträgen*. Vorwort von Paul Schallück. Köln o.J. (1959): Verlag M. DuMont Schauberg

Verstegen, Peter (Hrsg.), *De muze met de Januskop. Dertig jaar Martinus Nijhoff prijs. Een collage*. Amsterdam 1985: Bert Bakker

Visser, W., *De papieren spiegel. 125 jaar Algemeen Handelsblad 1828–1953*. Amsterdam 1953: Algemeen Handelsblad

Völker, Klaus (Hrsg.),„Ist schon doll das Leben'. George Grosz / Max Herrmann-Neisse. Der Briefwechsel*. Berlin 2003: Transit Buchverlag

Weil, Grete, *Tramhalte Beethovenstraat* (1963). Frankfurt am Main 1983: Fischer

Weiskopf, Franz Carl, *Unter Fremden Himmeln. Ein Abriß der deutschen Literatur im Exil 1933–1947* (New York/ Cape Cod, Januar 1944-Juni 1947). Mit einem Anhang von Textproben aus Werken exilierter Schriftsteller. Berlin 1947/ 1948: Dietz Verlag

Werkman, Hendrik Nicolaas, *Brieven 1940–1945*. Hrsg. v. Jan Martinet, Amsterdam 1995[3]: Arbeiderspers

Wessig, Wolfgang, „Dr. Willi Wolfradt. Ein biographisches Porträt". In: *Die Blutproben des Johannes Wüsten*. Griffelkunst-Vereinigung Hamburg 1995 (Schriften und Kataloge 5), S. 90–94

Wessig, Wolfgang, „Ein Ludwig-Meidner-Konvolut im Ludwig-Kunz-Archiv der Städtischen Kunstsammlungen Görlitz". In: *Vierteljahresschrift. Schlesien. Kunst, Wissenschaft, Volkskunde* 4, 1993, S. 242–250

Wessig, Wolfgang, „Gute Meister zweiten Ranges. Eine Literaturgeschichte der Region". In: *Zwischen Neisse, Schöps und Spree. Der Landkreis Görlitz*. Hrsg. von Thomas Napp und Gunter Oettel. Görlitz 2011: Verlag Gunter Oettel, S. 352–371

Widdershoven, Guy 1995, „De spraakgebreken van de schaduw. Structuralisme en hermeneutiek in de interpretatie van Luceberts programmagedicht ‚ik tracht op poëtische wijze'". In: F.R. Ankersmit, M. van Nierop und H. Pott (Hrsg.),

Hermeneutiek en cultuur. Interpretatie in de kunst- en cultuurwetenschappen. Amsterdam, Meppel 1995: Boom, S. 22–42

Wijk, Kees van, „Een Europees platform voor de avant-garde: *De Internationale Revue i10* (1927–1929)". In:*Tijdschrift voor Tijdschriftstudies,* Dezember 2011, S. 107–123

Wunderlich, Uli, *Der Tanz in den Tod. Totentänze vom Mittelalter bis zur Gegenwart.* Freiburg/Br. 2001: Eulen

Würzner, Hans (Hrsg.), *Zur deutschen Exilliteratur in den Niederlanden 1933–1940.* Amsterdamer Beiträge zur neueren Germanistik, Bd. 6/1977. Amsterdam 1977: Rodopi

Wüsten, Johannes, *Die Verrätergasse. Stücke, Aufsätze, Gedichte, Autobiographisches, Briefe.* Berlin 1980: Verlag Volk und Welt

Zaich, Katja, *„Ich bitte dringend um ein Happyend".* Deutsche Bühnenkünstler im niederländischen Exil 1933–1945. Frankfurt am Main u.a. 2001: Lang Verlag.

Zischler, Hanns, *Kafka geht ins Kino.* Hamburg 1996: Rowohlt

Zuiderent, Ad, „Lucebert in het Duits". In: *Spektator* 5 (1975–1976), 2, S. 81–98

Namensverzeichnis

Die Bibliographien sind nicht einbegriffen.

Namensverzeichnis

Namensverzeichnis

Ruting, Lotte 6, 78, 150

Sabais, Heinz Winfried 118
Sachs, Hans 26
Sachs, Nelly 14, 90, 186
Salden, Helmut 198
Sandberg, Willem 20, 75/76, 81, 115, 144, 150, 173-77, 251, 252, 256-58
Sattler, Hans 237
Schad, Christian 64
Schädlich, Hans Joachim 144/45
Schallück, Paul 117/18
Scheepmaker, Nico 7/8
Schefer, Leopold 27
Schickele, Renée 66
Schierbeek, Bert 80, 137, 139, 142, 151, 154, 160
Schifferli, Peter 117, 118
Schiller, Friedrich 84
Schimmel, Annemarie 95
Schippers, Wim 258
Schlemmer, Oskar 190
Schlüter, Otto 30, 31, 33
Schmidt, Willy 28, 36, 39
Schmidt-Rottluf, Karl 39, 190
Schnack, Anton 68, 275
Schonauer, Franz 227
Schröder, Rudolf Alexander 247
Schultze-Jahde, Karl 30
Schuur, Koos 78
Schwabach, Erik-Ernst 65
Schwedhelm, Karl 145, 227, 231, 237, 238, 241, 247, 248, 249-53, 254, 256
Schwenk, Erich 28, 30
Schwitters, Kurt 22, 72, 73, 74
Seghers, Anna 186
Serner, Walter 40
Shelley, Percy Bysshe 227

Silbergleit, Arthur 31, 43
Sleutelaar, Hans 144, 255
Snay, Georg 27
Snyder, Gary 18
Sötemann, August L. 242, 243-45, 246
Spinoza, Baruch 220
Stehr, Hermann 27, 30, 35, 47, 48, 275
Sternheim, Carl 203
Stifter, Adalbert 27
Still, Rosemarie 149, 178
Stokvis, Willemijn 150, 152
Stomps, Viktor Otto (VauO) 19, 23, 47, 86, 88, 122, 137, 138
Streuvels, Stijn 243
Strindberg, August 30, 243
Stroman, Ben 8, 242-45
Struck, Hermann 112
Stuckenschmidt, Hans Heinz 35
Swaanswijk, Lubertus (→ Lucebert)
Swaanswijk, Maia 8
Swaanswijk, Tony 177

Tajiri Shinkichi 258
Thalmann, Max 39
Thelen, Albert Vigoleis 197, 198
Theunissen, Gert H. 212, 216-20, 254, 255
Tillemans, Walter 215
Timmermans, Felix 243
Tkaczyk, Wilhelm 36
Toller, Ernst 13, 215/16
Tolstoi, Leo 32
Tucholsky, Kurt 105
Tzara, Tristan 151

Uhse, Bodo 191
Ulitz, Arnold 31, 32
Unseld, Siegfried 33, 177/78
Uyttersprot, Herman 210

314

Zu den Autoren

Els Andringa (1949) lehrte Text- und Literaturwissenschaft an verschiedenen niederländischen Universitäten. Forschte und publizierte in den Bereichen der Textlinguistik, empirischen Leseforschung, Literaturdidaktik und historischen Rezeptionsforschung. Wandte sich in den letzten Jahren der Rezeption der deutschen Exilliteratur in den Niederlanden zu. Publikationen zu diesem Thema u.a. „Begegnung jüdischer Literaturen. Bedingungen der Rezeption deutscher Exilliteratur im niederländischen Polysystem" (*Arcadia* 44, 2009, S. 289–316); „Poetics of Emotion in Times of Agony. Letters from Exil 1933–1940" (*Poetics Today* 32, 2011, S. 129–169); Buchveröffentlichung *Deutsche Exilliteratur im Niederländisch-Deutschen Beziehungsgeflecht. Eine Geschichte der Rezeption und Kommunikation 1933–2013* (2014).

Anja de Feijter (1954) ist Professor für Moderne Niederländische Literatur an der Radboud Universität Nijmegen. Schwerpunkte ihrer Forschung sind Theorie und Praxis der Poesieübersetzung, Deutsch-Niederländische kulturelle Beziehungen, und die Verarbeitung des Zweiten Weltkrieges in der modernen niederländischen Poesie. Studium der Niederländischen Sprache & Literatur und der Literaturwissenschaft an der Freien Universität Amsterdam. 1994 Promotion (cum laude) bei Prof. Margaretha H. Schenkeveld und Prof. Elrud Ibsch über das historische Debüt Luceberts: *apocrief / de analphabetische naam*. Der Dichter-Maler verfertigte selbst den Umschlag für die Handelsausgabe ihres Buches. Im gleichen Jahr erstmals Gastprofessur an der Gerhard Mercator Universität Duisburg.

Tim van der Grijn Santen (1942) hat in Amsterdam Jura, Soziologie und Germanistik studiert und wurde in Paderborn promoviert. Von seiner Hand erschienen u.a. Rezensionen deutschsprachiger Literatur in *Literair Paspoort*, Amsterdam 1976–1981; *Die Weltbühne und das Judentum* (1994); (mit J.J. Leijtens) Begleitheft zum Dokumentarvideofilm *Die Last der Erinnerung*, produziert vom Medienzentrum des Landschaftsverbands Westfalen-Lippe, in Münster produziert, Doetinchem

2002; *Makum aleph. Amsterdam als jüdischer Zufluchtsort in der deutschen und niederländischen Literatur* (2008); *Jakob Wassermanns Rezeption in den Niederlanden* (2011); *Kurt Lehmann oder auch Konrad Merz. Die Korrespondenz* (2014).

Micha Labbé wurde 1947 in Israel geboren und ist in Deutschland aufgewachsen. Lebt heute in Deutschland und in Schweden. Herausgeber und Verleger (Labbé Verlag), Mitbegründer des Lamuv-Verlages, Grimme Online Award 2009. Mit Ludwig Kunz verwandt.

Dorle Meyer (1980). 2001–2006 Studium der Kunstgeschichte und Deutschen Philologie in Göttingen. 2007–2011 Promotion mit Stipendium der GSGG. Dissertation: *Doppelbegabung im Expressionismus. Zur Beziehung von Kunst und Literatur bei Oskar Kokoschka und Ludwig Meidner* (Göttingen 2013). Seit 2004 Mitarbeit an zahlreichen Ausstellungs- und Publikationsprojekten. 2010–2012 Volontariat und zeitweise stellvertretend Aufgaben der Sammlungsleitung an der Neuen Galerie Kassel (MHK). 2013–2015 Post-Doc-Forschungsprojekt am Zentralinstitut für Kunstgeschichte in München zum Thema: „Apartheid im Spiegel zeitgenössischer südafrikanischer Kunst". Seit 2010 einzelne Lehraufträge an den Universitäten Kassel, Göttingen und München (LMU). Seit August 2015 wissenschaftliche Mitarbeiterin am Deutschen Museum. Parallel dazu freie Autorin für das Allgemeine Künstlerlexikon und die Rezensionszeitschrift *sehepunkte*.

Wolfgang Wessig (1939). Dipl.-Bibliothekar (FH) 1962; 1964–1969 Studium der Kultur-u. Theaterwissenschaft an der Humboldt-Universität zu Berlin; Promotion 1976 bei Prof. Dr. Ernst Schumacher mit einer Studie zur filmischen Adaption dramatischer Stoffe; 1975 – 1988 Chefdramaturg am Gerhart-Hauptmann-Theater Görlitz-Zittau; kurzzeitig wissenschaftlicher Mitarbeiter der Akademie der Künste der DDR und von 1989–1996 Leiter einer wissenschaftlichen Arbeitsstelle beim Kulturamt der Stadt Görlitz. Forschungsschwerpunkte: Exilliteratur, regionale Literatur- und Theatergeschichte (u.a. Hrsg. von Johannes Wüsten und Werner Finck). Seit über zehn Jahren Vortragsreihe „Grenzgänge" zur osteuropäischen Literatur im Kunstverein Hoyerswerda. Vorträge und Veröffentlichungen über Ludwig Kunz.

Katja B. Zaich (1969). Studium der Germanistik und Romanistik an den Universitäten Würzburg, Caen und Hamburg. Promotion 1999 mit einer Arbeit über Exil und Verfolgung deutschsprachiger Bühnenkünstler in den Niederlanden 1933–1945. Lebt seit 1996 in Amsterdam und widmet sich vor allem der Sprachvermittlung und lexikographischen Tätigkeiten. Veröffentlichungen u.a. in „Theater heute", „Zwischenwelt", „Jahrbuch Exilforschung" und Jahrbuch „Frauen und Exil". Mitarbeit u.a. am biografischen Lexikon der Juden in den Niederlanden im 20. Jahrhundert. Buchveröffentlichung: *„Ich bitte dringend um ein Happyend." Deutsche Bühnenkünstler im niederländischen Exil 1933–1945* (2001).